WAHREN
ACAB
EHRE DER

Editorial

Das hatte es im deutschen Fußball noch nie gegeben: Zum siebten Mal in Folge gewinnt der FC Bayern den Meistertitel! Wenn auch die Distanz zu den Verfolgern längst nicht so deprimierend ausfällt wie in den Jahren zuvor, kommt letztendlich kein Zweifel an seiner Vorherrschaft auf. Der FC Bayern, ein Phantom für die restliche Schar der »Konkurrenten«. Der sprichwörtliche Beweis für die überragende Führungsstärke eines Topvereins – in sportlicher, finanzieller, struktureller Hinsicht!

Tatsächlich schienen die Münchner, durch den begonnenen Umbruch auf Spieler- wie Trainerseite einige Zeit lang verunsichert, erstmals seit Jahren in ihrer Dominanz wieder verwundbar. Borussia Dortmund startete mit bis zu neun Punkten Vorsprung einer krachenden Wachablösung entgegen. Wie ein Jahr zuvor unter Trainer Peter Bosz stolperte der BVB jedoch auch mit Lucien Favre ab den ersten Herbsttagen so fulminant, dass der Rekordmeister unaufhörlich vorbeizog. Auch wenn theoretisch die Chance auf ein »Fotofinish« mit dem BVB bestand, konnte niemand ernsthaft dem Schlussspurt der Bayern widerstehen.

Same procedure as every year!

Immerhin scheint der spielerische Verfall der Bundesliga zumindest auf breiter Ebene gestoppt. Errang Schalke ein Jahr zuvor mit dürftigstem Kombinationsfußball den Vizetitel, zeigten sich danach mehr als die Hälfte aller Mannschaften über weite Strecken vom Tempo und der Spielkultur her weitaus verbessert. Lediglich an der Konstanz gab es immer wieder erstaunliche Abstriche, da muss manch ein Verein nachbessern! Aber auch international häuften sich die Lichtblicke!

Letztendlich haben die Macher der Bundesligisten entdeckt, dass der Tempo-Trend in der heutigen Zeit wesentlich wirkungsvollere Effekte erzielt als Ballbesitz-Fußball. Und schließlich konnten sich junge bis jüngste Talente in den Vordergrund drängen, mit dem Leverkusener Teenager Kai Havertz als dem vielversprechendsten von allen!

Wenn jetzt auch noch die Nationalelf ihren »turnaround« fortsetzt, dann sollte Deutschlands Fußball zurück auf dem Weg zu einstiger Größe wandeln …

Rainer Holzschuh

kicker

2019

Fußball Jahrbuch

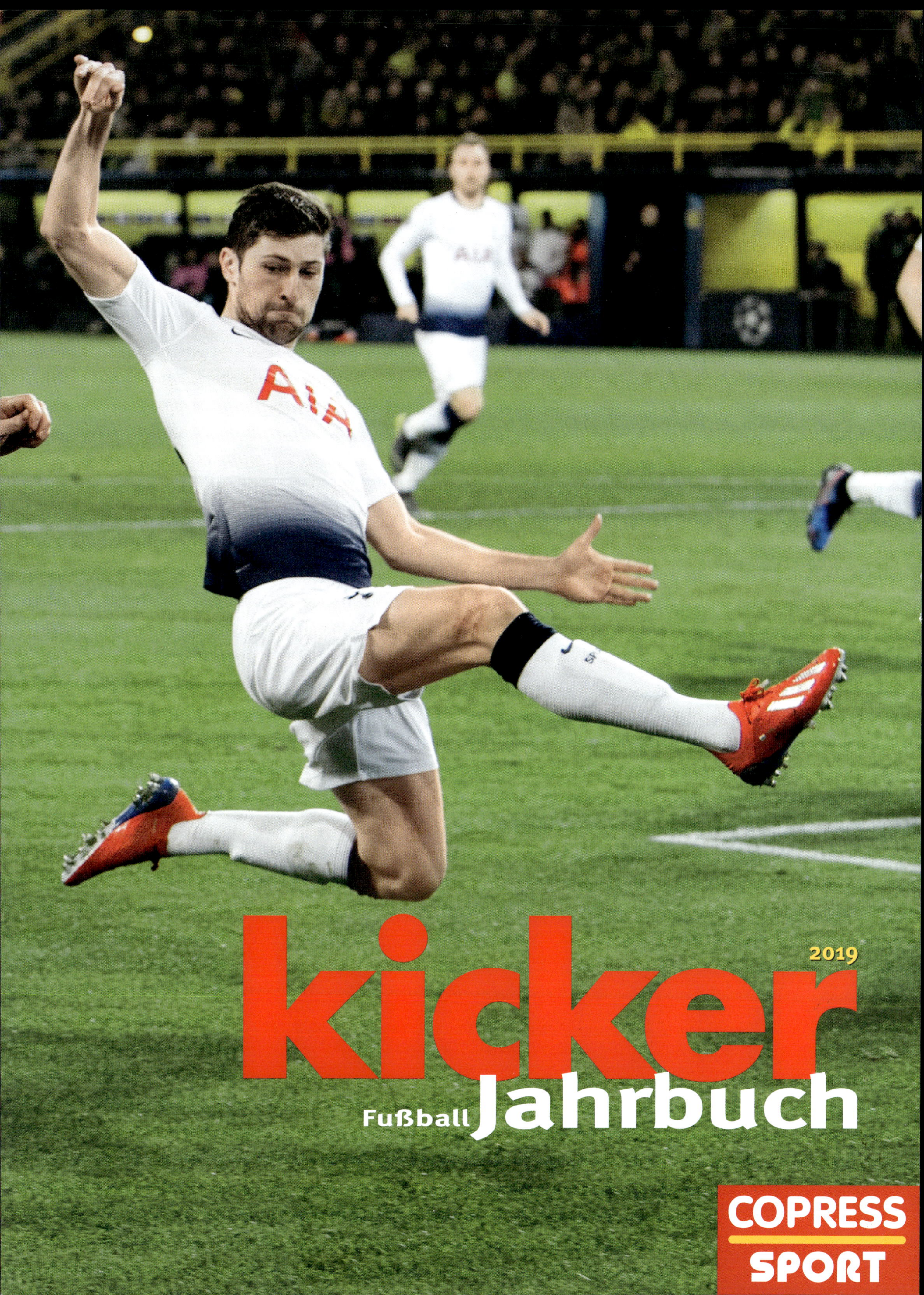

kicker 2019

Fußball Jahrbuch

COPRESS SPORT

BUNDESLIGA
DEUTSCHER FUSSBALLMEISTER 2019
DEUTSCHER FUSSBALLMEISTER
13

BUNDESLIGA
QATAR AIRWAYS
adidas

Inhalt

Same procedure im Titelrennen. Neue Dimension durch den Kölner Keller.

Spannung bis zum letzten Spieltag. Um den Titel, um die begehrten europäischen Plätze. Die Abstiegsränge waren da schon vergeben. Am Ende der Relegation musste neben Rekordabsteiger Nürnberg (9) und Hannover (6) auch der VfB Stuttgart (3) den bitteren Weg in die Zweitklassigkeit antreten. Dort machen sich mehr und mehr die Traditionsklubs des deutschen Liga-Fußballs breit – immerhin verharrt dort auch der Ex-Bundesliga-Dino, der Hamburger SV.

Es ist lange her, dass die Bundesliga erst am letzten Spieltag entschieden wurde. Das war de facto in der Saison 2008/09, als sich Wolfsburg und Bayern ein Kopf-an-Kopf-Rennen lieferten und der VfL sich letztlich den Titel sichern konnte. Zu groß war in den vergangenen Spielzeiten die Dominanz des Branchenführers Bayern München. Sieben Titel in Folge gingen jetzt an den Rekordmeister (29), dabei sah es nach der Hinrunde noch so aus, als könne sich Borussia Dortmund mal wieder die Meisterschale schnappen.
Doch den Westfalen ging in der Rückrunde phasenweise die Puste aus. Der relativ jungen Mannschaft fehlte am Ende auch der nötige Glaube an den großen Wurf. Auch weil der ansonsten durchaus geschätzte Schweizer Trainer Lucien Favre das Ziel Titelgewinn nicht klar postulieren wollte. Im Gegenteil: Nach der überraschenden Pleite im Revierderby gegen den Erzrivalen Schalke hisste der zögerlich zaudernde Eidgenosse schon nach dem 31. Spieltag die weiße Fahne und meinte achselzuckend: »Damit ist die Meisterschaft wohl entschieden!« Ein Irrglaube. Weil auch die sonst so mächtigen wie gierigen Bayern noch schwächelten. Nur einen Tag nach dem Revierderby ließen die national so erfolgsverwöhnten Münchner völlig überraschend zwei Punkte beim abstiegsgefährdeten 1. FC Nürnberg liegen. Wie auch zwei Spieltage später beim torlosen Remis in Leipzig – der Generalprobe für das später stattfindende DFB-Pokalfinale.
Das Fernduell um die Meisterschale in München (gegen Frankfurt) und Mönchengladbach (gegen Dortmund) brachte dann noch mal die erhoffte Spannung – aber nur für drei Minuten, wie selbst Bayern-Boss Uli Hoeneß hernach zugab. Doch dann schalteten die Bayern nach dem Ausgleich der Eintracht wieder einen Gang höher. Mit dem 2:1 durch David Alaba war die Vormachtstellung schnell wiederhergestellt. Am Ende zelebrierte Bayern München beim 5:1-Triumph dann gar noch eine rauschende Abschieds-Zeremonie für die beiden scheidenden Oldies Franck Ribery und Arjen Robben. Dass sich der Franzose und der Niederländer nach zwölf bzw. zehn Jahren standesgemäß mit jeweils einem Tor verabschiedeten, glich einer perfekten Inszenierung.
Da konnte den Dortmundern ein 2:0-Pflichtsieg in Gladbach auch nicht mehr helfen. Die große Chance, den Münchner Serientätern eine Falle zu stellen, hatten sie nach glanzvollen Auftritten bis Weihnachten in einer eher durchwachsenen Rückrunde verspielt. Dabei war ihnen die Leichtigkeit und die Gabe, Spiele in der Schlussphase zu entscheiden, abhandengekommen.

Bayern Meister, Dortmund Zweiter – same procedure!

Was das Fernduell dann doch wieder einte, waren die Eingriffe der Video-Schiedsrichter. Während den Bayern ein Treffer von Gnabry (wegen vorheriger Abseitsstellung Lewandowskis) aberkannt wurde, profitierte die Borussia vom »Adlerauge« des Schiedsrichters Manuel Gräfe. Obwohl viele Zuschauer vor dem 0:1 durch Jadon Sancho den Ball von Kapitän Marco Reus schon im Toraus wähnten, blieb der Ref auch nach Durchsicht der Video-Bilder bei seiner Entscheidung.

Die Saison endete damit so, wie sie begonnen hatte: Mit großer allgemeiner Aufregung über den Video-Beweis. Unterschiedliche Auslegungen bei Foulspielen, vor allem aber bei zahlreichen Handspielen, wurden zum permanenten Ärgernis der Saison 2018/19 (siehe auch ab Seite 60). Trotz aller Bemühungen seitens der Verantwortlichen in Sachen Video-Beweis wurde der Kölner Keller fast jede Woche zum Schimpfwort. Oft fehlten den strittigen Entscheidungen der Schiedsrichter Klarheit und vor allem Transparenz. Statt der erhofften Gerechtigkeit wurde viel Konfusion erzeugt.

Immerhin: Mit den Eingriffen der Video-Schiedsrichter wurde dem Fußball eine neue Dimension verpasst: Der spontane, befreiende Torjubel bei Spielern und Fans wird jäh unterbrochen – erst folgt die Überprüfung des Treffers im Kölner Keller. Danach heißt es dann Daumen hoch oder runter – das kann auch schon mal länger dauern. Das Problem: Der zahlende Zuschauer im Stadion bekommt von der Entscheidungsfindung so gut wie nichts mit. Das schreit nach mehr Transparenz in Sachen Video-Beweis! Sonst geht diese traditionsreiche Sportart schweren Zeiten entgegen.

Schwere Zeiten durchlebten in der abgelaufenen Saison auch zahlreiche Traditionsklubs der Bundesliga. In der 56. Spielzeit der deutschen Eliteliga erwischte es gleich drei dieser Spezies mit dem Abstieg. Der 1. FC Nürnberg und Hannover 96 spielten eine unterirdisch schlechte Saison, blieben beide ohne Auswärtssieg und konnten dennoch relativ lange auf den Klassenerhalt hoffen, weil auch der VfB Stuttgart nicht vorwärtskam, weil Schalke 04 als Vizemeister der Vorsaison das Opfer einer katastrophalen Personalpolitik wurde. Kein Wunder, dass der Sportvorstand Christian Heidel noch vor dem glücklosen Trainer-Youngster Domenico Tedesco (33) ging. Unter dem reaktivierten Huub Stevens (65) konnte sich der Traditionsklub aus dem Revier wenigstens noch retten. Neben Nürnberg und Hannover musste am Ende der VfB Stuttgart über die Relegation den Weg in die Zweitklassigkeit antreten.

Ein Wiedersehen feiern die Stuttgarter dann mit dem ehemaligen Bundesliga-Dino HSV. Der hatte es in seiner ersten Zweitligasaison mal wieder geschafft, mehr Schlagzeilen zu machen, als die meisten Bundesligisten. Den angepeilten direkten Wiederaufstieg verpassten die Norddeutschen selbstredend. Den schaffte dagegen der 1. FC Köln – allerdings nicht ohne seinen Trainer Markus Anfang als Tabellenführer zu entsorgen. Verrückte Fußball-Welt …

Hardy Hasselbruch

Spitzentanz in der Bundesliga: Bayerns Nationalspieler Joshua Kimmich (li.) und Dortmunds Flügelflitzer Jadon Sancho. Zunächst hatte die Borussia den Vorteil in der Tabelle mit neun Punkten Vorsprung. Am Ende hatten die Münchner die Nase wieder vorne.

Energischer Einsatz: Leverkusens Abwehrrecke Sven Bender (li.) fährt dem Münchner Kapitän Thomas Müller in die Parade. Am Ende siegte Bayer mit 3:1 Toren gegen die Bayern.

Bundesliga

Am Ende gelingt der siebte Streich!

Mehr Spannung als erwartet bot die Bundesliga. Schwächelnde Bayern – bärenstarke Dortmunder. Am Ende hatten die Münchner wieder knapp die Nase vorn. Erfolgreich stemmten sie sich gegen eine Wachablösung.

Qualität siegt über Naivität! Friede, Freude, Weißbierdusche!

Hand? Hand! Nach 34 Spieltagen war es dann doch wieder so, wie es die allermeisten Experten im Vorfeld der 56. Bundesliga-Saison erwartet hatten: Der FC Bayern reckte die Meisterschale in den bajuwarischen Fußball-Himmel. Sämtliche Diskussionen über die nach zweijähriger Testphase nun fest installierten Video-Assistenten und deren Auslegung der (undurchsichtigen) Handregel waren plötzlich wie weggeblasen. Friede, Freude, Weißbierdusche.

Letztlich obsiegte Qualität über Naivität. Weil es die lange als Meisterschreck auftretende Borussia aus Dortmund schaffte, nach der Herbstkrise einen satten Neun-Punkte-Vorsprung gegenüber dem Rekordmeister in den Sand zu setzen. Mit Niederlagen gegen die »Kellerasseln« Augsburg und – besonders bitter – zuhause gegen Schalke; auch das Unentschieden gegen Rekordabsteiger Nürnberg (neun, also so viele wie Deutsche Meisterschaften des Club) verdeutlichte das schwarz-gelbe Nervenflattern. Und nicht zuletzt: die krachende 0:5-Abfuhr bei eben jenen Ober-Bayern am 28. Spieltag. Bis dahin hatte das Team von BVB-Trainer Lucien Favre die Liga 21-mal als Primus angeführt.
Das Gerangel dahinter, um die begehrten Trostpreise Champions-League- und Europa-League-Teilnahme: Leipzig, souverän dank 15 Spielen in Folge ohne Niederlage zwischen dem 19. und 33. Spieltag, und das nach dem Trainerwechsel Heiko Herrlich/Peter Bosz nach der Hinrunde teils beeindruckend aufspielende Leverkusen lösten die Tickets für die Königsklasse. Die noch im Winter (heimlich) vom Titel träumenden Gladbacher, der VfL Wolfsburg und die Eintracht aus Frankfurt – dank der in Europa bereits fix gebuchten Bayern und Leipziger im Pokalfinale – sicherten sich die weiteren internationalen Startplätze.
Bemerkenswert hierbei: Die Top 7 der Liga setzten auf gestandene Fußballlehrer mit entsprechender Erfahrung: Bayern auf den lange im Kreuzfeuer und nicht nur in der Herbstkrise allein gelassenen Nico Kovac (47), Dortmund auf Favre (61), Leipzig auf »Alleinherrscher« Ralf Rangnick (60), Leverkusen auf Bosz (55), Wolfsburg auf Bruno Labbadia (53), Gladbach zumindest lange auf den bereits am 2. April zum Saisonende weggelobten Dieter Hecking (54) und Frankfurt auf den vermeintlichen Nobody Adi Hütter (49). Den jungen Wilden, allen voran Florian Kohfeldt (36/Bremen) und Julian Nagelsmann (31/Hoffenheim), blieb unter dem Saisonstrich nur die Aussicht auf eine eventuell erfolgreichere Zukunft. Was Nagelsmann als Rangnick-Nachfolger beim Emporkömmling aus Sachsen aufgrund der Kaderqualität und der schier

Keine Geschenke für den Oldie: Herthas Marko Grujic (links) im Zweikampf mit dem Bremer Evergreen Claudio Pizarro. Der Peruaner ist mit seinen 40 Jahren aktuell der älteste Profi der Liga und hängt noch ein Jahr ran.

Das Abschiedstor: Nach zwölf Jahren zog der Franzose Franck Ribery das Bayern-Trikot aus. Gegen Frankfurt traf er noch einmal standesgemäß zum 4:1.

Ungleiches Duell im Titelkampf: Bayern-Torjäger Robert Lewandowski macht gegen Dortmunds Dan-Axel Zagadou das 2:0. Am Ende stand's 5:0 in der Münchner Allianz Arena. Eine deutliche Ansage im Titelkampf!

endlos erscheinenden finanziellen Mittel aus der österreichischen Dosen-Dynastie etwas leichter fallen dürfte ...

Ein alter Hase sorgte auf und (unfreiwillig) neben dem Rasen für Gesprächsstoff. Hut ab, was Friedhelm Funkel mit dem »sicheren« Absteiger Düsseldorf geschafft hat. Dass er im Januar dennoch plötzlich auf der Abschussliste stand, war einer Posse geschuldet, die man ansonsten nur auf der anderen Rheinseite in Köln oder beim seit Jahren Ohnsorg-Theater

Traumduo in Leverkusen: Unter Trainer Peter Bosz schwangen sich die Nationalspieler Julian Brandt (li.) und Kai Havertz zum tempogeladenen Schwungrad bei Bayer auf. Sie waren kaum zu stoppen.

aufführenden HSV vermittelt hatte. Dass Hertha mal wieder an sich selbst beim Erreichen höherer Weihen gescheitert ist, wurde im fünften Jahr seiner Amtszeit Pal Dardai angelastet, der sich bis Saisonende noch fünf Spieltage lang von den Fans verabschieden durfte. Und für Mainz ist Platz 12 nun mal das, was immer drin sein sollte. So bescheiden ist der Etat dann doch nicht, aber auch nicht so üppig, als dass er dauerhaft mehr garantieren würde.

Die branchenüblich unvermeidbaren Trainerentlassungen trafen neben Herrlich in Leverkusen die Teams, die den Bodensatz der Liga konstant darstellten. Schalke dilettierte nach der Vizemeisterschaft dank Ergebnis-Fußball in der Vorsaison national (allein zehn Heimniederlagen) wie international (2:10 Tore im CL-Achtelfinale gegen Manchester United). Mitte März war Domenico Tedesco (33), nachdem sich Manager Christian Heidel bereits verdünnisiert hatte, nicht mehr zu halten. Der ewige Huub Stevens übernahm – und verzweifelte wie sein Vorgänger am »Sauhaufen« Schalke 04. Im beschaulichen Augsburg war die Zeit von Manuel Baum (39), trotz zur Seite gestelltem Adlatus Jens Lehmann, Anfang April abgelaufen. Dem auf Baum folgenden Schweizer Martin Schmidt erging es phasenweise nicht anders als Stevens. Hannover (Thomas Doll mit Stevens-Syndrom anstelle von Andre Breitenreiter) und Nürnberg (Boris Schommers interimsweise für den selbstgefälligen und alles schön analysierenden Michael Köllner) beließen es ebenfalls bei nur einem Rauswurf. Nicht so der sich selbst überschätzende und auch sonst völlig überschätzte VfB Stuttgart. Tayfun Korkut (bis 7. Oktober) und Markus Weinzierl (bis 20. April) fielen bei den Oberen krachend durch, Nico Willig war gewillt, in der Relegation das Schlimmste, den dritten Abstieg, zu vermeiden – nur seine Spieler waren nicht willig genug. Tschüss VfB, Hannover und Club – oder auf Wiedersehen?

Zurück beziehungsweise neu in der Eliteklasse sind: der unverwüstliche 1. FC Köln, der unerklärbare SC Paderborn, der nach vier Spielzeiten – davon zwei Jahre in der Drittklassigkeit – sein Comeback im Oberhaus geben wird und der unvergleichliche 1. FC Union Berlin als Neuzugang. Für die Experten dürften zwei sichere Absteiger schon feststehen. Hand drauf ...?

Markus Löser

Öfter am Boden, als ihm lieb war: Stuttgarts Ex-Nationalspieler Mario Gomez erlebte eine nur durchwachsene Saison in der Bundesliga. Am Ende stand der Abstieg.

Kovac schafft doppeltes Double! Hoeneß: »Ganz besonderer Titel!« Süle: »Viele Höhen und Tiefen!«

Als der erste Teil des nationalen Auftrages erfüllt und die Meisterschaft erneut und zum nunmehr siebten Mal hintereinander gesichert war, sagte Niko Kovac in München den Satz, den er eine Woche später in Berlin wiederholen sollte: »Es war eine sehr anstrengende Saison.«

Vollendet hat sie der FC Bayern mit dem Doublegewinn, zur Schale kam noch der DFB-Pokal. Der Trainer, neu in München, atmete durch und fasste zusammen: »Ende gut, alles gut.« Und noch viel besser. Insbesondere für seine Person. Denn als die Rekordmeister (29-mal) und Rekordpokalsieger (19-mal) auf dem Rathausbalkon über dem Marienplatz der roten Fanmenge die beiden Trophäen präsentierte, stellte Präsident Uli Hoeneß unmissverständlich und in seiner typischen Deutlichkeit fest: »Es ist ja wohl gar keine Frage, dass unser Trainer nächste Saison Niko Kovac heißt.« Hundertprozentig? »Ja, hundertprozentig.« Damit erhielt Kovac zu den sportlichen

Er kann's immer noch: Am 16. Spieltag gewinnen die Bayern dank eines Treffers des eingewechselten Franck Ribery mit 1:0 gegen RB Leipzig. Konrad Laimer und Ibrahima Konaté sind machtlos.

Würden – als Trainer erstmals Meister und zum zweiten Mal Pokalsieger; Double wie schon 2003 als Spieler und damit als Erster im deutschen Fußball in doppelter Funktion – noch jene Jobgarantie, die die sieben Wochen seit der Partie gegen Borussia Dortmund Anfang April in der Öffentlichkeit geprägt hatte. Ausgerechnet nach dem vorentscheidenden 5:0-Kantersieg im vermeintlichen Liga-Endspiel am 28. Spieltag gegen den ärgsten Kontrahenten aus Dortmund, dem damit die Tabellenführung brüsk entrissen wurde, trat der Vorstandsvorsitzende Karl-Heinz Rummenigge eine Trainerdebatte los, indem er sagte, beim FC Bayern gebe es keinen gesicherten Arbeitsplatz, es müsse jeder liefern.

Selbst wenige Minuten nach dem 5:1 gegen Eintracht Frankfurt und dem damit gesicherten Titelgewinn in der Bundesliga wurde der FCB-Coach noch auf dem rot-silbernen Konfetti-Rasen und noch nicht biergeduscht die Frage nach seinem Verbleib beantworten. Zu diesem Zeitpunkt hatte er aber schon »aus erster Hand«, wie er berichtete, Hinweise bekommen, dass er auch 2019/20 die Münchner Mannschaft anleiten werde – oder: dürfe. Da traf es sich gut, dass die Bayern-Fans die Meistersause in der heimischen Arena mit Huldigungen für den frischen Meistertrainer unterlegten: »Niko Kovac, du bist der beste Mann!«

Gerade Hoeneß vernahm diese Ovationen gerne, durfte er sich doch in seinem Ja zu Kovac bestärkt fühlen. Der Kroate, von 2003 bis 2005 Mittelfeld-Profi des FCB, hatte sich in seinem Premierenjahr als Cheftrainer stets loyal gegenüber seinem Arbeitgeber und unbeeindruckt von den Turbulenzen und Aufgeregtheiten in der Mannschaft und im Klub FC Bayern gegeben. Selbst in den Wochen der Herbstkrise bewahrte er Haltung, als es nach dem Absturz auf Tabellenrang 5 am 11. und 12. Spieltag kritisch wurde. Damals, im ausgehenden November, hatten die Münchner eine zweimalige Führung, 2:0 und 3:1, gegen Düsseldorf verspielt. »Hanebüchen« schimpfte Hoeneß die Tapsigkeiten, die die Fortuna-Treffer begünstigt hatten, Die Gegentore hatten ihn an »Einlagen in Slapstick-Filmen« erinnert. Der Vereinsoberste fand eine interne, schonungslose Fundamentalanalyse dringend nötig.

Anfang Oktober, nach der 0:3-Heimklatsche gegen Borussia Mönchengladbach, hatte Hoeneß noch betont, er werde den Trainer Kovac, für den er vor der Saison plädiert hatte, »bis aufs Blut verteidigen«. Sieben Wochen später ging

Schuss vor den Bug: Beim 1:1 in Nürnberg lässt der FC Bayern unerwartet Punkte liegen. Hier springt der Nürnberger Matheus Perreira (rechts) dem Münchner Abwehrchef Niklas Süle in die Parade.

Rückkehr zum von den Spielern bevorzugten 4-2-3-1-System sowie die Abschaffung der Rotation anempfohlen.
Kovac, der anfangs viel Personal getauscht hatte, um die vielen Stars und Sternchen mit Einsatzzeiten bei Laune zu halten, nahm diese Ratschläge an. Den Wendepunkt verortete er selbst in seiner Rückschau im Champions-League-5:1 gegen Benfica Lissabon, drei Tage nach dem 3:3 gegen Düsseldorf. Dieses Unentschieden war der Tiefpunkt in einer wackeligen FCB-Phase, die mit dem 1:1 gegen Augsburg am 5. Spieltag eingesetzt hatte. Dieser Ausrutscher, ein zunächst nur vermeintlicher, er – zumindest in der Öffentlichkeit – zunächst die Spieler an. »Alle haben noch viel Luft nach oben«, sagte er, »wir müssen unsere Ressourcen heben.« Zu diesem Zweck bezog die Bayern-Führung mit Hoeneß, Rummenigge und Sportdirektor Hasan Salihamidzic die mannschaftsinternen Führungskräfte Manuel Neuer, Thomas Müller, Robert Lewandowski und Franck Ribery ein, später auch den Coach Kovac. Dem hauptverantwortlichen Fußballlehrer wurden eine

Entscheidende Momente in der Saison: Beim torlosen Remis in Leipzig wird ein Tor des Neu-Münchners Leon Goretzka (Bild oben) wegen Abseits aberkannt. Artistischer Treffer von Serge Gnabry beim 4:1-Sieg in Düsseldorf.

Neue Rolle für den Weltmeister: Jerome Boateng musste sich immer häufiger mit der Reservebank anfreunden. Der Ex-Nationalspieler spielte bei den Bayern kaum noch eine Rolle.

Abschied bei den Bayern: Die Bayern-Bosse Hasan Salihamidzic, Uli Hoeneß und Karl-Heinz Rummenigge sagen den scheidenden Profis Arjen Robben, Rafinha und Franck Ribery Servus.

Gewusst wie: Ex-Nationalspieler Thomas Müller hat im Dress der Bayern immer eine Lösung parat. Hier stoppt er den Ball artistisch vor dem Frankfurter Filip Kostic. Am 17. Spieltag siegt Bayern in Frankfurt mit 3:0 Toren.

weil die Münchner zuvor mit vier Siegen und 11:2 Toren souveräner Erster gewesen waren, sollte nachhaltige Auswirkungen haben. Kovac hatte in diese Begegnung mit dem Tabellenelften FCA den im Winter nach China verkauften Ersatz-Mittelstürmer Sandro Wagner für den Torjäger Lewandowski nominiert, außerdem durfte Renato Sanches mitmachen und Leon Goretzka sich in völlig ungewohnter Rolle als linker Verteidiger vorstellen.
Diese Experimente schlugen fehl, dahin war die vorherige Mia-san-mia-Selbstgewissheit. Schon in der nächsten Liga-Runde folgte die erste Saisonniederlage, 0:2 bei der Hertha in Berlin. Verloren war die Tabellenführung an die Dortmunder, die am 14. Spieltag noch mit einem Plus von neun Punkten dominiert hatten, ehe zur Saison-Halbzeit sechs Zähler den Ersten BVB vom Zweiten FCB abhoben. Die Münchner witterten ihre Chance, eine kleine zwar, aber immerhin. Eine andere Haltung ist bei ihnen sowieso verboten. Also sagte Niklas Süle, erst im zweiten Jahr im Klub, im Vorbereitungstrainingslager in

In bewährter Manier: Das Meisterfoto gab's auch 2019 in München. Der Rekordmeister mit 29 Titeln feiert den siebten Titel in Folge – diese Dominanz hatte es in der Bundesliga noch nie gegeben.

Doha: »Ich denke, dass wir am Ende deutscher Meister werden, weil ich finde, dass wir die beste Mannschaft Deutschlands sind.«

Diese nach dieser unsteten Hinserie ambitionierte Selbsteinschätzung bestätigten Süle und Kollegen mit einer Superserie von 13 Siegen, drei Remis und lediglich einer Niederlage – 1:3 in Leverkusen, sie legten damit die zweitbeste Aufholjagd in der Bundesliga-Historie hin, nach den Wolfsburgern unter Felix Magath 2008/09. Der Einbruch der Dortmunder im zweiten Saisonabschnitt war zudem äußerst hilfreich. »Die Mannschaft hat Einzigartiges geleistet«, lobte Kovac. »Hoch zufrieden« war nun auch Rummenigge mit dieser Saison, Hoeneß zensierte sie mit einer »1 minus«. Das frühe Aus in der Champions League – gegen den FC Liverpool im Achtelfinale – hatte die Bayern arg getroffen, nun hatte sie diese Spielzeit 2018/19 doch versöhnlich gestimmt.

»Was gibt es daran auszusetzen, wenn man Doublegewinner wird?«, fragte Manuel Neuer und gab selbst die passende Antwort: »Das ist etwas Besonderes, was wir erreicht haben.« Der Torwart und Kapitän nannte den unbedingten Willen, der die Charaktere in diesem FCB-Kader auszeichne, sowie die fußballspezifische Qualität als Gründe für den Erfolg. »Wir haben uns zusammengerissen, der ganze Haufen warf noch einmal alles rein«, sagte Thomas Müller in seinem ungeschönten Müller-Sprech. Er gab zu: »Wir hatten schon glattere Spielzeiten, selten aber emotionalere.« Und der im Winter so forsche Süle sagte: »Wir können alle stolz auf uns sein, weil wir gerade dann, wenn Druck auf dem Kessel ist, eine Mannschaft sind, die abliefern kann.«

Die »vielen Höhen und Tiefen in dieser Saison« verschwieg auch er nicht, interne wie externe Diskussionen über den Trainer sowie seinen eher defensivorientierten, nach vorne nicht so detailgenau durchgeplanten Fußballansatz störten. Letztlich aber verschwor sich diese Mannschaft zu einer »unglaublichen Energieleistung«, wie Hoeneß in seiner Laudatio betonte.

Die Tränen, die ihm zum Runden-Abschluss auf der Tribüne aus den Augen kullerten, als sein Liebling Franck Ribery sowie Arjen Robben ihren letzten Bundesliga-Auftritt mit je einem Treffer vergoldeten, waren schon wieder getrocknet, als er diesen Meistertitel als einen »ganz besonderen« würdigte, weil er in Zeiten der personellen Umgestaltung gefertigt worden war. »Wenn man ein Jahr des Umbruchs mit der Meisterschaft abschließt«, so Hoeneß, »kann einem um die Zukunft des FC Bayern nicht bange sein.«

Karlheinz Wild

Bewunderung und Begeisterung mit Qualität und Mentalität – aber Patzer lassen Träume platzen!

»Es ist erst vorbei, wenn es vorbei ist«: Bis zum letzten Spieltag, dem finalen Akt einer spektakulären Saison, hatten sich die Fans, Verantwortlichen und Spieler von Borussia Dortmund an diesem Leitspruch festgeklammert. Ohne Erfolg.

Eiskalt vor dem Tor: Der Spanier Paco Alcacer überwindet den Mainzer Keeper Robin Zentner zum 1:0. Auch Abwehrmann Moussa Niakhaté (links) kommt zu spät – am Ende entführt der Tabellenführer beim 2:1-Sieg drei Punkte aus Mainz.

Torjubel vor der Winterpause: Vorbereiter Mario Götze (links) freut sich mit dem Kapitän und Torschützen Marco Reus über den Treffer zum 2:1 gegen Mönchengladbach. Die Dortmunder gehen als Spitzenreiter in die Winterpause.

Trotz der nach Punkten drittbesten Saison der schwarz-gelben Bundesliga-Historie und zwischenzeitlich neun Zählern Vorsprung ging die Meisterschaft zum siebten Mal in Serie an den FC Bayern. Doch der im ersten Moment naturgemäß enttäuschte BVB hat Blut geleckt.
Sollten sie sich nun massiv ärgern über diese verpasste Chance? Oder sich doch freuen über einen vor der Saison kaum für möglich gehaltenen Erfolg? Die Borussen waren hin und hergerissen nach dem finalen Auftritt einer Saison, die den BVB zurück in die nationale Spitze führte.
Um die zwiegespaltene Gefühlswelt zu verstehen, in der sich der BVB nach dem abschließenden 2:0-Erfolg in Mönchengladbach am 34. Spieltag wiederfand, musste man ein knappes Jahr zurückgehen. Im vergangenen Sommer stand der BVB vor einem gigantischen Umbau.
In Lucien Favre sollte ein erfahrener Trainer die in der Vorsaison massiv ins Taumeln geratene Mannschaft wieder ausbalancieren. In Axel Witsel, Thomas Delaney und dem erst spät verpflichteten Paco Alcacer waren neue Stützen gekommen, die dem Team Qualität und Mentalität gleichermaßen einflößen sollten. Und in Ex-Kapitän Sebastian Kehl, der den neu geschaffenen Posten des Lizenzspielerleiters übernahm, sowie dem externen Berater Matthias Sammer standen zwei neue meinungsstarke Autoritäten

bereit, um dem Gesamtkonstrukt des BVB neuen Schwung und neue Impulse zu verleihen. Wohin all die Umwälzungen führen würden? Das wusste zum damaligen Zeitpunkt niemand. Vorsorglich hatte Klubboss Hans-Joachim Watzke die Umbauphase auf zwei Sommerperioden ausgedehnt und das Saisonziel für den ersten Teil dieses Prozesses bewusst niedrig angesetzt (die Qualifikation zur Champions League). Besser die Erwartungen übertreffen als unterbieten, so die gängige Meinung im Maschinenraum der Borussia.

Und das gelang bereits in der Hinrunde formidabel. Nach einem holprigen Start, nach dem der Boulevard bereits spekulierte, Favre sei früh entzaubert worden, hob der neu formierte BVB regelrecht ab, so rasant sauste er durch die Liga. 7:0 gegen Nürnberg, 4:2 in Leverkusen, 4:3 gegen Augsburg, 4:0 in Stuttgart – es waren Wochen wie im Rausch für den BVB, dessen Spielwitz, Tempo und Finesse die Fans bezauberten und sie auf eine spannende Meisterschaft hoffen ließen. Danach jedoch sah es gegen Ende der Hinrunde gar nicht aus: Dortmund führte die Tabelle an, besaß zwischenzeitlich beachtliche neun Punkte Vorsprung auf den Serienmeister FC Bayern München. Wer sollte diese Borussia eigentlich aufhalten?

Die überraschende Antwort lautete: Düsseldorf. Bei der Fortuna verlor der BVB am 16. Spieltag zum ersten Mal in der Saison 2018/2019. Der Vorsprung verkleinerte sich, dennoch wurde Favres Elf souverän Herbstmeister – und das völlig verdient. Ob Marco Reus, der die beste Hinrunde seiner bisherigen Karriere spielte, Super-Teenie Jadon Sancho, der polyglotte Regisseur Axel Witsel, Edeljoker Paco Alcacer oder der erstarkte Keeper Roman Bürki: Sie alle riefen bundesweit Bewunderung und Begeisterung hervor. Genau wie ihr Trainer, der in seiner kauzig-charmanten Art wie ein zerstreuter Professor wirkte, der nach jahrzehntelangen Forschungen auf die perfekte Formel für ebenso spektakulären wie erfolgreichen Fußball gestoßen zu sein schien.

Die Entdeckung der Schwarz-Gelben: Der 19-jährige Engländer Jadon Sancho (links) macht das 1:0 gegen Hertha BSC. Keeper Rune Jarstein ist ebenso machtlos wie auch Abwehrmann Karim Rekik.

Dann jedoch folgte das Pokalspiel gegen Werder Bremen und setzte eine Serie von Pleiten, Pech und Pannen in Gang, die das gerade erst aufgeblühte Selbstvertrauen des BVB wieder ins Wanken brachte: Die 5:7-Niederlage nach Elfmeterschießen bedeutete nicht nur das Ende des ersten Titeltraums, es kostete den BVB auch Marco Reus, der anschließend für mehrere Wochen verletzt ausfiel, sowie den unerschütterlichen Glauben an die eigene Stärke. Gleich zweimal führten die Borussen gegen den Bundesliga-Rivalen, beide Male jedoch gaben sie den Vorsprung durch individuelle Patzer wieder her. Ein Muster, das sich durch die gesamte Rückrunde ziehen und gravierende Folgen für Dortmunds Meisterschaftsträume haben sollte.

In den Folgewochen gab Dortmund einen 3:0-Vorsprung gegen Hoffenheim aus der Hand, schied durch zwei Niederlagen gegen Tottenham Hotspur aus der Champions League aus und verlor gegen Nürnberg und Augsburg unnötig Punkte. Dennoch reiste der BVB als Tabellenführer zum direkten Duell nach München. Mit einem Sieg beim FC Bayern wäre der zwischenzeitlich aufgebrauchte Vorsprung wieder auf fünf Zähler angewachsen. Doch die Borussia, angetreten mit einer völlig wirkungslosen Risikovermeidungsstrategie, kam unter die Räder und verlor 0:5. Die Münchner waren obenauf, die Dortmunder leckten die schmerzhaften Wunden.

Der Stratege und Kopf der Mannschaft: Der Belgier Axel Witsel stabilisierte das junge Team des BVB, brauchte keine Eingewöhnungszeit, bestimmte sofort den Takt und den Rhythmus der Dortmunder.

Filigraner Vorbereiter: BVB-Kapitän Marco Reus gab mit seiner Technik und seinem Tempo zahlreiche Assists für die Offensivkollegen. Gegen die Herthaner Mittelstädt und Jarstein legt er per Hacke für Sancho (nicht im Bild) auf.

Die Führung im Revierderby: Beim Spiel gegen Schalke 04 gelingt Mario Götze die 1:0-Führung gegen Schalke und Keeper Alexander Nübel. Am Ende aber hatte Schalker beim 4:2-Sieg überraschend die Nase vorn.

Doch sie sollten noch tiefer aufgerissen werden: Nur drei Wochen nach dem Debakel von München erlebte der BVB die nächste heftige Bruchlandung und verlor völlig verdient das Derby gegen den FC Schalke 04 vor heimischer Kulisse mit 2:4 – und dazu noch Reus und Marius Wolf, die sich mit nahezu identischen Aktionen jeweils Rote Karten abholten. Dortmunds Meisterschaftsträume schienen jäh geplatzt – selbst Trainer Favre glaubte nicht mehr an die Chance seiner Mannschaft und erklärte den Titelkampf kurzerhand für entschieden. Zum Ärger seiner Vorgesetzten.

Doch die Saison hielt noch eine letzte Pointe bereit. Weil auch München in Nürnberg und in Leipzig patzte und insgesamt vier Punkte weniger als geplant holte, kam es zum Finale furioso am letzten Spieltag. Erstmals seit 2009 versprach die Konstellation Spannung bis zum Schluss – zumal es sowohl für Dortmunds Gegner Mönchengladbach als auch für Münchens Kontrahenten Frankfurt noch um die Zulassung zur Champions League ging.

Alles Hoffen, Bangen und Daumen drücken allerdings half dem BVB nichts. Weil München Frankfurt 5:1 schlug, war Dortmunds Erfolg in Mönchengladbach letztlich wertlos. Oder doch nicht? Der knapp verpasste Meistertitel jedenfalls weckte in Dortmund Gelüste auf mehr. Der BVB hat Blut geleckt und will in der neuen Saison mit einem weiter verstärkten Team erneut ganz oben angreifen. Für Dortmunds Fans wie für die Bundesliga ist das eine ausgesprochen gute Nachricht.

Matthias Dersch

Salzburg als Wendepunkt. Kampl: »An ein paar Schrauben gedreht«.

Ganz eng dran: RB Leipzig entpuppte sich als dritte Kraft hinter Bayern und Dortmund. Beim Topspiel des 33. Spieltags ließen die Münchner beim 0:0 weitere Punkte liegen. Hier ein Duell des RB-Stürmers Yussuf Poulsen und Joshua Kimmich.

Die Enttäuschung war deutlich spürbar, als die Spieler von RB Leipzig am Mittag des 26. Mai von Berlin gen Sachsen aufbrachen. Tags zuvor hatten Kapitän Willi Orban und Kollegen den ganz großen Wurf verpasst, als RB bei seinem Debüt als DFB-Pokalfinalist dem FC Bayern München 0:3 unterlegen war.

Die Stimmung im Sonderzug, der Fans, Journalisten und die Mannschaft nach Leipzig brachte, war entsprechend nicht überbordend, Emil Forsberg sagte etwa: »Es tut immer noch weh. Wir hatten die Chance, Geschichte zu schreiben und haben das leider nicht gemacht.« Doch sowohl der schwedische Offensivstratege als auch Kapitän Orban betonten noch im Sonderzug, dass RB trotz der schmerzhaften Niederlage bei der ersten Final-Teilnahme zufrieden sein könne mit dem Erreichten.
Die Fans jedenfalls sahen das auch so, denn schon als der Sonderzug am Leipziger Hauptbahnhof einfuhr, wurden Spieler und Betreuer von etwa 700 Fans empfangen und lautstark gefeiert. Das setzte sich auch auf der Festwiese am Stadion fort, wo 5000 bis 6000 Anhänger ihre Lieblinge mit tosendem Jubel bedachten. Und Ralf Rangnick, der nach der Saison 2015/16 in der abgelaufenen Spielzeit zum zweiten Mal erfolgreich in der Doppelfunktion als Trainer und Sportdirektor gewirkt hatte, richtete nochmal das Wort an die Fans.
Am Tag nach dem Finale, »fühlt es sich schon nicht mehr ganz so schlimm an«, so Rangnick, »und in den nächsten Tagen wird vor allem eins überwiegen: Der Stolz über die absolut herausragende Saison, die wir gespielt haben.« Auch Orban äußerte die Ansicht, dass die RB-Saison 2018/19 insgesamt »sehr gut war. Wir haben uns für die Champions League qualifiziert, das ist schon eine coole Sache.« Nach anfänglichen Schwierigkeiten sei RB stetig besser geworden, so der Kapitän, »und spätestens ab der Rückrunde war es Wahnsinn, was wir gespielt haben.«
In der Tat war die Entwicklung von RB ab dem Start der zweiten Saisonhälfte

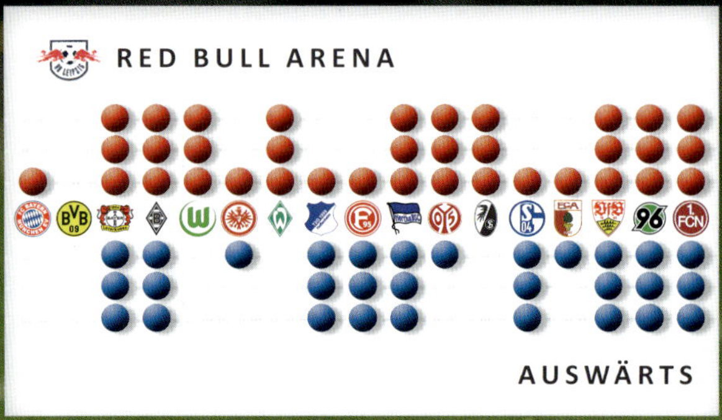

Diese Entwicklung ging jedoch nicht ohne Stolpersteine voran. Der Ligastart geriet in Dortmund (0:1), gegen Aufsteiger Düsseldorf (1:1) und gegen Hannover (3:2) mittelmäßig, ehe die Sachsen im ersten Spiel der Europa-League-Gruppe B, dem brisanten Duell zu Hause gegen die ehemalige Konzernschwester RB Salzburg, 2:3 unterlagen. Und das nach einer fast bemerkenswert. Zwar unterlagen die Leipziger im ersten Rückrundenspiel zu Hause Borussia Dortmund 0:1, danach bleiben Rangnick und sein Team allerdings in 15 Ligapartien – und drei Pokalspielen – unbesiegt. Erst am 34. Spieltag musste sich eine angesichts des nahenden Pokalfinales aufgebotene Leipziger B-Elf in Bremen 1:2 geschlagen geben. Resultat: Mit dem 2:1-Heimsieg am 31. Spieltag gegen den SC Freiburg machte RB Platz drei fix und qualifizierte sich im dritten Jahr Bundesliga-Zugehörigkeit zum zweiten Mal für die Gruppenphase der Champions League. »Drei Spieltage vor Schluss die Champions League zu fixieren plus das Pokalfinale – mehr geht nicht«, sagte Rangnick anschließend, »die Jungs können stolz darauf sein, wie sie sich entwickelt haben.«

Den Sack zugemacht: Leipzigs Österreicher Konrad Laimer (links) schießt in Düsseldorf den Treffer zum 4:0. Die Fortunen Matthias Zimmermann und Michael Rensing sind machtlos – wie die Düsseldorfer im gesamten Spiel.

Heimpleite zum Rückrunden-Auftakt: Im Topspiel unterliegt RB dem Tabellenführer aus Dortmund mit 0:1. Hier versucht Leipzigs Kevin Kampl (li.) einen Pass gegen den Borussen Maximilian Philipp.

über die gesamte Spielzeit unterirdischen Vorstellung. Die Salzburger führten Rangnicks Truppe dabei speziell in der ersten Halbzeit vor. Flankiert wurde die Pleite noch von der Disziplinlosigkeit von Jean-Kevin Augustin und Nordi Mukiele. Der französische Angreifer Augustin, der trotz großer Begabung in den zwei Jahren bei RB nie den Durchbruch schaffte, und sein Landsmann erschienen vor dem Spiel zu spät in der Mannschafts-Kabine, weil sie auf der Trainerbank sitzend auf ihren Handys herumgespielt hatten. Rangnick suspendierte beide für das folgende Ligaspiel bei Eintracht Frankfurt. Jener 20. September 2018 war für RB ein Knackpunkt der Saison – und die Wende zum Positiven (siehe auch ab Seite 138). In der Europa League schied RB zwar in einer Gruppe mit Salzburg sowie Rosenborg Trondheim (3:1, 1:1) und Celtic Glasgow (2:0, 1:2) aus. Aber in der Liga fand RB in die Spur, ehe die Sachsen in der Rückrunde durchstarteten. »Dieses Spiel hat uns allen gezeigt, dass es so nicht geht, dass wir bestraft werden, wenn wir so auftreten«, sagte Mittelfeldakteur Kevin Kampl im Frühjahr, »nach dem Salzburg-Spiel hat jeder bei sich an ein paar Schrauben gedreht.«

Vor allem in puncto Defensivverhalten zogen die Leipziger Spieler die richtigen Schlüsse und schafften in der Rückrunde sieben Auswärtssiege in der Liga nacheinander. Am Ende waren Rangnick und seine Spieler die zweitbeste Rückrunden-Mannschaft nach dem FC Bayern und fuhren den verdienten Lohn ein: dienstags oder mittwochs erklingt im kommenden September im Leipziger Stadion wieder die Champions-League-Hymne. Das tröstete die meisten im RB-Lager dann doch darüber weg, dass es im Jubiläumsjahr – RB feierte im Mai zehnjähriges Bestehen – mit dem ersten nationalen Titel noch nichts wurde.

Andreas Hunzinger

Kaum zu stoppen: Leipzigs Stürmer Timo Werner überspringt Leverkusens Abwehrspieler Sven Bender. Der Torjäger und Nationalspieler machte insgesamt 16 Treffer – einen auch beim 4:2 gegen Bayer.

Bayers Schwungräder in der Offensive: Der erst 19-jährige Kai Havertz (li.) und sein Pendant Julian Brandt. Er wird den Klub allerdings Richtung Dortmund verlassen.

Unter Bosz erobern Brandt und Havertz den höchsten Ballbesitz

Das Thema war eigentlich schon abgehakt: Bayer 04 und die Champions League? Das wird wohl nichts, dachten die meisten beim Werksklub. Und auch Rudi Völler hatte die Königsklasse nach dem 29. Spieltag und drei Niederlagen am Stück gegen Bremen, Hoffenheim und Leipzig nicht mehr im Blick.

»Wenn jemand vor fünf Wochen gesagt hätte, dass wir Sechster werden, hätten wir das sofort unterschrieben«, erklärte der Geschäftsführer Sport nach dem Saisonfinale im Berliner Olympiastadion, wo Leverkusen dank eines 5:1-Erfolgs erstmals in dieser Spielzeit auf Rang vier kletterte. Es war eine Punktlandung nach einer grandiosen Aufholjagd unter dem nach der Hinrunde verpflichteten Trainer Peter Bosz. Der Niederländer entpuppte sich für Bayer als Glücksfall. Trotz einer extrem kurzen, nur zweiwöchigen Vorbereitung setzte die Mannschaft seinen offensiven, attraktiven und riskanten Ballbesitzfußball überraschend schnell gut um.
Der Grund dafür: Nach einer enttäuschenden Hinrunde unter Heiko Herrlich, in der die Werkself ihr Potenzial nur vereinzelt wie beim 6:1 in Bremen oder beim 5:0-Pokalerfolg in Mönchengladbach abrief, lechzten Havertz, Brandt, Tah und Co. nach einem neuen Impuls und die Rückkehr zu einer sehr offensiven Spielweise. Die Bereitschaft, Boszs Ideen umzusetzen, ist maximal groß. »Ich hatte nicht einmal das Gefühl, das ein einzelner Spieler gegen diese Spielweise war.« So bedingungslos waren Bosz bislang nur die Spieler einer Mannschaft gefolgt, nämlich in Amsterdam. Sonst schlug ihm

anfänglich immer Skepsis entgegen aufgrund der äußerst riskanten Ausrichtung mit einer sehr hoch stehenden Abwehrreihe. Bei Bayer folgten die Profis ihm sofort. »Das war für mich neu. Bei Ajax gab es diese Zweifel auch nicht, weil diese Spielweise dort in der DNA liegt, aber bei allen anderen Vereinen«, so Bosz, der weiß: »Nur deshalb konnte alles so schnell funktionieren.«
Und das tat es. Bayer dominierte die Rückrunde in Boszs 4-3-3, in dem der vom Flügelstürmer zum Spielmacher umgepolte Julian Brandt zusammen mit Kai Havertz ein in der Liga unerreichtes Kreativduo bildete. Bayer 04 hatte unter Bosz den meisten Ballbesitz aller 18 Klubs, wurde mit 34 Punkten drittbestes Rückrundenteam, erzielte 43 Tore und begeisterte mit herzerfrischendem Angriffsfußball.
Dieser fand mit dem 5:1 in Berlin und dem Sprung in die Königsklasse seine Krönung. Torhüter Lukas Hradecky erklärte: »Wir haben eine geile Rückrunde gespielt.«
Mit dieser sorgte die Werkself für einen erfolgreichen Abschluss einer extrem wechselhaften Saison. Denn im zweiten Jahr unter Herrlich ging der Start mit drei Niederlagen total in die Hose. Der Trainer stand frühzeitig und nicht zum letzten Mal in dieser Hinrunde unter Druck. Von diesem konnte sich Herrlich, wenn überhaupt, nur kurzzeitig befreien. Die Werkself, der Stratege Charles Aranguiz fast die gesamte erste Saisonhälfte verletzt fehlte, kriegte nach dem Fehlstart nur mit Mühe die Kurve: In Rasgrad drehte der sich am Ende mit 17 Treffern zum Torjäger aufschwingende Kai Havertz einen 0:2-Rückstand in der Europa League fast im Alleingang per Doppelpack zu einem 3:2-Sieg. Drei Tage später sorgte er für den 1:0-Sieg gegen Mainz am 4. Spieltag. Zwei Ergebnisse, die Herrlich ebenso vorerst retteten, wie die zwei oben erwähnten Sternstunden innerhalb von vier Tagen in Bremen und Gladbach. Schon vor diesen beiden Spielen hatte Bayer die Fühler nach Peter Bosz ausgestreckt.
Die lange schwelende Trainerfrage sorgte dafür, dass die Risse innerhalb der Klubführung zu einem Bruch führten. Der von Geschäftsführer Sport Rudi Völler als sein designierter Nachfolger bezeichnete Sportdirektor Jonas Boldt erklärte Ende November seinen Abschied. Boldt, der schon in der Sommerpause für einen Trainerwechsel plädiert hatte, spürte, wie

Feuerwerk der Werkself: Gegen Eintracht Frankfurt gelingt Bayer ein 6:1-Kantersieg, der schon zur Halbzeit feststand. Lucas Alario (li.) und Kevin Volland jubeln mit Charles Aranguiz, dem Schützen zum zwischenzeitlichen 4:1.

Bayer-Triumph über die Bayern: Leverkusens Leon Bailey (Nr. 9) gelingt per Freistoß der Ausgleich zum 1:1. Am Ende siegte Bayer dank zweier Treffer von Volland und Alario mit 3:1 gegen den Titelaspiranten.

Auf dem Weg in die Königsklasse: Bayer-Stürmer Kevin Volland gelingt der Treffer zum 2:0-Endstand über den 1. FC Nürnberg. Torhüter Christian Mathenia ist machtlos. Eine Szene vom 30. Spieltag der Saison.

ihm der Rückhalt unter dem neuen Vorsitzenden der Geschäftsführung Fernando Carro fehlte. Der von Carro protegierte Ex-Bayer-Profi Simon Rolfes übernahm Boldts Job ab dem 1. Dezember.

Völler, von den internen Machtspielen getroffen, gab offen zu: »Ich hätte mir auch alles etwas anders vorgestellt.« Und deutete an, dass er zumindest an einen vorzeitigen Abschied trotz eines bis 2022 laufenden Vertrages dachte. Was für ein Beben bei Bayers Fußball-AG, die den Angriff auf die Spitze geplant hatte und kurz vor der Abstiegszone steckte.

Die sportliche Krise ging weiter. Während Herrlich nach den zahlreichen Enttäuschungen immer wieder die Mentalität und den Charakter der Mannschaft infrage stellte, sahen die Macher dies anders. Auch Völler, der seinen Trainer bis zuletzt öffentlich verteidigte, wurde bewusst, dass dieser die Wende nicht mehr hinbekommen würde. Selbst 13 Punkte aus den letzten sechs Hinrundenspielen konnten Herrlich nicht mehr retten. Dann kam Bosz und gab Bayer 04 die Identität zurück – und den lange vermissten Startplatz in der Champions League.

Stephan von Nocks

Die Krönung bleibt versagt – »Strategische Entscheidung« führt zum Trainerwechsel

Ist es eine erfolgreiche Saison, wenn man nach zwei neunten Plätzen ins internationale Geschäft zurückkehrt? Oder muss man sich ärgern über das Verpassen der Champions League, wenn man nach 20 Spieltagen auf Platz zwei rangierte und der Vorsprung auf den Fünften komfortable zehn Punkte betrug?

Jubelpose eines Gladbach-Youngsters: Florian Neuhaus entpuppte sich als eine der Saison-Entdeckungen. Hier freut er sich über seinen Treffer zum 2:0 bei Schalke 04. Insgesamt machte der U-21-Nationalspieler drei Tore für die Fohlen.

Vorbildliche Schusshaltung: Patrick Herrmann gelingt das Tor zum überraschenden 3:0-Triumph bei den Bayern. Die Münchner Serge Gnabry, Renato Sanchez, Leon Goretzka und Mats Hummels sind machtlos.

Ein bisschen was von beidem, da waren sich die Borussen nach dem Saisonfinale einig. Doch unter dem Strich überwog bei den Fohlen die Zufriedenheit, das ausgegebene Saisonziel erreicht zu haben. »Europa ist Europa. Natürlich hätten wir gerne die Chance genutzt, in die Champions League einzuziehen. Aber auch die Europa League ist ein spannender Wettbewerb. Wir freuen uns darauf«, meinte Torhüter Yann Sommer nach der abschließenden 0:2-Niederlage gegen Dortmund.

20 Spieltage lang staunte Fußball-Deutschland über diese neue Borussia aus Gladbach. In ihrem frischen 4-3-3-System stürmte die Fohlenelf von Erfolg zu Erfolg. Stabil in der Defensive präsentierte sich die von Dieter Hecking umgebaute Mannschaft sowie dynamisch, zielstrebig und effizient in der Offensive. Im Rekordeinkauf Alassane Plea war endlich auch der lange vermisste Torjäger gefunden, der fehlende Mosaikstein für die spielerisch hochveranlagte Mannschaft. Es passte alles zusammen, und das bekam auch der FC Bayern zu spüren. Einen 3:0-Triumph in München, herausgeschossen im Oktober, hat nicht einmal die goldene Fohlen-Generation um Günter Netzer in den Siebzigern vorzuweisen.

Mit dem dritten Rückrundensieg, ein 2:0 auf Schalke, stiegen die Borussen für die vielen Fußball-Experten im Land endgültig zum Meisterschaftskandidaten auf. Gladbach auf zwei, noch vor dem großen FC Bayern – alles kein Zufallsprodukt. Doch dann folgte das Spiel, das alles verändern sollte: Gegen Berlin wollten die Gladbacher mit dem saisonübergreifend 13. Heimsieg in Serie einen neuen, alleinigen Vereinsrekord feiern. Stattdessen setzte es im Borussia-Park eine heftige 0:3-Niederlage. Was zunächst lediglich als Dämpfer in der allgemeinen Hochstimmung eingestuft wurde, entwickelte sich zum Wendepunkt für die weitere Saison. Plötzlich brachte die Offensivabteilung ihr druckvolles Spiel nach vorne nicht mehr durch und schoss Fahrkarte um Fahrkarte. Plötzlich verlor das Dreier-Mittelfeld um Tobias Strobl und Jonas Hofmann die gewohnte Dominanz. Plötzlich häuften sich die Fehler in der lange Zeit stabilen Viererkette um Abwehrchef Matthias Ginter. Und vor allem die Konteranfälligkeit machten sich die Gegner zunehmend zunutze.

Als Aufsteiger Düsseldorf beim 3:1-Sieg die Borussen zeitweise vorführte und für den Tiefpunkt inmitten der Krise sorgte, handelte Max Eberl; aber anders als von vielen erwartet. Borussias Sportdirektor verkündete zwar das Aus für Hecking. Aber erst für den Sommer. Dann würde, wie sich kurze Zeit später herausstellen sollte, Marco Rose von RB Salzburg den Trainerposten übernehmen, eine »strategische Entscheidung«, so Eberls Begründung. Kurzfristig schenkte man Hecking das Vertrauen. »Wenn ich nicht mehr von Dieter Hecking überzeugt wäre und ich den Erfolg in Gefahr sehen würde, dann hätte ich ihn entlassen«, erklärte Borussias Macher auf einer Pressekonferenz am 2. April.

Auch Hecking, der nach dieser Klubentscheidung kurz ans sofortige Hinschmeißen dachte (»Das war eine Riesenenttäuschung.«) und erst im November mit einem neuen Vertrag bis 2020 ausgestattet worden war, wollte die Sache bis zum Ende gemeinsam durchziehen. »Jetzt«, kündigte er an, »möchte ich mich hier mit der Champions League verabschieden.«

Weitere Rückschläge in den folgenden Wochen schienen diesen Traum schon zu beenden und sogar für einen kompletten Europa-K.-o. zu sorgen. Bis ein extrem glückliches 2:2 gegen die TSG Hoffenheim und ein 4:0 in Nürnberg nicht nur die Rückkehr aufs internationale Parkett sicherstellte, sondern auch die Tür zur Königsklasse wieder weit öffnete: Gladbach hatte auf Platz vier das Schicksal wieder in der Hand. Leverkusens Torejagd in Berlin und das eigene 0:2 gegen Dortmund verhinderten jedoch das Happy End. Hecking verabschiedete sich trotzdem glücklich nach zweieinhalbjähriger Amtszeit und hinterlässt seinem Nachfolger Rose einen Europapokalteilnehmer. »Die Champions League wäre die Krönung gewesen«, sagte Hecking, »aber für die Borussia ist es eine tolle Sache, in den Europapokal einzuziehen. Wir haben das Saisonziel erreicht.«

Jan Lustig

Betretene Minen der Gladbacher nach dem Rückspiel gegen die Bayern: Matthias Ginter, Lars Stindl und die anderen Borussen können nicht fassen, was ihnen bei der 1:5-Niederlage gegen den Meister widerfahren ist.

Torjäger Weghorst als »Mentalitätsmonster«

Er rettete den VfL Wolfsburg, stabilisierte ihn, führte ihn wieder nach oben. Im Eiltempo hat Bruno Labbadia aus dem Fast-Absteiger der beiden Vorjahre einen Europapokalteilnehmer geformt. Und sich damit selbst ein Abschiedsgeschenk gemacht.

»Danke, Bruno!« In großen Lettern stand in der Wolfsburger Nordkurve geschrieben, was alle dachten. Bruno Labbadia, mit Skepsis wurde er im Februar 2018 beim VfL empfangen, nur ungern ließen die Zuschauer ihn nun ziehen. Der Erfolgstrainer verabschiedete sich mit einem fulminanten 8:1 gegen den FC Augsburg, dem höchsten VfL-Sieg seiner Bundesligahistorie, und dem Einzug in die Europa League. Der Trainer kam am Tiefpunkt, er geht am Höhepunkt.

Mit einem lachenden und einem weinenden Auge. Zufrieden, weil er erreicht hat, was er wollte. Weil er, der schon einige Male entlassen wurde als Fußballlehrer, selbstbestimmt durchs Leben geht und eine wohlüberlegte Entscheidung getroffen hat. Das Verhältnis zu Geschäftsführer Jörg Schmadtke war das ganze Jahr über angespannt, die Kommunikation eingeschränkt. »Manchmal«, stellte der Manager fest, »stimmt einfach die Chemie nicht.« Und so war es nur folgerichtig, dass Labbadia seinen auslaufenden Vertrag nicht verlängerte.

Ein Duell der Sprinter: Wolfsburgs Franzose Jerome Roussillon (rechts) zieht am Dortmunder Jakob Bruun Larsen vorbei. Dennoch siegten die Schwarz-Gelben am Ende mit 1:0 beim VfL. Eine Szene vom 10. Spieltag im November.

Ein Trainer in seinem Element: Wolfsburgs Coach Bruno Labbadia führte den VfL wieder in die Europa League – dennoch wollte er seinen Vertrag nicht verlängern. Der Grund: atmosphärische Störungen mit Geschäftsführer Jörg Schmadtke.

Wenngleich deutlich wurde, dass er mit der von ihm geformten Mannschaft gerne noch weitergearbeitet hätte. Den Einzug in den Europapokal hatte der Trainer intern schon vor der Saison als Ziel ausgegeben. »Ich habe es Jörg im Sommer gesagt, dass ich dieses Jahr ins internationale Geschäft will«, verriet Labbadia nach dem großen Triumph. »Ich war davon überzeugt, dass wir vieles drehen können. Dafür brauchst du eine Mannschaft, die bedingungslos alles mitmacht.«

Diese Mannschaft hatte Labbadia. Oder besser gesagt: Er entwickelte sie. Denn der Großteil des Teams bestand aus Spielern, die in den Jahren zuvor teilweise stümperhaft gegen den Abstieg dilettierten, den Oberbegriff »Mannschaft« zu kaum einem Zeitpunkt verdient hatten. Nun aber kämpften sie, rannten sie, ja, sie spielten sogar Fußball. Weil Labbadia das tatsächliche Potenzial dieser Fußballer freilegte, weil er Neuzugänge bekam, die den Kader ausnahmslos besser machten.

Allen voran Wout Weghorst. Der Torjäger kam für elf Millionen Euro und mit der Empfehlung von 18 Saisontreffern aus Alkmaar und eroberte die Bundesliga im Sturm. Der 26-Jährige, der acht Jahre zuvor noch als Amateurspieler in den Niederlanden unterwegs war und dem kaum jemand eine große Karriere als Fußballer zutraute, erzielte 17 Treffer und war so etwas wie die Zugmaschine seiner Mannschaft. »Ein Mentalitätsmonster«, adelte Sportdirektor Marcel Schäfer den Angreifer, der die meisten Sprints und die meisten intensiven Läufe der Liga absolvierte. Außergewöhnlich waren ebenso die Leistungen des neuen Linksverteidigers. Jerome Roussillon, für rund fünf Millionen Euro aus Montpellier verpflichtet, ging im wahren Wortsinn ab wie eine Rakete. Der Franzose ist pfeilschnell, Landsmann und VfL-Kapitän Josuha Guilavogui stellt anerkennend fest: »Wenn er die Rakete zündet, ist er kaum zu halten.«

Das galt in dieser Saison nicht selten auch für die gesamte Mannschaft. 16 Siege fuhr sie ein – so viele wie in den beiden Vorjahren zusammen. Eine Genugtuung für Labbadia, der das Team an den Österreicher Oliver Glasner (kommt vom Linzer ASK) weiterreicht? Nein, antwortet der Trainer, der gleichwohl stolz ist auf das Geleistete. »Man kann auch bei Vereinen, die am Boden liegen, total viel bewirken.« Das tat er, das taten ebenso Geschäftsführer Jörg Schmadtke und Sportdirektor Marcel Schäfer. Auch wenn es zwischen Schmadtke und Labbadia kriselte, gehen sie als Erfolgsgespann in die Vereinsgeschichte ein. Aufsichtsrat Frank Witter stellt zufrieden fest: »Wir haben richtige Schritte gemacht. Das kann man spüren im Verein. Es herrscht Stabilität, es ist Ruhe, es gibt eine Hierarchie und Ordnung. Und das ist gut so. Das braucht ein erfolgreicher Verein auch.« Der der VfL Wolfsburg nach dieser Saison wieder ist.

Thomas Hiete

Ein Neuzugang aus den Niederlanden: Mit Wout Weghorst angelte sich der VfL Wolfsburg nicht nur einen überragenden Torjäger (17 Treffer), sondern auch ein laufstarkes »Mentalitätsmonster«. Der Mittelstürmer kam von AZ Alkmaar nach Wolfsburg.

Zwischen den Extremen: Sternstunden und ausgepresst wie eine Zitrone!

Eintracht Frankfurt erlebte 2018/19 einen »Wandel zwischen den Extremen«, wie es Vorstand Axel Hellmann treffend ausdrückte. Spektakuläre Spiele, magische Nächte im Europacup, aber auch deftige Niederlagen und ein erneuter Einbruch in der Rückrunde prägten die Spielzeit der Hessen.

Die Saison begann mit einer krachenden 0:5-Niederlage im Supercup gegen die Bayern und endete mit einer grotesk schlechten Leistung beim 1:5 in München am 34. Spieltag. Es ist schon kurios: Frankfurt spielte zu Beginn und gegen Ende der Saison schlecht wie ein Absteiger, schwang sich dazwischen aber phasenweise zu meisterlichen Leistungen auf.

Den ersten Schlüsselmoment erlebte die Mannschaft am 1. Spieltag der Europa League beim Geisterspiel in Marseille. Der glückliche 2:1-Sieg ließ die vor der Saison auf vielen Positionen neu formierte Mannschaft spüren, dass sie auch Favoriten Paroli bieten kann. Mit dem 4:1-Erfolg gegen Hannover 96 am 6. Spieltag war auch in der Liga der Bann gebrochen. Fortan schien nichts und niemand die von ihrem offensiv denkenden Trainer Adi Hütter geprägte Eintracht und den »Büffelherde« getauften Dreiersturm mit Sebastien Haller, Luka Jovic und Ante Rebic aufhalten zu können.

Vor allem Haller und Jovic vollzogen im Vergleich zur Vorsaison einen großen Entwicklungsschritt. Mit seinem Fünferpack beim 7:1 gegen Düsseldorf erlebte Shootingstar Jovic seine ganz persönliche Sternstunde. Der serbische Nationalspieler war erst der 15. Spieler in der Bundesligageschichte, dem dieses Kunststück gelang. Außerdem löste er Klaus Scheer ab, der bis dato der jüngste Bundesligaprofi mit einem Fünferpack gewesen war. Scheer hatte 1971 beim Schalker 6:2 gegen Köln im Alter von 20 Jahren und 332 Tagen fünf Treffer erzielt – Jovic war am Tag des Spiels gegen Düsseldorf exakt 20 Jahre und 300 Tage alt …

Es würde der Mannschaft aber nicht gerecht werden, lediglich die drei Angreifer als wesentliche Erfolgsfaktoren zu nennen. Im Tor erwies sich Rückkehrer Kevin Trapp als Volltreffer, Makoto Hasebe spielte als moderner Libero wie ein junger Gott und Filip Kostic legte als offensiver Linksverteidiger eine nie gezeigte Konstanz und Klasse an den Tag.

Wichtiger Winter-Neuzugang: Eintracht-Trainer Adi Hütter und Mittelfeldspieler Sebastian Rode, der von Borussia Dortmund kam. Trotz einer Knorpelverletzung am Saisonende soll Rode in Frankfurt gebunden werden.

Bis Weihnachten sammelten die Hessen 27 Punkte und verschafften sich damit eine exzellente Ausgangsposition im Kampf um die internationalen Plätze. Durch die Verpflichtungen von Sebastian Rode und Martin Hinteregger – beide avancierten sofort zu Leistungsträgern – war der Kader in der Rückrunde noch besser aufgestellt. Zwischenzeitlich blieb Frankfurt 15 Pflichtspiele in Serie ohne Niederlage, in der Europa League warf der Underdog auf dem Weg ins Halbfinale ein Schwergewicht nach dem anderen aus den Wettbewerb. »Das ist ein emotionales, überragendes Jahr mit unglaublich vielen Höhepunkten gewesen. So viele Highlights haben einige nicht in fünf Jahren. Wir haben lange tollen Fußball gespielt«, resümierte Sportvorstand Fredi Bobic. Manchmal läuft es aber selbst in der Blase Profifußball wie im wahren Leben: Auf den intensiven Rausch folgt nicht selten ein fürchterlicher Kater. So erging es auch der Eintracht – nicht zum ersten Mal. An den letzten sechs Spieltagen sammelte das Team in der Liga nur noch zwei Zähler. Adi Hütter versäumte es, die Belastung durch mehr Rotation besser zu steuern. Es ist verständlich: Der Coach wollte möglichst immer seine elf besten Männer stellen. Doch am Ende waren viele Profis ausgepresst wie eine Zitrone, so drückte es Hütter selber aus. Das Ärgerliche: Schon in den beiden Jahren zuvor war die Mannschaft unter Niko Kovac im Laufe der Rückrunde eingebrochen. Gelernt hat der Klub daraus offenbar wenig. Deshalb sagt Vorstand Hellmann: »Man wird sich Gedanken machen müssen, warum uns auf der Zielgeraden wieder die Luft ausgegangen ist.« Als Trostpflaster blieb der Eintracht am Ende immerhin Platz 7 und die Chance auf erneute Festspiele im Europacup.

Julian Franzke

Die »Büffelherde« der Eintracht: Der Kroate Ante Rebic, der Franzose Sebastien Haller und der Serbe Luka Jovic waren in der Bundesliga kaum zu bremsen. Gemeinsam kamen die drei Angreifer auf 41 Tore!

Frankfurter Schützenfest gegen die Fortuna: Beim 7:1-Triumph über den Aufsteiger aus Düsseldorf schnürte Luka Jovic (links gegen Jean Zimmer) einen Fünferpack. Der Serbe war, wie so oft, kaum zu stoppen.

Trotz berauschender Wochen Europa nur knapp verpasst: »Das war erst der Anfang!«

Das mutig ausgerufene Saisonziel, nämlich der Einzug ins internationale Geschäft, wurde knapp verpasst. Dennoch durfte sich Werder als einer der Gewinner der abgelaufenen Saison fühlen.

Denn: Nach Jahren des Abstiegskampfs kehrten die Grün-Weißen zumindest in den erweiterten Kreis der Bundesliga-Spitzenteams zurück. Erstmals seit der Saison 2009/10 – seinerzeit erreichte Bremen unter Thomas Schaaf noch die Champions League – standen nun wieder mehr als 50 Punkte auf der Habenseite. Und: Nicht zuletzt die attraktive Spielweise unter der Regie von Trainer-Aufsteiger Florian Kohfeldt erinnert wieder an gute alte Zeiten an der Weser.

Im ersten Viertel der Spielzeit trat die Mannschaft um den im Sommer frisch gekürten Kapitän Max Kruse gar wie ein Anwärter auf die Königsklasse auf. Nach einem souveränen 2:0 bei Vizemeister Schalke am achten Spieltag grüßte Werder mit 17 Zählern von Rang drei, einen Punkt vorm späteren Meister FC Bayern und nur drei hinter Spitzenreiter Dortmund. Es folgte jedoch eine denkwürdige 2:6-Heimklatsche gegen Leverkusen, eine Serie von insgesamt fünf Partien ohne Sieg und der Absturz auf Platz neun.

Überhaupt gelang bis zur Winterpause nur noch ein »Dreier« beim 3:1 gegen Düsseldorf, nach der ersten Halbserie rangierte Bremen mit 22 Punkten als Zehnter. Zwar hatten sich die spielerischen Leistungen vor Weihnachten wieder stabilisiert, doch eine klägliche Chancenverwertung kostete mögliche Siege etwa gegen Hoffenheim (1:1) oder in Leipzig (2:3). Symptomatisch dafür stand Angreifer Milot Rashica – der dann aber in der zweiten Saisonhälfte zum treffsicheren Shootingstar avancierte. Mit 31 Zählern und nur noch 20 Gegentoren legte Werder in der Rückrunde eine absolut europareife Bilanz hin, der ganz große Wurf indes blieb aus. Verspielt wurde er rückblickend ausgerechnet gegen die drei Absteiger. In den Duellen mit Nürnberg, Hannover und Stuttgart holten die Hanseaten von 18 möglichen Punkten nur ganze sieben. Wo Kohfeldt ansetzen muss, liegt damit auf der Hand: Bei der Durchschlagskraft gegen tief verteidigende Kontrahenten – und bei der taktischen Cleverness. Schließlich wurde gegen den Club jeweils eine 1:0-Führung kurz vor Ende noch verspielt.

Allein: Es gab auch berauschende Wochen, gerade im Frühjahr, als hintereinander Schalke, Leverkusen und Mainz aus dem Stadion gespielt wurden, es war die überragende Phase des Topscorers Kruse. Dazu lieferte das Team großartige Pokalabende mit Siegen auf Schalke und in Dortmund sowie dem fast tragischen Halbfinal-Aus gegen die Bayern. An diese Leistungen will Kohfeldt mit seinen Schützlingen anknüpfen, auch ohne den ablösefrei abgewanderten Kruse. Dessen Verlust wiegt schwer, doch kompensierte Werder auch in der abgelaufenen Spielzeit die Abgänge von Zlatko Junuzovic und Thomas Delaney letztlich problemlos.

Unter anderem, weil sich der für 13,5 Millionen Euro vom FC Everton geholte Rekordtransfer Davy Klaassen auf Anhieb als tragende Säule entpuppte. Aber auch, weil nachrückende Kräfte wie Rashica und Maxi Eggestein zu Spitzenspielern wurden. Die Saison 2018/19, so scheint es, könnte also ein Startschuss gewesen sein. Ganz im Sinne eines Fan-Transparents am 34. Spieltag: »Das war erst der Anfang.«

Thiemo Müller

Eingeschlagen: Der niederländische Neuzugang Davy Klaassen hatte an der Weser keine Eingewöhnungsprobleme. Hier trifft der Dauerläufer per Kopfball zum 1:1-Ausgleich gegen den Gladbacher Tobias Strobl.

Kein Halten beim Abschluss: Bremens Youngster Maximilian Eggestein sorgt für den 2:0-Erfolg der Grün-Weißen auf Schalke. Nabil Bentaleb und Amine Harit haben bei ihren Abwehrbemühungen keine Chance.

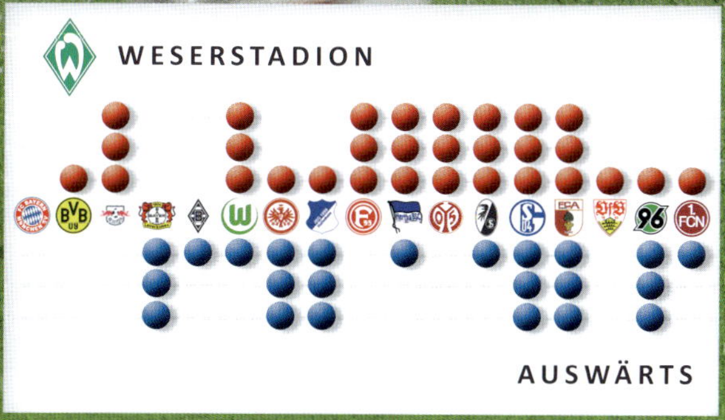

Wegen seines Tempos kaum zu bremsen: Werders Flügelmann Milot Rashica zieht gegen Leverkusens Aleksandar Dragovic ab und macht das 2:0 bei Bayer – am Ende siegten die Bremer mit 3:1 Toren.

Die Gretchenfrage: Defensivkult oder Spektakel?

Auch im letzten Jahr unter Nagelsmann blieb die TSG Hoffenheim ihrem offensiven Stil treu, doch verpassten die Kraichgauer die dritte Qualifikation in Serie fürs internationale Geschäft.

In den Matchplänen des Julian Nagelsmann spielten weder Brot, Butter noch Spiegel eine Rolle. Warum auch? Der Trainer der TSG Hoffenheim setzte auch in seinem finalen Jahr vor seinem Wechsel zu RB Leipzig, kommuniziert weit vor Saisonstart, auf seine üblichen Waffen: Kurzpassspiel, enorme Flexibilität, viel Tempo und vor allem: Angriff, Angriff, Angriff. Und doch musste dieser herausragende Fußballlehrer, der Spieler besser macht, weil er sie fordert und manchmal überfordert, nach dem letzten Spieltag bei Mainz 05 sagen: »Es war ein Spiegelbild der gesamten Saison. Wir haben uns die Butter vom Brot nehmen lassen.« Berechtigt waren diese Worte allemal nach dem 2:4 in Rheinhessen nach 2:0-Führung. Diese

Verbissener Zweikampf: Hoffenheims Regisseur Kerem Demirbay (li.) gegen Gladbachs Denis Zakaria – er endet unentschieden wie das Duell um einen Platz in der Königsklasse mit 2:2 Toren.

Pleite in Verbindung mit zwei weiteren Niederlagen und einem Remis im Endspurt kosteten den Emporkömmling letztlich drei Plätze binnen vier Spieltagen und damit die erneute Qualifikation fürs internationale Geschäft. Es wäre die dritte in Serie unter Nagelsmann gewesen, nachdem dieser Hoffenheim als jüngster Bundesligatrainer aller Zeiten den Klub 2016 vor dem Abstieg bewahrt hatte. »Wir haben in den letzten Wochen sehr viel verspielt, aber trotzdem ist die Amtszeit von mir nicht die schlechteste gewesen«, resümierte der 31-Jährige nach einer historischen Runde.

Denn erstmals war die TSG auch in der Champions-League-Gruppenphase gefordert. Und irgendwie war jenes geschichtsträchtige Debüt bei Schachtar Donezk schon früh in der Saison ein Vorbote dessen, was sich beim Dorfklub in schöner Regelmäßigkeit wiederholen sollte. Trotz zweifacher Führung und zahlreichen Möglichkeiten, den Sack vorzeitig zuzumachen, endete die Premiere »nur« 2:2.

Geradezu grotesk auf die Spitze trieben es Andrej Kramaric und Co. in Sachen Chancenverwertung auch in der Liga. Wahnwitzige 299 Gelegenheiten standen da am Ende zu Buche, das bedeutete den zweitbesten Wert hinter dem FC Bayern (311). Allein: Mit einer Verwertung von nur 23,4 Prozent – nur der Relegationsteilnehmer aus Stuttgart und der Absteiger aus Nürnberg agierten fahriger vor dem Kasten – schnitten sich die Kraichgauer allzu oft ins eigene Fleisch. Genau wie mit geradezu slapstickhaften Patzern, mit einem unrühmlichen Höhepunkt beim 3:3 gegen Olympique Lyon in der Königsklasse, wo schon im Winter Schluss war. Pavel Kaderabek formulierte damals treffend: »Das waren einfach drei Eigentore.«

Kraftvoller Abschluss gegen Schalke: Hoffenheims Andrej Kramaric zieht gegen Salif Sané ab und erzielt das 2:0 für die TSG. Am Ende siegte die Gäste aus dem Kraichgau am 30. Spieltag mit 5:2 Toren.

Der Abschluss-Neunte stand in der Saison 2018/19 damit quasi sinngemäß für die Gretchenfrage der letzten drei, vier Fußballjahre: Ergebnisorientierter Defensivkult oder spektakulärer Angriffsfußball? »Ich habe nicht viele Spiele gesehen, aber die, die ich gesehen habe, waren wenig fesselnd«, hatte Nagelsmann noch das Gegen-den-Ball-Festival in Russland bei der WM 2018 kritisiert. Umso fesselnder präsentierte sich in der Folge seine TSG – doch sie starb immer wieder in Schönheit.

Benjamin Hofmann

Fußballwunder mit Funkel. Kitschiges Comeback für Fink. Irre Posse um Fortuna-Boss.

Wenn ein Trainer-Oldie von der »schönsten Saison meiner Karriere« spricht, dann muss Bemerkenswertes passiert sein. Passiert ist dies: Friedhelm Funkel führte den sicheren Absteiger Düsseldorf auf Platz 10. Das ist ein kleines Fußballwunder.

Im Sommer 2018, erzählte Funkel nach diesem märchenhaften Spieljahr, habe er sich das Bundesliga-Tableau angesehen und gegrübelt: »Zwei Mannschaften müssen wir hinter uns lassen, mindestens. Aber wen nur?«
Fortuna Düsseldorf startete als großer Außenseiter, als Leichtgewicht, mit gerade mal 30 Millionen für den Lizenzspielerbereich. Mit Spielern, die andere Vereine nicht mehr wollten, mit vielen Erstliga-Neulingen. Der Einzige mit nennenswerter Bundesliga-Erfahrung war Friedhelm Funkel, der dann auch in seiner rheinischen Deutlichkeit ansprach, wie er sich das Überleben vorstellte: »Wir müssen mehr laufen, mehr arbeiten als die anderen. Eine Wagenburg bilden, in der uns die anderen am Arsch lecken können.«
Das gelang zunächst nur bedingt. So richtig unter die Räder kam Fortuna freilich nur in Frankfurt, beim 1:7. Ansonsten gab es ansprechende Vorstellungen, wie beim 1:1 in Leipzig, mitunter zu wenig Lohn für gelungene Auftritte, auch der Unerfahrenheit geschuldet. Das spektakuläre 3:3 in München mit einem glänzend aufgelegten Youngster Dodi Lukebakio ließ dann mal so richtig aufhorchen. Zuvor sah es allerdings eher danach aus, als würden die Düsseldorfer auf schnellstem Wege in die 2. Liga zurückmüssen, erst recht nach sechs Niederlagen am Stück und dem Abrutschen auf Platz 18.
Den Wendepunkt markiert eine englische Woche, wie sie Fortuna noch nicht erlebte. Dem 2:0 gegen den SC Freiburg folgte nur vier Tage später ein 2:1 gegen Borussia Dortmund, das als Tabellenführer in Düsseldorf die erste Saison-Niederlage einstecken

Sensation auf Schalke: Aufsteiger Fortuna Düsseldorf siegt mit 4:0 in der Veltins Arena. Hier gelingt dem Fortunen Benito Raman der Treffer zum 3:0 gegen Abwehrchef Salif Sané. Schalkes Krisensituation spitzt sich weiter zu.

musste. Noch mal vier Tage später siegten die Rot-Weißen noch in Hannover und machten die Neun-Punkte-Woche perfekt durch ein Tor von Kapitän Oliver Fink, der zuvor lange verletzt gefehlt hatte. Dieses Comeback nannte der Routinier »beinahe kitschig. Aber wir sind insgesamt eng zusammengerückt und eine Mannschaft im wahrsten Sinne des Wortes geworden.« Routinier Fink hielt den Laden zusammen, Bundesliga-Neulinge wie Kevin Stöger, Benito Raman und Lukebakio blühten unter Funkels Regie auf, Kaan Ayhan reifte zur Führungsfigur, Spieler wie Matthias Zimmermann und Jean Zimmer, beim VfB Stuttgart nicht mehr erwünscht, erwiesen sich als wichtige Stützen.

Nicht nur auf mauern und geschlossene Defensive setzte diese Mannschaft; nein, Fortuna überzeugte auch spielerisch. Der überraschend guten Hinrunde folgte eine bärenstarke Rückrunde, und schon sechs Spieltage vor dem Ende tütete der bemerkenswerte Aufsteiger den Klassenerhalt ein.

Längst zur Randnotiz war in der Rückbetrachtung eine irre Posse geworden, die sich im Winter-Trainingslager in Marbella abgespielt hatte. Dort verkündete Fortuna-Boss Robert Schäfer in einer schon le-

gendären Journalisten-Runde, man wolle im Sommer den auslaufenden Vertrag mit Funkel nicht verlängern. Die Fans gingen auf die Barrikaden, Unverständnis überall. Tags drauf folgte die Kehrtwende, kurz danach dann doch noch die Einigung: Funkel sollte im Falle des Klassenerhalts weitermachen. Und den schaffte der 65-Jährige dann in ganz souveräner Manier.

Oliver Bitter

Erfolgreiche Fortunen: Kapitän Oliver Fink erzielt das 1:0 beim Gastspiel in Hannover (oben). Nach drei Toren von Dodi Lukebakio (links) jubelt Trainer-Oldie Friedhelm Funkel nach dem 3:3 bei Bayern München.

Abschied bei der Hertha: Nach der Saison wurden in Berlin Trainer Pal Dardai (rechts) und der Schweizer Fabian Lustenberger verabschiedet. Der Defensivmann spielte immerhin zwölf Jahre in der Hauptstadt.

Endlich fit und torgefährlich: Der Slowake Ondrej Duda erfüllte nach zwei mageren Jahren in Berlin die hohen Erwartungen. Hier trifft er beim 3:1-Sieg in Nürnberg gegen Georg Margreitter.

»Achterbahnfahrt« und »blaues Blut«

Nach dem Abpfiff, der auch sein persönlicher Schlusspfiff in Berlin war, sank Fabian Lustenberger auf den Rasen des Olympiastadions. Bilder gingen ihm durch den Kopf und Erinnerungen – dann forderte die Ostkurve, in der die treuesten Hertha-Fans stehen, ein letztes Mal ihr Recht.

Schon eine halbe Stunde vor dem Leverkusen-Spiel hatten die Fans Lustenberger, der mit seinen beiden Söhnen an der Hand einlief, mit Sprechchören gefeiert. Nach der finalen Saisonrunde, die ein 1:5 gegen Bayers flinke Offensiv-Wirbler erbracht hatte, gingen die Feierlichkeiten weiter: für Fabian Lustenberger, der sich nach zwölf Hertha-Jahren mit 220 Bundesliga-Einsätzen zum Schweizer Meister Young Boys Bern verabschiedete, und für Pal Dardai, der als Rekordspieler und in viereinhalb Jahren als Bundesliga-Trainer diesem, seinem Verein nichts schuldig geblieben war. Die Profis hatten sich ein »Danke Lusti«-Shirt übergestreift, in der Kurve prangte ein Banner mit der Aufschrift: »In Euch fließt blaues Blut – danke Pal und Fabian.« Der Schweizer verbeugte sich vor den Anhängern, ehe er in den Katakomben sagte: »Ich brauche sicher ein paar Wochen, um zu begreifen, dass es hier nicht mehr weiter geht für mich, sondern in Bern ein neues Kapitel beginnt.«
Der letzte Spieltag passte mit seiner Ambivalenz zur Saison. Die Mannschaft war gerade mit 1:5 geohrfeigt worden, die Fans feierten trotzdem: ihre beiden davonziehenden Helden und sich selbst. Dardai hatte fürs letzte Spiel 30 Freikarten für Freunde aus Ungarn geordert und gab sich, als alles vorbei war, für sein Wirken als Trainer »wie schon als Spieler die starke Durchschnittsnote 3«.

Sein Vermächtnis, das er an Nachfolger Ante Covic, bisher U-23-Coach bei Hertha, adressierte, klang selbstbewusst: »Der neue Trainer bekommt eine funktionierende Mannschaft. Dass wir in dieser Saison bei so vielen Verletzungen nichts mit dem Abstieg zu tun hatten, war eine Top-Leistung – auch wenn wir vier, fünf Punkte liegen ließen.«
Die Bosse sahen die Saison, in der das Team nach starkem Start ins Schlingern kam, kritischer. »Ein durchwachsenes Jahr« verbuchte Manager Michael Preetz: »Wir sind in zu vielen Spielen unter unseren Möglichkeiten geblieben. Für uns war wesentlich mehr drin.« Tolle Auftritte gegen den FC Bayern (2:0), Borussia Mönchengladbach (4:2, 3:0), in Dortmund

Verstärkungen von der Insel: Der Niederländer Javairo Dilrosun (oben rechts gegen den Bayern Serge Gnabry) kam aus dem Nachwuchs von ManCity an die Spree. Der Serbe Marko Grujic (rechts bei seinem Tor gegen Düsseldorf) war vom FC Liverpool ausgeliehen.

(2:2) oder auf Schalke (2:0) wechselten sich ab mit Tagen wie in Düsseldorf (1:4) oder Leipzig (0:5), an denen Dardais Elf ohne Navigationsgerät über den Platz irrlichterte.

»Die Saison war eine Achterbahnfahrt«, sagte Ondrej Duda, der im dritten Jahr in Berlin den Durchbruch schaffte. Auch Maximilian Mittelstädt gelang ein Schritt in der Entwicklung, Rune Jarstein hielt konstant, Liverpool-Leihgabe Marko Grujic und Flügelflitzer Javairo Dilrosun bereicherten das Berliner Spiel spürbar.
In Summe aber bot die personell über Monate ausgedünnte Mannschaft zu wenig, um dem im Februar 2015 als Nachfolger von Jos Luhukay installierten Dardai den Job zu sichern. Das neue Zeitalter – ohne Dardai, ohne Lustenberger – soll Hertha näher an die nationale Spitze bringen. Als sich Lustenberger am Tag nach dem Leverkusen-Spiel bei der Mitgliederversammlung in der Messehalle 18 unterm Funkturm endgültig verabschiedete, sagte er: »Ich baue jetzt mal Druck auf: Ich denke, dass wir uns in zwei Jahren im Europapokal wiedersehen.« Könnte eng werden.

Steffen Rohr

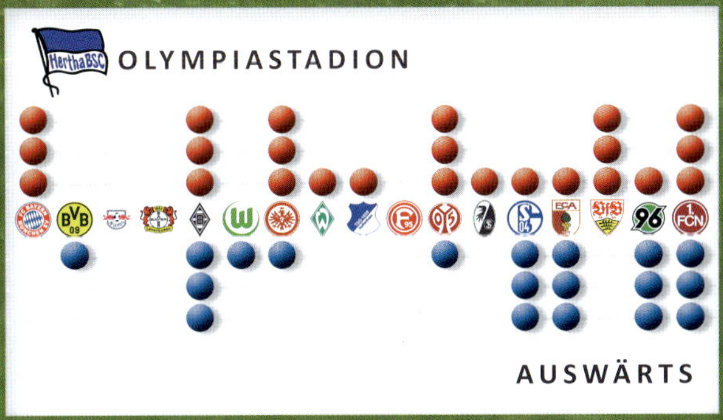

Fünf Richtige plus Zusatzzahl! Glückliches Händchen bei den Neuzugängen

Im zweiten Jahr unter Cheftrainer Sandro Schwarz gab es in Mainz deutliche Fortschritte: Der Klassenerhalt gelang drei Spieltage früher (30.), im Endklassement gab es 15 Punkte Vorsprung auf Rang 16 und in der Heimtabelle kletterte der Klub von Platz 13 auf sieben.

Das alles gelang mit der zweitjüngsten Bundesligaelf (24,9 Jahre). 2018/19 war für die Nullfünfer wie ein Lottogewinn: 05 Richtige plus Zusatzzahl. Schon bei der Auswahl der Neuzugänge hatten Schwarz und Sportvorstand Rouven Schröder vor der Saison ein besonders glückliches Händchen gezeigt. Von sieben Spielern, die das Duo mit Ausnahme von Phillipp Mwene (1. FC Kaiserslautern) komplett aus dem Ausland holten, schlugen auf Anhieb fünf voll ein.

Stürmer Jean-Philippe Mateta, für 8 Millionen Euro Ablöse aus Le Havre gekommen, war einer von insgesamt nur 17 Bundesligaspielern, die in jeder Partie auf dem Rasen standen. 33 Bundesligaspiele absolvierte Linksverteidiger Aaron, der in seiner spanischen Heimat für die U 21 aufläuft und bei Espanyol Barcelona keine Verwendung mehr gefunden hatte. Durch die Leihgebühr von 3 Millionen Euro und Kaufoption, die nach zehn Pflichtspielen (6 Millionen Euro) griff, avancierte der Linksverteidiger zum teuersten Einkauf der Mainzer Vereinsgeschichte. Auf die gleiche Anzahl von Bundesligaeinsätzen kam Innenverteidiger Moussa Niakhaté, der in Frankreichs U 21 spielt und für 8 Millionen Euro vom FC Metz geholt wurde.

Eine typische Mainzer Verpflichtung ist Jean-Paul Boetius, der sich bei Feyenoord Rotterdam mit der sportlichen Führung überworfen hatte und dadurch plötzlich auf den Markt gekommen war. Bei 3,5 Millionen Ablöse schlug der FSV zu, Boetius beeindruckte als Zehner in der neu formierten Mittelfeldraute mit vier Toren und acht Vorlagen. Die Nummer fünf im Bunde der neuen Stammspieler ist der Kameruner Kunde. Der Sechser war zu

Mainzer Erfolg im Rhein-Main-Derby: Der Nigerianer Anthony Ujah (links) überwindet Frankfurts Keeper Kevin Trapp im Waldstadion zum 1:0. Am Ende siegten die Gäste mit 2:0 – die Eintracht hatte noch das Europa-League-Halbfinale in den Knochen.

Saisonstart für 7,5 Millionen vom FC Granada an den Rhein gewechselt. Mainz investierte so viel Geld wie noch nie in neue Spieler, was nur durch Einnahmen von über 50 Millionen Euro möglich war, die allen voran durch den Verkauf von Abdou Diallo an Borussia Dortmund (28 Millionen) zu Stande gekommen war.

Ganz ohne sportliches Tief verlief die Saison aber auch diesmal nicht. In seinem Fazit unterteilte Schwarz 2018/19 in vier Phasen: »Defensive Stabilität, gutes Offensivspiel, Selbstzufriedenheit, Mentalität.« Im Frühjahr musste der Klub eine Serie von acht Spielen mit nur einem Sieg hinnehmen. Die Mannschaft verstand es nicht, nach sechs Punkten aus den ersten beiden Rückrundenspielen damit umzugehen, dass ein europäischer Startplatz in greifbarer Nähe war. Das eigentliche Saisonziel, der Klassenerhalt, wurde nur noch als Selbstläufer begriffen.

Im Gegensatz zu einem Jahr davor, als in sportlicher Bedrängnis Diskussionen um Schwarz und Schröder aufkamen, blieb es diesmal ruhig. Der Klub hat seine Vorstands- und Führungskrise überwunden, das ist das zusätzliche Plus zu den fünf Richtigen, die Mainz auf dem Transfermarkt gefunden hatte.

Michael Ebert

Eine »Kante« als 05-Sturmführer: Der Franzose Jean-Philippe Mateta (links) schlug bei Mainz groß ein, machte in seiner Debütsaison 14 Tore. Hier arbeitet er gegen den Bremer Milos Veljkovic im Zweikampf.

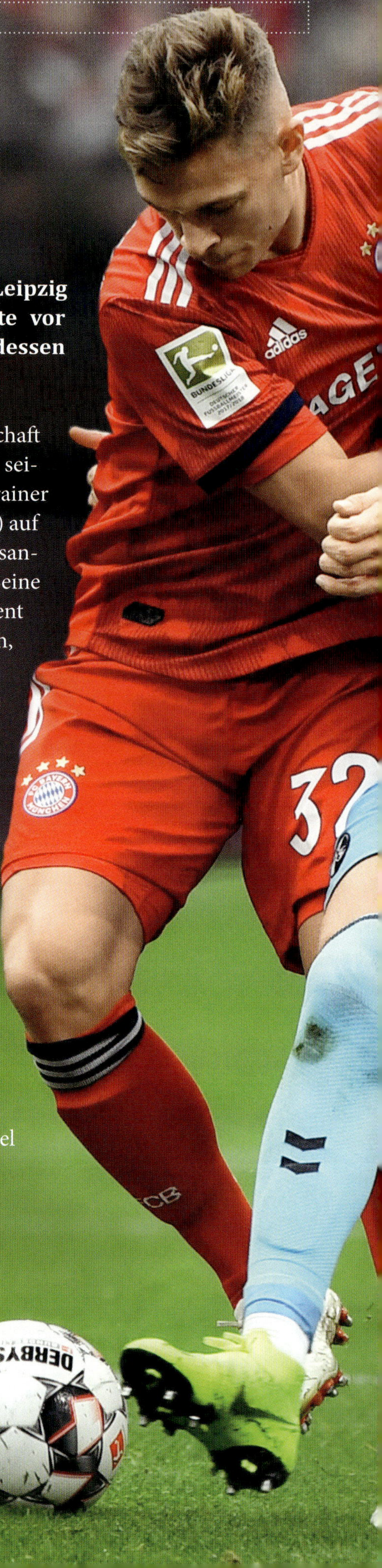

Ein Fehlstart mit Rückenschmerzen. Versöhnliches Ende.

Mit überzeugenden Hinrunden-Siegen gegen Gladbach und Leipzig weckte Freiburg hohe Erwartungen, doch letztlich sicherte vor allem die schwache Konkurrenz dem SC den Ligaerhalt, dessen eigene Leistungen zum Ende hin arg litten.

Nach acht Spieltagen hatten sie sich in Freiburg erholt. Die Mannschaft von ihrem Fehlstart mit zwei Niederlagen und Christian Streich von seinen Rückenbeschwerden. Die waren so heftig gewesen, dass der Trainer bei den Auftaktspielen gegen Frankfurt (0:2) und in Hoffenheim (1:3) auf der Bank gefehlt hatte – eine unerfreuliche Premiere seit seinem Amtsantritt Ende 2011. Stattdessen lag er zwischendurch im Krankenhaus. Seine Profis hatten unter der Anleitung seines Trainerteams und Assistent Lars Voßler an der Seitenlinie allerdings gut, respektive ordentlich, gespielt und jeweils unglücklich verloren.

Nach Streichs Rückkehr kamen die ersten Erfolgserlebnisse, etwa ein beachtlicher 3:1-Erfolg in Wolfsburg. Doch jetzt, am 9. Spieltag, ging es gegen die furios gestartete Borussia aus Mönchengladbach, den Tabellenzweiten. Die Rollen waren klar verteilt, wenngleich Gladbach im Jahr 2002 letztmals im Breisgau gewonnen hatte. Aber was sagen schon Statistiken? Darüber lässt sich streiten. Frag nach in Gladbach. Weil Freiburg früh in Führung ging, kompakt und clever verteidigte sowie selbst immer wieder – vor allem über den agilen Luca Waldschmidt (ein Tor, ein Assist) – gefährlich wurde, fand diese Horror-Bilanz durch ein verdientes 3:1 für den Sport-Club ihre Fortsetzung.

»Da hatte ich große Hoffnung, da hat vieles gepasst«, sagte Streich im Rückblick: »Doch dann kamen die Langzeitverletzten.« Nils Petersen – mit zehn Toren vor Waldschmidt (neun) erneut bester Schütze –, Roland Sallai, Nicolas Höfler, Manuel Gulde, Robin Koch, Lukas Kübler und Philipp Lienhart – nacheinander und teils parallel

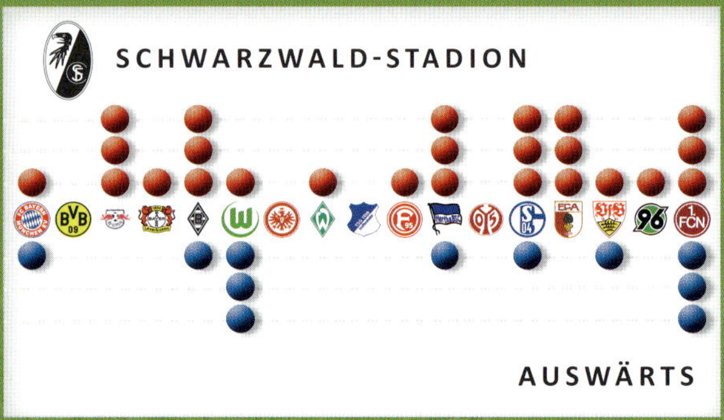

Ein Torhüter als Leistungsträger: Freiburgs Torhüter Alexander Schwolow pariert einen Schuss von Michael Gregoritsch. Trotz des starken Keepers setzte es in Augsburg für Freiburg eine 1:4-Pleite.

brachen dem SC sieben potenzielle Stammkräfte für längere Zeit weg. Hinzu kam Amir Abrashi, der wegen eines Kreuzbandrisses aus der vorigen Saison erst nach Rückrundenbeginn wieder einsatzbereit war. »Das haben wir lange kompensiert, irgendwann ergebnismäßig nicht mehr, aber zum Glück so lange, dass wir im Gegensatz zu anderen genug Punkte hatten«, resümierte Streich.

Der SC, der etwa noch beim 3:0 gegen Leipzig in der Hinrunde und bei den Unentschieden gegen die Bayern (jeweils 1:1) – kein anderes Team blieb gegen den Meister ohne Niederlage – zeigte, zu was er fähig ist, erarbeitete sich bis zum Winter 21 und bis zum 25. Spieltag 30 Punkte. Dieses Polster genügte, weil eben die Konkurrenz im tiefen Tabellenkeller so dermaßen schlecht war. Das alljährliche Ziel Klassenerhalt geriet also auch trotz einer handfesten Krise am Saisonende mit acht Partien ohne Sieg und nur drei Pünktchen sowie der fast schon traditionellen Auswärtsschwäche (nur zwei Siege) nie wirklich in Gefahr. Am 32. Spieltag durfte der SC auf dem Sofa vor dem TV den Ligaverbleib feiern. Wie immer ein Erfolg für den Klub mit den relativ geringen Finanzmitteln. Echte Freude stellte sich jedoch erst ein, als das Team mit einem 5:1 gegen Nürnberg die eigene Negativserie beendete und sich selbst sowie den Fans einen versöhnlichen Abschluss bereitete. Aber nicht nur Sportdirektor Klemens Hartenbach stellte fest: »Es wäre ein bisschen mehr drin gewesen.«

Carsten Schröter-Lorenz

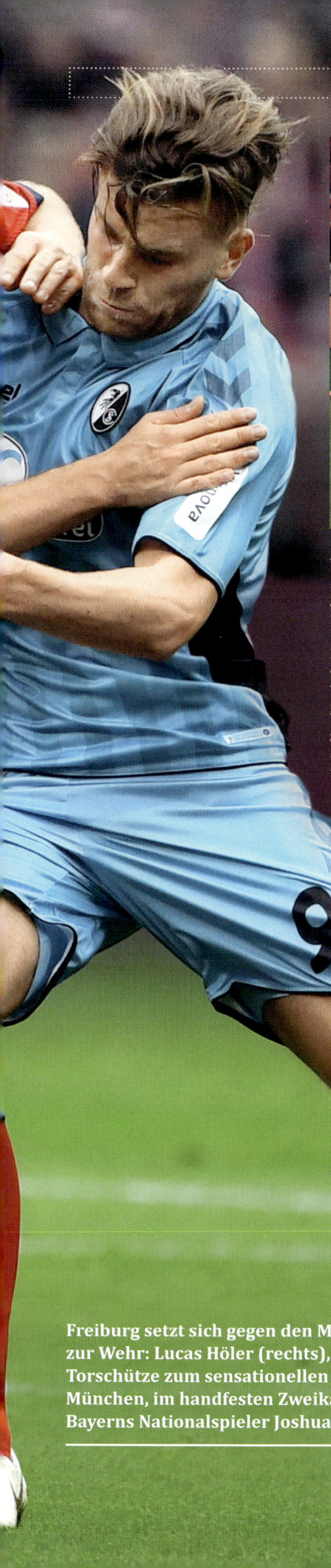

Freiburg setzt sich gegen den Meister zur Wehr: Lucas Höler (rechts), späterer Torschütze zum sensationellen 1:1 in München, im handfesten Zweikampf mit Bayerns Nationalspieler Joshua Kimmich.

Augen geöffnet – fünf Niederlagen setzte es zum Start. Rasch zeichnete sich ab, dass diese Spielzeit ein anstrengendes Unterfangen werden würde. Wie krass sich viele Dinge entwickeln würden, war aber tatsächlich erst ab der Rückrunde absehbar. Im Wintertrainingslager in Spa- bekämpft zu sein. Das Vorstoßen ins Pokal-Viertelfinale dank eines 4:1 gegen Fortuna Düsseldorf tat sein Übriges. Doch dann überschlugen sich die Ereignisse. Das bis dahin gewaltigste Beben erlebte der stolze Revierklub am 23. Februar. Das 0:3 beim FSV Mainz geriet fast schon

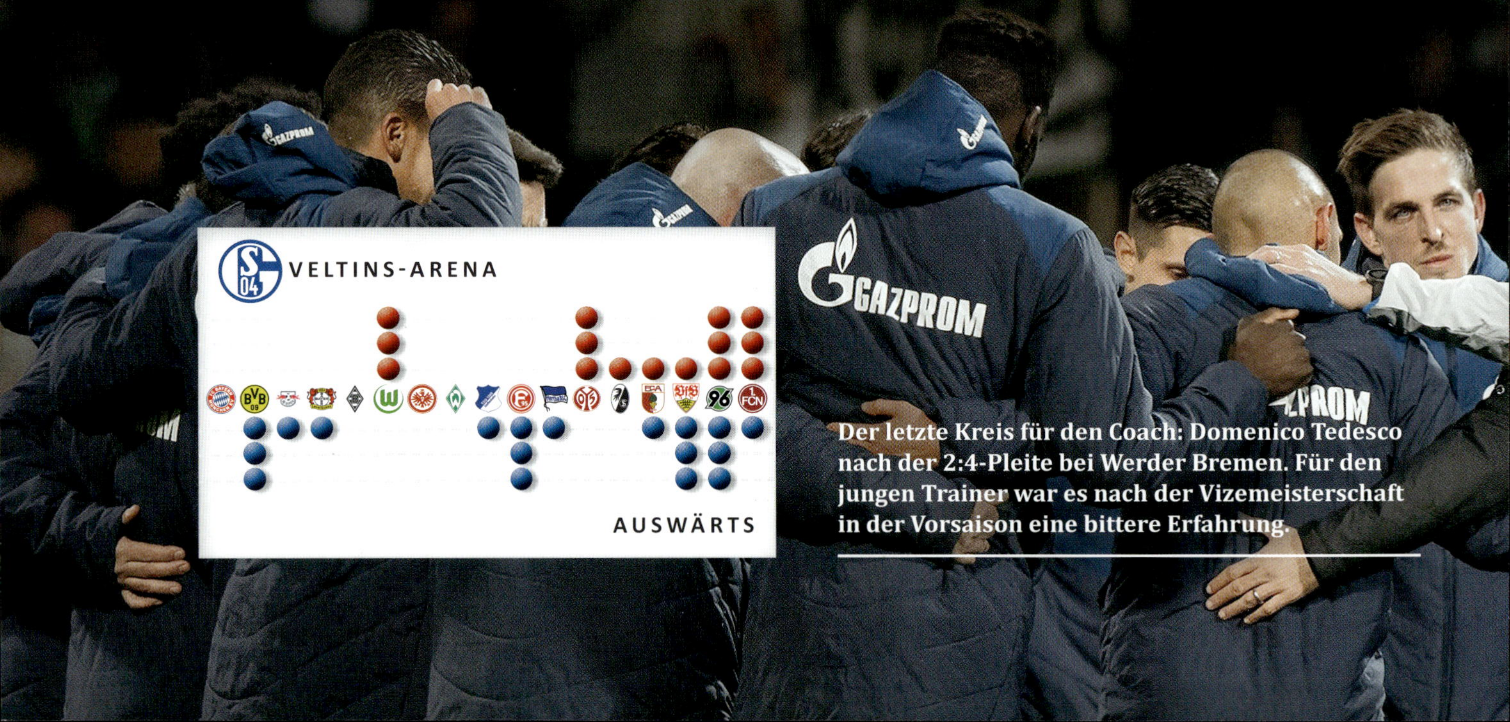

Der letzte Kreis für den Coach: Domenico Tedesco nach der 2:4-Pleite bei Werder Bremen. Für den jungen Trainer war es nach der Vizemeisterschaft in der Vorsaison eine bittere Erfahrung.

in den Hintergrund, für Aufruhr sorgte vielmehr Christian Heidel, der seinen Rücktritt »spätestens zum Saisonende« bekannt gab. Damit kam er einem Rauswurf zuvor – speziell die Transferbilanz seiner königsblauen Ära (seit 2016) wurde dem Ex-Mainzer zum Verhängnis, zudem stürzten sich die Führungspersonen um Aufsichtsratsboss Clemens Tönnies daran, dass sich der Sportvorstand nach ihrem Empfinden weigerte, die Kompetenzen auf mehrere Schultern zu verteilen. Heidel verschwand mit diesem Tag aus dem Licht der Öffentlichkeit, Schalke 04 präsentierte mit Jochen Schneider zügig einen Nachfolger, er kam von RB Leipzig.

Die Königsblauen verloren zu Hause mit 0:4 gegen Aufsteiger Düsseldorf, nach dem folgenden 2:4 in Bremen riefen die Bosse endgültig den Abstiegskampf aus. Trainer Domenico Tedesco, der ein dreiviertel Jahr zuvor seinen Vertrag noch vorzeitig bis 2022 verlängert hatte, durfte auch noch im Rückspiel des Champions-League-Achtelfinals bei Manchester City auf der Bank sitzen. S04 kassierte mit 0:7 die höchste Niederlage einer deutschen Mannschaft in der Königsklasse aller Zeiten, Schneider sah keinen anderen Ausweg, als den 33-Jährigen zu beurlauben.

Huub Stevens ließ seinen Posten im Aufsichtsrat per Sondergenehmigung ruhen und übernahm die Mission Klassenerhalt. »Das ist der schwerste Job meiner Karriere«, ahnte der S04-Jahrhunderttrainer schon zu Beginn seiner Amtszeit. Unter Stevens gewann Schalke vor eigenem Publikum kein einziges Spiel, das 2:1 gegen Wolfsburg am 20. Januar sollte der einzige Sieg in der Rückrunde bleiben. Auswärts hingegen setzte es keine Niederlage mehr. Ein Meilenstein zur Rettung war das kaum für möglich gehaltene 4:2 im Revierderby bei Borussia Dortmund. Schneider polterte anschließend trotzdem: »30 Punkte nach 31 Spieltagen sind für Schalke 04 ein Desaster, eine Katastrophe! Das ist nicht tragbar.« Er verpflichtete wenig später David Wagner als künftigen Trainer, Michael Reschke wurde als Kaderplaner engagiert.

Toni Lieto

Einer der wenigen Höhepunkte in der Saison: Schalke gewinnt ausgerechnet das Revierderby beim Titelaspiranten mit 4:2 Toren. Hier gelingt Salif Sané mit einem wuchtigen Kopfball das zwischenzeitliche 2:1. Delaney und Weigl können nicht eingreifen.

Viele Turbulenzen, ein Torhüterproblem und ein Trainerwechsel

Zwei Suspendierungen, ein Trainerwechsel und jede Menge Trubel um Jens Lehmann. Der FC Augsburg hat sich in der Saison 2018/19 ungewohnt unruhig präsentiert. Dass die Rettung trotzdem gelang, lag vor allem an der noch schlechteren Konkurrenz.

Seit dem Aufstieg in die Bundesliga 2011 zeichneten den kleinen FCA zwei Eigenschaften aus: Ruhe und Geschlossenheit. Von beidem war in der achten Spielzeit im Oberhaus nicht viel zu sehen, stattdessen brodelte und krachte es immer wieder. Dabei hatte sich der FCA vor der Saison so stark gefühlt wie nie. Die Shootingstars der Vorsaison – Philipp Max, Michael Gregoritsch, Alfred Finnbogason – blieben an Bord und wollten mit Augsburg mehr erreichen als nur den Klassenerhalt. Einzig für Torwart Marwin Hitz verpflichtete der Klub keinen Ersatz, was sich schnell als folgenreicher Fehler entpuppte. Fabian Giefer patzte und verlor nach vier Spielen seinen Platz, nach ihm überzeugte auch Andreas Luthe nicht, der im Winter aus Hoffenheim geliehene Gregor Kobel zeigte zwar sein Potenzial, aber auch zu viele Schwächen. Das Torwartproblem begleitete Augsburg durch die gesamte Saison und war ein wesentlicher Grund für die wachsende Verunsicherung.

In den ersten Spielen bot der FCA noch attraktiven, mitreißenden Fußball, die Matchpläne von Manuel Baum gingen auf und brachten ligaweit viel Anerkennung. Beim 1:1 in München jagte Augsburg den Rekordmeister mit einer Mischung aus Angriffspressing und Manndeckung über den Platz, wenig später folgte ein wildes 3:4 in Dortmund. Das Problem dabei: Der Augsburger Fußball machte den Zuschauern zwar Spaß, brachte aber zu wenige Punkte. Und im Laufe der Hinrunde näherten sich die Leistungen den unbefriedigenden Ergebnissen immer weiter an. Der Drang zum mutigen Umschalten hatte eine entblößte Defensive zur Folge, Augsburg agierte naiv und ließ sich auskontern, vorne fehlten Effizienz und Leichtigkeit.

Dazu kam ein Disziplinproblem innerhalb der Mannschaft, das Trainer Baum und Manager Stefan Reuter zu lange tolerierten. Erst Ende Januar knallte es: Caiuby, der

Offensivaktion in Augsburg: Rani Khedira (links) in aussichtsreicher Situation gegen den Wolfsburger Abwehrrecken John Anthony Brooks. Die Schwaben unterlagen am 17. Spieltag mit 2:3 Toren.

zweimal das Trainingslager verpasst hatte, wurde ebenso suspendiert und verliehen wie Martin Hinteregger, der Baum deutlich kritisiert hatte. Der angeschlagene Trainer durfte zunächst bleiben und bekam Ex-Nationaltorwart Jens Lehmann als Assistenten zur Seite gestellt. Die ungewöhnliche Maßnahme brachte zwar viele Schlagzeilen, aber keine Stabilität. Auf Befreiungsschläge folgten heftige Klatschen, nach einem 0:4 gegen Hoffenheim Anfang April mussten Baum und Lehmann gehen.

Nachfolger Martin Schmidt traf mit seiner emotionalen Art auf Anhieb den Nerv der Spieler, die sich mit einem 3:1 in Frankfurt und einem furiosen 6:0 gegen Stuttgart den Frust von der Seele ballerten. Als die Rettung geschafft war, verfiel die Mannschaft aber in alte Muster und ließ sich hängen. Die finale 1:8-Blamage in Wolfsburg und die miese Ausbeute von nur 32 Punkten machen deutlich, dass sich dringend etwas ändern muss. Das weiß auch Reuter: »Das neunte Jahr 1. Liga haben wir den drei Mannschaften zu verdanken, die hinter uns stehen.«

David Bernreuther

Torjäger mit viel Technik: Augsburgs Isländer Alfred Finnbogason (links) macht gegen den SC Freiburg per Hacke das 2:0. Abwehrspieler Manuel Gulde und Torhüter Alexander Schwolow sind düpiert.

Umstritten: Der Österreicher Martin Hinteregger (hinten) erzwang in der Winterpause seinen Wechsel nach Frankfurt. Hier im Duell mit seinem Ex-Kollegen André Hahn.

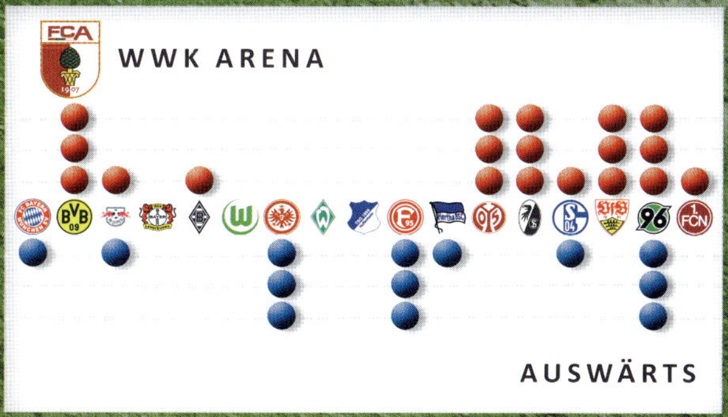

Beide FC-Torjäger in Aktion: Simon Terrodde (oben) trifft zum 2:0 gegen Arminia Bielefeld. Per Kopfball macht Jhon Cordoba (unten) das 4:0 bei der SpVgg Greuther Fürth. Zusammen machten beide 49 Tore!

Getrübte Stimmung trotz des Aufstiegs: Angriffswucht ohne Defensivkonzept!

Am Ende stand ein Ergebnis, das sich alle genauso vor der Saison gewünscht hatten: Der 1. FC Köln stieg mit sechs Punkten Vorsprung auf den Zweiten in die Bundesliga auf. Sein Ziel hatte der FC rein rechnerisch bereits am 32. Spieltag erreicht. Trotzdem herrschte in Müngersdorf bei der Übergabe der »Radkappe« nach dem letzten Heimspiel keine ungetrübte Partystimmung.

Dafür gab es gute Gründe. Denn so souverän der Aufstieg beim Blick auf die nackten Zahlen anmutet, war die Mission ganz und gar nicht verlaufen. Natürlich hatte der hohe Aufstiegsfavorit mit dem qualitativ und quantitativ besten Kader der Liga Highlights gesetzt. Der Sturm war alles andere als zweitklassig: Simon Terodde, der mit 29 Treffern Torschützenkönig der Liga wurde, und Jhon Cordoba, der mit 20 Toren hinter ihm folgte, stellten Extraklasse dar. Angesichts der Kölner Angriffswucht, die 84 Treffer bewirkte, hätte es schon größter Anstrengungen bedurft, den Klub von der direkten Rückkehr ins Oberhaus abzuhalten. Zumal in der Rückrunde Heimkehrer Anthony Modeste, der 2016/17 noch 25 Treffer für Köln in der Bundesliga erzielt hatte, die Spielberechtigung nach monatelangem Hickhack mit seinem chinesischen Ex-Klub erhielt. Doch trotz dieses für die meisten Gegner infernalen Trios, das durch den Top-Vorbereiter Dominick Drexler (9 Tore/18 Assists) sowie Kreativ- und Dribbelkünstler Louis Schaub (3/13) inspiriert und gefüttert wurde, verlief die Saison alles andere als reibungslos. Offensiv furios, aber defensiv zum Teil erschreckend schwach, leistete sich der FC drei eklatante Schwächephasen.

Nach der Ersten mit vier sieglosen Spielen und einem mutlosen 0:1 beim HSV am 12. Spieltag zum

Abschluss, schlug Geschäftsführer Sport Armin Veh erstmals öffentlich Alarm. Es folgte ein 8:1 gegen Dresden als einer von fünf Siegen in Serie. So dass Köln nach der Hinrunde mit klarem Vorsprung auf Rang 3 auf sicherem Aufstiegskurs zu sein schien.
Bis zur zweiten Durststrecke: Drei Niederlagen aus den ersten vier Rückrundenspielen ließen Markus Anfang gehörig wackeln. Veh zählte den Trainer an. »Der Aufstieg ist gefährdet. Wir können nicht einfach zur Tagesordnung übergehen. Wir müssen Lösungen finden«, forderte er von Anfang, dem er nach verspielter 2:0-Führung und 2:3-Niederlage in Paderborn vorhielt: »Wenn ich ein Spiel so lange im Griff habe, dann einen Wechsel vornehme und der so in die Hose geht – das darf nicht sein.«
Wieder zeigte das Team, dem ein greifendes Defensivkonzept abging, eine Reaktion. Kombiniert mit den Tiefs von als Leistungsträgern eingeplanten Profis wie Torhüter Timo Horn oder eines zumindest streckenweise weit unter seinen Möglichkeiten agierenden Jonas Hector, blieben die Kölner Auftritte deutlich unter den Erwartungen.
Und auch neben dem Platz knirschte es: Werner Spinner trat Anfang März zurück, nachdem Veh mit ihm in einen öffentlichen Konflikt gegangen war. Auslöser war eine Sprachnachricht des Präsidenten an seine Stellvertreter, Toni Schumacher und Markus Ritterbach, in der er diese aufgefordert hatte, entweder Anfang oder beide Geschäftsführer zu entlassen. Die Nachricht war schnell zu Veh durchgesteckt worden. Vielsagend über das Klima im Klub.
Die Mannschaft behielt dennoch die Nerven: Mit sechs Siegen in Serie kehrte sie an die Spitze zurück. Doch dabei profitierte man auch von der in der Rückrunde schwächelnden Konkurrenz. Eine Entwicklung war nicht festzustellen. Offenbar auch für Veh nicht, der nach dem dritten Tief mit zwei Punkten aus vier Partien Anfang den Laufpass gab.
Wohlgemerkt als klarer Tabellenführer mit 59 Punkten nach 31 Spieltagen. Bereits vor den vier sieglosen Spielen hatte der FC, ohne es damals wissen zu können, mit 57 schon die Punkte geholt, die am Ende aufgrund der herausragenden Tordifferenz für Platz 1 gereicht hätten.
So blieb am Ende Erleichterung statt Euphorie. Abräumer Marco Höger gab nach dem 4:0 beim Debüt von Interimstrainer Andre Pawlak in Fürth und dem damit fixen Aufstieg zu: »Wir haben unser Ziel erreicht, nicht immer souverän, nicht immer mit Zauberfußball, aber jetzt sind wir überglücklich.« Doch schon nach dem 3:5 gegen Regensburg und der anschließenden Meisterfeier in Müngersdorf streuten sich Pfiffe unter den Jubel. Passend zu einer trotz Aufstieg schwierigen Saison. **Stephan von Nocks**

Jubel mit der Meisterschale: Die Kölner Profis Anthony Modeste, Matthias Lehmann, Jonas Hector, Jannes Horn und Lasse Sobiech (v. li.) freuen sich über den Aufstieg in die Bundesliga.

Spektakulärer Fußball. Spektakuläres Comeback.

Es klingt lustig, aber als »Jo-Jo-Klub« bezeichnen lassen möchte sich der SC Paderborn 07 nicht. Allerdings hat der Verein mit seinem Werdegang in den vergangenen Jahren trefflich dazu beigetragen, dass sich der Vergleich mit dem beliebten Spielzeug aufdrängt.

Um den Pfosten gelenkt: Paderborns Keeper Leopold Zingerle mit einer gelungenen Parade gegen den HSV. Am 33. Spieltag bezwingt der SCP den Favoriten mit 4:1 Toren – eine Vorentscheidung.

Es waren Minuten des Wartens, des Zitterns, des Hoffens und Bangens an jenem 19. Mai 2019, dem letzten Spieltag der 2. Liga. Der Tabellenzweite Paderborn hatte sein abschließendes Match in Dresden mit 1:3 verloren, in Bochum derweil kämpfte der in diesem Moment punktgleiche Dritte Union Berlin noch um den Siegtreffer – vergebens! Als auch dort die Partie mit dem Endstand 2:2 vorbei war, kannte der Jubel auf Paderborner Seite keine Grenzen: Mit der um fünf Treffer besseren Tordifferenz waren die Ostwestfalen direkt in die Bundesliga aufgestiegen – zum zweiten Mal nach 2014.

Viel war in den fünf Jahren seither passiert. Nach dem direkten Wiederabstieg aus dem Oberhaus ging es 2016 sogar noch eine Spielklasse tiefer. Damit nicht genug. Als 2017 auch in der 3. Liga sportlich der Abstieg als Drittletzter der Tabelle besiegelt war, verhalf der Lizenz-Entzug für 1860 München dem Klub doch noch zum Klassenerhalt am grünen Tisch. Was folgte, gilt als eines der spektakulärsten Comebacks im deutschen Fußball – in »Jo-Jo«-Manier. Direkt hintereinander sicherte sich der SCP in den Jahren 2018 und 2019 die Aufstiegsplätze in der 3. und 2. Liga – und grüßte schließlich erneut als frisch gebackener Bundesligist.

Was Wilfried Finke wohl dazu gesagt hätte? Der langjährige, bis zur Ausgliederung des Profifußballs 2018 amtierende Präsident und Förderer erlebte den Triumph nicht mehr. Im Januar 2019 war der Möbelunternehmer, der beim Klub unter anderem 2017 eine große Finanzierungslücke schloss, mit nur 67 Jahren einem Krebsleiden erlegen. Sein Tod löste große Trauer und Bestürzung aus, aber womöglich auch einen Ruck, den Verein des einstigen Obersten wieder nachhaltig in die Erfolgsspur zu führen.

Es gelang schließlich mit Bravour. Perfekt abgestimmt von seinem als Trainer noch weitgehend unbekannten

Die pure Aufstiegsfreude: Trotz einer 1:3-Niederlage in Dresden kann die Mannschaft des SC Paderborn jubeln – der zweite Aufstieg in die Bundesliga ist perfekt!

Ex-Profi Steffen Baumgart wirbelte das Team durch die Saison. Wobei die offiziellen Ziele eigentlich andere waren. Etablieren wollte sich der Klub, der in jener 2. Liga einen Großteil seiner jüngeren Vergangenheit verbracht hatte. Dies schien problemlos zu gelingen – mehr aber zunächst auch nicht. Nach Ende der Hinrunde lag der SCP zwar auf einem soliden siebten Rang, jedoch mit stattlichen sechs Punkten Rückstand auf einen Aufstiegs-Relegationsplatz und sogar elf bzw. zwölf Zählern Distanz zu den führenden Favoriten 1. FC Köln und Tabellenführer Hamburger SV. Eben jenen HSV aber übertrumpften die Paderborner während ihres schier ungebremsten Sturmlaufs durch die Rückrunde. Mit der erfrischend offensiven Ausrichtung, frühen Balleroberungen und einem bestechend effizienten Umschaltspiel avancierte der SCP zur besten Mannschaft der zweiten Saisonhälfte, profitierte dabei freilich von den Vorlagen der schwächelnden Konkurrenz aus Hamburg und Berlin.

Michael Richter

Der Auftakt gegen den großen HSV: Sebastian Vasiliadis (vorn) gelingt die 1:0-Führung gegen die Hamburger. Mit dem Torschützen freut sich Sven Michel.

Kein Halten mehr in der Alten Försterei!

Ein Neuling aus der Hauptstadt. Der 1. FC Union ist der etwas andere Klub aus Köpenick. Einer, der im direkten Vergleich mit Hertha BSC durchaus erfrischend und belebend sein kann. Berlin kann durchaus zwei Bundesligisten vertragen.

Für die Fans des 1. FC Union Berlin gab es in der bislang 53 Jahre währenden Klubgeschichte etliche besondere Tage. Etwa den 9. Juni 1968, als den Eisernen als krasser Außenseiter gegen Carl Zeiss Jena mit einem 2:1-Erfolg der Gewinn des FDGB-Pokals glückte. Den 27. Mai 2019 werden die Union-Fans ebenfalls für immer in Erinnerung behalten. Auch an diesem Tag gelang Historisches: der erstmalige Aufstieg in die Bundesliga. Das 0:0 im Relegations-Rückspiel gegen den VfB Stuttgart reichte, um nach dem 2:2 im Hinspiel in Stuttgart den großen Wurf zu landen.

Als Schiedsrichter Christian Dingert an jenem Montagabend um 22.28 Uhr nach 95 umkämpften, für die Unioner zwischenzeitlich bangen Minuten, das letzte Mal in seine Pfeife blies, gab es im Stadion an der Alten Försterei kein Halten mehr. Tausende Fans stürmten den Platz, um ihre Helden zu feiern, in Berlin-Köpenick startete die ganz große Party. »Es ist surreal, ich fasse es gar nicht«, sagte ein emotional überwältigter Dirk Zingler in die TV-Kameras, »ich gehe seit 40 Jahren zu diesem Verein, ich habe nur auf dieses eine Spiel gewartet.« Am 27. Mai bekam der Union-Präsident das Aufstiegs-Heimspiel – und seinen Wunsch erfüllt, mit seinem Klub in die 1. Liga einzuziehen.

Bis die Eisernen indes als 56. Bundesligist seit der Liga-Gründung 1963 feststanden, muteten sie ihren Anhängern jedoch einiges zu. »Wir haben uns für den schwerstmöglichen Weg entschieden«, sagte Zingler am Tag nach dem vollbrachten Aufstieg, »aber das macht es auch aus«. Passend zu den Wurzeln des Klubs und dem Image als Arbeiterverein flog der Mannschaft des neuen Trainers Urs Fischer der Aufstieg

Euphorie nach dem Aufstieg: Die Anhänger von »Eisern Union« fluten nach dem Aufstieg gegen den VfB Stuttgart den Rasen an der Alten Försterei. Die Berliner können sich auf ihre treuen Fans immer verlassen.

nicht zu, sie musste dafür malochen und auch Rückschläge einstecken.

Nach einer Hinrunde, in der das Team um Kapitän Christopher Trimmel ohne eine einzige Niederlage blieb, ließen die Eisernen im Aufstiegsrennen gerade im Frühjahr einige Chancen liegen, als ihnen die Konkurrenz durch Punktverluste Steilvorlagen gab. So hatte Union etwa zwischen dem 25. und dem 31. Spieltag eine Serie von fünf Spielen ohne Sieg (3 Remis, 2 Niederlagen). Und selbst, als am 31. Spieltag mit dem 2:0-Heimsieg gegen einen der beiden großen Aufstiegs-Favoriten, den Hamburger SV, der vermeintliche Befreiungsschlag gelang, folgte in Darmstadt ein 1:2. Mit dem 3:0 am 33. Spieltag zu Hause gegen den 1. FC Magdeburg und der gleichzeitigen 1:4-Pleite des HSV in Paderborn war Union schließlich der Relegationsplatz praktisch sicher.

Aber erst kam noch der 34. und letzte Spieltag. Ein Sieg des Tabellendritten Union beim VfL Bochum und eine Niederlage des auf Rang zwei notierten SC Paderborn bei Dynamo Dresden – so lautete die Rechnung in Köpenick für den direkten Aufstieg. Begleitet von 5000 Fans gerieten die Eisernen im Ruhrstadion jedoch bis zur 83. Minute 0:2 in Rückstand, ehe Mittelfeldakteur Grischa Prömel (83.) und der eingewechselte Joshua Mees (86.) ausglichen und dafür sorgten, dass Union – weil Paderborn in Dresden 1:3 zurücklag – nur noch ein Törchen brauchte, um aufzusteigen. Und tatsächlich hatte Angreifer Suleiman Abdullahi in der sechsten Minute der Nachspielzeit noch die Großchance zum 3:2 – doch er scheiterte. »Im Moment ist auch bei mir eine große Leere«, sagte anschließend Trainer Fischer, »aber es muss weitergehen, und zwar schnell«.

Und es ging weiter. Nur vier Tage nach dem herben Dämpfer von Bochum bot Union im Relegations-Hinspiel in der Mercedes-Benz-Arena dem VfB Stuttgart die Stirn und nahm trotz zweimaligen Rückstands durch Tore von Abdullahi und Marvin Friedrich ein 2:2 mit ins Rückspiel. Und dann kam der Abend des 27. Mai, an dem Union am Ziel war und in Köpenick alle Dämme brachen.

Andreas Hunzinger

Nur Gerd Müller mit mehr Kanonen als Robert Lewandowski

Am Ende bewies es Robert Lewandowski allen Kritikern. Mit zwei spektakulären Toren erstrahlte er als Hauptdarsteller auf der Bühne des Berliner Olympiastadions, als sich sein FC Bayern mit einem 3:0 gegen RB Leipzig den DFB-Pokal und damit das Double sicherte.

Für den Gewinn der kicker-Torjägerkanone, der vierten in seiner Karriere, zählten diese beiden Tore nicht mehr, hier sind nur die in der Bundesliga erzielten relevant. Auf 22 brachte es der 30-Jährige in der abgelaufenen Saison, für seine Verhältnisse ein durchschnittlicher Wert, kam er in den Jahren davor doch auf zweimal 30 und einmal 29 Einschläge. Was bei Lewandowski mäßig klingt, ist für andere unerreichbar und zeigt damit seine große Klasse innerhalb der Bundesliga.

Athletisch, austrainiert und beweglich: Robert Lewandowski ist trotz seiner 30 Jahre immer noch in bestechender körperlicher Verfassung. Hier beim 5:0-Erfolg über Borussia Dortmund, als ihm zwei Tore gelangen.

Den Torreigen eröffnet: Gegen den 1. FSV Mainz 05 siegten die Bayern mit 6:0 Toren. Hier gelingt Lewandowski gegen einen sich vergeblich streckenden Alexander Hack der erste Treffer.

Nur Gerd Müller thront bei der Anzahl der Kanonen über Lewandowski, sieben heimste der Bomber der Nation in seiner einzigartigen Karriere ein. Mit vier hat Lewandowski nun Karl-Heinz Rummenigge und Ulf Kirsten (beide 3) für alle Zeiten abgehängt, keine Laufkundschaft. Und doch musste Lewandowski 2018/19 auch mit Zweifeln leben. In der Herbstkrise wirkte er im Sturmzentrum oftmals isoliert, in 17 seiner 33 Einsätze blieb der dritte Kapitän ohne Torerfolg. Es sind eben ganz besonders hohe Ansprüche, die an den besten Liga-Torjäger des vergangenen Jahrzehnts gestellt werden. Zehnmal traf Lewandowski genau einmal, sechs Doppelpacks rundeten den Gewinn der Kanone ab,

der in den letzten Saisonwochen nie ernsthaft zur Debatte stand. Dortmunds Paco Alcacer auf Platz zwei hielt mit vier Toren weniger devot Abstand.

Der Vorwurf, Lewandowski treffe in wichtigen Spielen nicht mehr, ließ sich in der Liga widerlegen. In beiden Spitzenspielen gegen Borussia Dortmund traf er doppelt. Wertlos beim 2:3 im Hinspiel, mitentscheidend beim 5:0 am 28. Spieltag, das die Tabellenführung zurückbrachte und die Weichen Richtung siebter Meisterschaft in Folge stellte. Ganz nebenbei feierte er an jenem Aprilsamstag ein besonderes Jubiläum gegen seinen Ex-Arbeitgeber: Das 2:0 war Lewandowskis 200. Treffer in der Bundesliga. Als erst fünfter Spieler nach Gerd Müller (365), Klaus Fischer (268), Jupp Heynckes (220) sowie dem im Mai 2019 verstorbenen Manfred Burgsmüller (213) erreichte Lewandowski diese Marke, bei 202 steht er mit Beginn der kommenden Spielzeit. Läuft alles normal, wird er sich 2019/20 an Burgsmüller und Heynckes vorbei auf Platz drei im ewigen Ranking schießen.

Apropos Doppelpack: Ab dem Viertelfinale traf Lewandowski im DFB-Pokal in jeder Partie doppelt. Beim 5:4 gegen Heidenheim kam er zur Halbzeit und wendete das Debakel ab, beim 3:2 in Bremen schlug er doppelt zu, im Finale ebenfalls. Addiert man seine acht Treffer in der Gruppenphase der Champions League hinzu sowie die drei aus dem Supercup beim 5:0 gegen Eintracht Frankfurt zu Saisonbeginn, liest sich seine Bilanz mit 40 Pflichtspieltreffern mehr als ordentlich.

Bleibt der Makel, beim Achtelfinal-Aus in der Königsklasse gegen den FC Liverpool tor- und chancenlos geblieben zu sein. Aber muss man dem Polen daraus einen Vorwurf machen, wenn man an die ultra-defensive und letztlich erfolglose Taktik der Bayern zurückdenkt? Eher nicht. Das Pokalfinale bewies dagegen, dass Lewandowski noch etliche Tore in sich trägt, sein bis 2021 auslaufender Vertrag soll daher vorzeitig verlängert werden.

Gut möglich, dass bald eine fünfte oder gar sechste Kanone bei Lewandowski daheim steht. 250 Tore traut ihm Heynckes zu, Lewandowski ist zumindest bei der Zahl 300 skeptisch. »Das ist schwierig.« Er fügt aber auch an: »Ich werde nicht sagen, dass es unmöglich ist.« Ganz der selbstbewusste Torjäger.

Frank Linkesch

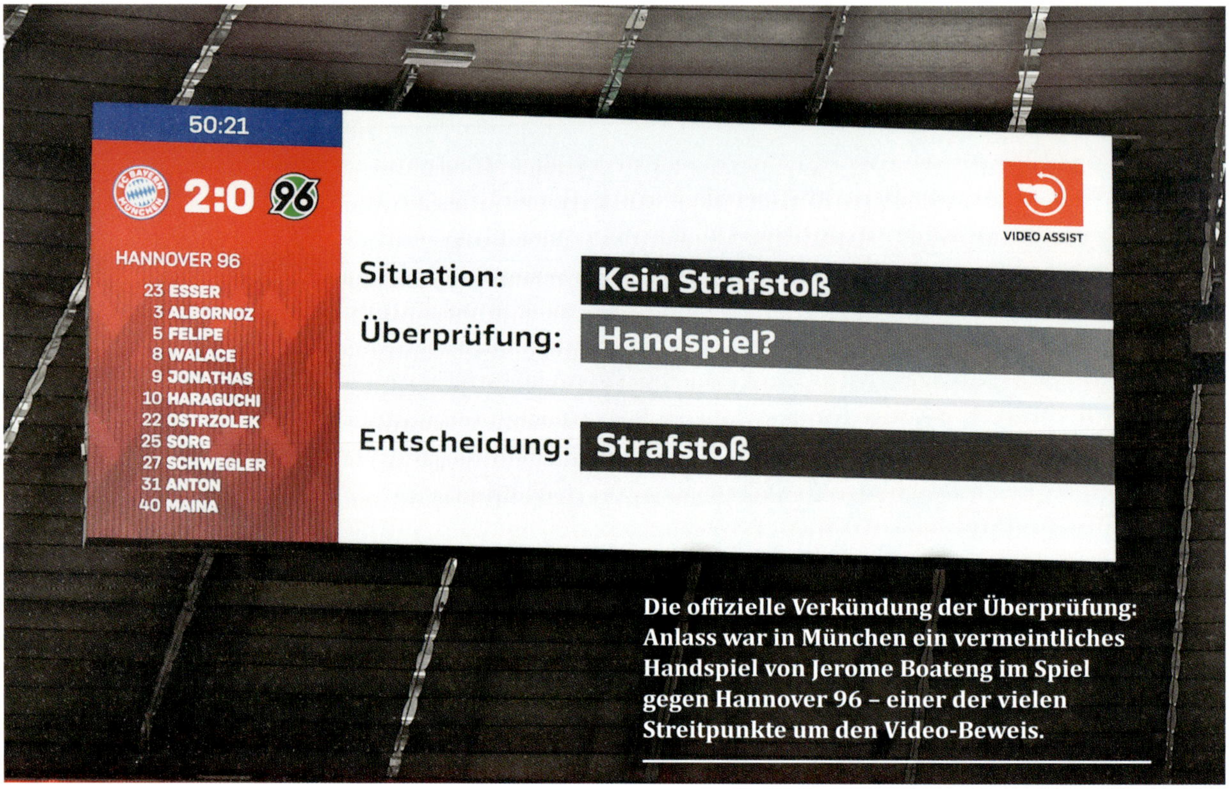

Die offizielle Verkündung der Überprüfung: Anlass war in München ein vermeintliches Handspiel von Jerome Boateng im Spiel gegen Hannover 96 – einer der vielen Streitpunkte um den Video-Beweis.

Mehr Konfusion als Transparenz! »Wir Schiedsrichter sind die ärmsten Schweine!«

Nach der Testphase im Spieljahr 2017/18 führte der DFB den Videobeweis zu Beginn dieser Saison offiziell ein. Er war nun also etabliert, seine Kinderkrankheiten traten dennoch immer wieder auf.

Nur ein Beispiel war der entscheidende Elfmeter im Pokalhalbfinale Werder Bremen gegen Bayern München (2:3), den Daniel Siebert nach einem leichten Kontakt von Gebre Selassie am Oberkörper Kingsley Comans gepfiffen hatte. Der Unparteiische diskutierte die Szene mit seinem Video-Assistenten Dr. Robert Kampka, erzählte aber von einem Kontakt im Beinbereich, den er erkannt haben wollte, während der Mann in Köln über die tatsächliche Berührung oben sprach. Die beiden redeten also im wahrsten Sinne des Wortes aneinander vorbei. Das Ergebnis: Siebert sah sich die Szene nicht noch einmal in seiner Review-Area an und blieb bei seiner falschen Einschätzung. Bremens Kapitän Max Kruse meinte anschließend resigniert: »Wenn wir es mit dem Videobeweis nicht schaffen, eine solche Fehlentscheidung zu vermeiden, dann können wir ihn auch wieder abschaffen.«
Zu Beginn des Spieljahres hatte der DFB seinen dritten Projektleiter in dieser Causa eingeführt: Auf Hellmut Krug und Lutz Michael Fröhlich, der als Vorsitzender der Schiedsrichterkommission Elite die Amtsgeschäfte lediglich kommissarisch übernommen hatte, folgte Dr. Jochen Drees. Der Allgemeinmediziner aus der Nähe von Mainz setzte massiv auf zwei Faktoren, die besonders Krug aus den Augen verloren hatte: Die Entscheidungsgewalt obliegt allein dem Schiedsrichter auf dem Platz, der Video-Assistent darf nur beraten. Eine Ausnahme stellen rein faktische Entscheidungen dar, also zum Beispiel die Klärung der Frage, ob sich ein Spieler

im Abseits befand oder nicht. Und die Leute im »Kölner Keller« dürfen nur bei klaren und gravierenden Fehlpfiffen eingreifen.

Mit diesen Maximen fuhr Drees in der Regel gut. Dennoch poppten in unregelmäßigen Abständen immer wieder Szenen auf, die für großen Ärger und generelles Unverständnis sorgten. Immerhin: Die seit Einführung des Videobeweises – 2017/18 zunächst als Test, im Jahr darauf fest im Regelwerk verankert – ermittelten objektiven Zahlen waren recht konstant. Pro Halbjahr wurden rund 40 klare Fehlentscheidungen vermieden, eine Überprüfung dauerte im Schnitt zirka 60 Sekunden. Der Videobeweis wurde also seinem Anspruch, den Fußball gerechter zu machen, gerecht, und er griff nicht allzu sehr ins Spiel ein.

Doch es waren die Ausnahmen, die Fans wie direkt Beteiligte immer wieder zu der Forderung animierten: Hört doch mit diesem Zeug so schnell wie möglich wieder auf! Wenn es drei bis vier Minuten in Anspruch nahm, ehe sich der Schiedsrichter auf dem Platz mithilfe seiner Review-Area zu einer Entscheidung durchgerungen hatte, dann war das Unverständnis groß.

»So hat er den Arm angelegt!«: Bayern-Trainer Niko Kovac demonstriert seine Sichtweise der strittigen Situation den Hannoveranern Thomas Doll (li.) und Jörg Sievers.

Zumal oft weder im Stadion noch an den Fernsehgeräten zu erkennen war, welche Szene gerade überprüft wurde. Es gab zwar vorformulierte Textbausteine zu sehen – Check Handspiel zum Beispiel –, aber diese waren zu allgemein. Die Transparenz, die zum Beispiel in den USA durch öffentliches Zeigen der durch den Video-Assistenten zur Verfügung gestellte Bilder gegeben ist, fehlte. Und dann gab es Fälle, in denen der Videobeweis es nicht schaffte, eine Fehlentscheidung zu verhindern oder diese sogar, als Worst Case, erst verursachte. Dies kam zwar sehr selten vor, sorgte dann aber noch für eine Steigerung des ohnehin schon sehr hohen Grades der Erregung.

Doch es gab noch ein zweites Phänomen, das im gesamten Saisonverlauf immer wieder landauf, landab zu hitzigen Diskussionen führte. In Sachen strafwürdiges Handspiel vermissten

Insider wie Öffentlichkeit Praxisbezug und Nachvollziehbarkeit. Trainer, Spieler sowie Vereinsoffizielle sehnten sich nach dem guten alten Entscheidungskriterium »Absicht« zurück. Diese war auch nach wie vor als allererste Prämisse im Regelwerk vorgegeben, angereichert mit Hilfskriterien wie Entfernung der Hand zum Ball. Aber die FIFA, die für die weltweite Auslegung des Textes verantwortlich ist, rückte im Verlauf der zurückliegenden Jahre immer mehr die Armhaltung in den Vordergrund. Galt diese als »unnatürlich«, sollte der Unparteiische pfeifen. Eine stark interpretierbare Anweisung. Praktiker führten immer wieder das Argument an, dass ein Spieler nicht laufen oder springen kann, ohne dass sich sein Arm vom Körper distanziert. Wie weit ist natürlich?, hielten die Regelkundler dagegen. So wurde die Konfusion groß.

Die Situation eskalierte mehrfach, unter anderem nach dem traditionell höchst emotionsgeladenen Revierderby zwischen Dortmund und Schalke. »Das ist so lächerlich. Die Leute, die diese Regel erfunden haben, können nicht mehr in den Spiegel sehen. Das ist der größte Skandal in der Fußball-Geschichte für mich«, erregte sich BVB-Trainer Lucien Favre nach einem Handelfmeter gegen seine Mannschaft, als Julian Weigl einen Schuss von Breel Embolo aus kurzer Distanz mit dem abgespreizten linken Arm abgeblockt hatte. Felix Zwayer, der die Partie geleitet hatte, sagt schon fast resigniert: »Wenn Fußball-Experten mit dieser Regel nicht einverstanden sind, ist es deren Recht. Wir Schiedsrichter sind die ärmsten Schweine, wir setzen das Regelwerk um.«

Und genau dieses hatten die obersten Regelhüter der Welt, das IFAB und die FIFA, bei ihrer Sitzung Anfang März für die kommende Saison geändert, um den »ärmsten Schweinen«, den Schiedsrichtern, die Arbeit zu erleichtern und sie aus dem permanenten Kreuzfeuer der öffentlichen Kritik zu nehmen. Der Passus zum Handspiel in Regel 12, bisher äußerst knappgehalten und stark interpretierbar, war nun umfassender und präziser formuliert worden. Eine wichtige Änderung: Tore, die ein Spieler mit der Hand oder dem Arm erzielt, werden generell nicht mehr anerkannt. Auch wenn durch die Berührung des Balles mit diesen Körperteilen eine direkte Chance entsteht, erfolgt der Pfiff des Unparteiischen. Die Beant-

Foul oder kein Foul: Düsseldorfs Benito Raman (li.) nimmt Schalkes Amine Harit den Ball ab, Fortunas anschließender Treffer wird aber durch den VAR zurückgenommen – trotzdem siegte die Fortuna mit 4:0 bei Schalke!

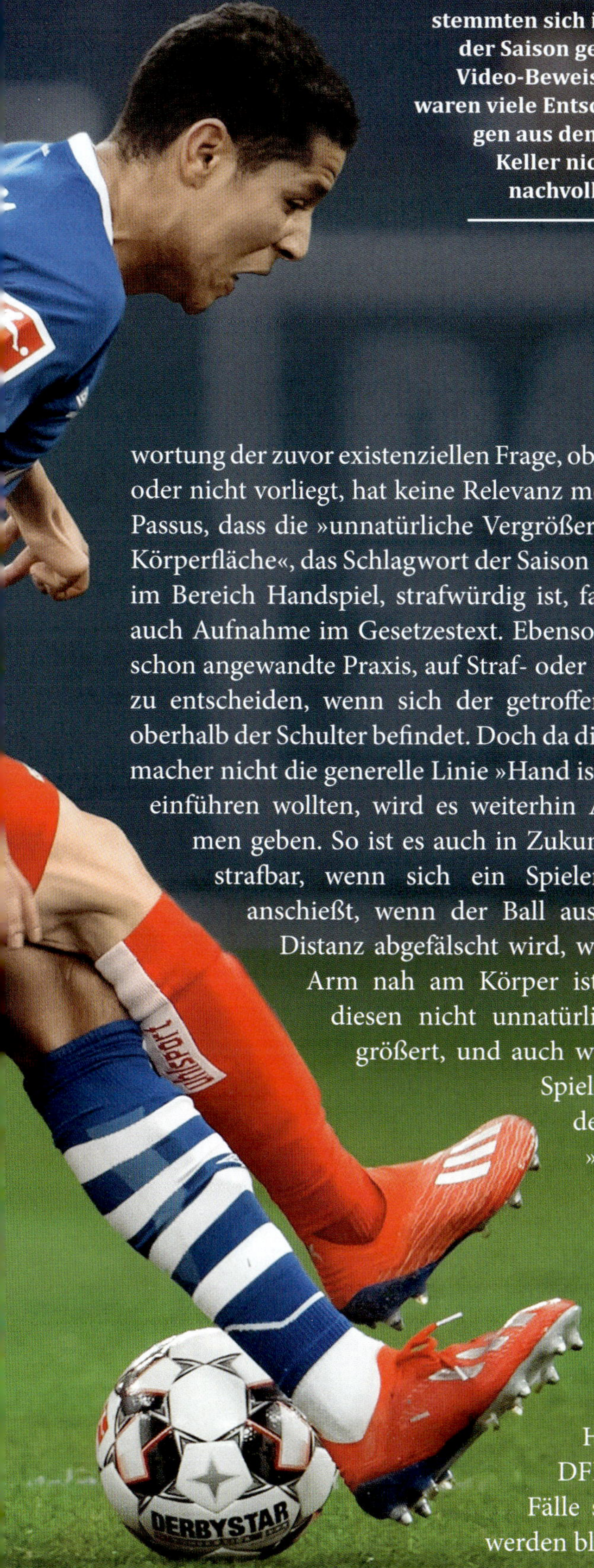

Eindeutige Stimmung unter den Fans: Sie stemmten sich im Laufe der Saison gegen den Video-Beweis. Für sie waren viele Entscheidungen aus dem Kölner Keller nicht mehr nachvollziehbar.

Entscheidung nach Video-Beweis: Schiedsrichter Sascha Stegemann entscheidet nach Durchsicht der Bilder auf Handelfmeter für Frankfurt. Schalkes Bastia Oczipka (li.) kann es nicht fassen – die Eintracht verwandelte zum 2:1-Sieg in der 99. Minute!

wortung der zuvor existenziellen Frage, ob Absicht oder nicht vorliegt, hat keine Relevanz mehr. Der Passus, dass die »unnatürliche Vergrößerung der Körperfläche«, das Schlagwort der Saison 2018/19 im Bereich Handspiel, strafwürdig ist, fand nun auch Aufnahme im Gesetzestext. Ebenso wie die schon angewandte Praxis, auf Straf- oder Freistoß zu entscheiden, wenn sich der getroffene Arm oberhalb der Schulter befindet. Doch da die Regelmacher nicht die generelle Linie »Hand ist Hand« einführen wollten, wird es weiterhin Ausnahmen geben. So ist es auch in Zukunft nicht strafbar, wenn sich ein Spieler selbst anschießt, wenn der Ball aus kurzer Distanz abgefälscht wird, wenn der Arm nah am Körper ist, daher diesen nicht unnatürlich vergrößert, und auch wenn der Spieler bei einer Grätsche an dem Arm getroffen wird, mit dem er sich am Boden abstützt.

»Für das Handspiel ist mehr Klarheit erforderlich, besonders in den Fällen, in denen ein ›nicht-absichtliches‹ Handspiel ein Vergehen ist«, lautete die offizielle Begründung der FIFA für die vorgenommenen Regeländerungen. Der Ermessensspielraum der Unparteiischen, auch gerne Grauzone genannt, wurde also eingeschränkt. Ganz beseitigt wurde er nicht, das wäre nur mit der radikalen und generellen Lösung »Hand ist Hand« möglich. Lutz Wagner, der Regel-Lehrwart des DFB, sagt: »Es wurde etwas mehr Klarheit geschaffen, einige Fälle sind nun explizit beschrieben. Aber die Diskussionen werden bleiben.«

Thomas Roth

Die Saison 2018/2019 Namen, Daten, Ereignisse

1. SPIELTAG

24. August 2018

Bayern München – TSG Hoffenheim 3:1 (1:0)

Bayern: Neuer (3) – Kimmich (3), Süle (2,5), Boateng (4), Alaba (3) – Javi Martinez (4) – Müller (2), Thiago (2,5) – Coman (2,5), Ribery (3) – Lewandowski (3) – **Trainer:** Kovac
Hoffenheim: Baumann (2) – Bicakcic (3), Vogt (3), Adams (3,5) – Kaderabek (3,5), Grillitsch (3,5), Schulz (2,5) – Bittencourt (4), Grifo (5) – Joelinton (4,5), Szalai (2,5) – **Trainer:** Nagelsmann
Eingewechselt: 45./+4 Robben (2,5) für Coman, 67. Goretzka (-) für Javi Martinez, 83. James (-) für Ribery – 46. Zuber (4) für Grifo, 67. Akpoguma (-) für Adams, 74. Nordtveit (-) für Vogt
Tore: 1:0 Müller (23., Kopfball, Vorarbeit Kimmich), 1:1 Szalai (58., Rechtsschuss, Bicakcic), 2:1 Lewandowski (82., Foulelfmeter, Rechtsschuss, Ribery), 3:1 Robben (90., Linksschuss, Müller)
Chancenverhältnis: 10:3
Eckenverhältnis: 7:2
SR: Dankert (Rostock) – **Zuschauer:** 75 000 (ausverkauft) – **Gelbe Karten:** Müller – Adams, Bittencourt, Kaderabek, Schulz – **Spielnote:** 2,5

25. August 2018

VfL Wolfsburg – FC Schalke 04 2:1 (1:0)

Wolfsburg: Casteels (2) – William (3), Knoche (3,5), Brooks (2,5), Roussillon (3) – Camacho (2) – Guilavogui (3,5), Arnold (3,5) – Steffen (3), Brekalo (3,5) – Weghorst (3,5) – **Trainer:** Labbadia
Schalke: Fährmann (3) – Sané (4,5), Naldo (4), Nastasic (5) – Caligiuri (4), McKennie (3,5), Baba (4,5) – Serdar (3,5), Harit (4,5) – Uth (4), Burgstaller (5) – **Trainer:** Tedesco
Eingewechselt: 46. Gerhardt (4) für Guilavogui, 75. Ginczek (-) für Weghorst, 86. Mehmedi (-) für Brekalo – 58. Embolo (4) für Harit, 73. Teuchert (-) für Burgstaller, 83. Bentaleb (-) für Serdar
Tore: 1:0 Brooks (33., Kopfball, Vorarbeit Arnold), 1:1 Bentaleb (85., Foulelfmeter, Linksschuss, Embolo), 2:1 Ginczek (90./+4, Rechtsschuss, Gerhardt)
Chancenverhältnis: 4:4
Eckenverhältnis: 7:2
SR: Ittrich (Hamburg) – **Zuschauer:** 26 621 – **Gelbe Karten:** William, Guilavogui, Weghorst, Gerhardt, Brooks – Sané, McKennie, Burgstaller – **Rote Karte:** Nastasic (65., grobes Foulspiel) – **Spielnote:** 3

25. August 2018

Fortuna Düsseldorf – FC Augsburg 1:2 (1:0)

Düsseldorf: Rensing (3) – Zimmermann (2,5), Ayhan (3), Hoffmann (3), Gießelmann (4) – Morales (4,5), Sobottka (4) – Zimmer (3), Raman (2,5) – Stöger (4) – Hennings (4) – **Trainer:** Funkel
Augsburg: Giefer (3) – Schmid (3), Gouweleeuw (3), Hinteregger (2,5), Max (4) – Baier (3) – Hahn (3), Khedira (4), Caiuby (4,5) – Richter (3,5), Gregoritsch (4) – **Trainer:** Baum
Eingewechselt: 66. Karaman (-) für Stöger, 75. Ducksch (-) für Hennings, 79. Lukebakio (-) für Raman – 69. Koo (-) für Caiuby, 79. Ji (-) für Richter, 90./+1 Danso (-) für Baier
Tore: 1:0 Raman (39., Kopfball, Vorarbeit Zimmermann), 1:1 Hinteregger (57., Kopfball, Schmid), 1:2 Hahn (76., Kopfball, Richter)
Chancenverhältnis: 3:5
Eckenverhältnis: 7:5
SR: Schmidt (Stuttgart) – **Zuschauer:** 40 996 – **Gelbe Karte:** Zimmermann – **Spielnote:** 4

25. August 2018

Hertha BSC – 1. FC Nürnberg 1:0 (1:0)

Hertha: Jarstein (2) – Stark (3), Rekik (3), Torunarigha (3) – Lazaro (2,5), Maier (4), Duda (4), Plattenhardt (4) – Kalou (4,5), Mittelstädt (4) – Ibisevic (3) – **Trainer:** Dardai
Nürnberg: Bredlow (3) – Bauer (4,5), Margreitter (4), Mühl (3,5), Leibold (5) – Petrak (4) – Behrens (4), Fuchs (4,5) – Salli (5), Ishak (4,5), Kubo (3) – **Trainer:** Köllner
Eingewechselt: 72. Jastrzembski (-) für Mittelstädt, 87. Dardai (-) für Kalou, 88. Grujic (-) für Ibisevic – 67. Palacios (-) für Salli, 81. Knöll (-) für Behrens, 89. Erras (-) für Bauer
Tor: 1:0 Ibisevic (27., Rechtsschuss, Vorarbeit Lazaro)
Chancenverhältnis: 3:2
Eckenverhältnis: 8:4
SR: Welz (Wiesbaden) – **Zuschauer:** 52 729 – **Gelbe Karten:** Plattenhardt, Jastrzembski – Fuchs, Bauer – **Besonderes Vorkommnis:** Jarstein hält Handelfmeter von Ishak (85.) – **Spielnote:** 3,5

25. August 2018

Werder Bremen – Hannover 96 1:1 (0:0)

Bremen: Pavlenka (3) – Gebre Selassie (3), Veljkovic (3), Moisander (3,5), Augustinsson (3,5) – Bargfrede (4) – M. Eggestein (3), Klaassen (4) – Osako (4), Kainz (3), Kruse (4) – **Trainer:** Kohfeldt
Hannover: Esser (3) – Sorg (3), Anton (2,5), Wimmer (3,5), Ostrzolek (3,5) – Schwegler (3), Walace (3) – Bebou (3), Maina (4) – Füllkrug (3,5), Asano (4) – **Trainer:** Breitenreiter
Eingewechselt: 52. Rashica (4) für Kruse, 67. Pizarro (-) für Kainz, 82. J. Eggestein (-) für Bargfrede – 57. Bakalorz (3,5) für Schwegler, 61. Haraguchi (-) für Maina, 75. Weydandt (-) für Asano
Tore: 0:1 Weydandt (76., Rechtsschuss, Vorarbeit Bebou), 1:1 Gebre Selassie (85., Kopfball, Rashica)
Chancenverhältnis: 6:4
Eckenverhältnis: 4:3
SR: Dr. Brych (München) – **Zuschauer:** 42 100 (ausverkauft) – **Spielnote:** 3

25. August 2018

SC Freiburg – Eintracht Frankfurt 0:2 (0:1)

Freiburg: Schwolow (3) – Stenzel (3,5), Gulde (4), Heintz (3,5), Günter (2,5) – Höfler (3,5) – Gondorf (3) – Waldschmidt (4,5), Frantz (2,5) – Petersen (4), Niederlechner (4,5) – **Trainer:** Voßler
Frankfurt: Rönnow (3) – da Costa (3,5), Salcedo (3), Ndicka (2,5), Willems (3,5) – Torro (3,5), Fernandes (3,5) – Müller (3), Gacinovic (3), Tawatha (4,5) – Haller (2) – **Trainer:** Hütter
Eingewechselt: 69. Terrazzino (-) für Waldschmidt, 73. Höler (-) für Niederlechner – 69. Kostic (-) für Tawatha, 73. de Guzman (-) für Müller, 88. Blum (-) für Gacinovic
Tore: 0:1 Müller (10., Rechtsschuss, Vorarbeit Haller), 0:2 Haller (82., Rechtsschuss, de Guzman)
Chancenverhältnis: 11:5
Eckenverhältnis: 6:4
SR: Gräfe (Berlin) – **Zuschauer:** 24 000 (ausverkauft) – **Gelbe Karten:** Gondorf – Müller, Salcedo – **Spielnote:** 3

25. August 2018

Bor. Mönchengladbach – Bayer 04 Leverkusen 2:0 (0:0)

Gladbach: Sommer (2,5) – Beyer (3), Ginter (2), Jantschke (2,5), Wendt (3) – Strobl (2,5) – Neuhaus (2), Hofmann (2) – Hazard (3,5), Johnson (3) – Raffael (2) – **Trainer:** Hecking
Leverkusen: Özcan (1,5) – Henrichs (3,5), Tah (3,5), Dragovic (4), Wendell (5) – Havertz (3), Kohr (3,5) – Brandt (3,5), Volland (4), Bailey (4) – Alario (4,5) – **Trainer:** Herrlich
Eingewechselt: 79. Plea (-) für Raffael, 83. Herrmann (-) für Johnson, 88. Zakaria (-) für Neuhaus – 65. Kiese Thelin (-) für Henrichs, 77. Weiser (-) für Bailey, 77. Bellarabi (-) für Volland
Tore: 1:0 Hofmann (55., Foulelfmeter, Rechtsschuss, Vorarbeit Neuhaus), 2:0 Johnson (58., Rechtsschuss, Raffael)
Chancenverhältnis: 10:6
Eckenverhältnis: 9:5
SR: Dingert (Gries) – **Zuschauer:** 53 087 – **Gelbe Karten:** Ginter – Kohr, Henrichs – **Besonderes Vorkommnis:** Özcan hält Handelfmeter von Hazard (38.) – **Spielnote:** 2

26. August 2018

1. FSV Mainz 05 – VfB Stuttgart 1:0 (0:0)

Mainz: Müller (2,5) – Brosinski (3,5), Bell (3,5), Niakhaté (4), Aaron (3,5) – Gbamin (4), Baku (2,5) – De Blasis (4), Holtmann (3,5) – Quaison (3) – Mateta (4) – **Trainer:** Schwarz
Stuttgart: Zieler (3) – Maffeo (4,5), Pavard (3), Badstuber (4,5), Insua (4) – Castro (3,5), Ascacibar (4) – Gentner (4), Thommy (4) – Gonzalez (3,5), Gomez (4) – **Trainer:** Korkut
Eingewechselt: 42. Kunde (3) für Gbamin, 67. Ujah (-) für Mateta, 89. Onisiwo (-) für Holtmann – 59. Didavi (4) für Gonzalez, 81. Akolo (-) für Thommy, 84. Sosa (-) für Insua
Tor: 1:0 Ujah (76., Rechtsschuss, Vorarbeit Quaison)
Chancenverhältnis: 5:3
Eckenverhältnis: 6:3
SR: Siebert (Berlin) – **Zuschauer:** 28 705 – **Gelbe Karten:** Holtmann – Ascacibar, Sosa – **Spielnote:** 4,5

26. August 2018

Borussia Dortmund – RB Leipzig 4:1 (3:1)

Dortmund: Bürki (1,5) – Piszczek (4), Akanji (3,5), Diallo (4), Schmelzer (2,5) – Witsel (2) – Dahoud (3), Delaney (3,5) – Pulisic (4), Philipp (4), Reus (1,5) – **Trainer:** Favre
Leipzig: Gulacsi (3) – Klostermann (3), Konaté (4), Upamecano (3,5), Saracchi (3) – Demme (4), Kampl (2) – Sabitzer (4), Forsberg (2,5) – Poulsen (4), Augustin (3) – **Trainer:** Rangnick
Eingewechselt: 69. Wolf (-) für Philipp, 77. Sancho (-) für Pulisic, 87. Guerreiro (-) für Schmelzer – 46. Werner (4) für Sabitzer, 72. Matheus Cunha (-) für Augustin, 85. Bruma (-) für Demme
Tore: 0:1 Augustin (1., Rechtsschuss, Vorarbeit Poulsen), 1:1 Dahoud (21., Kopfball, Schmelzer), 2:1 Sabitzer (40., Eigentor, Kopfball, Reus), 3:1 Witsel (43., Rechtsschuss, Delaney), 4:1 Reus (90./+1, Linksschuss, Sancho)
Chancenverhältnis: 7:4
Eckenverhältnis: 7:9
SR: Aytekin (Oberasbach) – **Zuschauer:** 80 000 – **Gelbe Karten:** Diallo, Dahoud – Upamecano, Saracchi – **Spielnote:** 2

2. SPIELTAG

31. August 2018

Hannover 96 – Borussia Dortmund 0:0

Hannover: Esser (3) – Sorg (3), Anton (2,5), Wimmer (3) – Maina (2,5), Fossum (3), Walace (2), Albornoz (4) – Bebou (3,5) – Asano (5), Füllkrug (4,5) – **Trainer:** Breitenreiter
Dortmund: Bürki (3) – Piszczek (3,5), Akanji (2,5), Diallo (2,5), Schmelzer (4) – Witsel (3,5) – Dahoud (3), Delaney (4) – Wolf (4,5), Reus (3,5) – Philipp (4,5) – **Trainer:** Favre
Eingewechselt: 46. Wood (4,5) für Asano, 86. Ostrzolek (-) für Albornoz, 89. Bakalorz (-) für Bebou – 79. Sancho (-) für Philipp, 86. Guerreiro (-) für Dahoud
Chancenverhältnis: 2:4
Eckenverhältnis: 4:1
SR: Zwayer (Berlin) – **Zuschauer:** 49 000 (ausverkauft) – **Spielnote:** 4

1. September 2018

1. FC Nürnberg – 1. FSV Mainz 05 1:1 (0:1)

Nürnberg: Bredlow (3,5) – Valentini (3), Margreitter (3), Mühl (4), Leibold (2,5) – Petrak (3,5) – Fuchs (4,5), Behrens (4) – Palacios (4,5), Kubo (2) – Ishak (2,5) – **Trainer:** Köllner
Mainz: Müller (2,5) – Brosinski (4), Bell (4), Niakhaté (4,5), Aaron (3,5) – Baku (3,5), Kunde (4) – Onisiwo (4), Maxim (4,5), Quaison (5) – Mateta (3) – **Trainer:** Schwarz
Eingewechselt: 65. Löwen (-) für Palacios, 88. Goden (-) für Fuchs – 46. Bungert (4) für Niakhaté, 67. Boetius (-) für Maxim, 81. Mwene (-) für Onisiwo
Tore: 0:1 Mateta (25., Kopfball, Vorarbeit Aaron), 1:1 Ishak (48., Rechtsschuss, Valentini)
Chancenverhältnis: 10:2
Eckenverhältnis: 5:1
SR: Winkmann (Kerken) – **Zuschauer:** 37 781 – **Gelbe Karten:** Petrak, Behrens – Niakhaté, Kunde – **Spielnote:** 2,5

1. September 2018

Eintracht Frankfurt – Werder Bremen 1:2 (0:1)

Frankfurt: Trapp (3) – da Costa (4,5), Abraham (4), Salcedo (-), Willems (6) – Torro (4), Fernandes (4) – Müller (4), Gacinovic (3,5), Kostic (3,5) – Haller (3) – **Trainer:** Hütter
Bremen: Pavlenka (3) – Gebre Selassie (3,5), Veljkovic (3), Moisander (3,5), Augustinsson (5) – Bargfrede (2,5) – M. Eggestein (3), Klaassen (3,5) – Harnik (4), Osako (2) – Kruse (3,5) – **Trainer:** Kohfeldt
Eingewechselt: 11. Ndicka (3) für Salcedo, 35. Tawatha (3,5) für Müller, 68. de Guzman (-) für Gacinovic – 53. Plogmann (3) für Pavlenka, 59. Pizarro (3) für Harnik, 83. Rashica (-) für Bargfrede
Tore: 0:1 Osako (20., Rechtsschuss, Vorarbeit M. Eggestein), 1:1 Haller (54., Foulelfmeter, Rechtsschuss, Gacinovic), 1:2 Rashica (90./+6, direkter Freistoß, Rechtsschuss)
Chancenverhältnis: 2:7
Eckenverhältnis: 8:3
SR: Storks (Velen) – **Zuschauer:** 50 000 – **Gelbe Karten:** Gacinovic – Bargfrede, Veljkovic – **Rote Karte:** Willems (32., Tätlichkeit) – **Spielnote:** 3

1. September 2018

FC Augsburg – Bor. Mönchengladbach 1:1 (1:0)

Augsburg: Giefer (3) – Gouweleeuw (1,5), Khedira (3), Hinteregger (3) – Schmid (4), Baier (3,5), Max (2) – Koo (4) – Hahn (3), Gregoritsch (2), Richter (3) – **Trainer:** Baum
Gladbach: Sommer (2) – Beyer (4,5), Ginter (3,5), Jantschke (4), Wendt (4) – Strobl (3) – Neuhaus (4), Hofmann (3,5) – Johnson (3,5), Hazard (3) – Raffael (5) – **Trainer:** Hecking
Eingewechselt: 72. Caiuby (-) für Richter, 75. Götze (-) für Koo, 90. Ji (-) für Gregoritsch – 46. Plea (2,5) für Raffael, 46. Zakaria (3) für Beyer, 89. Cuisance (-) für Neuhaus
Tore: 1:0 Gregoritsch (12., Linksschuss, Vorarbeit Max), 1:1 Plea (68., Kopfball, Strobl)
Chancenverhältnis: 7:4
Eckenverhältnis: 9:4
SR: Willenborg (Osnabrück) – **Zuschauer:** 29 580 – **Gelbe Karten:** Max – Strobl, Johnson – **Spielnote:** 2,5

1. September 2018

TSG Hoffenheim – SC Freiburg 3:1 (0:1)

Hoffenheim: Baumann (3,5) – Bicakcic (-), Vogt (2,5), Adams (3) – Kaderabek (3), Grillitsch (3), Schulz (2,5) – Zuber (3,5), Bittencourt (3) – Joelinton (4), Szalai (1,5) – **Trainer:** Nagelsmann
Freiburg: Schwolow (1,5) – Stenzel (3,5), Gulde (3,5), Heintz (3), Günter (4) – Höfler (4,5) – Gondorf (2,5) – Höler (5,5), Frantz (3) – Niederlechner (3,5) – Petersen (3,5) – **Trainer:** Voßler
Eingewechselt: 19. Akpoguma (-) für Bicakcic, 44. Kramaric (3) für Adams, 46. Nordtveit (3) für Akpoguma – 66. Terrazzino (-) für Höler, 81. Waldschmidt (-) für Niederlechner, 89. Koch (-) für Gulde
Tore: 0:1 Heintz (36., Linksschuss, Vorarbeit), 1:1 Szalai (50., Rechtsschuss), 2:1 Szalai (63., Rechtsschuss, Schulz), 3:1 Kramaric (90./+4, Rechtsschuss, Bittencourt)
Chancenverhältnis: 9:6
Eckenverhältnis: 6:4
SR: Hartmann (Wangen) – **Zuschauer:** 28 619 – **Gelbe Karten:** Szalai – Gondorf, Niederlechner – **Spielnote:** 2,5

1. September 2018
Bayer 04 Leverkusen – VfL Wolfsburg 1:3 (1:1)
Leverkusen: Özcan (4,5) – Weiser (5), Tah (4), Dragovic (5,5), Wendell (5) – Havertz (4), L. Bender (4) – Bailey (3), Volland (5), Brandt (4) – Alario (5) – **Trainer:** Herrlich
Wolfsburg: Pervan (3,5) – William (3), Knoche (2,5), Brooks (3,5), Roussillon (1,5) – Camacho (3) – Gerhardt (2), Arnold (3) – Steffen (2,5), Brekalo (2) – Weghorst (2) – **Trainer:** Labbadia
Eingewechselt: 59. Aranguiz (3) für Wendell, 71. Paulinho (-) für Volland, 71. Kiese Thelin (-) für Alario – 67. Mehmedi (-) für Steffen, 81. Ginczek (-) für Weghorst, 84. Uduokhai (-) für Roussillon
Tore: 1:0 Bailey (24., Linksschuss, Vorarbeit Weiser), 1:1 Özcan (37., Eigentor, angeschossener rechter Arm, Gerhardt), 1:2 Weghorst (55., Kopfball, Roussillon), 1:3 Steffen (60., Linksschuss, Brekalo)
Chancenverhältnis: 3:6
Eckenverhältnis: 5:3
SR: Jablonski (Bremen) – **Zuschauer:** 26 247 – **Gelbe Karten:** Dragovic, Kiese Thelin, Weiser – Camacho, Roussillon, Ginczek – **Spielnote:** 3

1. September 2018
VfB Stuttgart – Bayern München 0:3 (0:1)
Stuttgart: Zieler (3) – Maffeo (5), Baumgartl (5), Pavard (4,5), Insua (5) – Aogo (4) – Donis (3), Castro (5), Ascacibar (4), Gentner (5) – Gomez (5) – **Trainer:** Korkut
Bayern: Neuer (3,5) – Kimmich (2), Boateng (2), Hummels (2), Alaba (3) – Thiago (3) – Robben (3), Müller (1,5), Goretzka (1,5), Ribery (3,5) – Lewandowski (1,5) – **Trainer:** Kovac
Eingewechselt: 57. Thommy (4,5) für Donis, 64. Didavi (-) für Gentner, 78. Akolo (-) für Castro – 77. Gnabry (-) für Ribery, 78. James (-) für Robben, 80. Tolisso (-) für Müller
Tore: 0:1 Goretzka (37., Rechtsschuss, Vorarbeit Müller), 0:2 Lewandowski (62., Linksschuss, Goretzka), 0:3 Müller (76., Linksschuss, Lewandowski)
Chancenverhältnis: 0:9
Eckenverhältnis: 0:12
SR: Osmers (Hannover) – **Zuschauer:** 58 680 (ausverkauft) – **Spielnote:** 3

2. September 2018
RB Leipzig – Fortuna Düsseldorf 1:1 (0:0)
Leipzig: Gulacsi (2) – Mukiele (3), Ilsanker (4), Upamecano (5), Saracchi (4) – Kampl (3), Demme (3,5) – Bruma (5) – Forsberg (3,5) – Augustin (3), Werner (4) – **Trainer:** Rangnick
Düsseldorf: Rensing (2,5) – Ayhan (2,5), Hoffmann (3,5), Kaminski (3) – Zimmer (4), Sobottka (4), Gießelmann (3) – Zimmermann (2,5), Morales (4) – Ducksch (3,5), Hennings (4) – **Trainer:** Funkel
Eingewechselt: 54. Sabitzer (3) für Bruma, 70. Matheus Cunha (-) für Augustin, 86. Poulsen (-) für Demme – 68. Raman (-) für Hennings, 80. Stöger (-) für Zimmermann, 90. Karaman (-) für Ducksch
Tore: 0:1 Zimmermann (47., Rechtsschuss, Vorarbeit Gießelmann), 1:1 Augustin (68., Rechtsschuss, Sabitzer)
Chancenverhältnis: 10:7
Eckenverhältnis: 3:3
SR: Fritz (Korb) – **Zuschauer:** 34 975 – **Gelbe Karten:** Matheus Cunha – Gießelmann, Sobottka, Hoffmann, Stöger – **Spielnote:** 4

2. September 2018
FC Schalke 04 – Hertha BSC 0:2 (0:1)
Schalke: Fährmann (3) – McKennie (5), Naldo (4), Sané (4,5) – Caligiuri (4,5), Rudy (5), Bentaleb (4), Baba (5) – Embolo (4,5), Konoplyanka (4) – Uth (4,5) – **Trainer:** Tedesco
Hertha: Jarstein (1,5) – Lazaro (3,5), Stark (3), Rekik (-), Torunarigha (3) – Maier (2,5) – Kalou (5), Grujic (3), Duda (1,5), Mittelstädt (3,5) – Ibisevic (4,5) – **Trainer:** Dardai
Eingewechselt: 51. Serdar (4) für Rudy, 57. Burgstaller (4) für Embolo, 73. Harit (-) für Baba – 6. Dilrosun (2,5) für Rekik, 67. Lustenberger (-) für Ibisevic, 90./+4 Jastrzembski (-) für Kalou
Tore: 0:1 Duda (15., Rechtsschuss, Vorarbeit Dilrosun), 0:2 Duda (90./+6, direkter Freistoß, Rechtsschuss)
Chancenverhältnis: 6:3
Eckenverhältnis: 9:0
SR: S. Stegemann (Niederkassel) – **Zuschauer:** 60 181 – **Gelbe Karten:** Uth – Jarstein – **Rote Karte:** Konoplyanka (90./+5, Notbremse) – **Besonderes Vorkommnis:** Caligiuri schießt Handelfmeter am Tor vorbei (13.) – **Spielnote:** 4

3. SPIELTAG

14. September 2018
Borussia Dortmund – Eintracht Frankfurt 3:1 (1:0)
Dortmund: Bürki (3) – Piszczek (3,5), Akanji (2), Diallo (4), Schmelzer (2,5) – Dahoud (4), Delaney (4) – Wolf (4), Reus (5), Bruun Larsen (4,5) – Philipp (5) – **Trainer:** Favre
Frankfurt: Trapp (3) – da Costa (3,5), Abraham (4), Ndicka (5), Falette (4,5) – Torro (4), Fernandes (4) – Fabian (4,5), Gacinovic (3,5), Kostic (5) – Haller (3) – **Trainer:** Hütter
Eingewechselt: 58. Sancho (2) für Bruun Larsen, 67. Paco Alcacer (-) für Philipp, 69. Witsel (-) für Delaney – 63. Jovic (-) für Fabian, 63. de Guzman (-) für Fernandes, 84. Müller (-) für Torro
Tore: 1:0 Diallo (36., Linksschuss, Vorarbeit Bruun Larsen), 1:1 Haller (68., Rechtsschuss, da Costa), 2:1 Wolf (72., Rechtsschuss, Sancho), 3:1 Paco Alcacer (88., Linksschuss)
Chancenverhältnis: 4:1
Eckenverhältnis: 7:1
SR: Cortus (Röthenbach a. d. Pegnitz) – **Zuschauer:** 81 000 – **Gelbe Karte:** Kostic – **Spielnote:** 4

15. September 2018
RB Leipzig – Hannover 96 3:2 (2:1)
Leipzig: Gulacsi (2) – Mukiele (2,5), Konaté (2,5), Orban (4,5), Saracchi (3,5) – Ilsanker (4), Demme (3) – Kampl (3), Forsberg (2) – Poulsen (2), Werner (2) – **Trainer:** Rangnick
Hannover: Esser (3) – Sorg (3,5), Anton (3,5), Wimmer (4) – Maina (4), Schwegler (3), Walace (3), Albornoz (3) – Bebou (2,5), Asano (4,5) – Füllkrug (2,5) – **Trainer:** Breitenreiter
Eingewechselt: 61. Laimer (-) für Demme, 74. Sabitzer (-) für Forsberg, 87. Klostermann (-) für Werner – 65. Haraguchi (-) für Asano, 65. Wood (-) für Maina, 87. Bakalorz (-) für Sorg
Tore: 1:0 Poulsen (9., Kopfball, Vorarbeit Demme), 1:1 Füllkrug (13., Rechtsschuss), 2:1 Werner (40., Linksschuss, Forsberg), 3:1 Werner (63., Rechtsschuss, Forsberg), 3:2 Albornoz (65., Linksschuss, Walace)
Chancenverhältnis: 7:7
Eckenverhältnis: 4:12
SR: Dr. Kampka (Mainz) – **Zuschauer:** 38 937 – **Gelbe Karten:** Demme, Mukiele, Kampl, Sabitzer – Füllkrug, Wood, Sorg, Anton – **Spielnote:** 2

15. September 2018
1. FSV Mainz 05 – FC Augsburg 2:1 (0:0)
Mainz: Müller (2,5) – Brosinski (4), Bungert (3), Niakhaté (3), Aaron (3) – Baku (2,5), Kunde (3,5) – Onisiwo (4,5), Burkardt (3,5) – Quaison (5) – Mateta (3) – **Trainer:** Schwarz
Augsburg: Giefer (5,5) – Gouweleeuw (3), Khedira (3,5), Hinteregger (3,5) – Schmid (4), Max (3) – Baier (4) – Koo (3,5) – Hahn (4), Richter (4) – Gregoritsch (3,5) – **Trainer:** Baum
Eingewechselt: 73. Ujah (-) für Mateta, 78. Gürleyen (-) für Bungert, 86. Maxim (-) für Baku – 60. Caiuby (3) für Richter, 73. Ji (-) für Gregoritsch, 84. Cordova (-) für Ji
Tore: 0:1 Ji (82., Rechtsschuss, Vorarbeit Khedira), 1:1 Ujah (87., Kopfball, Onisiwo), 2:1 Maxim (90./+3, Rechtsschuss)
Chancenverhältnis: 7:4
Eckenverhältnis: 5:4
SR: Petersen (Stuttgart) – **Zuschauer:** 21 105 – **Gelbe Karten:** Baku – Khedira, Gouweleeuw – **Spielnote:** 3

15. September 2018
VfL Wolfsburg – Hertha BSC 2:2 (0:0)
Wolfsburg: Casteels (3) – William (4,5), Knoche (4), Brooks (3), Roussillon (2) – Camacho (3) – Gerhardt (3), Arnold (3) – Steffen (4), Brekalo (4) – Weghorst (3,5) – **Trainer:** Labbadia
Hertha: Jarstein (1,5) – Lazaro (3), Stark (4), Torunarigha (2,5), Plattenhardt (3,5) – Maier (3,5) – Kalou (4), Grujic (3), Duda (2,5), Dilrosun (2,5) – Ibisevic (4) – **Trainer:** Dardai
Eingewechselt: 62. Mehmedi (-) für Brekalo, 67. Ginczek (-) für Steffen, 83. Malli (-) für Gerhardt – 74. Selke (-) für Ibisevic, 74. Lustenberger (-) für Torunarigha, 90. Klünter (-) für Kalou
Tore: 0:1 Dilrosun (61., Linksschuss, Vorarbeit), 1:1 Malli (87., Foulelfmeter, Rechtsschuss, Arnold), 1:2 Duda (90./+1, direkter Freistoß, Rechtsschuss), 2:2 Mehmedi (90./+3, Rechtsschuss, Brooks)
Chancenverhältnis: 9:4
Eckenverhältnis: 7:2
SR: Dingert (Gries) – **Zuschauer:** 25 090 – **Gelbe Karten:** Camacho – Grujic, Klünter – **Spielnote:** 2

15. September 2018
Fortuna Düsseldorf – TSG Hoffenheim 2:1 (1:0)
Düsseldorf: Rensing (3) – Ayhan (3), Bodzek (3), Kaminski (3,5) – Zimmer (3), Gießelmann (4) – Sobottka (3) – Zimmermann (3,5), Morales (2,5) – Ducksch (4), Hennings (3) – **Trainer:** Funkel
Hoffenheim: Baumann (3) – Nordtveit (4), Vogt (3), Posch (4) – Grillitsch (2,5) – Kaderabek (3,5), Schulz (2,5) – Bittencourt (3,5), Joelinton (3,5), Kramaric (5) – Szalai (4,5) – **Trainer:** Nagelsmann
Eingewechselt: 59. Bormuth (3,5) für Ayhan, 67. Lukebakio (-) für Hennings, 79. Karaman (-) für Ducksch – 57. Belfodil (4) für Joelinton, 63. Zuber (-) für Bittencourt, 72. Nelson (-) für Posch
Tore: 1:0 Morales (45., Kopfball, Vorarbeit Zimmer), 1:1 Nelson (86., Linksschuss), 2:1 Lukebakio (88., Foulelfmeter, Linksschuss, Karaman)
Chancenverhältnis: 5:7
Eckenverhältnis: 0:9
SR: Stieler (Hamburg) – **Zuschauer:** 40 111 – **Gelbe Karten:** Hennings – Kaderabek, Belfodil – **Spielnote:** 3

15. September 2018
Bayern München – Bayer 04 Leverkusen 3:1 (2:1)
Bayern: Neuer (2,5) – Kimmich (3), Süle (2,5), Boateng (3), Rafinha (3) – Thiago (2) – Müller (3,5), Tolisso (2,5) – Robben (2), Gnabry (3,5) – Lewandowski (4) – **Trainer:** Kovac
Leverkusen: Hradecky (4) – Dragovic (5), Tah (5,5), S. Bender (5) – Jedvaj (5), Wendell (5,5) – Kohr (5), L. Bender (-) – Bailey (5,5), Havertz (5) – Volland (5,5) – **Trainer:** Herrlich
Eingewechselt: 42. James (2,5) für Tolisso, 59. Javi Martinez (3) für Gnabry, 82. Alaba (-) für Rafinha – 27. Brandt (5,5) für L. Bender, 72. Bellarabi (-) für Volland, 83. Paulinho (-) für Bailey
Tore: 0:1 Wendell (5., Handelfmeter, Linksschuss, Vorarbeit), 1:1 Tolisso (10., Linksschuss, Lewandowski), 2:1 Robben (19., Linksschuss), 3:1 James (89., Kopfball, Thiago)
Chancenverhältnis: 6:1
Eckenverhältnis: 9:1
SR: Welz (Wiesbaden) – **Zuschauer:** 75 000 (ausverkauft) – **Gelbe Karte:** Wendell – **Rote Karte:** Bellarabi (80., rohes Spiel) – **Spielnote:** 3

15. September 2018
Bor. Mönchengladbach – FC Schalke 04 2:1 (1:0)
Gladbach: Sommer (1) – Elvedi (3), Ginter (2), Jantschke (4), Wendt (3) – Strobl (4) – Hofmann (2), Zakaria (3) – Hazard (3), Johnson (3) – Plea (2,5) – **Trainer:** Hecking
Schalke: Fährmann (3) – Sané (4,5), Naldo (3,5), Nastasic (4) – Caligiuri (5), Mendyl (6) – Rudy (5), Bentaleb (5) – Di Santo (5) – Uth (5), Burgstaller (4,5) – **Trainer:** Tedesco
Eingewechselt: 67. Herrmann (-) für Johnson, 72. Kramer (-) für Zakaria, 86. Neuhaus (-) für Plea – 25. Schöpf (5) für Mendyl, 67. Teuchert (-) für Burgstaller, 67. Embolo (-) für Di Santo
Tore: 1:0 Ginter (3., Kopfball, Vorarbeit Hofmann), 2:0 Herrmann (77., Linksschuss, Plea), 2:1 Embolo (90./+3, Rechtsschuss, Uth)
Chancenverhältnis: 6:8
Eckenverhältnis: 6:6
SR: Gräfe (Berlin) – **Zuschauer:** 54 022 (ausverkauft) – **Gelbe Karten:** Mendyl, Schöpf, Nastasic, Embolo – **Spielnote:** 3

Den Sack zugemacht: Bayerns Kolumbianer James Rodriguez (rechts) köpft gegen Leverkusens Jonathan Tah wuchtig zum 3:1 ein. Die Flanke hatte der Spanier Thiago geschlagen. Der zweite Heimsieg der Münchner – auch gegen Hoffenheim hatte man 3:1 gewonnen.

16. September 2018
Werder Bremen – 1. FC Nürnberg 1:1 (1:0)
Bremen: Pavlenka (4) – Gebre Selassie (4), Veljkovic (4), Moisander (3), Augustinsson (3,5) – Bargfrede (3) – M. Eggestein (2,5), Klaassen (3) – Harnik (4,5), Osako (4,5) – Kruse (4) – **Trainer:** Kohfeldt
Nürnberg: Bredlow (3,5) – Valentini (3,5), Margreitter (3), Mühl (3,5), Leibold (3,5) – Petrak (4) – Fuchs (4), Behrens (3,5) – Matheus Pereira (4), Kubo (4) – Ishak (4,5) – **Trainer:** Köllner
Eingewechselt: 67. Rashica (-) für Harnik, 71. Sahin (-) für Bargfrede, 88. Friedl (-) für Osako – 61. Löwen (-) für Fuchs, 61. Misidjan (-) für Matheus Pereira, 82. Knöll (-) für Petrak
Tore: 1:0 M. Eggestein (26., Rechtsschuss, Vorarbeit Klaassen), 1:1 Misidjan (90./+2, Rechtsschuss, Behrens)
Chancenverhältnis: 5:3
Eckenverhältnis: 4:7
SR: Schlager (Hügelsheim) – **Zuschauer:** 40 700 – **Gelbe Karten:** Klaassen, Bargfrede – **Spielnote:** 4

16. September 2018
SC Freiburg – VfB Stuttgart 3:3 (1:1)
Freiburg: Schwolow (2) – Stenzel (4), Gulde (3,5), Heintz (4,5), Günter (3,5) – Höfler (5) – Haberer (2,5) – Frantz (3,5), Gondorf (2) – Niederlechner (5), Petersen (4,5) – **Trainer:** Streich
Stuttgart: Zieler (5) – Beck (4), Baumgartl (3,5), Pavard (4,5), Insua (2,5) – Ascacibar (3,5), Aogo (3) – Castro (5), Gentner (3,5) – Gonzalez (3,5), Gomez (2) – **Trainer:** Korkut
Eingewechselt: 68. Waldschmidt (-) für Niederlechner, 88. Kübler (-) für Frantz, 90./+3 Koch (-) für Gondorf – 46. Akolo (3,5) für Castro, 77. Badstuber (-) für Gentner, 86. Donis (-) für Beck
Tore: 1:0 Gondorf (1., Kopfball, Vorarbeit Frantz), 1:1 Insua (44., Linksschuss, Castro), 1:2 Gomez (48., Linksschuss, Gonzalez), 2:2 Gondorf (51., direkter Freistoß, Rechtsschuss), 2:3 Gomez (56., Kopfball, Insua), 3:3 Waldschmidt (81., Rechtsschuss, Heintz)
Chancenverhältnis: 6:6
Eckenverhältnis: 5:8
SR: Aytekin (Oberasbach) – **Zuschauer:** 24 000 (ausverkauft) – **Gelbe Karten:** Günter – Ascacibar, Gomez, Insua, Badstuber – **Gelb-Rote Karte:** Stenzel (83.) – **Spielnote:** 1,5

4. SPIELTAG

21. September 2018
VfB Stuttgart – Fortuna Düsseldorf 0:0
Stuttgart: Zieler (1) – Beck (3,5), Baumgartl (3,5), Pavard (3), Insua (4,5) – Ascacibar (3) – Castro (4,5) – Gentner (5) – Akolo (5), Gonzalez (4,5) – Gomez (5) – **Trainer:** Korkut
Düsseldorf: Rensing (3,5) – Zimmermann (4), Ayhan (2,5), Kaminski (3), Gießelmann (3,5) – Bodzek (3) – Zimmer (4,5), Morales (3,5), Sobottka (4), Raman (4,5) – Ducksch (5) – **Trainer:** Funkel
Eingewechselt: 57. Thommy (4) für Akolo, 74. Donis (-) für Gentner, 85. Özcan (-) für Castro – 71. Lukebakio (-) für Raman, 71. Hennings (-) für Ducksch
Chancenverhältnis: 5:5
Eckenverhältnis: 2:9
SR: Hartmann (Wangen) – **Zuschauer:** 54 410 – **Gelbe Karten:** Lukebakio, Bodzek – **Spielnote:** 4,5

22. September 2018
TSG Hoffenheim – Borussia Dortmund 1:1 (1:0)
Hoffenheim: Baumann (2,5) – Bicakcic (3,5), Vogt (3,5), Posch (4) – Brenet (4), Grillitsch (3), Schulz (3) – Zuber (4), Bittencourt (3,5) – Joelinton (2), Kramaric (3) – **Trainer:** Nagelsmann
Dortmund: Bürki (2) – Piszczek (4), Akanji (3,5), Diallo (5), Schmelzer (4) – Witsel (3,5), Dahoud (4,5) – Kagawa (4) – Pulisic (2), Reus (4) – Wolf (5) – **Trainer:** Favre
Eingewechselt: 70. Nordtveit (-) für Zuber, 78. Szalai (-) für Kramaric, 86. Belfodil (-) für Joelinton – 60. Sancho (3,5) für Wolf, 60. Delaney (3) für Dahoud, 70. Philipp (-) für Kagawa
Tore: 1:0 Joelinton (44., Linksschuss, Vorarbeit), 1:1 Pulisic (84., Rechtsschuss, Reus)
Chancenverhältnis: 8:5
Eckenverhältnis: 4:4
SR: Osmers (Hannover) – **Zuschauer:** 30 150 (ausverkauft) – **Gelbe Karten:** Posch, Nordtveit – Dahoud – **Rote Karte:** Diallo (76., Notbremse) – **Spielnote:** 2

22. September 2018
Hertha BSC – Bor. Mönchengladbach 4:2 (2:1)
Hertha: Jarstein (2,5) – Lazaro (2), Stark (4), Lustenberger (2,5), Plattenhardt (2,5) – Maier (2,5) – Kalou (2), Grujic (2,5), Duda (2,5), Dilrosun (1,5) – Ibisevic (1,5) – **Trainer:** Dardai
Gladbach: Sommer (2,5) – Elvedi (5,5), Ginter (4), Jantschke (5), Wendt (4,5) – Strobl (4,5) – Hofmann (5), Zakaria (3,5) – Johnson (4,5), Hazard (4), Plea (2) – **Trainer:** Hecking
Eingewechselt: 72. Skjelbred (-) für Grujic, 76. Selke (-) für Ibisevic, 87. Luckassen (-) für Duda – 46. Neuhaus (4) für Johnson, 46. Herrmann (3) für Jantschke, 77. Cuisance (-) für Elvedi
Tore: 0:1 Hazard (29., Foulelfmeter, Rechtsschuss, Vorarbeit Johnson), 1:1 Ibisevic (30., Kopfball, Plattenhardt), 2:1 Lazaro (34., Kopfball, Dilrosun), 3:1 Ibisevic (63., Rechtsschuss, Kalou), 3:2 Plea (67., Kopfball, Herrmann), 4:2 Duda (73., Linksschuss, Dilrosun)
Chancenverhältnis: 13:9
Eckenverhältnis: 8:7
SR: Schmidt (Stuttgart) – **Zuschauer:** 51 852 – **Gelbe Karten:** Duda, Stark – Zakaria, Herrmann – **Spielnote:** 1,5

22. September 2018
FC Augsburg – Werder Bremen 2:3 (1:2)
Augsburg: Giefer (5) – Gouweleeuw (3,5), Khedira (4), Hinteregger (4) – Framberger (4,5), Baier (3), Max (2,5) – Hahn (3), Koo (3,5), Richter (5) – Gregoritsch (3) – **Trainer:** Baum
Bremen: Pavlenka (3) – Gebre Selassie (5), Veljkovic (4), Moisander (4), Augustinsson (4) – Bargfrede (4) – M. Eggestein (2,5), Klaassen (3) – Kruse (2), Kainz (2) – Pizarro (3) – **Trainer:** Kohfeldt
Eingewechselt: 41. Caiuby (3,5) für Richter, 67. Moravek (-) für Koo, 81. Cordova (-) für Khedira – 69. Harnik (-) für Pizarro, 82. Möhwald (-) für Kainz, 87. J. Eggestein (-) für Kruse
Tore: 0:1 Kruse (34., Kopfball, Vorarbeit Kainz), 0:2 M. Eggestein (36., Rechtsschuss, Pizarro), 1:2 Koo (45./+3, Linksschuss, Caiuby), 2:2 Max (47., Linksschuss, Hahn), 2:3 Klaassen (75., Rechtsschuss, Kruse)
Chancenverhältnis: 10:6
Eckenverhältnis: 7:4
SR: Zwayer (Berlin) – **Zuschauer:** 28 434 – **Gelbe Karten:** Baier, Hahn – Harnik, Pavlenka – **Spielnote:** 2

22. September 2018
VfL Wolfsburg – SC Freiburg 1:3 (0:2)
Wolfsburg: Casteels (2,5) – William (4), Knoche (3,5), Brooks (4), Roussillon (4) – Camacho (4) – Gerhardt (5), Arnold (4,5) – Steffen (5,5), Mehmedi (4) – Weghorst (5) – **Trainer:** Labbadia
Freiburg: Schwolow (3) – Kübler (2,5), Gulde (2), Heintz (2,5), Günter (3) – Koch (2,5), Höfler (2) – Frantz (3), Sallai (1,5) – Terrazzino (4) – Petersen (2,5) – **Trainer:** Streich
Eingewechselt: 46. Ginczek (4,5) für Steffen, 68. Brekalo (-) für Gerhardt, 84. Malli (-) für Arnold – 41. Waldschmidt (3) für Sallai, 67. Lienhart (-) für Frantz, 75. Niederlechner (-) für Terrazzino
Tore: 0:1 Sallai (7., Kopfball, Vorarbeit Kübler), 0:2 Petersen (21., Elfmeter im Nachschuß, Kopfball), 0:3 Frantz (51., Linksschuss, Waldschmidt), 1:3 Mehmedi (61., Rechtsschuss, William)
Chancenverhältnis: 4:6
Eckenverhältnis: 7:7
SR: S. Stegemann (Niederkassel) – **Zuschauer:** 23 011 – **Gelbe Karten:** Sallai, Höfler, Niederlechner – **Besonderes Vorkommnis:** Casteels hält Foulelfmeter von Petersen (21.) – **Spielnote:** 3

22. September 2018
1. FC Nürnberg – Hannover 96 2:0 (0:0)
Nürnberg: Bredlow (3) – Valentini (2,5), Margreitter (2,5), Mühl (3,5), Leibold (2) – Petrak (3) – Fuchs (4), Behrens (3) – Kubo (4) – Ishak (3), Misidjan (3,5) – **Trainer:** Köllner

Grün-Weißer Jubel in Augsburg: Werder-Kapitän Max Kruse (links) feiert mit Maxi Eggestein dessen Treffer zur zwischenzeitlichen 2:0-Führung. Am Ende des vierten Spieltages siegten die Gäste mit 3:2 Toren bei den Schwaben.

Hannover: Esser (2,5) – Sorg (5), Anton (5), Wimmer (5), Albornoz (-) – Schwegler (4), Walace (4) – Bebou (3,5), Haraguchi (5) – Füllkrug (2), Wood (4,5) – **Trainer:** Breitenreiter
Eingewechselt: 64. Löwen (-) für Fuchs, 73. Knöll (-) für Misidjan, 86. Erras (-) für Ishak – 31. Korb (4) für Wood, 46. Bakalorz (4) für Haraguchi, 83. Elez (-) für Schwegler
Tore: 1:0 Anton (75., Eigentor, Rechtsschuss, Vorarbeit Knöll), 2:0 Knöll (77., Rechtsschuss, Ishak)
Chancenverhältnis: 9:6
Eckenverhältnis: 9:3
SR: Dankert (Rostock) – **Zuschauer:** 36 736 – **Gelbe Karten:** Misidjan, Petrak, Löwen – Schwegler – **Rote Karte:** Albornoz (29., Notbremse) – **Spielnote:** 3

22. September 2018
FC Schalke 04 – Bayern München 0:2 (0:1)
Schalke: Fährmann (2,5) – Sané (4,5), Naldo (4), Nastasic (3,5) – Caligiuri (3,5), Schöpf (5) – McKennie (3,5), Rudy (4,5) – Di Santo (4) – Uth (5), Embolo (5) – **Trainer:** Tedesco
Bayern: Neuer (3) – Kimmich (2,5), Süle (2,5), Hummels (2,5), Alaba (2,5) – Thiago (2,5) – Müller (3), Goretzka (4) – James (2), Ribery (3) – Lewandowski (3) – **Trainer:** Kovac
Eingewechselt: 54. Bentaleb (4,5) für McKennie, 65. Harit (-) für Di Santo, 73. Burgstaller (-) für Uth – 79. Wagner (-) für Lewandowski, 84. Gnabry (-) für Ribery, 87. Renato Sanches (-) für James
Tore: 0:1 James (8., Kopfball, Vorarbeit Kimmich), 0:2 Lewandowski (64., Foulelfmeter, Rechtsschuss, James)
Chancenverhältnis: 1:6
Eckenverhältnis: 0:8
SR: Siebert (Berlin) – **Zuschauer:** 62 271 (ausverkauft) – **Gelbe Karten:** Naldo, Caligiuri – Wagner – **Spielnote:** 3

23. September 2018
Bayer 04 Leverkusen – 1. FSV Mainz 05 1:0 (0:0)
Leverkusen: Hradecky (3,5) – Weiser (5), Tah (4), S. Bender (3,5), Wendell (4) – Kohr (2,5), L. Bender (3) – Bailey (4), Havertz (2), Brandt (3) – Alario (3,5) – **Trainer:** Herrlich
Mainz: Müller (3) – Brosinski (4), Bell (3), Niakhaté (4), Aaron (4) – Kunde (4) – Gbamin (2,5), Baku (3) – Öztunali (4), Burkardt (5) – Mateta (4) – **Trainer:** Schwarz
Eingewechselt: 72. Volland (-) für L. Bender, 74. Paulinho (-) für Brandt, 83. Kiese Thelin (-) für Bailey – 46. Quaison (3) für Burkardt, 76. Ujah (-) für Kunde, 82. Maxim (-) für Öztunali
Tor: 1:0 Havertz (62., Kopfball, Vorarbeit Brandt)
Chancenverhältnis: 8:4
Eckenverhältnis: 7:4
SR: Fritz (Korb) – **Zuschauer:** 27 473 – **Gelbe Karten:** S. Bender, Kohr – Öztunali, Bell – **Spielnote:** 4

23. September 2018
Eintracht Frankfurt – RB Leipzig 1:1 (1:0)
Frankfurt: Trapp (3) – Abraham (3), Hasebe (2), Ndicka (3,5) – da Costa (3,5), de Guzman (4), Fernandes (3), Kostic (4) – Gacinovic (4) – Haller (3), Jovic (3) – **Trainer:** Hütter
Leipzig: Gulacsi (2) – Laimer (4,5), Orban (3), Upamecano (4), Saracchi (3) – Kampl (3,5), Demme (3,5) – Sabitzer (4), Forsberg (2) – Werner (4), Poulsen (4) – **Trainer:** Rangnick
Eingewechselt: 69. Rebic (-) für Jovic, 73. Allan (-) für de Guzman – 85. Ilsanker (-) für Forsberg, 86. Halstenberg (-) für Saracchi, 90. Konaté (-) für Laimer
Tore: 1:0 Fernandes (26., Linksschuss, Vorarbeit Haller), 1:1 Forsberg (54., Handelfmeter, Rechtsschuss)
Chancenverhältnis: 6:5
Eckenverhältnis: 4:2
SR: Dr. Brych (München) – **Zuschauer:** 43 800 – **Gelbe Karten:** Abraham – Ilsanker – **Spielnote:** 3

5. SPIELTAG

25. September 2018
Werder Bremen – Hertha BSC 3:1 (2:0)
Bremen: Pavlenka (4,5) – Gebre Selassie (3), Veljkovic (2,5), Moisander (3), Augustinsson (3) – Sahin (3) – M. Eggestein (3), Klaassen (2) – Osako (3) – Harnik (3), Kruse (3) – **Trainer:** Kohfeldt
Hertha: Jarstein (3) – Lazaro (4), Stark (4,5), Rekik (3), Plattenhardt (4,5) – Lustenberger (5), Maier (4) – Dardai (5), Duda (4,5), Dilrosun (2,5) – Ibisevic (3) – **Trainer:** Dardai
Eingewechselt: 61. Bargfrede (-) für Sahin, 74. Kainz (-) für Harnik, 89. J. Eggestein (-) für Kruse – 46. Kraft (3) für Jarstein, 64. Selke (-) für Dardai, 78. Kalou (-) für Duda
Tore: 1:0 Harnik (11., Rechtsschuss, Vorarbeit), 2:0 Veljkovic (45., Kopfball, Sahin), 2:1 Dilrosun (53., Linksschuss, Ibisevic), 3:1 Kruse (66., Foulelfmeter, Linksschuss, Gebre Selassie)
Chancenverhältnis: 7:4
Eckenverhältnis: 2:3
SR: Winkmann (Kerken) – **Zuschauer:** 39 100 – **Gelbe Karten:** Sahin – Lazaro, Dilrosun, Rekik – **Spielnote:** 2,5

25. September 2018
Hannover 96 – TSG Hoffenheim 1:3 (0:1)
Hannover: Esser (2) – Sorg (4,5), Anton (5), Wimmer (5), Ostrzolek (4) – Schwegler (5), Walace (4,5) – Bebou (3), Bakalorz (5), Maina (4) – Füllkrug (3) – **Trainer:** Breitenreiter
Hoffenheim: Kobel (2,5) – Akpoguma (3), Vogt (3,5), Bicakcic (2) – Kaderabek (2,5), Grillitsch (4), Brenet (3) – Bittencourt (3), Nelson (4) – Szalai (3,5), Joelinton (3) – **Trainer:** Nagelsmann
Eingewechselt: 65. Asano (-) für Bakalorz, 73. Weydandt (-) für Schwegler, 78. Fossum (-) für Maina – 46. Zuber (4) für Nelson, 65. Kramaric (-) für Bittencourt, 76. Belfodil (-) für Joelinton
Tore: 0:1 Brenet (20., Rechtsschuss, Vorarbeit Joelinton), 0:2 Kaderabek (49., Linksschuss, Bittencourt), 1:2 Füllkrug (55., Foulelfmeter, Rechtsschuss, Füllkrug), 1:3 Belfodil (90./+3, Linksschuss, Kramaric)
Chancenverhältnis: 7:6
Eckenverhältnis: 8:5
SR: Dingert (Gries) – **Zuschauer:** 33 000 – **Gelbe Karten:** Sorg, Walace – Vogt, Kaderabek – **Spielnote:** 2,5

25. September 2018
SC Freiburg – FC Schalke 04 1:0 (0:0)
Freiburg: Schwolow (3) – Kübler (-), Gulde (2,5), Heintz (2,5), Günter (2,5) – Koch (3,5), Höfler (4) – Terrazzino (4), Sallai (3,5) – Niederlechner (2,5) – Petersen (3,5) – **Trainer:** Streich
Schalke: Fährmann (5) – Caligiuri (4), Sané (3), Nastasic (3), Mendyl (4) – Bentaleb (3,5) – Serdar (4) – Embolo (5), Harit (3), Konoplyanka (3) – Teuchert (5) – **Trainer:** Tedesco
Eingewechselt: 18. Stenzel (4) für Kübler, 68. Lienhart (-) für Niederlechner, 75. Gondorf (-) für Terrazzino – 53. Uth (4,5) für Teuchert, 69. Schöpf (-) für Konoplyanka, 81. Burgstaller (-) für Embolo
Tor: 1:0 Niederlechner (52., Linksschuss, Vorarbeit Günter)
Chancenverhältnis: 4:5
Eckenverhältnis: 3:3
SR: Willenborg (Osnabrück) – **Zuschauer:** 24 000 (ausverkauft) – **Gelbe Karten:** Koch, Sallai – Caligiuri, Nastasic, Mendyl, Uth – **Spielnote:** 4

25. September 2018
Bayern München – FC Augsburg 1:1 (0:0)
Bayern: Neuer (5) – Kimmich (3), Süle (3), Hummels (3), Goretzka (4) – Javi Martinez (3,5) – Müller (4), Renato Sanches (2,5) – Robben (2,5), Gnabry (3,5) – Wagner (4,5) – **Trainer:** Kovac
Augsburg: Luthe (1,5) – Gouweleeuw (2,5), Khedira (3), Hinteregger (3,5) – Framberger (4,5), Max (4) – Moravek (5), Baier (4,5) – Gregoritsch (4) – Hahn (4), Caiuby (4,5) – **Trainer:** Baum
Eingewechselt: 46. Alaba (3,5) für Goretzka, 59. Ribery (3,5) für Gnabry, 75. Thiago (-) für Wagner – 61. Götze (-) für Moravek, 77. Cordova (-) für Gregoritsch
Tore: 1:0 Robben (48., Linksschuss, Vorarbeit Gnabry), 1:1 Götze (86., Brust, Gouweleeuw)
Chancenverhältnis: 11:2
Eckenverhältnis: 8:4
SR: Storks (Velen) – **Zuschauer:** 75 000 (ausverkauft) – **Gelbe Karten:** Goretzka, Renato Sanches, Thiago – Khedira, Framberger – **Spielnote:** 3

26. September 2018
Fortuna Düsseldorf – Bayer 04 Leverkusen 1:2 (0:0)
Düsseldorf: Rensing (2,5) – Zimmermann (3,5), Kaminski (3,5), Ayhan (3,5), Gießelmann (4) – Sobottka (2,5) – Zimmer (3,5), Stöger (4), Morales (3,5), Raman (2,5) – Hennings (3,5) – **Trainer:** Funkel
Leverkusen: Hradecky (2) – Jedvaj (4,5), Tah (3,5), S. Bender (3,5), Wendell (3,5) – Kohr (2,5), L. Bender (3,5) – Volland (2), Havertz (3), Bailey (3,5) – Kiese Thelin (4,5) – **Trainer:** Herrlich
Eingewechselt: 58. Lukebakio (4) für Raman, 65. Ducksch (-) für Stöger, 74. Usami (-) für Zimmer – 46. Weiser (3,5) für Jedvaj, 65. Brandt (-) für Havertz, 72. Dragovic (-) für L. Bender
Tore: 0:1 Volland (50., Linksschuss, Vorarbeit Kohr), 0:2 Volland (60., Kopfball, Havertz), 1:2 Hennings (90./+4, Foulelfmeter, Linksschuss, Gießelmann)
Chancenverhältnis: 5:3
Eckenverhältnis: 7:5
SR: Gräfe (Berlin) – **Zuschauer:** 40 046 – **Gelbe Karten:** Ayhan, Morales – Bailey, Havertz – **Spielnote:** 3,5

26. September 2018
1. FSV Mainz 05 – VfL Wolfsburg 0:0
Mainz: Müller (2) – Brosinski (-), Bell (3,5), Niakhaté (3,5), Aaron (4,5) – Gbamin (4) – Baku (3,5), Maxim (4) – Onisiwo (4,5), Quaison (4) – Ujah (3,5) – **Trainer:** Schwarz
Wolfsburg: Casteels (3) – William (3,5), Knoche (3), Brooks (3,5), Roussillon (3) – Camacho (3,5) – Rexhbecaj (3,5), Arnold (3) – Mehmedi (4), Brekalo (3) – Ginczek (3,5) – **Trainer:** Labbadia
Eingewechselt: 30. Mwene (3,5) für Brosinski, 64. Boetius (-) für Onisiwo, 75. Mateta (-) für Maxim – 70. Malli (-) für Mehmedi, 82. Weghorst (-) für Ginczek, 88. Steffen (-) für Rexhbecaj
Chancenverhältnis: 3:5
Eckenverhältnis: 5:11
SR: Stieler (Hamburg) – **Zuschauer:** 19 205 – **Gelbe Karten:** Maxim – Mehmedi, Camacho – **Spielnote:** 4

26. September 2018
Borussia Dortmund – 1. FC Nürnberg 7:0 (2:0)
Dortmund: Bürki (3) – Hakimi (2,5), Akanji (2,5), Zagadou (2,5), Schmelzer (3) – Witsel (3), Delaney (2) – Pulisic (2), Bruun Larsen (2) – Reus (1,5), Philipp (3) – **Trainer:** Favre
Nürnberg: Bredlow (5) – Bauer (5), Margreitter (5,5), Mühl (5) – Valentini (5), Leibold (5) – Erras (5) – Behrens (4,5), Fuchs (5) – Kubo (4,5), Misidjan (4,5) – **Trainer:** Köllner
Eingewechselt: 62. Weigl (-) für Witsel, 62. Kagawa (-) für Reus, 74. Sancho (-) für Bruun Larsen – 62. Löwen (-) für Bauer, 70. Ishak (-) für Fuchs, 86. Matheus Pereira (-) für Kubo
Tore: 1:0 Bruun Larsen (9., Rechtsschuss, Vorarbeit Pulisic), 2:0 Reus (32., Rechtsschuss, Philipp), 3:0 Hakimi (49., Rechtsschuss, Reus), 4:0 Reus (58., Rechtsschuss, Bruun Larsen), 5:0 Akanji (74., Rechtsschuss), 6:0 Sancho (85., Rechtsschuss, Delaney), 7:0 Weigl (88., Rechtsschuss, Sancho)
Chancenverhältnis: 11:1
Eckenverhältnis: 4:5
SR: Ittrich (Hamburg) – **Zuschauer:** 75 700 – **Gelbe Karten:** Kubo, Mühl – **Spielnote:** 2

26. September 2018
RB Leipzig – VfB Stuttgart 2:0 (1:0)
Leipzig: Gulacsi (3) – Mukiele (2,5), Orban (3), Upamecano (3), Halstenberg (3) – Kampl (2,5), Demme (3,5) – Sabitzer (3,5), Forsberg (3,5) – Poulsen (4), Werner (3) – **Trainer:** Rangnick
Stuttgart: Zieler (4) – Maffeo (4,5), Baumgartl (3), Pavard (3,5), Sosa (4) – Aogo (4) – Ascacibar (3,5), Gentner (3,5) – Akolo (5), Thommy (5) – Gomez (4,5) – **Trainer:** Korkut
Eingewechselt: 74. Augustin (-) für Werner, 77. Laimer (-) für Mukiele, 89. Ilsanker (-) für Forsberg – 54. Badstuber (4,5) für Maffeo, 54. Gonzalez (4,5) für Akolo, 78. Donis (-) für Thommy
Tore: 1:0 Orban (45./+1, Linksschuss, Vorarbeit Kampl), 2:0 Augustin (80., Rechtsschuss, Halstenberg)
Chancenverhältnis: 9:1
Eckenverhältnis: 4:2
SR: Schröder (Hannover) – **Zuschauer:** 32 187 – **Gelbe Karten:** Orban, Mukiele – Baumgartl, Gonzalez, Gomez – **Spielnote:** 3,5

26. September 2018
Bor. Mönchengladbach – Eintracht Frankfurt 3:1 (0:0)
Gladbach: Sommer (4) – Beyer (4,5), Ginter (2,5), Elvedi (2,5), Wendt (3,5) – Kramer (2) – Neuhaus (2), Hofmann (2) – Herrmann (3,5), Hazard (2) – Plea (1,5) – **Trainer:** Hecking
Frankfurt: Trapp (2) – da Costa (3), Abraham (3,5), Ndicka (4), Willems (3,5) – Hasebe (3), Fernandes (4,5) – Müller (4,5), Gacinovic (5), Kostic (5) – Haller (4) – **Trainer:** Hütter
Eingewechselt: 73. Johnson (-) für Plea, 76. Zakaria (-) für Herrmann, 89. Traoré (-) für Hazard – 62. Rebic (-) für Müller, 72. de Guzman (-) für Fernandes, 73. Jovic (-) für Gacinovic
Tore: 1:0 Plea (56., Rechtsschuss, Vorarbeit Neuhaus), 2:0 Hazard (65., Rechtsschuss, Neuhaus), 2:1 Rebic (73., Rechtsschuss), 3:1 Elvedi (85., Kopfball, Hazard)
Chancenverhältnis: 14:5
Eckenverhältnis: 9:6
SR: Jablonski (Bremen) – **Zuschauer:** 41 257 – **Spielnote:** 2,5

6. SPIELTAG

28. September 2018
Hertha BSC – Bayern München 2:0 (2:0)
Hertha: Kraft (2) – Lazaro (2,5), Stark (2), Rekik (2,5), Mittelstädt (3) – Skjelbred (2,5), Maier (3) – Kalou (2), Duda (1,5), Dilrosun (4) – Ibisevic (2,5) – **Trainer:** Dardai
Bayern: Neuer (3) – Kimmich (3,5), Süle (4), Boateng (5), Alaba (3,5) – Thiago (3) – James (4,5), Renato Sanches (4,5) – Robben (4,5), Ribery (3) – Lewandowski (4) – **Trainer:** Kovac
Eingewechselt: 53. Selke (4) für Ibisevic, 71. Leckie (-) für Kalou, 90./+2 Jastrzembski (-) für Dilrosun – 52. Müller (3,5) für Robben, 63. Gnabry (-) für Renato Sanches, 72. Wagner (-) für James
Tore: 1:0 Ibisevic (23., Foulelfmeter, Rechtsschuss, Vorarbeit Kalou), 2:0 Duda (44., Rechtsschuss, Lazaro)
Chancenverhältnis: 4:11
Eckenverhältnis: 1:14
SR: Fritz (Korb) – **Zuschauer:** 74 669 (ausverkauft) – **Gelbe Karten:** Ibisevic, Dilrosun, Duda – Kimmich – **Spielnote:** 2,5

29. September 2018
VfB Stuttgart – Werder Bremen 2:1 (1:0)
Stuttgart: Zieler (4,5) – Beck (4), Baumgartl (4,5), Pavard (4,5), Sosa (5) – Aogo (3,5) – Ascacibar (4), Gentner (4) – Didavi (2) – Donis (2,5) – Gomez (3) – **Trainer:** Korkut
Bremen: Pavlenka (3) – Veljkovic (6), Bargfrede (4), Moisander (3,5) – Gebre Selassie (3), Sahin (4,5), Augustinsson (3,5) – M. Eggestein (2,5), Klaassen (3) – Kruse (2,5) – Osako (2,5) – **Trainer:** Kohfeldt
Eingewechselt: 52. Castro (3) für Aogo, 61. Thommy (-) für Donis, 74. Gonzalez (-) für Gentner – 67. Pizarro (-) für Bargfrede, 67. Harnik (-) für Augustinsson, 80. Kainz (-) für Osako
Tore: 1:0 Donis (19., Rechtsschuss, Vorarbeit Didavi), 1:1 Zieler (68., Eigentor, Rechtsschuss), 2:1 Castro (75., Rechtsschuss, Gomez)
Chancenverhältnis: 9:9
Eckenverhältnis: 6:8
SR: Welz (Wiesbaden) – **Zuschauer:** 58 569 (ausverkauft) – **Gelbe Karten:** Gomez, Donis, Thommy – Bargfrede, Osako – **Gelb-Rote Karte:** Veljkovic (36.) – **Spielnote:** 2

29. September 2018
FC Schalke 04 – 1. FSV Mainz 05 1:0 (1:0)
Schalke: Fährmann (3) – Caligiuri (3,5), Sané (3,5), Nastasic (3), Mendyl (3) – Bentaleb (3,5) – Schöpf (2,5), Serdar (3), Harit (2,5) – Konoplyanka (2,5), Burgstaller (3) – **Trainer:** Tedesco
Mainz: Müller (3) – Mwene (4), Bell (4), Niakhaté (3,5), Bussmann (3,5) – Kunde (3) – Gbamin (3), Baku (3) – Öztunali (4,5), Quaison (4,5) – Mateta (4) – **Trainer:** Schwarz
Eingewechselt: 61. McKennie (-) für Schöpf, 70. Uth (-) für Harit, 84. Mascarell (-) für Serdar – 60. Ujah (4) für Öztunali, 78. Maxim (-) für Kunde, 83. Boetius (-) für Baku
Tor: 1:0 Schöpf (11., Kopfball, Vorarbeit Konoplyanka)
Chancenverhältnis: 6:5
Eckenverhältnis: 4:5
SR: Cortus (Röthenbach a. d. Pegnitz) – **Zuschauer:** 61 810 – **Gelbe Karten:** Schöpf, Burgstaller – Bell, Boetius – **Spielnote:** 3,5

29. September 2018
TSG Hoffenheim – RB Leipzig 1:2 (0:0)
Hoffenheim: Baumann (3) – Akpoguma (5), Hoogma (3,5), Posch (4) – Kaderabek (3,5), Grillitsch (3,5), Schulz (3) – Bittencourt (4,5), Kramaric (5) – Belfodil (3), Szalai (4) – **Trainer:** Nagelsmann
Leipzig: Gulacsi (2) – Konaté (3,5), Ilsanker (4), Upamecano (2,5) – Laimer (4), Demme (3), Saracchi (3) – Sabitzer (4), Kampl (2,5) – Poulsen (1), Werner (3) – **Trainer:** Rangnick
Eingewechselt: 57. Demirbay (3) für Bittencourt, 62. Grifo (-) für Grillitsch, 69. Joelinton (-) für Szalai – 68. Augustin (-) für Werner, 68. Mukiele (-) für Laimer, 81. Matheus Cunha (-) für Poulsen
Tore: 0:1 Poulsen (53., Rechtsschuss, Vorarbeit Werner), 0:2 Poulsen (73., Rechtsschuss, Kampl), 1:2 Kramaric (90./+3, Foulelfmeter, Rechtsschuss, Belfodil)
Chancenverhältnis: 6:8
Eckenverhältnis: 4:8
SR: Aytekin (Oberasbach) – **Zuschauer:** 28 115 – **Gelbe Karten:** Szalai – Sabitzer, Ilsanker, Konaté – **Spielnote:** 3

29. September 2018
VfL Wolfsburg – Bor. Mönchengladbach 2:2 (1:1)
Wolfsburg: Casteels (3) – William (2,5), Knoche (4), Brooks (4), Roussillon (3) – Camacho (2,5) – Arnold (4,5), Malli (3,5) – Steffen (2,5), Brekalo (4) – Weghorst (3) – **Trainer:** Labbadia
Gladbach: Sommer (3) – Lang (3,5), Ginter (4), Elvedi (3,5), Wendt (3,5) – Kramer (3,5) – Zakaria (3,5), Neuhaus (3) – Herrmann (3), Hazard (2) – Plea (3,5) – **Trainer:** Hecking
Eingewechselt: 72. Rexhbecaj (-) für Arnold, 82. Ginczek (-) für Weghorst, 90. Gerhardt (-) für Steffen – 73. Cuisance (-) für Neuhaus, 74. Jantschke (-) für Lang, 82. Traoré (-) für Plea
Tore: 0:1 Plea (7., Rechtsschuss, Vorarbeit Neuhaus), 1:1 Steffen (12., Linksschuss), 1:2 Hazard (48., Rechtsschuss, Herrmann), 2:2 Weghorst (59., Rechtsschuss, Malli)
Chancenverhältnis: 3:3
Eckenverhältnis: 6:3
SR: Zwayer (Berlin) – **Zuschauer:** 24 101 – **Gelbe Karten:** Brooks, Steffen – Elvedi, Kramer – **Spielnote:** 3

29. September 2018
1. FC Nürnberg – Fortuna Düsseldorf 3:0 (1:0)
Nürnberg: Bredlow (2) – Valentini (3,5), Margreitter (3), Mühl (3), Leibold (4) – Petrak (4) – Löwen (3,5), Behrens (2) – Matheus Pereira (4,5), Misidjan (3) – Ishak (2,5) – **Trainer:** Köllner
Düsseldorf: Rensing (3,5) – Zimmer (4), Ayhan (4), Kaminski (4), Gießelmann (3,5) – Bodzek (4,5) – Zimmermann (4,5), Morales (4) – Lukebakio (4,5), Usami (4,5) – Ducksch (4,5) – **Trainer:** Funkel
Eingewechselt: 46. Palacios (3) für Matheus Pereira, 87. Knöll (-) für Ishak, 90. Erras (-) für Petrak – 58. Lovren (4,5) für Usami, 68. Hennings (-) für Lukebakio
Tore: 1:0 Behrens (28., Foulelfmeter, Rechtsschuss, Vorarbeit Leibold), 2:0 Ishak (64., Rechtsschuss), 3:0 Palacios (78., Rechtsschuss, Löwen)
Chancenverhältnis: 5:3
Eckenverhältnis: 4:4
SR: Osmers (Hannover) – **Zuschauer:** 36 102 – **Gelbe Karten:** Morales, Zimmer – **Spielnote:** 3

29. September 2018

Bayer 04 Leverkusen – Borussia Dortmund 2:4 (2:0)

Leverkusen: Hradecky (2) – Weiser (3), Tah (2), S. Bender (2), Wendell (5) – L. Bender (2,5), Kohr (3,5) – Volland (3,5), Havertz (3), Brandt (4,5) – Alario (3,5) – **Trainer:** Herrlich
Dortmund: Bürki (1,5) – Hakimi (2,5), Akanji (4), Zagadou (2,5), Diallo (4) – Witsel (3), Delaney (4,5) – Pulisic (4), Reus (1,5), Bruun Larsen (3) – Philipp (5) – **Trainer:** Favre
Eingewechselt: 70. Bailey (-) für Alario, 70. Jedvaj (-) für Weiser, 79. Paulinho (-) für Brandt – 46. Dahoud (4) für Delaney, 63. Paco Alcacer (1) für Philipp, 68. Sancho (-) für Pulisic
Tore: 1:0 Weiser (9., Rechtsschuss, Vorarbeit Alario), 2:0 Tah (39., Rechtsschuss, Havertz), 2:1 Bruun Larsen (65., Rechtsschuss, Reus), 2:2 Reus (69., Rechtsschuss, Sancho), 2:3 Paco Alcacer (85., Rechtsschuss, Hakimi), 2:4 Paco Alcacer (90./+4, Rechtsschuss, Sancho)
Chancenverhältnis: 8:9
Eckenverhältnis: 6:8
SR: Dr. Brych (München) – **Zuschauer:** 30 210 (ausverkauft) – **Gelbe Karten:** Wendell – Delaney – **Spielnote:** 1

30. September 2018

Eintracht Frankfurt – Hannover 96 4:1 (2:0)

Frankfurt: Trapp (3) – Russ (3,5), Hasebe (3,5), Ndicka (2,5) – da Costa (3,5), Kostic (4) – Torro (3) – de Guzman (2,5), Allan (4) – Haller (1,5), Rebic (1,5) – **Trainer:** Hütter
Hannover: Esser (3,5) – Sorg (5,5), Felipe (5,5), Anton (5,5) – Korb (4), Albornoz (4,5) – Schwegler (5), Walace (5) – Fossum (5) – Bebou (5), Füllkrug (4) – **Trainer:** Breitenreiter
Eingewechselt: 60. Jovic (2,5) für Haller, 78. Willems (-) für Kostic, 82. Gacinovic (-) für Rebic – 46. Weydandt (4,5) für Füllkrug, 46. Wood (4) für Walace, 69. Muslija (-) für Korb
Tore: 1:0 Ndicka (36., Linksschuss, Vorarbeit Haller), 2:0 Rebic (45./+1, Rechtsschuss, Haller), 3:0 de Guzman (59., Rechtsschuss, Rebic), 3:1 Muslija (86., Rechtsschuss, Wood), 4:1 Jovic (89., Linksschuss, de Guzman)
Chancenverhältnis: 6:1
Eckenverhältnis: 3:4
SR: Hartmann (Wangen) – **Zuschauer:** 46 300 – **Gelbe Karten:** Torro – Sorg, Anton – **Spielnote:** 3,5

30. September 2018

FC Augsburg – SC Freiburg 4:1 (2:0)

Augsburg: Luthe (2,5) – Schmid (3), Gouweleeuw (2,5), Hinteregger (4), Max (3) – Baier (3,5) – Khedira (3,5) – Richter (3), Gregoritsch (2,5), Caiuby (2,5) – Finnbogason (1) – **Trainer:** Baum
Freiburg: Schwolow (2) – Lienhart (4,5), Gulde (5), Heintz (4,5), Günter (4,5) – Koch (5), Höfler (5) – Frantz (4), Sallai (4) – Terrazzino (5), Niederlechner (4,5) – **Trainer:** Streich
Eingewechselt: 70. Koo (-) für Gregoritsch, 75. Hahn (-) für Richter, 85. Götze (-) für Baier – 46. Waldschmidt (3) für Terrazzino, 46. Gondorf (3,5) für Lienhart, 76. Kleindienst (-) für Niederlechner
Tore: 1:0 Caiuby (19., Kopfball, Vorarbeit Richter), 2:0 Finnbogason (34., Rechtsschuss, Gouweleeuw), 2:1 Schmid (49., Eigentor, Rechtsschuss), 3:1 Finnbogason (68., Foulelfmeter, Rechtsschuss, Finnbogason), 4:1 Finnbogason (83., Linksschuss, Hahn)
Chancenverhältnis: 12:4
Eckenverhältnis: 5:3
SR: Dr. Kampka (Mainz) – **Zuschauer:** 26 488 – **Gelbe Karte:** Höfler – **Spielnote:** 2,5

7. SPIELTAG

5. Oktober 2018

Werder Bremen – VfL Wolfsburg 2:0 (1:0)

Bremen: Pavlenka (3,5) – Gebre Selassie (3), Langkamp (3), Moisander (2), Augustinsson (3) – Bargfrede (2) – M. Eggestein (3,5), Klaassen (3) – Osako (5), Kainz (4) – Kruse (3,5) – **Trainer:** Kohfeldt
Wolfsburg: Casteels (3) – William (3,5), Knoche (4), Brooks (2,5), Roussillon (3) – Tisserand (3,5) – Malli (3,5), Arnold (4) – Steffen (4), Brekalo (4,5) – Weghorst (3,5) – **Trainer:** Labbadia
Eingewechselt: 75. Pizarro (-) für Kainz, 83. J. Eggestein (-) für Osako, 89. Möhwald (-) für Klaassen – 59. Ginczek (4,5) für Malli, 78. Blaszczykowski (-) für Steffen, 85. Rexhbecaj (-) für Tisserand
Tore: 1:0 Klaassen (35., Rechtsschuss, Vorarbeit), 2:0 J. Eggestein (86., Linksschuss, Pizarro)
Chancenverhältnis: 3:4
Eckenverhältnis: 7:5
SR: Petersen (Stuttgart) – **Zuschauer:** 42 100 (ausverkauft) – **Gelbe Karten:** Kainz – William, Ginczek – **Spielnote:** 3

6. Oktober 2018

Hannover 96 – VfB Stuttgart 3:1 (2:0)

Hannover: Esser (2,5) – Elez (4,5), Anton (3), Felipe (3) – Bebou (2,5), Schwegler (3,5), Walace (3), Albornoz (2) – Wood (2), Asano (-) – Füllkrug (3) – **Trainer:** Breitenreiter
Stuttgart: Zieler (3) – Baumgartl (4), Badstuber (4), Pavard (5) – Beck (4), Ascacibar (4,5), Sosa (5) – Castro (5), Gentner (4,5) – Didavi (4), Gomez (3) – **Trainer:** Korkut
Eingewechselt: 14. Haraguchi (3) für Asano, 76. Bakalorz (-) für Wood, 87. Fossum (-) für Schwegler – 46. Thommy (3) für Badstuber, 46. Gonzalez (3,5) für Castro, 84. Sarpei (-) für Gentner
Tore: 1:0 Wood (30., Kopfball, Vorarbeit Albornoz), 2:0 Wood (45./+1, Kopfball, Albornoz), 2:1 Gomez (50., Linksschuss, Thommy), 3:1 Bebou (90./+1, Rechtsschuss, Haraguchi)
Chancenverhältnis: 7:5
Eckenverhältnis: 5:7
SR: S. Stegemann (Niederkassel) – **Zuschauer:** 40 800 – **Gelbe Karten:** Albornoz – Sosa, Thommy – **Spielnote:** 4

6. Oktober 2018

Borussia Dortmund – FC Augsburg 4:3 (0:1)

Dortmund: Bürki (2,5) – Hakimi (3), Akanji (3,5), Zagadou (4,5), Diallo (5) – Witsel (2), Weigl (4) – Sancho (2,5), Reus (3), Bruun Larsen (4,5) – Philipp (4,5) – **Trainer:** Favre
Augsburg: Luthe (5) – Gouweleeuw (4,5), Khedira (4), Hinteregger (4,5) – Framberger (3), Baier (4), Max (2,5) – Hahn (3), Gregoritsch (2), Caiuby (3) – Finnbogason (2) – **Trainer:** Baum
Eingewechselt: 59. Paco Alcacer (1) für Philipp, 69. Guerreiro (-) für Bruun Larsen, 77. Götze (-) für Weigl – 64. Götze (-) für Baier, 75. Moravek (-) für Hahn, 83. Cordova (-) für Finnbogason
Tore: 0:1 Finnbogason (22., Linksschuss, Vorarbeit), 1:1 Paco Alcacer (62., Rechtsschuss, Sancho), 1:2 Max (71., Linksschuss, Hahn), 2:2 Paco Alcacer (80., Rechtsschuss, Guerreiro), 3:2 Götze (84., Rechtsschuss, Hakimi), 3:3 Gregoritsch (87., Kopfball, Max), 4:3 Paco Alcacer (90./+6, direkter Freistoß, Rechtsschuss)
Chancenverhältnis: 10:8
Eckenverhältnis: 9:6
SR: Schmidt (Stuttgart) – **Zuschauer:** 81 365 (ausverkauft) – **Gelbe Karten:** Reus – Baier, Hahn, Khedira, Gouweleeuw, Caiuby, Finnbogason, Cordova – **Spielnote:** 1

6. Oktober 2018

1. FSV Mainz 05 – Hertha BSC 0:0

Mainz: Zentner (3) – Mwene (3), Bell (3,5), Niakhaté (2,5), Aaron (3,5) – Kunde (2,5) – Gbamin (3), Baku (3) – Boetius (3,5) – Burkardt (3,5), Mateta (4) – **Trainer:** Schwarz
Hertha: Jarstein (2,5) – Lazaro (3), Stark (3), Rekik (3,5), Plattenhardt (3,5) – Skjelbred (4), Maier (4) – Kalou (3,5), Duda (4,5), Dilrosun (4,5) – Ibisevic (3,5) – **Trainer:** Dardai
Eingewechselt: 66. Ujah (-) für Burkardt, 82. Abass (-) für Mateta, 88. Maxim (-) für Gbamin – 46. Lustenberger (3) für Stark, 61. Selke (-) für Ibisevic, 74. Leckie (-) für Dilrosun
Chancenverhältnis: 5:4
Eckenverhältnis: 5:6
SR: Schlager (Hügelsheim) – **Zuschauer:** 22 405 – **Gelbe Karten:** Skjelbred, Maier – **Spielnote:** 3,5

6. Oktober 2018

Fortuna Düsseldorf – FC Schalke 04 0:2 (0:0)

Düsseldorf: Rensing (3) – Ayhan (4), Bodzek (4,5), Kaminski (4) – Zimmer (3), Gießelmann (5) – Sobottka (4) – Zimmermann (4,5), Morales (4) – Raman (5) – Hennings (5) – **Trainer:** Funkel
Schalke: Fährmann (2,5) – Caligiuri (4), Sané (3), Naldo (2,5), Mendyl (3) – Mascarell (3,5) – McKennie (2), Serdar (4), Bentaleb (3) – Burgstaller (2,5), Di Santo (4) – **Trainer:** Tedesco
Eingewechselt: 63. Ducksch (-) für Bodzek, 66. Usami (-) für Gießelmann – 62. Uth (-) für Serdar, 79. Konoplyanka (-) für McKennie, 88. Embolo (-) für Di Santo
Tore: 0:1 McKennie (48., Linksschuss, Vorarbeit Serdar), 0:2 Burgstaller (53., Linksschuss, Bentaleb)
Chancenverhältnis: 4:5
Eckenverhältnis: 4:6
SR: Jablonski (Bremen) – **Zuschauer:** 52 000 (ausverkauft) – **Gelbe Karten:** Zimmer, Sobottka, Bodzek – Mendyl – **Spielnote:** 3,5

6. Oktober 2018

Bayern München – Bor. Mönchengladbach 0:3 (0:2)

Bayern: Neuer (4,5) – Kimmich (4,5), Süle (5), Hummels (5), Alaba (4,5) – Thiago (4,5) – Müller (5), Goretzka (4,5) – Robben (4,5), James (4) – Lewandowski (5) – **Trainer:** Kovac
Gladbach: Sommer (2,5) – Lang (4), Ginter (2), Elvedi (2), Wendt (2) – Kramer (3) – Neuhaus (3), Hofmann (2,5) – Hazard (3), Plea (2,5) – Stindl (2) – **Trainer:** Hecking
Eingewechselt: 46. Gnabry (5) für Müller, 46. Ribery (4) für Robben, 55. Renato Sanches (4,5) für Alaba – 66. Zakaria (-) für Stindl, 74. Herrmann (-) für Neuhaus, 83. Traoré (-) für Hazard
Tore: 0:1 Plea (10., Rechtsschuss, Vorarbeit Hofmann), 0:2 Stindl (16., Rechtsschuss, Hofmann), 0:3 Herrmann (88., Rechtsschuss, Kramer)
Chancenverhältnis: 2:4
Eckenverhältnis: 1:3
SR: Willenborg (Osnabrück) – **Zuschauer:** 75 000 (ausverkauft) – **Gelbe Karten:** Ribery, James – Hofmann, Zakaria – **Spielnote:** 3

7. Oktober 2018

SC Freiburg – Bayer 04 Leverkusen 0:0

Freiburg: Schwolow (3) – Kübler (3,5), Gulde (4), Heintz (4), Günter (3,5) – Koch (3,5) – Gondorf (4), Höfler (4) – Frantz (4), Sallai (3) – Niederlechner (4) – **Trainer:** Streich
Leverkusen: Hradecky (3) – Weiser (4), Tah (3), S. Bender (3,5), Wendell (4) – Dragovic (4), Kohr (4) – Brandt (4,5), Havertz (3,5), Volland (4,5) – Alario (4,5) – **Trainer:** Herrlich
Eingewechselt: 38. Haberer (4) für Niederlechner, 46. Waldschmidt (3,5) für Gulde, 89. Höler (-) für Frantz – 71. Bailey (-) für Brandt, 83. Kiese Thelin (-) für Kohr, 83. Paulinho (-) für Volland
Chancenverhältnis: 2:1
Eckenverhältnis: 3:4
SR: Dankert (Rostock) – **Zuschauer:** 23 800 – **Gelbe Karten:** Kübler, Höfler, Günter – Kohr – **Spielnote:** 5

7. Oktober 2018

TSG Hoffenheim – Eintracht Frankfurt 1:2 (0:1)

Hoffenheim: Baumann (5) – Akpoguma (5), Vogt (4,5), Posch (4) – Brenet (5), Schulz (3) – Grillitsch (5) – Demirbay (2,5), Bittencourt (4) – Belfodil (4), Szalai (4,5) – **Trainer:** Nagelsmann
Frankfurt: Trapp (3) – Russ (3,5), Hasebe (2,5), Ndicka (3,5) – da Costa (4), Kostic (3,5) – Fernandes (3,5) – Allan (5), de Guzman (4) – Jovic (2), Rebic (2,5) – **Trainer:** Hütter
Eingewechselt: 52. Grifo (4,5) für Bittencourt, 60. Nelson (2,5) für Grillitsch, 66. Joelinton (-) für Akpoguma – 46. Gacinovic (3,5) für Allan, 69. Haller (-) für Jovic, 80. Willems (-) für Kostic
Tore: 0:1 Rebic (40., Linksschuss, Vorarbeit Jovic), 0:2 Jovic (46., Rechtsschuss, Kostic), 1:2 Nelson (82., Rechtsschuss, Joelinton)
Chancenverhältnis: 9:3
Eckenverhältnis: 6:0
SR: Siebert (Berlin) – **Zuschauer:** 29 785 – **Gelbe Karten:** Akpoguma, Schulz – Allan, Hasebe – **Gelb-Rote Karte:** Rebic (66.) – **Spielnote:** 3

Schwerer Arbeitssieg der Schwarz-Gelben gegen Augsburg: Dem Spanier Paco Alcacer gelingt der 2:2-Ausgleich gegen Michael Gregoritsch. Beim späten 4:3-Sieg gelangen dem Torjäger insgesamt drei Tore im Signal-Iduna-Park.

7. Oktober 2018
RB Leipzig – 1. FC Nürnberg 6:0 (4:0)

Leipzig: Gulacsi (3) – Mukiele (3), Orban (2), Upamecano (3), Halstenberg (3) – Demme (2) – Sabitzer (1,5), Kampl (2) – Forsberg (2) – Poulsen (2), Werner (1,5) – **Trainer:** Rangnick
Nürnberg: Bredlow (6) – Valentini (6), Margreitter (5), Mühl (6), Leibold (6) – Petrak (6) – Kubo (5), Löwen (5), Behrens (4,5), Misidjan (5,5) – Ishak (4,5) – **Trainer:** Köllner
Eingewechselt: 46. Ilsanker (3) für Kampl, 64. Augustin (-) für Poulsen, 76. Matheus Cunha (-) für Forsberg – 46. Palacios (5) für Misidjan, 60. Knöll (4) für Kubo, 82. Bauer (-) für Valentini
Tore: 1:0 Kampl (3., Rechtsschuss, Vorarbeit), 2:0 Poulsen (7., Rechtsschuss, Werner), 3:0 Sabitzer (21., Linksschuss, Kampl), 4:0 Werner (32., Rechtsschuss, Forsberg), 5:0 Sabitzer (55., Rechtsschuss, Halstenberg), 6:0 Werner (59., Rechtsschuss, Poulsen)
Chancenverhältnis: 11:1
Eckenverhältnis: 6:1
SR: Stieler (Hamburg) – **Zuschauer:** 37 389 – **Gelbe Karte:** Valentini – **Rote Karte:** Leibold (63., Notbremse) – **Besonderes Vorkommnis:** Bredlow hält Foulelfmeter von Werner (64.) – **Spielnote:** 2

8. SPIELTAG

19. Oktober 2018
Eintracht Frankfurt – Fortuna Düsseldorf 7:1 (3:0)

Frankfurt: Trapp (2,5) – Abraham (3), Hasebe (2,5), Ndicka (3) – Torro (2) – da Costa (2,5), Kostic (1) – de Guzman (2), Gacinovic (1,5) – Haller (1), Jovic (1) – **Trainer:** Hütter
Düsseldorf: Rensing (5) – Ayhan (6), Bodzek (6), Kaminski (6) – Zimmermann (6), Zimmer (6) – Sobottka (5,5), Morales (5) – Stöger (5) – Ducksch (6), Raman (5) – **Trainer:** Funkel
Eingewechselt: 46. M. Stendera (2,5) für Torro, 58. Rönnow (3) für Trapp, 86. Hrgota (-) für Jovic – 46. Lukebakio (4) für Bodzek, 46. Barkok (5) für Sobottka
Tore: 1:0 Haller (20., Handelfmeter, Rechtsschuss, Vorarbeit), 2:0 Jovic (27., Linksschuss, Kostic), 3:0 Jovic (34., Linksschuss, Haller), 4:0 Haller (50., Rechtsschuss), 4:1 Lukebakio (53., Linksschuss, Ducksch), 5:1 Jovic (55., Rechtsschuss, Kostic), 6:1 Jovic (69., Linksschuss, de Guzman), 7:1 Jovic (72., Kopfball, Haller)
Chancenverhältnis: 17:4
Eckenverhältnis: 5:1
SR: Aytekin (Oberasbach) – **Zuschauer:** 51 000 – **Gelbe Karten:** Ayhan, Stöger – **Spielnote:** 1

20. Oktober 2018
Bayer 04 Leverkusen – Hannover 96 2:2 (1:1)

Leverkusen: Hradecky (3) – Weiser (5,5), Tah (2,5), S. Bender (3), Wendell (5,5) – Kohr (3,5), L. Bender (2) – Brandt (4,5), Havertz (4,5), Volland (5) – Alario (5) – **Trainer:** Herrlich
Hannover: Esser (2) – Elez (3,5), Anton (2,5), Felipe (4) – Haraguchi (4), Schwegler (3,5), Walace (2,5), Albornoz (4) – Muslija (3) – Füllkrug (3,5), Wood (4,5) – **Trainer:** Breitenreiter
Eingewechselt: 64. Kiese Thelin (-) für Kohr, 75. Bailey (-) für Volland, 75. Bellarabi (-) für Weiser – 60. Wimmer (3) für Wood, 68. Ostrzolek (-) für Muslija, 81. Bakalorz (-) für Schwegler
Tore: 0:1 Muslija (25., direkter Freistoß, Rechtsschuss, Vorarbeit), 1:1 L. Bender (34., Rechtsschuss, Brandt), 1:2 Felipe (54., Linksschuss), 2:2 Bellarabi (90./+4, Linksschuss, L. Bender)
Chancenverhältnis: 6:5
Eckenverhältnis: 9:5
SR: Ittrich (Hamburg) – **Zuschauer:** 26 435 – **Gelbe Karten:** Weiser – Schwegler, Esser, Albornoz – **Gelb-Rote Karte:** Felipe (57.) – **Besonderes Vorkommnis:** Esser hält Handelfmeter von Wendell (7.) – **Spielnote:** 3

20. Oktober 2018
VfB Stuttgart – Borussia Dortmund 0:4 (0:3)

Stuttgart: Zieler (4) – Maffeo (5), Baumgartl (4,5), Pavard (6), Insua (5) – Ascacibar (5) – Thommy (4), Castro (6), Gentner (4,5), Gonzalez (4,5) – Gomez (5) – **Trainer:** Weinzierl
Dortmund: Bürki (2) – Piszczek (3), Diallo (2,5), Zagadou (3), Hakimi (3,5) – Witsel (2), Delaney (3) – Sancho (3), Reus (2), Bruun Larsen (3,5) – Paco Alcacer (2) – **Trainer:** Favre
Eingewechselt: 46. Badstuber (3,5) für Castro, 69. Akolo (-) für Thommy, 78. Beck (-) für Maffeo – 46. Philipp (3) für Paco Alcacer, 66. Pulisic (-) für Bruun Larsen, 80. Götze (-) für Reus
Tore: 0:1 Sancho (3., Linksschuss, Vorarbeit), 0:2 Reus (23., Rechtsschuss, Piszczek), 0:3 Paco Alcacer (25., Rechtsschuss, Reus), 0:4 Philipp (85., Rechtsschuss, Pulisic)
Chancenverhältnis: 5:5
Eckenverhältnis: 10:2
SR: Gräfe (Berlin) – **Zuschauer:** 58 549 (ausverkauft) – **Spielnote:** 2,5

20. Oktober 2018
FC Augsburg – RB Leipzig 0:0

Augsburg: Luthe (2,5) – Gouweleeuw (2,5), Khedira (3), Hinteregger (3,5) – Schmid (4), Baier (3), Max (4) – Gregoritsch (4,5) – Hahn (4,5), Caiuby (4) – Finnbogason (5) – **Trainer:** Baum
Leipzig: Gulacsi (3) – Mukiele (3,5), Konaté (2,5), Orban (2,5), Halstenberg (3) – Ilsanker (3,5) – Demme (4), Kampl (3,5) – Poulsen (4) – Augustin (4), Werner (5) – **Trainer:** Rangnick
Eingewechselt: 58. Koo (3) für Finnbogason, 90./+3 Danso (-) für Gregoritsch – 70. Matheus Cunha (-) für Werner, 82. Klostermann (-) für Mukiele, 86. Sabitzer (-) für Kampl
Chancenverhältnis: 0:3
Eckenverhältnis: 2:2
SR: Welz (Wiesbaden) – **Zuschauer:** 28 703 – **Gelbe Karten:** Caiuby, Koo – Ilsanker, Poulsen, Konaté, Halstenberg, Sabitzer – **Spielnote:** 5

20. Oktober 2018
VfL Wolfsburg – Bayern München 1:3 (0:1)

Wolfsburg: Casteels (2) – William (5,5), Knoche (4,5), Brooks (4,5), Roussillon (4) – Arnold (4) – Gerhardt (3,5), Rexhbecaj (4) – Steffen (5), Brekalo (4,5) – Weghorst (3,5) – **Trainer:** Labbadia
Bayern: Neuer (3) – Kimmich (3,5), Süle (3), Hummels (2,5), Alaba (3,5) – Javi Martinez (3) – James (2,5), Thiago (2) – Robben (4,5), Gnabry (4) – Lewandowski (1) – **Trainer:** Kovac
Eingewechselt: 60. Ginczek (3,5) für Brekalo, 60. Mehmedi (2,5) für Steffen, 71. Malli (-) für Rexhbecaj – 46. Rafinha (3,5) für Alaba, 66. Goretzka (-) für Gnabry, 84. Renato Sanches (-) für James
Tore: 0:1 Lewandowski (30., Rechtsschuss, Vorarbeit Hummels), 0:2 Lewandowski (49., Rechtsschuss), 1:2 Weghorst (63., Linksschuss, Mehmedi), 1:3 James (72., Linksschuss, Lewandowski)
Chancenverhältnis: 2:8
Eckenverhältnis: 2:9
SR: Winkmann (Kerken) – **Zuschauer:** 30 000 (ausverkauft) – **Gelbe Karten:** Arnold, Weghorst – Thiago, Neuer – **Gelb-Rote Karte:** Robben (57.) – **Spielnote:** 3

20. Oktober 2018
1. FC Nürnberg – TSG Hoffenheim 1:3 (1:0)

Nürnberg: Mathenia (2) – Valentini (4,5), Margreitter (4), Mühl (5), Bauer (5) – Behrens (4), Petrak (5), Löwen (4,5) – Palacios (5), Misidjan (4) – Ishak (4,5) – **Trainer:** Köllner
Hoffenheim: Baumann (3) – Bicakcic (2,5), Vogt (2), Adams (4,5) – Kaderabek (1,5), Grillitsch (3,5), Schulz (3) – Demirbay (2) – Nelson (1,5), Joelinton (3,5), Kramaric (2) – **Trainer:** Nagelsmann
Eingewechselt: 41. Knöll (4,5) für Ishak, 66. Kerk (-) für Palacios, 86. Kubo (-) für Misidjan – 46. Szalai (2) für Grillitsch, 68. Akpoguma (-) für Adams, 70. Hoogma (-) für Nelson
Tore: 1:0 Behrens (18., Foulelfmeter, Rechtsschuss, Vorarbeit Misidjan), 1:1 Nelson (50., Rechtsschuss, Kaderabek), 1:2 Nelson (57., Rechtsschuss, Demirbay), 1:3 Szalai (67., Kopfball, Kaderabek)
Chancenverhältnis: 4:17
Eckenverhältnis: 1:7
SR: Zwayer (Berlin) – **Zuschauer:** 36 472 – **Gelbe Karten:** Valentini, Misidjan, Löwen, Mühl – Grillitsch, Vogt – **Spielnote:** 2

20. Oktober 2018
FC Schalke 04 – Werder Bremen 0:2 (0:1)

Schalke: Nübel (3) – Caligiuri (4), Sané (3,5), Naldo (3), Mendyl (5) – Mascarell (4), Bentaleb (5) – Schöpf (4), McKennie (4), Harit (5) – Burgstaller (4,5) – **Trainer:** Tedesco
Bremen: Pavlenka (2) – Gebre Selassie (3), Veljkovic (4,5), Moisander (3), Augustinsson (3) – Sahin (3,5) – M. Eggestein (1,5), Klaassen (2,5) – Osako (3,5), Kainz (3,5) – Kruse (1,5) – **Trainer:** Kohfeldt
Eingewechselt: 46. Uth (4) für Mendyl, 63. Di Santo (-) für Mascarell, 69. Serdar (-) für Harit – 55. Pizarro (3,5) für Kainz, 56. Langkamp (3) für Osako, 78. Möhwald (-) für Sahin
Tore: 0:1 M. Eggestein (43., Rechtsschuss, Vorarbeit Kruse), 0:2 M. Eggestein (66., Linksschuss, Gebre Selassie)
Chancenverhältnis: 4:3
Eckenverhältnis: 3:1
SR: Dingert (Gries) – **Zuschauer:** 62 271 (ausverkauft) – **Gelbe Karten:** Mendyl – Kainz, Sahin, M. Eggestein, Klaassen – **Spielnote:** 4

21. Oktober 2018
Hertha BSC – SC Freiburg 1:1 (1:1)

Hertha: Jarstein (3) – Lazaro (4), Luckassen (3,5), Lustenberger (2,5), Plattenhardt (4) – Skjelbred (3,5), Maier (4) – Kalou (3,5), Duda (3,5), Dilrosun (4,5) – Ibisevic (4) – **Trainer:** Dardai
Freiburg: Schwolow (3) – Kübler (5), Gulde (3), Heintz (3,5), Günter (3,5) – Höfler (3,5) – Koch (3) – Waldschmidt (4) – Terrazzino (4,5), Haberer (4,5), Sallai (4,5) – **Trainer:** Streich
Eingewechselt: 62. Leckie (-) für Dilrosun, 71. Selke (-) für Ibisevic, 84. Dardai (-) für Kalou – 46. Petersen (4,5) für Terrazzino, 72. Okoroji (-) für Sallai, 90./+1 Lienhart (-) für Waldschmidt
Tore: 1:0 Duda (7., Rechtsschuss, Vorarbeit Skjelbred), 1:1 Koch (36., Rechtsschuss)
Chancenverhältnis: 5:3
Eckenverhältnis: 8:3
SR: Cortus (Röthenbach a. d. Pegnitz) – **Zuschauer:** 53 716 – **Gelbe Karten:** Plattenhardt, Duda – **Spielnote:** 4

21. Oktober 2018
Bor. Mönchengladbach – 1. FSV Mainz 05 4:0 (1:0)

Gladbach: Sommer (3) – Lang (3), Ginter (2,5), Elvedi (3,5), Wendt (3) – Strobl (3) – Neuhaus (2,5), Hofmann (1) – Hazard (1,5), Plea (2,5) – Stindl (2) – **Trainer:** Hecking
Mainz: Müller (5) – Brosinski (4), Bell (4,5), Niakhaté (4,5), Aaron (5) – Kunde (3) – Gbamin (4), Baku (4,5) – Boetius (4) – Burkardt (4,5), Mateta (4) – **Trainer:** Schwarz
Eingewechselt: 66. Traoré (-) für Stindl, 70. Zakaria (-) für Neuhaus, 81. Jantschke (-) für Lang – 59. Öztunali (4) für Burkardt, 59. Latza (4) für Kunde, 77. Mwene (-) für Baku
Tore: 1:0 Hofmann (21., Rechtsschuss, Vorarbeit Hazard), 2:0 Hofmann (53., Linksschuss, Hazard), 3:0 Hazard (58., Rechtsschuss, Plea), 4:0 Hofmann (63., Rechtsschuss, Neuhaus)
Chancenverhältnis: 7:3
Eckenverhältnis: 4:6
SR: Storks (Velen) – **Zuschauer:** 51 123 – **Gelbe Karten:** Boetius, Aaron – **Spielnote:** 2

9. SPIELTAG

26. Oktober 2018
SC Freiburg – Bor. Mönchengladbach 3:1 (1:1)

Freiburg: Schwolow (3) – Kübler (2,5), Gulde (2,5), Heintz (3), Günter (3) – Koch (2,5), Höfler (2,5) – Haberer (2), Frantz (4) – Waldschmidt (1,5) – Petersen (2) – **Trainer:** Streich
Gladbach: Sommer (4,5) – Lang (3,5), Ginter (3,5), Elvedi (3,5), Wendt (3,5) – Strobl (4) – Zakaria (3,5), Hofmann (3,5) – Hazard (3), Plea (4) – Stindl (3,5) – **Trainer:** Hecking
Eingewechselt: 70. Sallai (-) für Frantz, 89. Höler (-) für Haberer, 90./+2 Lienhart (-) für Waldschmidt – 46. Herrmann (4,5) für Plea, 65. Neuhaus (-) für Strobl, 79. Traoré (-) für Lang
Tore: 1:0 Petersen (1., Foulelfmeter, Rechtsschuss, Vorarbeit Waldschmidt), 1:1 Hazard (20., Foulelfmeter, Rechtsschuss, Stindl), 2:1 Waldschmidt (57., Linksschuss, Haberer), 3:1 Höler (90./+4, Rechtsschuss)
Chancenverhältnis: 7:6
Eckenverhältnis: 3:10
SR: Hartmann (Wangen) – **Zuschauer:** 24 000 (ausverkauft) – **Gelbe Karten:** Frantz – Zakaria – **Spielnote:** 2,5

27. Oktober 2018
1. FSV Mainz 05 – Bayern München 1:2 (0:1)

Mainz: Müller (3) – Brosinski (3), Bell (3,5), Niakhaté (4,5), Aaron (5) – Kunde (3,5) – Gbamin (5), Latza (4,5) – Öztunali (5), Boetius (4) – Mateta (4,5) – **Trainer:** Schwarz
Bayern: Neuer (3) – Kimmich (2,5), Süle (3), Boateng (3), Alaba (4) – Javi Martinez (3) – Goretzka (2,5), Thiago (2,5) – Müller (3), Gnabry (4,5) – Lewandowski (2,5) – **Trainer:** Kovac
Eingewechselt: 69. Quaison (-) für Kunde, 69. Ujah (-) für Mateta, 83. Maxim (-) für Latza – 55. Renato Sanches (3) für Goretzka, 57. Ribery (4) für Gnabry, 84. Rafinha (-) für Müller
Tore: 0:1 Goretzka (39., Rechtsschuss, Vorarbeit Kimmich), 1:1 Boetius (48., Rechtsschuss, Brosinski), 1:2 Thiago (62., Linksschuss, Lewandowski)
Chancenverhältnis: 1:7
Eckenverhältnis: 2:7
SR: Osmers (Hannover) – **Zuschauer:** 33 305 (ausverkauft) – **Gelbe Karten:** Aaron, Öztunali, Ujah – Javi Martinez – **Spielnote:** 3

27. Oktober 2018
Fortuna Düsseldorf – VfL Wolfsburg 0:3 (0:1)

Düsseldorf: Rensing (3) – Zimmer (4), Ayhan (4), Bormuth (4), Gießelmann (5) – Bodzek (5) – Zimmermann (4,5), Morales (5) – Lukebakio (4), Raman (5) – Hennings (5) – **Trainer:** Funkel
Wolfsburg: Casteels (2,5) – William (4,5), Tisserand (3), Brooks (2,5), Roussillon (3) – Gerhardt (3,5), Arnold (2,5) – Steffen (4), Brekalo (3) – Ginczek (3), Weghorst (1,5) – **Trainer:** Labbadia
Eingewechselt: 66. Ducksch (-) für Bodzek, 78. Usami (-) für Lukebakio, 78. Barkok (-) für Morales – 84. Rexhbecaj (-) für Arnold, 84. Malli (-) für Steffen, 87. G. Itter (-) für Roussillon
Tore: 0:1 Weghorst (41., Handelfmeter, Rechtsschuss, Vorarbeit), 0:2 Brekalo (73., Rechtsschuss, Weghorst), 0:3 Ginczek (80., Rechtsschuss)
Chancenverhältnis: 2:6
Eckenverhältnis: 4:9
SR: Schlager (Hügelsheim) – **Zuschauer:** 38 043 – **Gelbe Karten:** Morales, Hennings, Gießelmann – William, Arnold, Weghorst, Brooks, Ginczek, Steffen – **Spielnote:** 5

27. Oktober 2018
Borussia Dortmund – Hertha BSC 2:2 (1:1)

Dortmund: Bürki (2,5) – Piszczek (3,5), Diallo (2,5), Zagadou (3), Hakimi (3) – Witsel (3), Dahoud (3) – Sancho (1,5), Reus (2,5), Guerreiro (4) – Götze (2,5) – **Trainer:** Favre
Hertha: Jarstein (2) – Stark (4), Lustenberger (5), Rekik (3) – Lazaro (2,5), Skjelbred (3), Maier (3,5), Mittelstädt (2,5) – Duda (4) – Ibisevic (4), Kalou (1,5) – **Trainer:** Dardai
Eingewechselt: 71. Pulisic (-) für Sancho, 80. Bruun Larsen (-) für Guerreiro, 90./+2 Toprak (-) für Piszczek – 46. Darida (4) für Skjelbred, 57. Selke (2,5) für Ibisevic, 70. Dilrosun (-) für Duda
Tore: 1:0 Sancho (27., Rechtsschuss, Vorarbeit Götze), 1:1 Kalou (41., Rechtsschuss, Mittelstädt), 2:1 Sancho (61., Rechtsschuss, Hakimi), 2:2 Kalou (90./+1, Foulelfmeter, Rechtsschuss, Selke)
Chancenverhältnis: 9:7
Eckenverhältnis: 8:1
SR: S. Stegemann (Niederkassel) – **Zuschauer:** 81 000 – **Gelbe Karten:** Hakimi, Zagadou – Ibisevic, Lazaro, Lustenberger – **Spielnote:** 2

27. Oktober 2018
Hannover 96 – FC Augsburg 1:2 (0:1)

Hannover: Esser (3,5) – Elez (3,5), Anton (5), Wimmer (4) – Bebou (3), Albornoz (4) – Schwegler (5), Walace (3,5) – Haraguchi (5) – Wood (4,5), Füllkrug (5) – **Trainer:** Breitenreiter
Augsburg: Luthe (2,5) – Schmid (3,5), Gouweleeuw (3), Hinteregger (3,5), Max (3) – Khedira (3), Baier (3,5) – Hahn (4), Koo (4,5), Richter (4) – Finnbogason (3,5) – **Trainer:** Baum
Eingewechselt: 46. Muslija (4,5) für Schwegler, 65. Weydandt (-) für Elez – 46. Gregoritsch (5) für Richter, 68. Jensen (-) für Koo, 75. Danso (-) für Finnbogason
Tore: 0:1 Khedira (8., Rechtsschuss, Vorarbeit), 0:2 Finnbogason (63., Handelfmeter, Rechtsschuss), 1:2 Bebou (72., Rechtsschuss)
Chancenverhältnis: 6:5
Eckenverhältnis: 5:4
SR: Dr. Kampka (Mainz) – **Zuschauer:** 37 600 – **Gelbe Karten:** Haraguchi, Muslija – Richter, Baier, Danso – **Spielnote:** 4

27. Oktober 2018
TSG Hoffenheim – VfB Stuttgart 4:0 (0:0)

Hoffenheim: Baumann (3) – Kaderabek (3,5), Vogt (4), Bicakcic (3), Brenet (2,5) – Grillitsch (3) – Nelson (2,5), Kramaric (2,5), Zuber (3,5) – Belfodil (1,5), Joelinton (2) – **Trainer:** Nagelsmann
Stuttgart: Zieler (4) – Baumgartl (4,5), Badstuber (5), Pavard (5) – Maffeo (4), Gentner (5), Ascacibar (4,5), Insua (6) – Thommy (4,5) – Gomez (4), Gonzalez (3,5) – **Trainer:** Weinzierl
Eingewechselt: 40. Demirbay (1,5) für Grillitsch, 61. Grifo (-) für Kramaric, 62. Nordtveit (-) für Kaderabek – 56. Sarpei (4,5) für Gomez, 75. Beck (-) für Maffeo, 85. Özcan (-) für Thommy
Tore: 1:0 Brenet (48., Rechtsschuss, Vorarbeit Nelson), 2:0 Joelinton (51., Rechtsschuss, Brenet), 3:0 Belfodil (57., Linksschuss, Joelinton), 4:0 Belfodil (60., Rechtsschuss)
Chancenverhältnis: 15:4
Eckenverhältnis: 6:3
SR: Willenborg (Osnabrück) – **Zuschauer:** 30 150 (ausverkauft) – **Gelbe Karten:** Demirbay – Ascacibar – **Rote Karte:** Insua (8., rohes Spiel) – **Spielnote:** 3

28. Oktober 2018
1. FC Nürnberg – Eintracht Frankfurt 1:1 (0:0)

Nürnberg: Mathenia (3) – Bauer (4), Margreitter (3), Mühl (3,5), Leibold (3,5) – Behrens (3,5), Rhein (3) – Misidjan (3), Kubo (4), Kerk (4) – Knöll (3,5) – **Trainer:** Köllner
Frankfurt: Trapp (3) – Abraham (4), Hasebe (3), Ndicka (3) – Fernandes (4) – da Costa (3), Kostic (3) – de Guzman (4), Gacinovic (5) – Jovic (5), Rebic (4,5) – **Trainer:** Hütter
Eingewechselt: 69. Palacios (-) für Kerk, 76. Zrelak (-) für Knöll, 88. Erras (-) für Kubo – 68. Allan (-) für Gacinovic, 69. Haller (-) für Rebic, 80. M. Stendera (-) für de Guzman
Tore: 1:0 Zrelak (78., Kopfball, Vorarbeit Misidjan), 1:1 Haller (90./+2, Rechtsschuss, da Costa)
Chancenverhältnis: 6:5
Eckenverhältnis: 8:6
SR: Schröder (Hannover) – **Zuschauer:** 42 154 – **Gelbe Karten:** Rhein, Zrelak – Ndicka, Rebic, Trapp – **Spielnote:** 4

28. Oktober 2018
RB Leipzig – FC Schalke 04 0:0

Leipzig: Gulacsi (3) – Mukiele (4), Orban (3,5), Upamecano (4,5), Halstenberg (4) – Ilsanker (4,5) – Laimer (4), Demme (4) – Sabitzer (4) – Werner (4), Poulsen (4,5) – **Trainer:** Rangnick
Schalke: Nübel (3,5) – Stambouli (4), Sané (3), Nastasic (4) – Caligiuri (4), Bentaleb (4), Mendyl (4) – McKennie (3), Serdar (4) – Uth (5), Embolo (4,5) – **Trainer:** Tedesco
Eingewechselt: 68. Kampl (-) für Ilsanker, 80. Bruma (-) für Laimer, 80. Augustin (-) für Werner – 57. Schöpf (4) für Mendyl, 85. Skrzybski (-) für Uth, 89. Burgstaller (-) für Embolo
Chancenverhältnis: 2:2
Eckenverhältnis: 7:4
SR: Dr. Brych (München) – **Zuschauer:** 41 939 (ausverkauft) – **Gelbe Karten:** Laimer, Werner, Demme – McKennie, Mendyl – **Spielnote:** 5

28. Oktober 2018
Werder Bremen – Bayer 04 Leverkusen 2:6 (0:3)

Bremen: Pavlenka (5) – Veljkovic (5), Langkamp (5), Friedl (5,5) – Gebre Selassie (4), Sahin (4,5), Augustinsson (4,5) – M. Eggestein (4), Klaassen (3) – Osako (4), Kruse (4) – **Trainer:** Kohfeldt
Leverkusen: Hradecky (3) – Tah (4), S. Bender (3,5), Dragovic (2,5) – Weiser (2,5), Havertz (2), L. Bender (3), Wendell (3) – Bellarabi (1,5), Brandt (2) – Volland (1,5) – **Trainer:** Herrlich
Eingewechselt: 46. Pizarro (3) für Friedl, 70. Rashica (-) für Sahin, 79. Möhwald (-) für Osako – 52. Bailey (4) für Bellarabi, 59. Kohr (2,5) für L. Bender, 81. Alario (-) für Havertz
Tore: 0:1 Volland (8., Linksschuss, Vorarbeit Bellarabi), 0:2 Brandt (38., Rechtsschuss, Bellarabi), 0:3 Bellarabi (45., Rechtsschuss, Volland), 1:3 Pizarro (60., Linksschuss, Klaassen), 2:3 Osako (62., Linksschuss), 2:4 Havertz (67., Linksschuss, Volland), 2:5 Dragovic (72., Linksschuss, Brandt), 2:6 Havertz (77., Linksschuss, Weiser)
Chancenverhältnis: 6:13
Eckenverhältnis: 6:6
SR: Fritz (Korb) – **Zuschauer:** 40 400 – **Gelbe Karten:** Langkamp, Veljkovic – Volland, Tah – **Spielnote:** 1

10. SPIELTAG

2. November 2018
VfB Stuttgart – Eintracht Frankfurt 0:3 (0:2)

Stuttgart: Zieler (4) – Baumgartl (5), Badstuber (5,5), Pavard (4,5) – Maffeo (4,5), Gentner (5), Ascacibar (5), Aogo (5) – Thommy (5) – Gonzalez (4) – Gomez (5,5) – **Trainer:** Weinzierl
Frankfurt: Trapp (3) – Abraham (3), Hasebe (3), Ndicka (2) – da Costa (2,5), Fernandes (3), de Guzman (2,5), Kostic (2,5) – Rebic (2) – Haller (2), Jovic (2) – **Trainer:** Hütter
Eingewechselt: 46. Özcan (5) für Thommy, 77. Akolo (-) für Gonzalez, 85. Castro (-) für Özcan – 46. M. Stendera (3) für Fernandes, 80. Müller (-) für Rebic, 86. Willems (-) für Kostic
Tore: 0:1 Haller (11., Rechtsschuss, Vorarbeit Jovic), 0:2 Rebic (32., Kopfball, Jovic), 0:3 Müller (89., Kopfball, Willems)
Chancenverhältnis: 6:12
Eckenverhältnis: 1:3
SR: Jablonski (Bremen) – **Zuschauer:** 58 016 – **Gelbe Karten:** Ascacibar – Kostic, Haller – **Spielnote:** 3

3. November 2018
VfL Wolfsburg – Borussia Dortmund 0:1 (0:1)

Wolfsburg: Casteels (3) – William (4), Tisserand (3,5), Brooks (4), Roussillon (3,5) – Arnold (3) – Gerhardt (4), Rexhbecaj (4) – Ginczek (4,5), Brekalo (3,5) – Weghorst (4,5) – **Trainer:** Labbadia
Dortmund: Bürki (3) – Hakimi (3,5), Akanji (3), Zagadou (2,5), Guerreiro (3,5) – Witsel (2,5), Delaney (3) – Sancho (3), Reus (2,5), Bruun Larsen (4) – Paco Alcacer (4,5) – **Trainer:** Favre
Eingewechselt: 69. Steffen (-) für Rexhbecaj, 81. Yeboah (-) für Brekalo, 81. Malli (-) für Gerhardt – 78. Philipp (-) für Paco Alcacer, 78. Pulisic (-) für Sancho, 89. Toprak (-) für Bruun Larsen
Tor: 0:1 Reus (27., Kopfball, Vorarbeit Delaney)
Chancenverhältnis: 3:3
Eckenverhältnis: 6:14
SR: Siebert (Berlin) – **Zuschauer:** 30 000 (ausverkauft) – **Gelbe Karten:** Zagadou, Delaney – **Spielnote:** 4

3. November 2018
Bayern München – SC Freiburg 1:1 (0:0)

Bayern: Neuer (3) – Rafinha (4,5), Süle (5), Boateng (4), Alaba (4) – Kimmich (5,5) – James (5), Renato Sanches (5) – Robben (4), Gnabry (3) – Lewandowski (5) – **Trainer:** Kovac
Freiburg: Schwolow (3,5) – Stenzel (4), Gulde (2,5), Heintz (3), Günter (2,5) – Koch (3,5), Höfler (4) – Frantz (3,5), Haberer (4,5) – Kleindienst (4), Höler (2,5) – **Trainer:** Streich
Eingewechselt: 63. Ribery (-) für Robben, 71. Müller (-) für James, 83. Goretzka (-) für Gnabry – 67. Terrazzino (-) für Frantz, 83. Waldschmidt (-) für Kleindienst, 90. Lienhart (-) für Höler
Tore: 1:0 Gnabry (80., Rechtsschuss, Vorarbeit Rafinha), 1:1 Höler (89., Rechtsschuss, Günter)
Chancenverhältnis: 4:2
Eckenverhältnis: 14:2
SR: Zwayer (Berlin) – **Zuschauer:** 75 000 (ausverkauft) – **Gelbe Karten:** Rafinha – Schwolow – **Spielnote:** 4

3. November 2018
FC Schalke 04 – Hannover 96 3:1 (0:0)

Schalke: Nübel (3,5) – Stambouli (3), Sané (3,5), Nastasic (3,5) – Caligiuri (4), Bentaleb (3,5), Schöpf (4) – Serdar (4,5), Harit (3,5) – Embolo (3), Uth (2) – **Trainer:** Tedesco
Hannover: Tschauner (4) – Elez (4), Anton (4), Felipe (3,5) – Korb (4), Fossum (4,5), Walace (3), Albornoz (3,5) – Bebou (2,5), Haraguchi (5) – Wood (5) – **Trainer:** Breitenreiter
Eingewechselt: 59. Burgstaller (2) für Serdar, 72. Rudy (-) für Bentaleb, 89. McKennie (-) für Harit – 37. Wimmer (-) für Felipe, 65. Weydandt (-) für Wimmer, 73. Muslija (-) für Fossum
Tore: 1:0 Bentaleb (57., Foulelfmeter, Linksschuss, Vorarbeit Uth), 1:1 Weydandt (70., Kopfball, Bebou), 2:1 Embolo (71., Rechtsschuss), 3:1 Uth (85., Linksschuss, Harit)
Chancenverhältnis: 7:2
Eckenverhältnis: 7:7
SR: Schmidt (Stuttgart) – **Zuschauer:** 61 959 – **Gelbe Karten:** Nastasic, Rudy – Wimmer, Bebou, Anton – **Spielnote:** 4

3. November 2018
Bayer 04 Leverkusen – TSG Hoffenheim 1:4 (1:2)

Leverkusen: Hradecky (3) – Tah (4), S. Bender (4), Jedvaj (4) – Weiser (5), L. Bender (3,5), Havertz (4), Wendell (5) – Bellarabi (1,5), Brandt (4,5) – Volland (4) – **Trainer:** Herrlich
Hoffenheim: Baumann (3,5) – Adams (3), Vogt (3,5), Akpoguma (4) – Nordtveit (3) – Kaderabek (2,5), Grillitsch (3), Schulz (2,5) – Grifo (2,5) – Nelson (2,5) – Joelinton (1) – **Trainer:** Nagelsmann
Eingewechselt: 38. Bailey (3,5) für Bellarabi, 46. Baumgartlinger (4) für S. Bender, 67. Paulinho (-) für Brandt – 59. Bicakcic (3) für Vogt, 64. Belfodil (-) für Nelson, 78. Bittencourt (-) für Grifo
Tore: 0:1 Nelson (19., Rechtsschuss, Vorarbeit Grifo), 1:1 Bellarabi (30., Rechtsschuss, Weiser), 1:2 Joelinton (34., Kopfball, Kaderabek), 1:3 Grifo (49., Foulelfmeter, Rechtsschuss, Joelinton), 1:4 Joelinton (73., Rechtsschuss, Grifo)
Chancenverhältnis: 9:6
Eckenverhältnis: 6:7
SR: Stieler (Hamburg) – **Zuschauer:** 27 589 – **Gelbe Karten:** Akpoguma, Adams – **Spielnote:** 1,5

3. November 2018
FC Augsburg – 1. FC Nürnberg 2:2 (1:0)

Augsburg: Luthe (4) – Gouweleeuw (2), Khedira (3,5), Hinteregger (4) – Schmid (2), Max (3,5) – Baier (3) – Richter (3,5), Koo (4,5), Caiuby (4,5) – Finnbogason (3) – **Trainer:** Baum
Nürnberg: Mathenia (3,5) – Bauer (4), Margreitter (3,5), Mühl (3), Leibold (4,5) – Behrens (4), Petrak (4) – Fuchs (3) – Misidjan (3), Kerk (4,5) – Zrelak (3,5) – **Trainer:** Köllner
Eingewechselt: 46. Götze (4) für Koo, 71. Hahn (-) für Richter – 57. Palacios (3,5) für Kerk, 73. Rhein (-) für Behrens, 84. Knöll (-) für Fuchs
Tore: 1:0 Finnbogason (11., Rechtsschuss, Vorarbeit Schmid), 1:1 Fuchs (54., Rechtsschuss, Zrelak), 2:1 Schmid (59., direkter Freistoß, Rechtsschuss), 2:2 Mühl (88., Kopfball, Leibold)
Chancenverhältnis: 9:6
Eckenverhältnis: 6:6
SR: Ittrich (Hamburg) – **Zuschauer:** 30 660 (ausverkauft) – **Gelbe Karten:** Koo, Caiuby, Hahn – Leibold, Fuchs, Margreitter – **Spielnote:** 2,5

3. November 2018
Hertha BSC – RB Leipzig 0:3 (0:1)

Hertha: Jarstein (1,5) – Stark (4,5), Lustenberger (4,5), Rekik (5) – Lazaro (4), Duda (4,5), Maier (4,5), Plattenhardt (5) – Kalou (4,5), Mittelstädt (4) – Ibisevic (4) – **Trainer:** Dardai
Leipzig: Gulacsi (2) – Mukiele (4,5), Konaté (4), Orban (2,5), Saracchi (3) – Demme (3) – Sabitzer (2,5), Kampl (3,5) – Bruma (2,5) – Matheus Cunha (2), Werner (1,5) – **Trainer:** Rangnick
Eingewechselt: 59. Selke (4,5) für Ibisevic, 59. Dilrosun (4) für Plattenhardt, 67. Leckie (-) für Kalou – 46. Klostermann (2,5) für Mukiele, 78. Poulsen (-) für Werner, 83. Laimer (-) für Kampl
Tore: 0:1 Werner (7., Rechtsschuss, Vorarbeit), 0:2 Werner (53., Rechtsschuss, Bruma), 0:3 Matheus Cunha (75., Linksschuss)
Chancenverhältnis: 7:10
Eckenverhältnis: 3:7
SR: Aytekin (Oberasbach) – **Zuschauer:** 50 382 – **Gelbe Karten:** Ibisevic, Leckie – Sabitzer – **Spielnote:** 2,5

4. November 2018
Bor. Mönchengladbach – Fortuna Düsseldorf 3:0 (0:0)

Gladbach: Sommer (3) – Lang (3), Ginter (2,5), Elvedi (3), Wendt (3) – Strobl (3) – Neuhaus (2,5), Hofmann (3) – Hazard (2), Plea (2) – Raffael (3,5) – **Trainer:** Hecking
Düsseldorf: Rensing (4) – Zimmer (4,5), Ayhan (5), Bormuth (4), Gießelmann (4) – Zimmermann (4), Morales (4) – Lukebakio (3,5), Usami (4) – Ducksch (4,5), Hennings (5) – **Trainer:** Funkel
Eingewechselt: 46. Jantschke (3) für Elvedi, 64. Johnson (-) für Raffael, 85. Stindl (-) für Hofmann – 66. Karaman (-) für Ducksch, 78. Lovren (-) für Usami
Tore: 1:0 Hazard (48., Handelfmeter, Rechtsschuss, Vorarbeit), 2:0 Hofmann (67., Rechtsschuss, Neuhaus), 3:0 Hazard (82., Rechtsschuss, Plea)
Chancenverhältnis: 9:2
Eckenverhältnis: 10:4
SR: Dr. Brych (München) – **Zuschauer:** 54 022 (ausverkauft) – **Gelbe Karten:** Plea – Lukebakio, Ayhan – **Spielnote:** 3

4. November 2018
1. FSV Mainz 05 – Werder Bremen 2:1 (1:0)

Mainz: Zentner (2,5) – Brosinski (3), Bell (3,5), Niakhaté (3), Aaron (4) – Kunde (3) – Gbamin (2,5), Latza (2,5) – Boetius (3,5) – Mateta (2,5), Quaison (3) – **Trainer:** Schwarz
Bremen: Pavlenka (4) – Gebre Selassie (3,5), Veljkovic (4), Moisander (4,5), Augustinsson (3,5) – Bargfrede (4,5) – M. Eggestein (4), Klaassen (4) – Osako (5), Kainz (4) – Kruse (3,5) – **Trainer:** Kohfeldt
Eingewechselt: 74. Ujah (-) für Mateta, 81. Onisiwo (-) für Quaison, 84. Maxim (-) für Latza – 56. Pizarro (3) für Osako, 56. J. Eggestein (3) für Kainz, 72. Harnik (-) für Bargfrede
Tore: 1:0 Mateta (25., Rechtsschuss, Vorarbeit Brosinski), 2:0 Gbamin (51., Linksschuss, Brosinski), 2:1 Pizarro (78., Rechtsschuss, J. Eggestein)
Chancenverhältnis: 3:2
Eckenverhältnis: 3:6
SR: Winkmann (Kerken) – **Zuschauer:** 25 105 – **Gelbe Karten:** Bargfrede, Moisander – **Spielnote:** 3

11. SPIELTAG

9. November 2018
Hannover 96 – VfL Wolfsburg 2:1 (1:0)

Hannover: Esser (1,5) – Korb (4), Anton (3,5), Elez (3,5), Ostrzolek (4) – Walace (3,5) – Bebou (2), Bakalorz (3,5) – Sarenren Bazee (4), Maina (2,5) – Wood (3) – **Trainer:** Breitenreiter
Wolfsburg: Casteels (2,5) – William (6), Tisserand (4), Brooks (5,5), Roussillon (4) – Arnold (4) – Gerhardt (3,5), Rexhbecaj (4,5) – Malli (4) – Ginczek (4), Weghorst (2,5) – **Trainer:** Labbadia
Eingewechselt: 70. Albornoz (-) für Sarenren Bazee, 74. Weydandt (-) für Maina, 87. Haraguchi (-) für Wood – 46. Brekalo (2,5) für Ginczek, 46. Yeboah (3) für Rexhbecaj
Tore: 1:0 Maina (31., Linksschuss, Vorarbeit Bebou), 2:0 Bebou (62., Foulelfmeter, Rechtsschuss, Bakalorz), 2:1 Weghorst (82., Foulelfmeter, Rechtsschuss, Gerhardt)
Chancenverhältnis: 6:12
Eckenverhältnis: 3:5
SR: Fritz (Korb) – **Zuschauer:** 35 800 – **Gelbe Karten:** Ostrzolek, Esser, Walace, Anton – William, Brooks – **Spielnote:** 3

10. November 2018
SC Freiburg – 1. FSV Mainz 05 1:3 (0:2)
Freiburg: Schwolow (3,5) – Stenzel (4), Gulde (3,5), Heintz (3), Günter (2,5) – Koch (4), Höfler (4) – Frantz (4), Haberer (3,5) – Waldschmidt (3,5) – Kleindienst (4) – **Trainer:** Streich
Mainz: Zentner (2,5) – Brosinski (3,5), Bell (3,5), Niakhaté (3), Aaron (4) – Kunde (2,5) – Gbamin (2), Latza (3) – Boetius (3) – Mateta (2,5), Quaison (3,5) – **Trainer:** Schwarz
Eingewechselt: 46. Sallai (2,5) für Frantz, 73. Höler (-) für Stenzel, 86. Lienhart (-) für Höfler – 65. Onisiwo (-) für Mateta, 82. Mwene (-) für Boetius, 88. Hack (-) für Quaison
Tore: 0:1 Gbamin (6., Rechtsschuss, Vorarbeit Brosinski), 0:2 Mateta (18., Kopfball, Boetius), 1:2 Sallai (72., Linksschuss, Waldschmidt), 1:3 Onisiwo (75., Linksschuss, Niakhaté)
Chancenverhältnis: 8:6
Eckenverhältnis: 3:4
SR: S. Stegemann (Niederkassel) – **Zuschauer:** 24 000 (ausverkauft) – **Gelbe Karten:** Höfler, Gulde – Onisiwo – **Spielnote:** 2,5

10. November 2018
Fortuna Düsseldorf – Hertha BSC 4:1 (0:0)
Düsseldorf: Rensing (2) – Zimmermann (2,5), Bormuth (3), Kaminski (4), Gießelmann (2,5) – Stöger (3), Bodzek (1,5) – Zimmer (2,5), Usami (2,5) – Hennings (2,5), Lukebakio (4) – **Trainer:** Funkel
Hertha: Jarstein (3) – Lazaro (4), Stark (-), Rekik (4), Mittelstädt (5) – Maier (4,5), Darida (3,5) – Kalou (4,5), Duda (5), Dilrosun (4,5) – Ibisevic (5) – **Trainer:** Dardai
Eingewechselt: 69. Karaman (-) für Lukebakio, 83. Raman (-) für Zimmer, 89. Fink (-) für Hennings – 25. Luckassen (5) für Stark, 46. Torunarigha (6) für Ibisevic, 57. Selke (2,5) für Duda
Tore: 1:0 Usami (51., Linksschuss, Vorarbeit Gießelmann), 2:0 Hennings (63., Linksschuss, Zimmermann), 3:0 Raman (84., Linksschuss, Zimmermann), 3:1 Selke (88., Rechtsschuss, Darida), 4:1 Raman (90./+2, Rechtsschuss, Stöger)
Chancenverhältnis: 9:5
Eckenverhältnis: 2:6
SR: Hartmann (Wangen) – **Zuschauer:** 39 743 – **Gelbe Karten:** Bodzek – Lazaro – **Gelb-Rote Karte:** Mittelstädt (41.) – **Spielnote:** 3

10. November 2018
1. FC Nürnberg – VfB Stuttgart 0:2 (0:0)
Nürnberg: Mathenia (3,5) – Bauer (4,5), Margreitter (3,5), Mühl (4), Leibold (3,5) – Behrens (4), Rhein (3,5) – Misidjan (4), Fuchs (4,5), Kerk (4,5) – Zrelak (5) – **Trainer:** Köllner
Stuttgart: Zieler (3) – Beck (2,5), Baumgartl (2), Pavard (3), Kempf (3,5) – Aogo (3) – Maffeo (4), Ascacibar (3), Gentner (3), Gonzalez (2,5) – Gomez (4) – **Trainer:** Weinzierl
Eingewechselt: 56. Palacios (4) für Kerk, 70. Petrak (-) für Behrens, 83. Matheus Pereira (-) für Fuchs – 78. Thommy (-) für Maffeo, 90./+4 Akolo (-) für Gomez, 90./+1 Aidonis (-) für Ascacibar
Tore: 0:1 Baumgartl (68., Linksschuss, Vorarbeit), 0:2 Thommy (82., Rechtsschuss)
Chancenverhältnis: 2:8
Eckenverhältnis: 3:9
SR: Dingert (Gries) – **Zuschauer:** 50 000 (ausverkauft) – **Gelbe Karte:** Fuchs – **Spielnote:** 3,5

10. November 2018
Werder Bremen – Bor. Mönchengladbach 1:3 (0:1)
Bremen: Pavlenka (4) – Gebre Selassie (3,5), Veljkovic (3,5), Moisander (3), Augustinsson (3) – Bargfrede (4), Sahin (3,5) – M. Eggestein (4), Klaassen (4,5) – Kruse (4,5), Harnik (5) – **Trainer:** Kohfeldt
Gladbach: Sommer (2,5) – Lang (3), Ginter (2,5), Elvedi (3), Wendt (2,5) – Strobl (2) – Neuhaus (3), Hofmann (3,5) – Hazard (3), Plea (1) – Stindl (2,5) – **Trainer:** Hecking
Eingewechselt: 46. J. Eggestein (3,5) für Bargfrede, 75. Pizarro (-) für Sahin, 86. Rashica (-) für Harnik – 68. Zakaria (-) für Hofmann, 69. Johnson (-) für Stindl, 86. Traoré (-) für Plea
Tore: 0:1 Plea (39., Linksschuss, Vorarbeit), 0:2 Plea (48., Rechtsschuss, Hazard), 0:3 Plea (52., Linksschuss, Wendt), 1:3 Sahin (59., Linksschuss, Augustinsson)
Chancenverhältnis: 6:9
Eckenverhältnis: 9:5
SR: Storks (Velen) – **Zuschauer:** 42 100 (ausverkauft) – **Spielnote:** 2

Spitzenspiel in Dortmund am elften Spieltag: Im Duell zwischen der Borussia und den Bayern macht der BVB-Kapitän Marco Reus den Ausgleich zum 2:2. Die Münchner Niklas Süle, Jerome Boateng, Javi Martinez und Keeper Manuel Neuer können nicht mehr eingreifen. Am Ende siegten die Dortmunder mit 3:2 Toren.

10. November 2018
TSG Hoffenheim – FC Augsburg 2:1 (0:0)
Hoffenheim: Baumann (2) – Kaderabek (4), Vogt (3,5), Bicakcic (4), Schulz (3,5) – Nordtveit (4) – Demirbay (2,5), Bittencourt (5) – Joelinton (2), Kramaric (2,5), Szalai (2,5) – **Trainer:** Nagelsmann
Augsburg: Luthe (4) – Gouweleeuw (3), Khedira (4), Hinteregger (4,5) – Schmid (4,5), Max (3) – Baier (3) – Richter (3), Koo (4), Caiuby (3,5) – Finnbogason (2) – **Trainer:** Baum
Eingewechselt: 66. Grifo (-) für Bittencourt, 82. Nelson (-) für Schulz, 88. Brenet (-) für Kramaric – 77. Gregoritsch (-) für Caiuby, 90. Schieber (-) für Koo
Tore: 1:0 Kramaric (65., Rechtsschuss, Vorarbeit Joelinton), 1:1 Finnbogason (69., Linksschuss, Richter), 2:1 Nelson (84., Rechtsschuss, Szalai)
Chancenverhältnis: 11:8
Eckenverhältnis: 6:6
SR: Schröder (Hannover) – **Zuschauer:** 27 009 – **Gelbe Karten:** Nordtveit – Gouweleeuw – **Spielnote:** 3,5

10. November 2018
Borussia Dortmund – Bayern München 3:2 (0:1)
Dortmund: Hitz (3) – Piszczek (2,5), Akanji (2,5), Zagadou (2,5), Hakimi (3) – Weigl (5), Witsel (2) – Sancho (2), Reus (1), Bruun Larsen (4) – Götze (4) – **Trainer:** Favre
Bayern: Neuer (4) – Kimmich (2), Boateng (3), Hummels (5), Alaba (3) – Javi Martinez (4), Goretzka (4) – Gnabry (3), Müller (3), Ribery (3) – Lewandowski (2) – **Trainer:** Kovac
Eingewechselt: 46. Dahoud (2) für Weigl, 59. Paco Alcacer (2) für Götze, 82. Delaney (-) für Bruun Larsen – 65. Süle (-) für Hummels, 74. Renato Sanches (-) für Gnabry, 82. Wagner (-) für Müller
Tore: 0:1 Lewandowski (26., Kopfball, Vorarbeit Gnabry), 1:1 Reus (49., Foulelfmeter, Rechtsschuss, Reus), 1:2 Lewandowski (52., Kopfball, Kimmich), 2:2 Reus (67., Rechtsschuss, Piszczek), 3:2 Paco Alcacer (73., Rechtsschuss, Witsel)
Chancenverhältnis: 7:3
Eckenverhältnis: 0:6
SR: Gräfe (Berlin) – **Zuschauer:** 81 365 (ausverkauft) – **Gelbe Karten:** Weigl, Akanji, Hitz – Ribery, Süle, Wagner – **Spielnote:** 1

11. November 2018
RB Leipzig – Bayer 04 Leverkusen 3:0 (1:0)
Leipzig: Gulacsi (2,5) – Konaté (3), Ilsanker (4), Upamecano (2) – Klostermann (1,5), Demme (2,5), Halstenberg (3) – Sabitzer (2,5), Kampl (3,5) – Poulsen (1,5), Werner (3) – **Trainer:** Rangnick
Leverkusen: Hradecky (2,5) – Tah (4,5), S. Bender (4), Jedvaj (4,5) – Weiser (5), L. Bender (4), Aranguiz (4), Wendell (5) – Havertz (3,5), Brandt (5) – Volland (4) – **Trainer:** Herrlich
Eingewechselt: 82. Laimer (-) für Werner, 88. Augustin (-) für Sabitzer, 89. Bruma (-) für Kampl – 46. Bailey (4,5) für Jedvaj, 66. Kohr (-) für Aranguiz, 72. Alario (-) für Weiser
Tore: 1:0 Poulsen (27., Rechtsschuss, Vorarbeit Demme), 2:0 Klostermann (68., Rechtsschuss, Sabitzer), 3:0 Poulsen (85., Rechtsschuss, Klostermann)
Chancenverhältnis: 7:4
Eckenverhältnis: 4:3
SR: Petersen (Stuttgart) – **Zuschauer:** 36 155 – **Gelbe Karte:** Volland – **Spielnote:** 3

11. November 2018
Eintracht Frankfurt – FC Schalke 04 3:0 (0:0)
Frankfurt: Trapp (2,5) – Abraham (2,5), Hasebe (2,5), Ndicka (3) – de Guzman (3), Fernandes (3) – da Costa (3), Kostic (3,5) – Rebic (2,5) – Haller (3), Jovic (1,5) – **Trainer:** Hütter
Schalke: Fährmann (2,5) – Stambouli (4,5), Sané (4), Nastasic (3) – Bentaleb (4,5) – Caligiuri (3,5), Schöpf (4) – Serdar (4,5), Uth (3,5) – Burgstaller (4,5), Embolo (4,5) – **Trainer:** Tedesco
Eingewechselt: 82. Gacinovic (-) für Jovic, 87. M. Stendera (-) für Fernandes, 90. Tawatha (-) für Kostic – 54. Konoplyanka (4) für Uth, 65. McKennie (-) für Serdar, 83. Harit (-) für Embolo
Tore: 1:0 Jovic (61., Linksschuss, Vorarbeit Rebic), 2:0 Jovic (73., Linksschuss, Kostic), 3:0 Haller (80., Linksschuss, Jovic)
Chancenverhältnis: 6:2
Eckenverhältnis: 10:4
SR: Cortus (Röthenbach a. d. Pegnitz) – **Zuschauer:** 50 700 – **Gelbe Karten:** Bentaleb, Sané – **Spielnote:** 3,5

12. SPIELTAG

23. November 2018
Bayer 04 Leverkusen – VfB Stuttgart 2:0 (0:0)
Leverkusen: Hradecky (3) – L. Bender (3,5), Tah (2,5), S. Bender (3), Jedvaj (3,5) – Baumgartlinger (4), Aranguiz (4) – Bellarabi (3,5), Havertz (2), Brandt (4) – Volland (2) – **Trainer:** Herrlich
Stuttgart: Zieler (3) – Beck (5), Pavard (3), Kempf (4), Insua (5) – Aogo (5) – Maffeo (5), Ascacibar (4), Gentner (4,5), Gonzalez (4) – Gomez (4,5) – **Trainer:** Weinzierl
Eingewechselt: 66. Alario (-) für Aranguiz, 66. Weiser (-) für Jedvaj, 78. Wendell (-) für L. Bender – 46. Thommy (5) für Maffeo, 81. Castro (-) für Gentner, 81. Akolo (-) für Aogo
Tore: 1:0 Volland (76., Kopfball, Vorarbeit Havertz), 2:0 Volland (83., Linksschuss, Alario)
Chancenverhältnis: 7:3
Eckenverhältnis: 6:9
SR: Schröder (Hannover) – **Zuschauer:** 24 632 – **Gelbe Karten:** Jedvaj, S. Bender, L. Bender – Gentner, Maffeo, Kempf – **Spielnote:** 4

24. November 2018
Hertha BSC – TSG Hoffenheim 3:3 (1:2)
Hertha: Jarstein (3) – Lazaro (3), Luckassen (5), Lustenberger (4), Plattenhardt (3,5) – Grujic (3), Maier (3,5) – Leckie (2), Duda (5), Kalou (3,5) – Ibisevic (3,5) – **Trainer:** Dardai
Hoffenheim: Baumann (2) – Bicakcic (2,5), Vogt (3,5), Akpoguma (3,5) – Kaderabek (5), Nordtveit (4,5), Schulz (3) – Demirbay (2,5), Kramaric (3) – Szalai (3,5), Joelinton (2,5) – **Trainer:** Nagelsmann
Eingewechselt: 62. Selke (-) für Duda – 70. Belfodil (-) für Szalai, 79. Bittencourt (-) für Kramaric, 88. Nelson (-) für Nordtveit
Tore: 0:1 Demirbay (1., Rechtsschuss, Vorarbeit Szalai), 0:2 Kramaric (10., Rechtsschuss, Baumann), 1:2 Ibisevic (13., Rechtsschuss, Duda), 1:3 Bicakcic (55., Kopfball, Demirbay), 2:3 Leckie (71., Rechtsschuss, Selke), 3:3 Lazaro (87., Linksschuss)
Chancenverhältnis: 10:7
Eckenverhältnis: 8:5
SR: Welz (Wiesbaden) – **Zuschauer:** 44 508 – **Gelbe Karten:** Leckie – Joelinton, Kaderabek – **Spielnote:** 2

24. November 2018
FC Augsburg – Eintracht Frankfurt 1:3 (0:1)
Augsburg: Luthe (4) – Gouweleeuw (5), Khedira (4,5), Hinteregger (4,5) – Schmid (4,5), Baier (4), Max (4) – Jensen (5), Gregoritsch (3,5), Caiuby (3,5) – Schieber (4) – **Trainer:** Baum
Frankfurt: Trapp (2,5) – Abraham (-), Hasebe (2,5), Ndicka (3) – de Guzman (2,5), Fernandes (3,5) – da Costa (3,5), Kostic (3,5) – Rebic (2,5) – Haller (2), Jovic (2,5) – **Trainer:** Hütter
Eingewechselt: 46. Richter (4,5) für Jensen, 72. Koo (-) für Schieber, 82. Cordova (-) für Gregoritsch – 5. Russ (4) für Abraham, 78. Gacinovic (-) für Jovic, 89. Willems (-) für de Guzman
Tore: 0:1 de Guzman (1., Rechtsschuss, Vorarbeit Haller), 0:2 Haller (47., Rechtsschuss, Jovic), 0:3 Rebic (68., Rechtsschuss, da Costa), 1:3 Cordova (90., Rechtsschuss, Caiuby)
Chancenverhältnis: 9:8
Eckenverhältnis: 8:5
SR: Zwayer (Berlin) – **Zuschauer:** 30 660 (ausverkauft) – **Gelbe Karten:** Richter – de Guzman, Fernandes – **Spielnote:** 2,5

24. November 2018
1. FSV Mainz 05 – Borussia Dortmund 1:2 (0:0)
Mainz: Zentner (2,5) – Bell (3), Hack (2,5), Niakhaté (3,5) – Brosinski (3,5), Kunde (3), Aaron (4) – Gbamin (3,5), Latza (2,5) – Mateta (3,5), Quaison (3) – **Trainer:** Schwarz
Dortmund: Bürki (2,5) – Piszczek (2,5), Akanji (3), Zagadou (2), Hakimi (4,5) – Witsel (2,5), Delaney (3) – Sancho (4), Reus (2,5), Bruun Larsen (4,5) – Götze (4) – **Trainer:** Favre
Eingewechselt: 72. Onisiwo (-) für Quaison, 77. Boetius (-) für Hack, 83. Maxim (-) für Latza – 64. Paco Alcacer (-) für Götze, 77. Pulisic (-) für Bruun Larsen, 83. Diallo (-) für Hakimi
Tore: 0:1 Paco Alcacer (66., Rechtsschuss, Vorarbeit Reus), 1:1 Quaison (70., Rechtsschuss, Hack), 1:2 Piszczek (76., Rechtsschuss, Sancho)
Chancenverhältnis: 7:6
Eckenverhältnis: 6:5
SR: Aytekin (Oberasbach) – **Zuschauer:** 33 305 (ausverkauft) – **Gelbe Karten:** Hack, Kunde – Delaney – **Spielnote:** 2

24. November 2018
VfL Wolfsburg – RB Leipzig 1:0 (0:0)
Wolfsburg: Casteels (3) – William (2,5), Knoche (3), Brooks (3), Roussillon (2) – Arnold (3,5) – Gerhardt (3,5), Rexhbecaj (2,5) – Mehmedi (3) – Ginczek (4), Weghorst (3) – **Trainer:** Labbadia
Leipzig: Gulacsi (2,5) – Klostermann (4), Konaté (4), Orban (3,5), Halstenberg (4,5) – Ilsanker (4) – Laimer (4,5), Demme (3,5) – Bruma (4,5) – Poulsen (3,5), Werner (5) – **Trainer:** Rangnick
Eingewechselt: 73. Brekalo (-) für Ginczek, 73. Steffen (-) für Mehmedi, 87. Uduokhai (-) für Rexhbecaj – 70. Augustin (-) für Halstenberg, 70. Saracchi (-) für Orban, 80. Matheus Cunha (-) für Laimer
Tor: 1:0 Roussillon (50., Linksschuss, Vorarbeit Ginczek)
Chancenverhältnis: 6:4
Eckenverhältnis: 2:9
SR: Stieler (Hamburg) – **Zuschauer:** 22 832 – **Gelbe Karten:** Rexhbecaj – Orban, Konaté – **Spielnote:** 4

24. November 2018
Bayern München – Fortuna Düsseldorf 3:3 (2:1)
Bayern: Neuer (4) – Kimmich (3,5), Süle (5), Boateng (5), Alaba (4) – Javi Martinez (5) – Renato Sanches (4), Goretzka (4) – Müller (2), Ribery (4,5) – Lewandowski (4) – **Trainer:** Kovac
Düsseldorf: Rensing (3) – Zimmermann (3), Bormuth (3,5), Kaminski (3,5), Gießelmann (3,5) – Zimmer (3), Fink (3,5), Bodzek (3,5), Stöger (3,5), Usami (4,5) – Lukebakio (1) – **Trainer:** Funkel
Eingewechselt: 70. Robben (-) für Ribery, 80. Rafinha (-) für Renato Sanches, 90./+2 Hummels (-) für Müller – 70. Raman (-) für Usami, 76. Karaman (-) für Fink, 85. Hennings (-) für Bodzek
Tore: 1:0 Süle (17., Linksschuss, Vorarbeit), 2:0 Müller (20., Rechtsschuss, Boateng), 2:1 Lukebakio (44., Rechtsschuss, Zimmer), 3:1 Müller (58., Linksschuss, Lewandowski), 3:2 Lukebakio (77., Linksschuss, Gießelmann), 3:3 Lukebakio (90./+3, Rechtsschuss, Hennings)
Chancenverhältnis: 7:4
Eckenverhältnis: 9:2
SR: Jablonski (Bremen) – **Zuschauer:** 75 000 (ausverkauft) – **Gelbe Karte:** Fink – **Spielnote:** 2,5

24. November 2018
FC Schalke 04 – 1. FC Nürnberg 5:2 (2:1)
Schalke: Fährmann (3) – Stambouli (4), Sané (4), Nastasic (3,5) – Caligiuri (2), Oczipka (3) – Rudy (4) – Bentaleb (2,5), Harit (3) – Burgstaller (2), Skrzybski (2) – **Trainer:** Tedesco
Nürnberg: Mathenia (4) – Margreitter (5), Petrak (4), Mühl (4) – Bauer (5), Leibold (5) – Rhein (3,5) – Behrens (3) – Kubo (4) – Palacios (3,5), Ishak (4) – **Trainer:** Köllner
Eingewechselt: 80. Mascarell (-) für Rudy, 86. Schöpf (-) für Harit, 88. Wright (-) für Skrzybski – 44. Bredlow (4) für Mathenia, 71. Zrelak (-) für Ishak, 79. Misidjan (-) für Palacios
Tore: 1:0 Skrzybski (26., Rechtsschuss, Vorarbeit Caligiuri), 2:0 Harit (32., Rechtsschuss, Burgstaller), 2:1 Palacios (38., Rechtsschuss, Ishak), 3:1 Burgstaller (70., Linksschuss, Caligiuri), 3:2 Zrelak (78., Rechtsschuss, Behrens), 4:2 Skrzybski (84., Rechtsschuss, Caligiuri), 5:2 Oczipka (90./+3, Rechtsschuss, Mascarell)
Chancenverhältnis: 9:6
Eckenverhältnis: 7:2
SR: Winkmann (Kerken) – **Zuschauer:** 62 271 (ausverkauft) – **Gelbe Karte:** Stambouli – **Gelb-Rote Karte:** Bauer (67.) – **Spielnote:** 2

25. November 2018
SC Freiburg – Werder Bremen 1:1 (1:0)
Freiburg: Schwolow (2) – Gulde (3), Koch (2,5), Heintz (3) – Stenzel (2,5), Haberer (3), Gondorf (3,5), Günter (3) – Waldschmidt (2), Terrazzino (4,5) – Höler (5) – **Trainer:** Streich
Bremen: Pavlenka (1,5) – Gebre Selassie (3,5), Veljkovic (3), Moisander (4), Augustinsson (2,5) – Sahin (5) – M. Eggestein (4) – J. Eggestein (3), Klaassen (4) – Kruse (4) – Harnik (4) – **Trainer:** Kohfeldt
Eingewechselt: 68. Petersen (-) für Terrazzino, 80. Frantz (-) für Gondorf, 89. Kammerbauer (-) für Waldschmidt – 63. Rashica (-) für Sahin, 63. Osako (-) für Harnik, 77. Pizarro (-) für J. Eggestein
Tore: 1:0 Waldschmidt (42., Handelfmeter, Linksschuss, Vorarbeit), 1:1 Augustinsson (90./+2, Linksschuss)
Chancenverhältnis: 10:8
Eckenverhältnis: 5:3
SR: Dankert (Rostock) – **Zuschauer:** 24 000 (ausverkauft) – **Gelbe Karten:** Moisander, Sahin – **Spielnote:** 2

Überraschung in der Allianz-Arena: Aufsteiger Fortuna Düsseldorf ringt Bayern München ein sensationelles 3:3-Unentschieden ab. Dabei war der Belgier Dodi Lukebakio (rechts) nicht zu bremsen und schenkte den Bayern drei Gegentore ein.

25. November 2018
Bor. Mönchengladbach – Hannover 96 4:1 (2:1)
Gladbach: Sommer (3) – Lang (2), Ginter (3), Elvedi (3,5), Wendt (3,5) – Strobl (2,5) – Neuhaus (3), Hofmann (3) – Hazard (1,5), Plea (4), Stindl (2,5) – **Trainer:** Hecking
Hannover: Esser (3,5) – Korb (4), Anton (4), Elez (4,5), Ostrzolek (4,5) – Bakalorz (5,5), Fossum (5) – Sarenren Bazee (3), Maina (5) – Füllkrug (3,5), Wood (3) – **Trainer:** Breitenreiter
Eingewechselt: 40. Jantschke (2,5) für Ginter, 75. Zakaria (-) für Plea, 81. Raffael (-) für Stindl – 45./+3 Haraguchi (4,5) für Sarenren Bazee, 64. Wimmer (-) für Fossum, 71. Weydandt (-) für Maina
Tore: 0:1 Wood (1., Rechtsschuss, Vorarbeit Füllkrug), 1:1 Hazard (7., Linksschuss, Neuhaus), 2:1 Lang (44., Rechtsschuss, Jantschke), 3:1 Stindl (58., Rechtsschuss, Hazard), 4:1 Zakaria (77., Rechtsschuss, Strobl)
Chancenverhältnis: 8:1
Eckenverhältnis: 5:5
SR: Siebert (Berlin) – **Zuschauer:** 48 692 – **Gelbe Karten:** Hazard – Ostrzolek – **Spielnote:** 2,5

13. SPIELTAG

30. November 2018
Fortuna Düsseldorf – 1. FSV Mainz 05 0:1 (0:0)
Düsseldorf: Rensing (4) – Bormuth (5), Bodzek (3), Kaminski (4) – Zimmer (3,5), Gießelmann (3,5) – Zimmermann (4,5) – Stöger (3), Fink (3,5) – Lukebakio (4), Hennings (3,5) – **Trainer:** Funkel
Mainz: Zentner (1,5) – Brosinski (4,5), Bell (3,5), Niakhaté (3,5), Aaron (4) – Kunde (3) – Gbamin (3,5), Latza (3,5) – Boetius (4,5) – Mateta (3), Quaison (3) – **Trainer:** Schwarz
Eingewechselt: 68. Raman (-) für Lukebakio, 73. Karaman (-) für Fink, 80. Usami (-) für Zimmer – 56. Öztunali (4) für Boetius, 59. Donati (3,5) für Brosinski, 85. Onisiwo (-) für Quaison
Tor: 0:1 Mateta (67., Linksschuss, Vorarbeit Quaison)
Chancenverhältnis: 9:5
Eckenverhältnis: 12:5
SR: Gräfe (Berlin) – **Zuschauer:** 37 091 – **Gelbe Karten:** Bormuth – Donati – **Spielnote:** 3

1. Dezember 2018
VfB Stuttgart – FC Augsburg 1:0 (1:0)
Stuttgart: Zieler (2,5) – Baumgartl (3), Pavard (3), Kempf (2) – Beck (3), Aogo (3) – Gonzalez (4,5) – Ascacibar (3), Gentner (3,5) – Donis (3,5) – Gomez (5) – **Trainer:** Weinzierl
Augsburg: Luthe (4) – Gouweleeuw (3,5), Khedira (3), Hinteregger (3,5) – Framberger (4), Baier (3,5), Max (4) – Koo (5), Gregoritsch (3,5) – Schieber (4,5), Caiuby (4) – **Trainer:** Baum
Eingewechselt: 46. Insua (4) für Donis, 74. Thommy (-) für Gomez, 90./+2 Akolo (-) für Thommy – 58. Hahn (4) für Koo, 59. Cordova (4) für Schieber, 79. Richter (-) für Khedira
Tor: 1:0 Donis (39., Rechtsschuss, Vorarbeit Beck)
Chancenverhältnis: 5:3
Eckenverhältnis: 3:8
SR: Osmers (Hannover) – **Zuschauer:** 52 739 – **Gelbe Karten:** Ascacibar, Baumgartl, Insua, Zieler – Schieber, Framberger – **Spielnote:** 4

1. Dezember 2018
Werder Bremen – Bayern München 1:2 (1:1)
Bremen: Pavlenka (2) – Gebre Selassie (4), Veljkovic (3,5), Moisander (5), Augustinsson (4,5) – Sahin (4) – M. Eggestein (4), Klaassen (4) – J. Eggestein (4), Osako (3) – Kruse (3,5) – **Trainer:** Kohfeldt
Bayern: Neuer (4) – Rafinha (3), Süle (3), Boateng (4), Alaba (2,5) – Goretzka (3,5), Kimmich (3) – Gnabry (1,5), Ribery (3) – Müller (2,5) – Lewandowski (3,5) – **Trainer:** Kovac
Eingewechselt: 63. Langkamp (-) für Veljkovic, 66. Möhwald (-) für J. Eggestein, 76. Pizarro (-) für Sahin – 38. Coman (3) für Ribery, 80. Thiago (-) für Gnabry, 90./+1 Javi Martinez (-) für Müller
Tore: 0:1 Gnabry (20., Rechtsschuss, Vorarbeit Kimmich), 1:1 Osako (33., Kopfball, Kruse), 1:2 Gnabry (50., Linksschuss, Müller)

Chancenverhältnis: 6:8
Eckenverhältnis: 3:10
SR: Dingert (Gries) – **Zuschauer:** 42 100 (ausverkauft) – **Gelbe Karten:** Sahin – Alaba, Thiago – **Gelb-Rote Karte:** Moisander (90./+3) – **Spielnote:** 2,5

1. Dezember 2018
Hannover 96 – Hertha BSC 0:2 (0:1)

Hannover: Esser (3) – Korb (4,5), Anton (3,5), Elez (5), Albornoz (5) – Bakalorz (4,5), Walace (4,5) – Muslija (5), Maina (4,5) – Wood (5), Füllkrug (4,5) – **Trainer:** Breitenreiter
Hertha: Jarstein (3) – Lazaro (3,5), Lustenberger (3), Torunarigha (1,5), Plattenhardt (4) – Grujic (2,5), Maier (4) – Leckie (3,5), Kalou (4,5) – Selke (4), Ibisevic (3) – **Trainer:** Dardai
Eingewechselt: 53. Schwegler (4) für Bakalorz, 66. Haraguchi (-) für Muslija, 69. Weydandt (-) für Korb – 69. Mittelstädt (-) für Kalou, 80. Köpke (-) für Ibisevic, 87. Dardai (-) für Leckie
Tore: 0:1 Torunarigha (44., Kopfball, Vorarbeit Lazaro), 0:2 Ibisevic (73., Kopfball, Torunarigha)
Chancenverhältnis: 2:7
Eckenverhältnis: 3:6
SR: Dr. Brych (München) – **Zuschauer:** 35 800 – **Gelbe Karten:** Schwegler, Elez – Maier, Selke, Grujic – **Spielnote:** 4

1. Dezember 2018
Borussia Dortmund – SC Freiburg 2:0 (1:0)

Dortmund: Bürki (3,5) – Piszczek (2,5), Diallo (3), Zagadou (4), Hakimi (3) – Delaney (2,5), Witsel (2,5) – Sancho (2,5), Reus (3), Bruun Larsen (4) – Götze (4) – **Trainer:** Favre
Freiburg: Schwolow (2,5) – Gulde (3,5), Koch (3,5), Heintz (4,5) – Stenzel (3), Haberer (2,5), Gondorf (4,5), Günter (4) – Waldschmidt (4), Frantz (4,5) – Petersen (4) – **Trainer:** Streich
Eingewechselt: 37. Toprak (3) für Zagadou, 70. Paco Alcacer (-) für Götze, 81. Philipp (-) für Reus – 68. Ravet (-) für Frantz, 77. Kleindienst (-) für Gondorf, 78. Höler (-) für Petersen
Tore: 1:0 Reus (40., Foulelfmeter, Rechtsschuss, Vorarbeit Sancho), 2:0 Paco Alcacer (90./+1, Rechtsschuss, Piszczek)
Chancenverhältnis: 5:1
Eckenverhältnis: 2:3
SR: Willenborg (Osnabrück) – **Zuschauer:** 81 365 (ausverkauft) – **Gelbe Karten:** Piszczek – Haberer – **Spielnote:** 3,5

1. Dezember 2018
TSG Hoffenheim – FC Schalke 04 1:1 (0:0)

Hoffenheim: Baumann (2,5) – Adams (3,5), Vogt (4,5), Bicakcic (3) – Kaderabek (3), Grillitsch (3), Zuber (2,5) – Demirbay (2,5), Kramaric (3) – Belfodil (4), Joelinton (3,5) – **Trainer:** Nagelsmann
Schalke: Fährmann (2) – Caligiuri (3), Sané (3), Nastasic (4), Oczipka (4,5) – Rudy (4) – Schöpf (3), Serdar (4,5) – Bentaleb (2,5) – Burgstaller (4), Wright (5) – **Trainer:** Tedesco
Eingewechselt: 64. Nelson (-) für Kramaric, 70. Schulz (-) für Zuber, 80. Szalai (-) für Belfodil – 69. McKennie (-) für Serdar, 70. Stambouli (-) für Wright, 86. Mendyl (-) für Bentaleb
Tore: 1:0 Kramaric (59., Handelfmeter, Rechtsschuss, Vorarbeit), 1:1 Bentaleb (73., Foulelfmeter, Rechtsschuss, Caligiuri)
Chancenverhältnis: 9:6
Eckenverhältnis: 4:10
SR: Dr. Kampka (Mainz) – **Zuschauer:** 30 000 – **Gelbe Karten:** Kramaric, Belfodil, Adams – Nastasic, Caligiuri, Sané – **Spielnote:** 3

2. Dezember 2018
RB Leipzig – Bor. Mönchengladbach 2:0 (2:0)

Leipzig: Gulacsi (3) – Klostermann (3), Konaté (2,5), Upamecano (2,5), Halstenberg (3,5) – Demme (2,5) – Sabitzer (3), Kampl (2,5) – Bruma (3,5) – Poulsen (2,5), Werner (1,5) – **Trainer:** Rangnick
Gladbach: Sommer (3,5) – Lang (4), Elvedi (3), Jantschke (4), Wendt (3,5) – Strobl (3) – Neuhaus (4), Zakaria (3,5) – Hazard (3), Stindl (2,5), Plea (4) – **Trainer:** Hecking
Eingewechselt: 69. Laimer (-) für Bruma, 83. Ilsanker (-) für Kampl, 90. Matheus Cunha (-) für Werner – 60. Traoré (3,5) für Neuhaus, 77. Raffael (-) für Lang, 77. Cuisance (-) für Wendt
Tore: 1:0 Werner (3., Rechtsschuss, Vorarbeit Sabitzer), 2:0 Werner (45./+1, Rechtsschuss, Poulsen)
Chancenverhältnis: 8:6
Eckenverhältnis: 5:4
SR: Schmidt (Stuttgart) – **Zuschauer:** 41 939 (ausverkauft) – **Gelbe Karten:** Demme, Upamecano – Stindl, Zakaria – **Spielnote:** 2,5

2. Dezember 2018
Eintracht Frankfurt – VfL Wolfsburg 1:2 (0:1)

Frankfurt: Trapp (3) – Russ (4,5), Hasebe (2), Ndicka (3,5) – Fernandes (4), de Guzman (4,5) – da Costa (4), Kostic (3) – Rebic (4) – Haller (4,5), Jovic (3,5) – **Trainer:** Hütter
Wolfsburg: Casteels (3) – William (4), Knoche (2,5), Brooks (4), Roussillon (2,5) – Arnold (3,5) – Gerhardt (3,5), Rexhbecaj (3) – Ginczek (2), Weghorst (4), Mehmedi (3,5) – **Trainer:** Labbadia
Eingewechselt: 63. Gacinovic (-) für Fernandes, 63. Willems (-) für de Guzman – 83. Uduokhai (-) für Ginczek, 90. Guilavogui (-) für Mehmedi, 90./+3 Steffen (-) für Rexhbecaj
Tore: 0:1 Mehmedi (31., Linksschuss, Vorarbeit Ginczek), 0:2 Ginczek (68., Rechtsschuss, Rexhbecaj), 1:2 Jovic (87., Rechtsschuss, Haller)
Chancenverhältnis: 7:5
Eckenverhältnis: 9:3
SR: S. Stegemann (Niederkassel) – **Zuschauer:** 48 000 – **Gelbe Karten:** Fernandes, Trapp, Russ – Brooks, Weghorst, Pervan, Roussillon, Rexhbecaj, Gerhardt, William – **Spielnote:** 3,5

3. Dezember 2018
1. FC Nürnberg – Bayer 04 Leverkusen 1:1 (0:1)

Nürnberg: Bredlow (4) – Goden (4), Margreitter (3), Mühl (4), Leibold (4) – Petrak (4,5) – Kerk (4), Behrens (4), Misidjan (3,5) – Kubo (4,5) – Ishak (4,5) – **Trainer:** Köllner
Leverkusen: Hradecky (3) – L. Bender (2,5), Dragovic (3), S. Bender (2,5), Jedvaj (3) – Kohr (3), Aranguiz (3) – Bellarabi (3), Havertz (2,5), Brandt (4) – Volland (3,5) – **Trainer:** Herrlich
Eingewechselt: 46. Erras (3,5) für Petrak, 58. Zrelak (4,5) für Kubo, 76. Palacios (-) für Kerk – 46. Wendell (4,5) für S. Bender, 66. Bailey (-) für Brandt, 79. Alario (-) für Kohr
Tore: 0:1 Havertz (30., Linksschuss, Vorarbeit), 1:1 Margreitter (56., Linksschuss)
Chancenverhältnis: 3:7
Eckenverhältnis: 3:6
SR: Steinhaus (Langenhagen) – **Zuschauer:** 32 238 – **Gelbe Karten:** Kubo, Petrak, Mühl – Kohr, Dragovic – **Spielnote:** 3

14. SPIELTAG

7. Dezember 2018
Werder Bremen – Fortuna Düsseldorf 3:1 (1:1)

Bremen: Pavlenka (2,5) – Gebre Selassie (3), Langkamp (4), Friedl (3,5), Augustinsson (3) – M. Eggestein (3,5) – Möhwald (2,5), Klaassen (4) – Kruse (2,5) – Pizarro (4,5), Rashica (3) – **Trainer:** Kohfeldt
Düsseldorf: Rensing (4) – Zimmermann (4,5), Bormuth (4), Kaminski (4,5), Gießelmann (4) – Bodzek (4,5) – Zimmer (4), Fink (5), Stöger (4), Usami (4,5) – Lukebakio (3,5) – **Trainer:** Funkel
Eingewechselt: 60. Harnik (2) für Pizarro, 69. J. Eggestein (-) für Möhwald, 76. Sargent (-) für Rashica – 46. Hennings (4) für Usami, 61. Morales (-) für Fink, 87. Raman (-) für Lukebakio
Tore: 1:0 Möhwald (20., Rechtsschuss, Vorarbeit Kruse), 1:1 Lukebakio (43., Handelfmeter, Linksschuss), 2:1 Harnik (71., Rechtsschuss, J. Eggestein), 3:1 Sargent (78., Kopfball, Harnik)
Chancenverhältnis: 5:5
Eckenverhältnis: 6:4
SR: Fritz (Korb) – **Zuschauer:** 41 500 (ausverkauft) – **Gelbe Karten:** Gebre Selassie, Friedl, Rashica – Bormuth, Lukebakio, Zimmermann, Hennings – **Spielnote:** 3,5

8. Dezember 2018
SC Freiburg – RB Leipzig 3:0 (2:0)

Freiburg: Schwolow (2,5) – Kübler (3), Gulde (3), Heintz (4), Günter (2,5) – Haberer (2,5), Koch (3) – Gondorf (3,5), Frantz (2) – Waldschmidt (2), Petersen (2,5) – **Trainer:** Streich
Leipzig: Gulacsi (4) – Klostermann (5), Konaté (4), Upamecano (4,5), Halstenberg (5) – Demme (4) – Sabitzer (5,5), Kampl (4,5) – Matheus Cunha (5,5) – Poulsen (5), Werner (4,5) – **Trainer:** Rangnick
Eingewechselt: 73. Terrazzino (-) für Frantz, 89. Höler (-) für Waldschmidt, 90./+1 Ravet (-) für Gondorf – 64. Laimer (-) für Kampl, 73. Augustin (-) für Matheus Cunha, 84. Saracchi (-) für Sabitzer
Tore: 1:0 Petersen (12., Linksschuss, Vorarbeit Günter), 2:0 Waldschmidt (45./+1, Foulelfmeter, Linksschuss, Frantz), 3:0 Frantz (52., Kopfball, Kübler)
Chancenverhältnis: 6:4
Eckenverhältnis: 3:12
SR: Welz (Wiesbaden) – **Zuschauer:** 23 800 (ausverkauft) – **Gelbe Karten:** Waldschmidt – Klostermann, Upamecano – **Spielnote:** 3

8. Dezember 2018
VfL Wolfsburg – TSG Hoffenheim 2:2 (2:1)

Wolfsburg: Casteels (2,5) – Verhaegh (4), Knoche (3), Uduokhai (3,5), Roussillon (4) – Guilavogui (2,5) – Gerhardt (3), Arnold (4) – Mehmedi (2,5) – Ginczek (2), Weghorst (4) – **Trainer:** Labbadia
Hoffenheim: Baumann (3) – Kaderabek (3,5), Bicakcic (4,5), Hübner (4,5), Schulz (2,5) – Vogt (4) – Demirbay (3,5), Zuber (4,5) – Belfodil (2,5), Kramaric (2) – Joelinton (2,5) – **Trainer:** Nagelsmann
Eingewechselt: 66. Brekalo (-) für Mehmedi, 84. Steffen (-) für Ginczek – 44. Grillitsch (3,5) für Demirbay, 46. Szalai (4,5) für Vogt, 59. Nelson (3,5) für Zuber
Tore: 0:1 Belfodil (4., Rechtsschuss, Vorarbeit Kramaric), 1:1 Bicakcic (28., Eigentor, Kopfball, Ginczek), 2:1 Ginczek (31., Rechtsschuss, Mehmedi), 2:2 Kramaric (71., Linksschuss, Kaderabek)
Chancenverhältnis: 3:6
Eckenverhältnis: 6:4
SR: Zwayer (Berlin) – **Zuschauer:** 20 602 – **Gelbe Karten:** Uduokhai – Grillitsch, Belfodil – **Spielnote:** 3

8. Dezember 2018
Bayern München – 1. FC Nürnberg 3:0 (2:0)

Bayern: Neuer (3) – Rafinha (3,5), Süle (3), Boateng (2,5), Alaba (3) – Kimmich (3), Goretzka (2,5) – Gnabry (2,5), Ribery (2,5) – Müller (3) – Lewandowski (2) – **Trainer:** Kovac
Nürnberg: Bredlow (5,5) – Bauer (5), Margreitter (3,5), Mühl (5), Leibold (4,5) – Erras (4,5), Rhein (4,5) – Goden (5), Kerk (5,5), Misidjan (5) – Ishak (5) – **Trainer:** Köllner
Eingewechselt: 63. Coman (-) für Ribery, 63. Thiago (-) für Goretzka, 75. Wagner (-) für Gnabry – 69. Zrelak (-) für Kerk, 70. Petrak (-) für Rhein, 84. Ewerton (-) für Erras
Tore: 1:0 Lewandowski (9., Kopfball, Vorarbeit Kimmich), 2:0 Lewandowski (27., Rechtsschuss, Goretzka), 3:0 Ribery (56., Rechtsschuss, Gnabry)
Chancenverhältnis: 12:1
Eckenverhältnis: 11:1
SR: Stieler (Hamburg) – **Zuschauer:** 75 000 (ausverkauft) – **Gelbe Karte:** Alaba – **Spielnote:** 4

8. Dezember 2018
FC Schalke 04 – Borussia Dortmund 1:2 (0:1)

Schalke: Fährmann (2,5) – Caligiuri (3,5), Sané (4), Nastasic (4), Oczipka (3) – Rudy (5) – Schöpf (5), Harit (3) – Bentaleb (5) – Burgstaller (4), McKennie (5) – **Trainer:** Tedesco
Dortmund: Bürki (2,5) – Piszczek (3,5), Akanji (2,5), Diallo (3), Hakimi (3,5) – Witsel (4), Delaney (2,5) – Sancho (2,5), Reus (4), Bruun Larsen (4,5) – Paco Alcacer (5) – **Trainer:** Favre
Eingewechselt: 36. Mendyl (5) für Burgstaller, 55. Serdar (4) für Bentaleb, 76. Konoplyanka (-) für Oczipka – 61. Guerreiro (-) für Bruun Larsen, 77. Götze (-) für Paco Alcacer, 89. Pulisic (-) für Sancho
Tore: 0:1 Delaney (7., Kopfball, Vorarbeit Reus), 1:1 Caligiuri (61., Foulelfmeter, Rechtsschuss, Harit), 1:2 Sancho (74., Rechtsschuss, Guerreiro)
Chancenverhältnis: 2:5
Eckenverhältnis: 3:1
SR: Siebert (Berlin) – **Zuschauer:** 61 767 (ausverkauft) – **Gelbe Karten:** Oczipka, Sané, Nastasic, Rudy – Piszczek, Hakimi, Reus – **Spielnote:** 4,5

8. Dezember 2018
Bayer 04 Leverkusen – FC Augsburg 1:0 (0:0)

Leverkusen: Hradecky (3) – L. Bender (2,5), Tah (3), Dragovic (4), Jedvaj (3,5) – Baumgartlinger (4), Aranguiz (3) – Bellarabi (4), Havertz (3,5), Bailey (4,5) – Volland (4) – **Trainer:** Herrlich
Augsburg: Luthe (2,5) – Gouweleeuw (4,5), Khedira (3), Hinteregger (4,5) – Framberger (4,5), Baier (4), Max (4,5) – Hahn (5), Gregoritsch (4,5), Caiuby (5) – Finnbogason (4,5) – **Trainer:** Baum
Eingewechselt: 64. Wendell (-) für Tah, 72. Brandt (-) für Bailey, 73. Alario (-) für Aranguiz – 61. Ji (-) für Finnbogason, 81. Richter (-) für Hahn, 88. Cordova (-) für Caiuby
Tor: 1:0 Alario (75., Rechtsschuss, Vorarbeit L. Bender)
Chancenverhältnis: 6:3
Eckenverhältnis: 4:2
SR: Dankert (Rostock) – **Zuschauer:** 25 558 – **Gelbe Karten:** Bailey – Gouweleeuw, Richter – **Spielnote:** 4,5

8. Dezember 2018
Hertha BSC – Eintracht Frankfurt 1:0 (1:0)

Hertha: Jarstein (3) – Lazaro (3), Lustenberger (2,5), Torunarigha (3,5), Plattenhardt (2,5) – Grujic (2), Maier (3) – Leckie (3), Kalou (4,5) – Ibisevic (4) – Selke (4) – **Trainer:** Dardai
Frankfurt: Trapp (3) – Salcedo (3,5), Hasebe (3,5), Ndicka (4) – da Costa (3,5), de Guzman (3,5), Fernandes (3,5), Kostic (3) – Rebic (4) – Haller (3,5), Jovic (3) – **Trainer:** Hütter
Eingewechselt: 65. Mittelstädt (-) für Kalou, 81. Duda (-) für Ibisevic, 90. Skjelbred (-) für Maier – 72. Willems (-) für Fernandes, 72. Gacinovic (-) für Rebic, 81. Müller (-) für da Costa
Tor: 1:0 Grujic (40., Kopfball, Vorarbeit Plattenhardt)
Chancenverhältnis: 2:4
Eckenverhältnis: 5:9
SR: Schlager (Hügelsheim) – **Zuschauer:** 42 578 – **Gelbe Karte:** Selke – **Spielnote:** 3,5

9. Dezember 2018
1. FSV Mainz 05 – Hannover 96 1:1 (0:1)

Mainz: Zentner (3) – Brosinski (3), Bell (4), Niakhaté (3,5), Aaron (3,5) – Kunde (3,5) – Gbamin (3,5), Latza (3,5) – Boetius (4,5) – Mateta (4,5), Quaison (4,5) – **Trainer:** Schwarz
Hannover: Esser (3) – Sorg (3,5), Anton (3), Wimmer (3) – Haraguchi (4), Walace (4), Schwegler (3,5), Ostrzolek (5) – Asano (3,5) – Füllkrug (4,5), Weydandt (3) – **Trainer:** Breitenreiter
Eingewechselt: 58. Maxim (4) für Boetius, 58. Ujah (3) für Kunde, 82. Onisiwo (-) für Latza – 70. Bakalorz (-) für Schwegler, 75. Elez (-) für Asano, 90. Wood (-) für Weydandt
Tore: 0:1 Weydandt (12., Rechtsschuss, Vorarbeit Haraguchi), 1:1 Brosinski (86., Foulelfmeter, Rechtsschuss, Mateta)
Chancenverhältnis: 5:4
Eckenverhältnis: 9:1
SR: Hartmann (Wangen) – **Zuschauer:** 23 305 – **Gelbe Karten:** Latza, Boetius, Bell, Ujah – Wimmer – **Gelb-Rote Karte:** Sorg (90./+7) – **Spielnote:** 4,5

9. Dezember 2018
Bor. Mönchengladbach – VfB Stuttgart 3:0 (0:0)

Gladbach: Sommer (2,5) – Lang (3), Elvedi (2,5), Jantschke (3), Wendt (3,5) – Strobl (3,5) – Stindl (3), Zakaria (4) – Traoré (4), Plea (4,5), Hazard (3) – **Trainer:** Hecking
Stuttgart: Zieler (2) – Baumgartl (4), Pavard (4,5), Kempf (4) – Beck (4), Insua (4) – Aogo (-) – Gentner (3) – Gonzalez (5) – Donis (4,5), Gomez (5) – **Trainer:** Weinzierl
Eingewechselt: 61. Raffael (2) für Plea, 61. Neuhaus (2) für Zakaria, 78. Johnson (-) für Traoré – 26. Castro (2,5) für Aogo, 46. Thommy (4,5) für Beck, 75. Dajaku (-) für Donis
Tore: 1:0 Raffael (69., Kopfball, Vorarbeit Neuhaus), 2:0 Neuhaus (77., Rechtsschuss, Hazard), 3:0 Pavard (84., Eigentor, Rechtsschuss, Stindl)
Chancenverhältnis: 9:3
Eckenverhältnis: 7:4
SR: Aytekin (Oberasbach) – **Zuschauer:** 48 590 – **Gelbe Karten:** Strobl, Zakaria – Aogo, Kempf – **Gelb-Rote Karte:** Thommy (83.) – **Spielnote:** 3,5

15. SPIELTAG

14. Dezember 2018

1. FC Nürnberg – VfL Wolfsburg 0:2 (0:0)

Nürnberg: Bredlow (3) – Bauer (4), Margreitter (4), Mühl (4), Leibold (4,5) – Petrak (3), Rhein (4) – Misidjan (4,5), Matheus Pereira (3,5), Palacios (5) – Zrelak (5) – **Trainer:** Köllner
Wolfsburg: Casteels (3) – William (3), Knoche (2,5), Brooks (3), Uduokhai (4,5) – Guilavogui (4) – Gerhardt (3,5), Arnold (3) – Malli (4,5) – Weghorst (4), Ginczek (2,5) – **Trainer:** Labbadia
Eingewechselt: 71. Ishak (-) für Matheus Pereira, 83. Kerk (-) für Rhein, 88. Erras (-) für Palacios – 79. Brekalo (-) für Malli, 87. Steffen (-) für Weghorst
Tore: 0:1 Ginczek (58., Rechtsschuss, Vorarbeit Arnold), 0:2 Brekalo (90./+3, Rechtsschuss, Gerhardt)
Chancenverhältnis: 4:5
Eckenverhältnis: 6:3
SR: Jablonski (Bremen) – **Zuschauer:** 29 604 – **Gelbe Karten:** Zrelak, Petrak – Uduokhai – **Spielnote:** 4

15. Dezember 2018

FC Augsburg – FC Schalke 04 1:1 (1:0)

Augsburg: Luthe (4,5) – Schmid (4), Gouweleeuw (3), Hinteregger (4), Max (2,5) – Baier (3,5) – Khedira (3) – Koo (5), Gregoritsch (2,5), Richter (4) – Finnbogason (4) – **Trainer:** Baum
Schalke: Fährmann (4,5) – Sané (4), Naldo (3,5), Stambouli (3,5) – Caligiuri (3), Serdar (4,5), Rudy (5), Oczipka (4) – Skrzybski (4,5), Harit (3) – Teuchert (5) – **Trainer:** Tedesco
Eingewechselt: 46. Caiuby (4,5) für Baier, 72. Hahn (-) für Richter, 89. Cordova (-) für Finnbogason – 46. Wright (4) für Skrzybski, 46. Bentaleb (3) für Rudy, 66. Kutucu (-) für Teuchert
Tore: 1:0 Gregoritsch (13., Kopfball, Vorarbeit), 1:1 Caligiuri (53., Rechtsschuss)
Chancenverhältnis: 6:2
Eckenverhältnis: 6:7
SR: Gräfe (Berlin) – **Zuschauer:** 27 233 – **Gelbe Karten:** Baier, Khedira – Skrzybski – **Spielnote:** 4,5

15. Dezember 2018

Hannover 96 – Bayern München 0:4 (0:2)

Hannover: Esser (3) – Anton (5), Felipe (5), Wimmer (6) – Haraguchi (5,5), Schwegler (5,5), Walace (5), Ostrzolek (6) – Asano (5,5) – Weydandt (5), Füllkrug (5,5) – **Trainer:** Breitenreiter
Bayern: Neuer (3) – Kimmich (1), Süle (3), Hummels (3), Alaba (2) – Thiago (1,5), Goretzka (3) – Gnabry (2,5), Coman (2,5) – Müller (3) – Lewandowski (3,5) – **Trainer:** Kovac
Eingewechselt: 46. Maina (5) für Felipe, 63. Muslija (-) für Asano, 73. Elez (-) für Füllkrug – 73. Rafinha (-) für Alaba, 73. Renato Sanches (-) für Coman, 79. Wagner (-) für Müller
Tore: 0:1 Kimmich (2., Rechtsschuss, Vorarbeit), 0:2 Alaba (29., Linksschuss), 0:3 Gnabry (53., Rechtsschuss, Kimmich), 0:4 Lewandowski (62., Kopfball, Kimmich)
Chancenverhältnis: 1:12
Eckenverhältnis: 0:14
SR: Storks (Velen) – **Zuschauer:** 49 000 (ausverkauft) – **Gelbe Karte:** Felipe – **Spielnote:** 3,5

15. Dezember 2018

Fortuna Düsseldorf – SC Freiburg 2:0 (0:0)

Düsseldorf: Rensing (3) – Zimmermann (3), Ayhan (1,5), Kaminski (2,5), Gießelmann (3) – Stöger (3), Bodzek (3,5) – Usami (2,5), Raman (4) – Karaman (4), Hennings (4) – **Trainer:** Funkel
Freiburg: Schwolow (2,5) – Kübler (4,5), Gulde (4,5), Heintz (5), Günter (5) – Haberer (3,5), Koch (5) – Gondorf (5), Frantz (5) – Waldschmidt (4,5) – Petersen (5) – **Trainer:** Streich
Eingewechselt: 70. Fink (-) für Karaman, 71. Zimmer (-) für Raman, 87. Lukebakio (-) für Hennings – 56. Ravet (5) für Gondorf, 66. Niederlechner (-) für Kübler, 80. Höler (-) für Frantz
Tore: 1:0 Ayhan (55., Kopfball, Vorarbeit Usami), 2:0 Ayhan (79., Rechtsschuss, Kaminski)
Chancenverhältnis: 10:1
Eckenverhältnis: 4:1
SR: Osmers (Hannover) – **Zuschauer:** 39 301 – **Gelbe Karten:** Bodzek, Stöger – Gulde – **Spielnote:** 3,5

15. Dezember 2018

VfB Stuttgart – Hertha BSC 2:1 (0:1)

Stuttgart: Zieler (3) – Beck (4), Baumgartl (4), Kempf (4), Insua (4,5) – Gentner (4), Ascacibar (4,5) – Akolo (4,5), Castro (5,5), Gonzalez (4) – Gomez (2,5) – **Trainer:** Weinzierl
Hertha: Jarstein (3) – Lazaro (4), Lustenberger (5), Torunarigha (4,5), Plattenhardt (4) – Darida (5), Skjelbred (3,5) – Leckie (5), Mittelstädt (3) – Ibisevic (3,5), Selke (4) – **Trainer:** Dardai
Eingewechselt: 56. Donis (3) für Castro, 86. Sosa (-) für Akolo, 90. Didavi (-) für Gomez – 65. Duda (-) für Ibisevic, 80. Dardai (-) für Leckie, 80. Köpke (-) für Darida
Tore: 0:1 Mittelstädt (38., Linksschuss, Vorarbeit Selke), 1:1 Gomez (64., Rechtsschuss, Gonzalez), 2:1 Gomez (76., Kopfball, Gentner)
Chancenverhältnis: 4:6
Eckenverhältnis: 5:5
SR: S. Stegemann (Niederkassel) – **Zuschauer:** 47 680 – **Gelbe Karten:** Donis – Ibisevic, Plattenhardt, Skjelbred – **Spielnote:** 4,5

15. Dezember 2018

TSG Hoffenheim – Bor. Mönchengladbach 0:0

Hoffenheim: Baumann (3) – Adams (3,5), Posch (2,5), Bicakcic (3) – Kaderabek (2,5), Demirbay (2), Bittencourt (2,5), Schulz (2,5) – Nelson (4), Kramaric (3,5) – Joelinton (2) – **Trainer:** Nagelsmann
Gladbach: Sommer (2) – Lang (5), Beyer (4,5), Elvedi (4,5), Wendt (4) – Strobl (3) – Cuisance (4,5), Neuhaus (4,5) – Hazard (3,5), Plea (4) – Stindl (4,5) – **Trainer:** Hecking
Eingewechselt: 63. Szalai (-) für Kramaric, 71. Belfodil (-) für Nelson – 64. Benes (-) für Stindl, 74. Johnson (-) für Lang, 80. Raffael (-) für Plea
Chancenverhältnis: 13:3
Eckenverhältnis: 6:2
SR: Cortus (Röthenbach a. d. Pegnitz) – **Zuschauer:** 30 150 (ausverkauft) – **Gelbe Karten:** Neuhaus, Cuisance – **Spielnote:** 2,5

15. Dezember 2018

Borussia Dortmund – Werder Bremen 2:1 (2:1)

Dortmund: Bürki (2) – Piszczek (3), Akanji (3,5), Diallo (4,5), Hakimi (4) – Witsel (2), Delaney (3,5) – Sancho (3,5), Reus (2), Guerreiro (2,5) – Paco Alcacer (2) – **Trainer:** Favre
Bremen: Pavlenka (2) – Gebre Selassie (3,5), Langkamp (4), Moisander (5), Augustinsson (3,5) – Sahin (3,5) – M. Eggestein (3,5), Klaassen (-) – Kruse (2) – Harnik (4), Rashica (3) – **Trainer:** Kohfeldt
Eingewechselt: 81. Götze (-) für Paco Alcacer, 89. Pulisic (-) für Guerreiro, 90./+3 Philipp (-) für Sancho – 18. Möhwald (3,5) für Klaassen, 73. Osako (-) für Rashica, 83. Sargent (-) für M. Eggestein
Tore: 1:0 Paco Alcacer (20., Kopfball, Vorarbeit Guerreiro), 2:0 Reus (27., Rechtsschuss, Sancho), 2:1 Kruse (35., Rechtsschuss, Augustinsson)
Chancenverhältnis: 10:3
Eckenverhältnis: 4:10
SR: Winkmann (Kerken) – **Zuschauer:** 81 365 (ausverkauft) – **Gelbe Karten:** Delaney – Langkamp, Harnik, Möhwald, Sargent – **Spielnote:** 2

16. Dezember 2018

RB Leipzig – 1. FSV Mainz 05 4:1 (2:1)

Leipzig: Gulacsi (2,5) – Konaté (3,5), Orban (4), Upamecano (3) – Klostermann (3,5), Demme (2,5), Halstenberg (3,5) – Sabitzer (3,5), Kampl (3) – Poulsen (1,5), Werner (1,5) – **Trainer:** Rangnick
Mainz: Zentner (3) – Brosinski (3,5), Bell (5), Niakhaté (3,5), Aaron (3,5) – Gbamin (4,5) – Öztunali (3,5), Latza (4,5) – Quaison (4) – Onisiwo (3), Mateta (4) – **Trainer:** Schwarz
Eingewechselt: 46. Laimer (3) für Kampl, 85. Ilsanker (-) für Klostermann, 89. Bruma (-) für Werner – 67. Maxim (-) für Quaison, 78. Ujah (-) für Onisiwo, 83. Boetius (-) für Öztunali
Tore: 1:0 Poulsen (14., Rechtsschuss, Vorarbeit Kampl), 2:0 Poulsen (19., Linksschuss, Werner), 2:1 Onisiwo (38., Kopfball, Öztunali), 3:1 Werner (74., Rechtsschuss, Demme), 4:1 Werner (88., Rechtsschuss, Poulsen)
Chancenverhältnis: 10:5
Eckenverhältnis: 6:2
SR: Petersen (Stuttgart) – **Zuschauer:** 30 136 – **Gelbe Karten:** Upamecano, Sabitzer, Orban – Latza, Niakhaté, Zentner – **Spielnote:** 3

16. Dezember 2018

Eintracht Frankfurt – Bayer 04 Leverkusen 2:1 (1:0)

Frankfurt: Trapp (2) – Salcedo (3,5), Falette (4), Ndicka (3,5) – Fernandes (3) – da Costa (2), Willems (3,5), Kostic (1,5) – Gacinovic (3,5) – Haller (2,5), Rebic (3) – **Trainer:** Hütter
Leverkusen: Hradecky (2) – Weiser (4), Tah (3,5), Dragovic (4), Jedvaj (4,5) – Kohr (3,5), Aranguiz (4) – Bellarabi (2,5), Havertz (4,5), Brandt (4) – Volland (3,5) – **Trainer:** Herrlich
Eingewechselt: 81. Jovic (-) für Rebic, 84. de Guzman (-) für Willems, 90./+2 M. Stendera (-) für Gacinovic – 63. Bailey (-) für Weiser, 63. Alario (-) für Aranguiz, 85. Paulinho (-) für Brandt
Tore: 1:0 da Costa (28., Rechtsschuss, Vorarbeit Kostic), 2:0 Kostic (57., Rechtsschuss, Haller), 2:1 Bellarabi (65., Rechtsschuss, Bailey)
Chancenverhältnis: 10:6
Eckenverhältnis: 10:7
SR: Dr. Brych (München) – **Zuschauer:** 46 500 – **Gelbe Karten:** Willems, Ndicka, Haller, Salcedo, Fernandes, Gacinovic – Bellarabi, Alario – **Spielnote:** 2

16. SPIELTAG

18. Dezember 2018

Bor. Mönchengladbach – 1. FC Nürnberg 2:0 (0:0)

Gladbach: Sommer (2) – Johnson (4,5), Beyer (3), Elvedi (2,5), Wendt (4) – Strobl (3) – Zakaria (4), Neuhaus (2) – Traoré (3,5), Hazard (2,5) – Plea (3) – **Trainer:** Hecking
Nürnberg: Bredlow (3) – Goden (4,5), Margreitter (3,5), Mühl (4), Leibold (3) – Petrak (3,5) – Fuchs (5), Palacios (3) – Misidjan (4,5), Matheus Pereira (5) – Zrelak (5) – **Trainer:** Köllner
Eingewechselt: 73. Cuisance (-) für Elvedi, 75. Lang (-) für Johnson, 81. Herrmann (-) für Traoré – 46. Ewerton (3) für Goden, 73. Salli (-) für Misidjan, 81. Knöll (-) für Matheus Pereira
Tore: 1:0 Hazard (47., Linksschuss, Vorarbeit Traoré), 2:0 Plea (86., Rechtsschuss, Cuisance)
Chancenverhältnis: 7:2
Eckenverhältnis: 6:7
SR: Schröder (Hannover) – **Zuschauer:** 42 323 – **Gelbe Karten:** Traoré, Wendt – Leibold, Goden, Margreitter – **Besonderes Vorkommnis:** Hazard schießt Foulelfmeter über das Tor (45./+1) – **Spielnote:** 4

18. Dezember 2018

Hertha BSC – FC Augsburg 2:2 (2:2)

Hertha: Jarstein (3) – Pekarik (3,5), Lustenberger (3,5), Torunarigha (4,5), Plattenhardt (3,5) – Maier (3,5) – Lazaro (2,5), Mittelstädt (4) – Duda (3) – Selke (4), Leckie (2,5) – **Trainer:** Dardai
Augsburg: Luthe (4) – Schmid (3,5), Danso (3,5), Hinteregger (2,5), Max (5) – Khedira (3,5), Baier (3,5) – Koo (3), Gregoritsch (4), Ji (4,5) – Finnbogason (3,5) – **Trainer:** Baum
Eingewechselt: 65. Darida (-) für Duda, 73. Ibisevic (-) für Selke – 46. Moravek (3,5) für Hinteregger, 61. Cordova (-) für Finnbogason, 90. Schieber (-) für Gregoritsch
Tore: 0:1 Hinteregger (8., Kopfball, Vorarbeit Schmid), 1:1 Leckie (28., Linksschuss, Selke), 2:1 Duda (31., Linksschuss, Lazaro), 2:2 Koo (39., Rechtsschuss, Finnbogason)
Chancenverhältnis: 5:2
Eckenverhältnis: 3:2
SR: Willenborg (Osnabrück) – **Zuschauer:** 27 939 – **Gelbe Karte:** Lazaro – **Spielnote:** 4

18. Dezember 2018

VfL Wolfsburg – VfB Stuttgart 2:0 (2:0)

Wolfsburg: Casteels (3) – William (3), Knoche (3), Brooks (3), Roussillon (2,5) – Guilavogui (2,5) – Gerhardt (3,5), Arnold (2,5) – Mehmedi (3) – Ginczek (3), Weghorst (2,5) – **Trainer:** Labbadia
Stuttgart: Zieler (3) – Aidonis (4), Baumgartl (4), Kempf (4,5), Insua (4,5) – Gentner (3,5), Ascacibar (5) – Donis (5,5), Gonzalez (5) – Akolo (4,5), Gomez (5) – **Trainer:** Weinzierl
Eingewechselt: 72. Uduokhai (-) für Roussillon, 79. Rexhbecaj (-) für Arnold, 84. Steffen (-) für Mehmedi – 46. Thommy (4) für Donis, 54. Didavi (4) für Akolo, 80. Dajaku (-) für Aidonis
Tore: 1:0 Guilavogui (24., Kopfball, Vorarbeit Arnold), 2:0 Weghorst (44., Rechtsschuss)
Chancenverhältnis: 6:0
Eckenverhältnis: 4:8
SR: Hartmann (Wangen) – **Zuschauer:** 21 780 – **Gelbe Karten:** Roussillon – Gonzalez, Aidonis – **Spielnote:** 4

18. Dezember 2018

Fortuna Düsseldorf – Borussia Dortmund 2:1 (1:0)

Düsseldorf: Rensing (3) – Zimmermann (3), Ayhan (3), Kaminski (2,5), Gießelmann (3) – Sobottka (2,5) – Zimmer (2), Stöger (1,5), Fink (2,5), Usami (3,5) – Lukebakio (2) – **Trainer:** Funkel
Dortmund: Bürki (3) – Piszczek (3), Akanji (4), Diallo (5), Schmelzer (5) – Witsel (4), Delaney (5) – Pulisic (5), Reus (4), Bruun Larsen (5) – Götze (5) – **Trainer:** Favre
Eingewechselt: 70. Bodzek (-) für Sobottka, 87. Raman (-) für Usami, 88. Hennings (-) für Lukebakio – 46. Toprak (2,5) für Akanji, 60. Sancho (2,5) für Bruun Larsen, 60. Paco Alcacer (2,5) für Delaney
Tore: 1:0 Lukebakio (22., Linksschuss, Vorarbeit Stöger), 2:0 Zimmer (56., Rechtsschuss, Usami), 2:1 Paco Alcacer (81., Kopfball, Piszczek)
Chancenverhältnis: 5:2
Eckenverhältnis: 2:2
SR: Welz (Wiesbaden) – **Zuschauer:** 52 000 (ausverkauft) – **Gelbe Karten:** Stöger – Pulisic, Piszczek – **Spielnote:** 3

19. Dezember 2018

FC Schalke 04 – Bayer 04 Leverkusen 1:2 (1:2)

Schalke: Fährmann (5) – Caligiuri (3,5), Sané (4,5), Nastasic (4,5), Oczipka (4) – Stambouli (4), Bentaleb (5) – Schöpf (5), Harit (5) – McKennie (4,5), Wright (4) – **Trainer:** Tedesco
Leverkusen: Hradecky (3) – Weiser (4), Tah (4), Dragovic (2), Wendell (5) – Kohr (4), Baumgartlinger (4,5) – Bellarabi (4,5), Havertz (4), Bailey (3,5) – Alario (4,5) – **Trainer:** Herrlich
Eingewechselt: 54. Skrzybski (4) für Wright, 54. Serdar (4) für Bentaleb, 71. Konoplyanka (-) für Schöpf – 60. Jedvaj (3,5) für Dragovic, 70. Volland (-) für Alario, 89. S. Bender (-) für Bellarabi
Tore: 0:1 Dragovic (26., Rechtsschuss, Vorarbeit Bailey), 0:2 Alario (35., Linksschuss, Wendell), 1:2 Wright (45./+2, Rechtsschuss, McKennie)
Chancenverhältnis: 4:4
Eckenverhältnis: 7:1
SR: Aytekin (Oberasbach) – **Zuschauer:** 61 548 – **Gelbe Karten:** Harit, Stambouli, Serdar, McKennie – Bellarabi, Baumgartlinger, Hradecky, Weiser – **Spielnote:** 4,5

19. Dezember 2018

Werder Bremen – TSG Hoffenheim 1:1 (0:1)

Bremen: Pavlenka (2,5) – Gebre Selassie (3), Langkamp (4), Moisander (3), Augustinsson (2) – M. Eggestein (2,5) – Möhwald (3), Klaassen (4) – Osako (3,5) – J. Eggestein (3,5), Kruse (2,5) – **Trainer:** Kohfeldt
Hoffenheim: Baumann (2) – Adams (3,5), Posch (3), Bicakcic (3) – Kaderabek (3), Demirbay (3), Bittencourt (2,5), Schulz (3) – Kramaric (3,5) – Joelinton (4), Szalai (4,5) – **Trainer:** Nagelsmann
Eingewechselt: 64. Rashica (-) für Klaassen, 78. Kainz (-) für J. Eggestein, 86. Pizarro (-) für Osako – 53. Hübner (4) für Bicakcic, 53. Grillitsch (3,5) für Bittencourt, 66. Nelson (-) für Szalai
Tore: 0:1 Bittencourt (31., Rechtsschuss, Vorarbeit Schulz), 1:1 Gebre Selassie (57., Kopfball, Augustinsson)
Chancenverhältnis: 9:6
Eckenverhältnis: 6:3
SR: Schmidt (Stuttgart) – **Zuschauer:** 40 003 – **Gelbe Karte:** Schulz – **Spielnote:** 2

19. Dezember 2018

SC Freiburg – Hannover 96 1:1 (1:1)

Freiburg: Schwolow (3) – Gulde (3), Koch (4), Heintz (4,5) – Stenzel (4), Frantz (3,5), Haberer (4), Günter (4) – Waldschmidt (3), Terrazzino (4,5) – Petersen (4,5) – **Trainer:** Streich
Hannover: Esser (2,5) – Sorg (3,5), Anton (4,5), Felipe (3) – Haraguchi (4), Walace (2,5), Schwegler (3), Albornoz (3,5) – Muslija (4) – Wood (4,5), Weydandt (3,5) – **Trainer:** Breitenreiter
Eingewechselt: 46. Höler (3,5) für Terrazzino, 72. Niederlechner (-) für Stenzel, 88. Gondorf (-) für Waldschmidt – 74. Maina (-) für Muslija, 80. Hadzic (-) für Weydandt, 90./+2 Bakalorz (-) für Wood
Tore: 1:0 Waldschmidt (3., Handelfmeter, Linksschuss, Vorarbeit), 1:1 Felipe (14., Linksschuss, Schwegler)
Chancenverhältnis: 6:4
Eckenverhältnis: 5:2
SR: Dingert (Gries) – **Zuschauer:** 23 500 – **Gelbe Karten:** Felipe, Schwegler – **Spielnote:** 4

19. Dezember 2018

1. FSV Mainz 05 – Eintracht Frankfurt 2:2 (2:2)

Mainz: Zentner (3) – Brosinski (4), Bell (3,5), Niakhaté (3,5), Aaron (5) – Kunde (3) – Gbamin (4), Latza (3,5) – Boetius (3) – Quaison (1,5) – Mateta (2,5) – **Trainer:** Schwarz
Frankfurt: Trapp (2,5) – Salcedo (4), Falette (4), Ndicka (4,5) – de Guzman (3), Fernandes (3,5) – da Costa (3,5), Kostic (2,5) – Gacinovic (4) – Haller (2,5), Jovic (1,5) – **Trainer:** Hütter
Eingewechselt: 77. Baku (-) für Kunde, 83. Onisiwo (-) für Mateta, 88. Maxim (-) für Latza – 72. Rebic (-) für de Guzman, 72. Willems (-) für Gacinovic
Tore: 1:0 Quaison (10., Linksschuss, Vorarbeit Mateta), 1:1 Jovic (31., Rechtsschuss, Kostic), 2:1 Quaison (36., Rechtsschuss, Boetius), 2:2 Jovic (45./+1, Kopfball, de Guzman)
Chancenverhältnis: 4:5
Eckenverhältnis: 3:2
SR: Siebert (Berlin) – **Zuschauer:** 30 805 – **Gelbe Karten:** Aaron, Boetius, Bell – Salcedo, Rebic, Ndicka – **Spielnote:** 2,5

19. Dezember 2018

Bayern München – RB Leipzig 1:0 (0:0)

Bayern: Neuer (3) – Kimmich (3), Süle (2,5), Hummels (3), Alaba (3) – Goretzka (4), Thiago (3) – Gnabry (-), Müller (4), Coman (4) – Lewandowski (4) – **Trainer:** Kovac
Leipzig: Gulacsi (2) – Klostermann (3), Konaté (3), Upamecano (2,5), Halstenberg (3,5) – Demme (3), Kampl (3) – Laimer (4), Bruma (3,5) – Poulsen (4,5), Werner (4) – **Trainer:** Rangnick
Eingewechselt: 28. Ribery (3) für Gnabry, 61. Renato Sanches (-) für Coman, 90. Javi Martinez (-) für Müller – 81. Ilsanker (-) für Bruma, 87. Matheus Cunha (-) für Laimer, 88. Augustin (-) für Poulsen
Tor: 1:0 Ribery (83., Rechtsschuss, Vorarbeit Renato Sanches)
Chancenverhältnis: 6:2
Eckenverhältnis: 5:5
SR: Fritz (Korb) – **Zuschauer:** 75 000 (ausverkauft) – **Gelbe Karten:** Demme, Laimer – **Gelb-Rote Karte:** Renato Sanches (90./+2) – **Rote Karte:** Ilsanker (90./+1, grobes Foulspiel) – **Spielnote:** 3,5

17. SPIELTAG

21. Dezember 2018

Borussia Dortmund – Bor. Mönchengladbach 2:1 (1:1)

Dortmund: Bürki (3) – Piszczek (2,5), Weigl (3), Toprak (3), Hakimi (3,5) – Witsel (3), Delaney (2,5) – Sancho (2), Reus (2), Guerreiro (3) – Paco Alcacer (3,5) – **Trainer:** Favre
Gladbach: Sommer (4) – Johnson (3,5), Beyer (5), Strobl (3,5), Wendt (4) – Kramer (3) – Neuhaus (4), Zakaria (4) – Herrmann (4), Hazard (4) – Plea (4,5) – **Trainer:** Hecking
Eingewechselt: 34. Götze (2) für Paco Alcacer, 90./+3 Bruun Larsen (-) für Guerreiro, 90./+1 Wolf (-) für Sancho – 68. Hofmann (-) für Kramer, 73. Traoré (-) für Herrmann, 82. Cuisance (-) für Neuhaus
Tore: 1:0 Sancho (42., Rechtsschuss, Vorarbeit Götze), 1:1 Kramer (45./+1, Linksschuss), 2:1 Reus (54., Linksschuss, Götze)
Chancenverhältnis: 4:1
Eckenverhältnis: 4:2
SR: Zwayer (Berlin) – **Zuschauer:** 81 365 (ausverkauft) – **Gelbe Karte:** Cuisance – **Spielnote:** 3

22. Dezember 2018

Bayer 04 Leverkusen – Hertha BSC 3:1 (2:1)

Leverkusen: Hradecky (2,5) – Weiser (4), Tah (3,5), Dragovic (3), Jedvaj (4) – Baumgartlinger (4), Aranguiz (2) – Brandt (4), Havertz (1,5), Bailey (4) – Volland (3) – **Trainer:** Herrlich
Hertha: Jarstein (4) – Lazaro (4), Lustenberger (4), Torunarigha (4,5), Plattenhardt (5) – Darida (4,5), Maier (4,5) – Leckie (3,5), Duda (4), Mittelstädt (5) – Selke (4,5) – **Trainer:** Dardai
Eingewechselt: 72. Alario (-) für Volland, 76. Bellarabi (-) für Brandt, 84. S. Bender (-) für Tah – 54. Pekarik (4) für Leckie, 70. Köpke (-) für Mittelstädt, 75. Ibisevic (-) für Darida
Tore: 1:0 Volland (6., Rechtsschuss, Vorarbeit Aranguiz), 2:0 Havertz (23., Linksschuss), 2:1 Torunarigha (26., Rechtsschuss, Lustenberger), 3:1 Havertz (49., Linksschuss, Aranguiz)
Chancenverhältnis: 9:5
Eckenverhältnis: 4:5
SR: Stieler (Hamburg) – **Zuschauer:** 27 647 – **Gelbe Karte:** Torunarigha – **Spielnote:** 3,5

22. Dezember 2018

RB Leipzig – Werder Bremen 3:2 (2:0)

Leipzig: Gulacsi (2,5) – Klostermann (2), Konaté (3), Orban (3), Halstenberg (3) – Demme (3), Kampl (2,5) – Sabitzer (3,5), Laimer (3) – Poulsen (3,5), Werner (2,5) – **Trainer:** Rangnick
Bremen: Pavlenka (3) – Gebre Selassie (3), Langkamp (3), Veljkovic (3,5), Augustinsson (4) – M. Eggestein (2,5) – Möhwald (3), Klaassen (3,5) – J. Eggestein (3,5), Rashica (4) – Kruse (4) – **Trainer:** Kohfeldt
Eingewechselt: 58. Upamecano (3) für Kampl, 81. Bruma (-) für Orban, 90./+2 Matheus Cunha (-) für Werner – 58. Osako (2) für Rashica, 66. Sargent (-) für J. Eggestein, 86. Pizarro (-) für Klaassen
Tore: 1:0 Klostermann (22., Rechtsschuss, Vorarbeit Kampl), 2:0 Werner (44., Rechtsschuss), 2:1 Kruse (67., Rechtsschuss, Gebre Selassie), 2:2 Sargent (77., Linksschuss, Osako), 3:2 Bruma (87., Linksschuss, Halstenberg)
Chancenverhältnis: 7:8
Eckenverhältnis: 4:4
SR: Steinhaus (Langenhagen) – **Zuschauer:** 40 455 – **Gelbe Karten:** Laimer, Bruma – **Spielnote:** 1,5

22. Dezember 2018

VfB Stuttgart – FC Schalke 04 1:3 (0:1)

Stuttgart: Zieler (3) – Beck (4), Baumgartl (4), Kempf (4,5), Insua (4,5) – Ascacibar (5), Gentner (4) – Thommy (5), Didavi (4,5), Gonzalez (5) – Gomez (5) – **Trainer:** Weinzierl
Schalke: Fährmann (5) – Caligiuri (4), Sané (3), Nastasic (3), Oczipka (3) – Stambouli (4), Bentaleb (2,5) – Schöpf (3,5), Serdar (4,5), Konoplyanka (4,5) – Skrzybski (2) – **Trainer:** Tedesco
Eingewechselt: 58. Akolo (4) für Didavi, 68. Castro (-) für Thommy, 79. Donis (-) für Beck – 59. McKennie (2,5) für Serdar, 73. Kutucu (-) für Konoplyanka, 87. Wright (-) für Caligiuri
Tore: 0:1 Skrzybski (10., Rechtsschuss, Vorarbeit Oczipka), 0:2 Sané (70., Kopfball, Oczipka), 1:2 Gonzalez (76., Kopfball, Akolo), 1:3 Kutucu (78., Rechtsschuss, Skrzybski)
Chancenverhältnis: 5:8
Eckenverhältnis: 2:5
SR: Dr. Brych (München) – **Zuschauer:** 54 022 – **Gelbe Karten:** Gentner, Ascacibar, Zieler – Schöpf, Caligiuri, McKennie, Bentaleb, Oczipka – **Spielnote:** 4

22. Dezember 2018

Hannover 96 – Fortuna Düsseldorf 0:1 (0:0)

Hannover: Esser (4,5) – Sorg (4), Anton (4), Felipe (4,5) – Haraguchi (5), Schwegler (5), Walace (5), Albornoz (5) – Muslija (4,5) – Wood (5,5), Weydandt (4,5) – **Trainer:** Breitenreiter
Düsseldorf: Rensing (3) – Zimmermann (3), Ayhan (3), Kaminski (3), Gießelmann (2,5) – Bodzek (3,5), Stöger (2,5) – Lukebakio (3,5), Usami (4,5) – Karaman (3), Hennings (3,5) – **Trainer:** Funkel
Eingewechselt: 71. Maina (-) für Muslija, 84. Hadzic (-) für Walace – 46. Sobottka (3) für Bodzek, 69. Raman (-) für Usami, 84. Fink (-) für Karaman
Tor: 0:1 Fink (90./+2, Linksschuss, Vorarbeit Hennings)
Chancenverhältnis: 1:9
Eckenverhältnis: 4:6
SR: Dankert (Rostock) – **Zuschauer:** 34 200 – **Gelbe Karten:** Felipe, Walace – Bodzek, Ayhan, Zimmermann – **Spielnote:** 4,5

22. Dezember 2018

1. FC Nürnberg – SC Freiburg 0:1 (0:1)

Nürnberg: Bredlow (4) – Bauer (5), Margreitter (3,5), Mühl (4), Leibold (4) – Petrak (3) – Palacios (4,5), Kerk (5) – Misidjan (4), Matheus Pereira (3,5) – Zrelak (5) – **Trainer:** Köllner
Freiburg: Schwolow (2,5) – Kübler (4), Gulde (2,5), Heintz (3), Günter (3) – Koch (4), Gondorf (4) – Haberer (3,5), Frantz (3,5) – Höler (4,5), Niederlechner (5) – **Trainer:** Streich
Eingewechselt: 57. Kubo (4) für Kerk, 68. Ishak (-) für Misidjan, 85. Ewerton (-) für Bauer – 46. Petersen (3,5) für Niederlechner, 72. Waldschmidt (-) für Höler, 72. Lienhart (-) für Frantz
Tor: 0:1 Gulde (19., Kopfball, Vorarbeit Günter)
Chancenverhältnis: 5:4
Eckenverhältnis: 12:3
SR: Dr. Kampka (Mainz) – **Zuschauer:** 36 190 – **Gelbe Karten:** Matheus Pereira, Palacios – Koch, Gulde, Kübler – **Spielnote:** 4

22. Dezember 2018

Eintracht Frankfurt – Bayern München 0:3 (0:1)

Frankfurt: Trapp (3,5) – Salcedo (5), Falette (5), Ndicka (4) – da Costa (4), Fernandes (4), Kostic (4) – Gacinovic (3), Willems (4) – Jovic (3,5), Haller (4) – **Trainer:** Hütter
Bayern: Neuer (2,5) – Rafinha (2,5), Süle (2), Boateng (2,5), Alaba (3) – Javi Martinez (3,5) – Kimmich (2,5), Thiago (2,5) – Müller (3,5), Ribery (1,5) – Lewandowski (2) – **Trainer:** Kovac
Eingewechselt: 43. de Guzman (4) für Gacinovic, 69. Müller (-) für Fernandes – 90./+1 Wagner (-) für Lewandowski, 90. Coman (-) für Ribery, 90. M. Shabani (-) für Müller
Tore: 0:1 Ribery (35., Rechtsschuss, Vorarbeit Lewandowski), 0:2 Ribery (79., Rechtsschuss, Kimmich), 0:3 Rafinha (89., Rechtsschuss, Müller)
Chancenverhältnis: 5:8
Eckenverhältnis: 3:4
SR: Gräfe (Berlin) – **Zuschauer:** 51 500 (ausverkauft) – **Gelbe Karten:** Fernandes, de Guzman – Alaba – **Spielnote:** 3

23. Dezember 2018

FC Augsburg – VfL Wolfsburg 2:3 (0:2)

Augsburg: Luthe (3) – Schmid (3), Gouweleeuw (3,5), Danso (4,5), Stafylidis (4) – Baier (3,5) – Khedira (2,5) – Koo (4), Gregoritsch (5), Richter (5) – Finnbogason (3,5) – **Trainer:** Baum
Wolfsburg: Casteels (2,5) – William (2,5), Knoche (3,5), Brooks (3,5), G. Itter (3,5) – Guilavogui (2,5) – Arnold (4), Gerhardt (3) – Mehmedi (3,5) – Ginczek (4), Weghorst (3,5) – **Trainer:** Labbadia
Eingewechselt: 46. Hahn (3) für Richter, 46. Cordova (2,5) für Gregoritsch, 83. Framberger (-) für Stafylidis – 65. Rexhbecaj (-) für Arnold, 83. Steffen (-) für Mehmedi, 90./+3 Uduokhai (-) für Ginczek
Tore: 0:1 Guilavogui (33., Rechtsschuss, Vorarbeit Brooks), 0:2 William (41., Linksschuss, Mehmedi), 1:2 Khedira (49., Rechtsschuss, Finnbogason), 2:2 Cordova (58., Kopfball, Schmid), 2:3 Gerhardt (89., Linksschuss, Steffen)
Chancenverhältnis: 3:7
Eckenverhältnis: 3:4
SR: Storks (Velen) – **Zuschauer:** 28 152 – **Gelbe Karten:** Gregoritsch, Khedira – Arnold, Ginczek, William – **Spielnote:** 2,5

Schwedischer Doppelpack im Rhein-Main-Derby: Der Mainzer Robin Quaison macht beim 2:2-Remis gegen Eintracht Frankfurt gleich beide Tore. Hier kommt der Eintracht-Neuzugang Evan Ndicka gegen den Offensivspieler zu spät.

Kein Halten für den Frankfurter Torjäger: Der Franzose Sebastien Haller köpft das 1:0 gegen den SC Freiburg. Mit Robin Kocj, Dominique Heintz und Manuel Gulde sind gleich drei Abwehrrecken der Südbadener ohne Chance.

23. Dezember 2018

TSG Hoffenheim – 1. FSV Mainz 05 1:1 (1:1)

Hoffenheim: Baumann (2,5) – Posch (3), Vogt (3), Hübner (2) – Brenet (3), Demirbay (2), Grillitsch (3), Schulz (3,5) – Zuber (2), Grifo (3,5) – Belfodil (3) – **Trainer:** Nagelsmann
Mainz: Zentner (4) – Brosinski (3,5), Bell (4,5), Niakhaté (4), Aaron (4,5) – Kunde (4) – Gbamin (4,5), Latza (5) – Boetius (5) – Quaison (4), Mateta (2,5) – **Trainer:** Schwarz
Eingewechselt: 59. Szalai (3) für Schulz, 73. Kaderabek (-) für Brenet, 78. Nelson (-) für Zuber – 41. Hack (4) für Niakhaté, 68. Onisiwo (-) für Mateta, 74. Baku (-) für Latza
Tore: 1:0 Demirbay (11., Linksschuss, Vorarbeit Zuber), 1:1 Mateta (16., Rechtsschuss)
Chancenverhältnis: 15:5
Eckenverhältnis: 9:2
SR: S. Stegemann (Niederkassel) – **Zuschauer:** 28 216 – **Gelbe Karte:** Zuber – **Spielnote:** 2

18. SPIELTAG

18. Januar 2019

TSG Hoffenheim – Bayern München 1:3 (0:2)

Hoffenheim: Baumann (2,5) – Posch (3), Vogt (5), Hübner (4) – Demirbay (4,5) – Kaderabek (4), Schulz (2) – Kramaric (4,5) – Joelinton (4), Bittencourt (3,5) – Belfodil (5) – **Trainer:** Nagelsmann
Bayern: Neuer (2,5) – Kimmich (3,5), Süle (3), Hummels (2,5), Alaba (3) – Javi Martinez (3) – Thiago (4,5) – Müller (2), Goretzka (1,5), Coman (3) – Lewandowski (2,5) – **Trainer:** Kovac
Eingewechselt: 56. Grillitsch (3,5) für Vogt, 56. Geiger (4) für Demirbay, 78. Szalai (-) für Joelinton – 73. Gnabry (-) für Coman, 78. James (-) für Thiago, 90. Boateng (-) für Javi Martinez
Tore: 0:1 Goretzka (34., Linksschuss, Vorarbeit Lewandowski), 0:2 Goretzka (45./+1, Rechtsschuss, Alaba), 1:2 Schulz (59., Linksschuss, Bittencourt), 1:3 Lewandowski (87., Linksschuss, Müller)
Chancenverhältnis: 6:12
Eckenverhältnis: 2:6
SR: Welz (Wiesbaden) – **Zuschauer:** 30 150 (ausverkauft) – **Gelbe Karten:** Vogt, Grillitsch, Posch – Kimmich, Javi Martinez – **Spielnote:** 2,5

19. Januar 2019

Bayer 04 Leverkusen – Bor. Mönchengladbach 0:1 (0:1)

Leverkusen: Hradecky (2,5) – L. Bender (3), Tah (2), S. Bender (3), Wendell (3,5) – Aranguiz (3,5) – Havertz (3), Brandt (2,5) – Bailey (4,5), Volland (4), Bellarabi (2,5) – **Trainer:** Bosz
Gladbach: Sommer (1,5) – Lang (3), Ginter (2,5), Elvedi (2), Wendt (3,5) – Strobl (2,5) – Hofmann (3,5), Zakaria (3,5) – Hazard (4), Stindl (4), Plea (2,5) – **Trainer:** Hecking
Eingewechselt: 69. Alario (-) für Bailey – 71. Herrmann (-) für Plea, 81. Kramer (-) für Zakaria, 90. Neuhaus (-) für Hofmann
Tor: 0:1 Plea (37., Rechtsschuss, Vorarbeit Hofmann)
Chancenverhältnis: 10:5
Eckenverhältnis: 10:3
SR: Siebert (Berlin) – **Zuschauer:** 29 628 – **Gelbe Karten:** S. Bender – Wendt, Stindl – **Spielnote:** 2,5

19. Januar 2019

VfB Stuttgart – 1. FSV Mainz 05 2:3 (0:2)

Stuttgart: Zieler (3) – Castro (4,5), Baumgartl (5), Kempf (4,5), Sosa (6) – Aogo (5) – Ascacibar (5), Gentner (5) – Esswein (4,5), Zuber (4,5) – Gomez (5) – **Trainer:** Weinzierl
Mainz: Müller (3,5) – Brosinski (4), Bell (4), Hack (2,5), Aaron (3) – Kunde (4) – Öztunali (4), Gbamin (3) – Boetius (3) – Mateta (3), Quaison (3,5) – **Trainer:** Schwarz
Eingewechselt: 46. Gonzalez (3,5) für Aogo, 46. Insua (3) für Sosa, 78. Donis (-) für Esswein – 68. Holtmann (-) für Boetius, 81. Ujah (-) für Quaison, 87. Niakhaté (-) für Mateta
Tore: 0:1 Ascacibar (22., Eigentor, Rechtsschuss, Vorarbeit Boetius), 0:2 Mateta (28., Rechtsschuss, Quaison), 0:3 Hack (72., Linksschuss, Aaron), 1:3 Gonzalez (83., Kopfball, Gentner), 2:3 Kempf (85., Kopfball, Insua)
Chancenverhältnis: 12:7
Eckenverhältnis: 13:8
SR: Stieler (Hamburg) – **Zuschauer:** 51 881 – **Gelbe Karten:** Kempf, Ascacibar – Brosinski, Holtmann – **Spielnote:** 2,5

19. Januar 2019

Eintracht Frankfurt – SC Freiburg 3:1 (3:0)

Frankfurt: Trapp (2,5) – Abraham (4), Hasebe (2,5), Ndicka (3) – Fernandes (4), Rode (2,5) – da Costa (3), Kostic (4) – Rebic (1,5) – Haller (2), Jovic (2,5) – **Trainer:** Hütter
Freiburg: Schwolow (3) – Gulde (3,5), Koch (5,5), Heintz (3,5) – Kübler (4), Haberer (4), Gondorf (3,5), Frantz (4) – Waldschmidt (5), Grifo (3) – Niederlechner (5) – **Trainer:** Streich
Eingewechselt: 68. Willems (-) für Jovic, 72. de Guzman (-) für Rode, 90./+2 M. Stendera (-) für Willems – 46. Petersen (2,5) für Niederlechner, 46. Höler (3) für Waldschmidt, 80. Stenzel (-) für Kübler
Tore: 1:0 Haller (36., Kopfball, Vorarbeit Rebic), 2:0 Rebic (40., Linksschuss, Ndicka), 3:0 Jovic (45., Rechtsschuss), 3:1 Petersen (69., Linksschuss, Gondorf)
Chancenverhältnis: 9:5
Eckenverhältnis: 5:5
SR: Jablonski (Bremen) – **Zuschauer:** 49 200 – **Gelbe Karten:** Fernandes, Rode – Gondorf – **Spielnote:** 2,5

19. Januar 2019

FC Augsburg – Fortuna Düsseldorf 1:2 (0:1)

Augsburg: Kobel (3) – Framberger (4,5), Danso (5), Hinteregger (3), Max (4,5) – Moravek (3,5), Baier (3) – Hahn (5), Gregoritsch (5), Schmid (3) – Finnbogason (4,5) – **Trainer:** Baum
Düsseldorf: Rensing (4,5) – Zimmermann (3), Ayhan (3,5), Kaminski (3,5), Gießelmann (4,5) – Morales (3), Stöger (3) – Lukebakio (4), Usami (4,5) – Karaman (4,5), Ducksch (2,5) – **Trainer:** Funkel
Eingewechselt: 61. Cordova (-) für Gregoritsch, 73. Richter (-) für Moravek, 83. Callsen-Bracker (-) für Max – 68. Raman (-) für Usami, 76. Barkok (-) für Lukebakio, 83. Hennings (-) für Karaman
Tore: 0:1 Ducksch (45., Kopfball, Vorarbeit Lukebakio), 1:1 Schmid (64., direkter Freistoß, Rechtsschuss), 1:2 Raman (89., Rechtsschuss, Morales)
Chancenverhältnis: 5:4
Eckenverhältnis: 5:3
SR: Dingert (Gries) – **Zuschauer:** 27 561 – **Gelbe Karten:** Moravek, Finnbogason, Callsen-Bracker – Usami – **Spielnote:** 4

19. Januar 2019

Hannover 96 – Werder Bremen 0:1 (0:1)

Hannover: Esser (1) – Sorg (5), Akpoguma (4), Wimmer (5), Albornoz (5) – Walace (4,5) – Anton (4,5), Schwegler (5) – Müller (5), Weydandt (4,5) – Wood (5,5) – **Trainer:** Breitenreiter
Bremen: Pavlenka (3) – Gebre Selassie (3), Langkamp (3,5), Moisander (2,5), Augustinsson (3) – Sahin (3) – M. Eggestein (2,5), Klaassen (3,5) – Harnik (4), Rashica (2) – Kruse (2,5) – **Trainer:** Kohfeldt
Eingewechselt: 63. Jonathas (-) für Wood, 72. Fossum (-) für Schwegler, 86. Felipe (-) für Sorg – 63. Bargfrede (-) für Harnik, 80. Sargent (-) für Rashica, 86. Möhwald (-) für Sahin
Tor: 0:1 Rashica (32., Linksschuss, Vorarbeit Harnik)
Chancenverhältnis: 2:10
Eckenverhältnis: 7:8
SR: Fritz (Korb) – **Zuschauer:** 44 300 – **Gelbe Karten:** Sorg, Müller, Akpoguma – Augustinsson – **Spielnote:** 3,5

19. Januar 2019

RB Leipzig – Borussia Dortmund 0:1 (0:1)

Leipzig: Gulacsi (2) – Klostermann (3), Konaté (2,5), Upamecano (3), Halstenberg (3,5) – Demme (3) – Laimer (4,5), Kampl (4) – Sabitzer (4), Poulsen (4), Werner (4) – **Trainer:** Rangnick
Dortmund: Bürki (2) – Piszczek (3), Weigl (2,5), Diallo (3), Hakimi (4) – Witsel (2), Delaney (3) – Sancho (4), Philipp (4), Guerreiro (3) – Götze (4) – **Trainer:** Favre
Eingewechselt: 81. Matheus Cunha (-) für Demme, 88. Augustin (-) für Laimer – 76. Pulisic (-) für Guerreiro, 79. Paco Alcacer (-) für Philipp, 88. Wolf (-) für Sancho
Tor: 0:1 Witsel (19., Rechtsschuss, Vorarbeit Piszczek)
Chancenverhältnis: 6:5
Eckenverhältnis: 6:7
SR: Aytekin (Oberasbach) – **Zuschauer:** 41 939 (ausverkauft) – **Gelbe Karten:** Konaté, Upamecano, Kampl – Sancho, Bürki – **Spielnote:** 3

20. Januar 2019

1. FC Nürnberg – Hertha BSC 1:3 (1:1)

Nürnberg: Mathenia (2,5) – Valentini (4), Margreitter (5), Ewerton (5), Leibold (4) – Petrak (5) – Misidjan (5), Löwen (4,5), Behrens (4), Matheus Pereira (4,5) – Ishak (4) – **Trainer:** Köllner
Hertha: Jarstein (3) – Stark (3), Lustenberger (3), Rekik (3,5) – Lazaro (2,5), Grujic (3,5), Maier (2,5), Plattenhardt (3,5) – Duda (1,5) – Selke (2,5), Ibisevic (2) – **Trainer:** Dardai
Eingewechselt: 82. Kubo (-) für Matheus Pereira, 82. Knöll (-) für Löwen – 57. Darida (3) für Grujic, 89. Köpke (-) für Selke
Tore: 0:1 Ibisevic (15., Rechtsschuss, Vorarbeit Selke), 1:1 Behrens (42., Rechtsschuss, Löwen), 1:2 Duda (50., Rechtsschuss, Ibisevic), 1:3 Duda (70., Rechtsschuss, Selke)
Chancenverhältnis: 3:11
Eckenverhältnis: 4:4
SR: Winkmann (Kerken) – **Zuschauer:** 36 112 – **Gelbe Karten:** Löwen, Misidjan – Duda – **Spielnote:** 3,5

20. Januar 2019

FC Schalke 04 – VfL Wolfsburg 2:1 (1:1)

Schalke: Nübel (2) – Caligiuri (2), Sané (4), Nastasic (3,5), Oczipka (4) – Stambouli (3,5), Rudy (4,5) – Uth (3,5), McKennie (3), Schöpf (4) – Skrzybski (4) – **Trainer:** Tedesco
Wolfsburg: Casteels (2,5) – William (5), Knoche (3), Brooks (2,5), Roussillon (3,5) – Arnold (3,5) – Gerhardt (3,5), Rexhbecaj (3) – Steffen (3), Mehmedi (2,5) – Weghorst (5) – **Trainer:** Labbadia

Eingewechselt: 90. Wright (-) für Uth, 90./+2 Serdar (-) für McKennie, 90./+3 Kutucu (-) für Skrzybski – 72. Brekalo (-) für Rexhbecaj, 84. Klaus (-) für Steffen, 87. Malli (-) für Gerhardt
Tore: 1:0 Caligiuri (8., Foulelfmeter, Rechtsschuss, Vorarbeit Schöpf), 1:1 Rexhbecaj (20., Linksschuss, Mehmedi), 2:1 Caligiuri (78., Linksschuss, McKennie)
Chancenverhältnis: 6:5
Eckenverhältnis: 4:6
SR: Gräfe (Berlin) – **Zuschauer:** 58 827 – **Gelbe Karte:** McKennie – **Spielnote:** 3,5

19. SPIELTAG

25. Januar 2019
Hertha BSC – FC Schalke 04 2:2 (2:2)
Hertha: Jarstein (3) – Stark (4), Lustenberger (3), Rekik (3,5) – Lazaro (3,5), Grujic (2,5), Maier (2,5), Plattenhardt (4) – Duda (4) – Ibisevic (3), Selke (3,5) – **Trainer:** Dardai
Schalke: Nübel (3) – Caligiuri (3), Sané (5), Nastasic (3), Oczipka (3) – Stambouli (3,5), Rudy (3,5) – Schöpf (-), Uth (2,5), Konoplyanka (3) – Skrzybski (3,5) – **Trainer:** Tedesco
Eingewechselt: 72. Kalou (-) für Ibisevic, 87. Darida (-) für Duda, 87. Mittelstädt (-) für Maier – 27. Serdar (2,5) für Schöpf, 33. Bentaleb (3,5) für Stambouli, 76. Kutucu (-) für Skrzybski
Tore: 0:1 Konoplyanka (17., Rechtsschuss, Vorarbeit), 1:1 Grujic (39., Rechtsschuss, Duda), 1:2 Uth (44., Linksschuss, Oczipka), 2:2 Ibisevic (45./+4, Kopfball, Selke)
Chancenverhältnis: 4:5
Eckenverhältnis: 3:6
SR: Dr. Brych (München) – **Zuschauer:** 43 027 – **Gelbe Karten:** Rekik, Selke – Rudy – **Spielnote:** 2,5

26. Januar 2019
Borussia Dortmund – Hannover 96 5:1 (1:0)
Dortmund: Bürki (2,5) – Piszczek (2,5), Weigl (3,5), Diallo (3), Hakimi (2,5) – Witsel (3), Delaney (3,5) – Sancho (3), Reus (2), Guerreiro (2) – Götze (3) – **Trainer:** Favre
Hannover: Esser (3) – Akpoguma (5), Anton (5), Wimmer (5) – Albornoz (5,5), Bakalorz (4), Fossum (4,5), Ostrzolek (4) – Müller (4,5) – Sarenren Bazee (5), Weydandt (4) – **Trainer:** Breitenreiter
Eingewechselt: 66. Paco Alcacer (-) für Götze, 70. Schmelzer (-) für Piszczek, 79. Dahoud (-) für Delaney – 43. Asano (5) für Sarenren Bazee, 75. Dierßen (-) für Müller, 84. Hadzic (-) für Weydandt
Tore: 1:0 Hakimi (24., Rechtsschuss, Vorarbeit Guerreiro), 2:0 Reus (60., Rechtsschuss, Hakimi), 3:0 Götze (63., Rechtsschuss, Sancho), 4:0 Guerreiro (67., Rechtsschuss, Reus), 4:1 Bakalorz (86., Rechtsschuss), 5:1 Witsel (90./+1, Rechtsschuss, Sancho)
Chancenverhältnis: 9:3
Eckenverhältnis: 6:3
SR: Gräfe (Berlin) – **Zuschauer:** 81 365 (ausverkauft) – **Gelbe Karten:** Hakimi – Akpoguma – **Spielnote:** 3

26. Januar 2019
Bor. Mönchengladbach – FC Augsburg 2:0 (0:0)
Gladbach: Sommer (3) – Lang (3,5), Ginter (3), Elvedi (2,5), Wendt (2) – Strobl (2,5) – Neuhaus (3,5), Hofmann (3,5) – Traoré (4), Stindl (4), Plea (4) – **Trainer:** Hecking
Augsburg: Kobel (3,5) – Schmid (4), Danso (4,5), Hinteregger (5), Stafylidis (5) – Khedira (5) – Moravek (5), Baier (4,5) – Hahn (4,5), Max (5) – Finnbogason (5) – **Trainer:** Baum
Eingewechselt: 63. Cuisance (-) für Neuhaus, 77. Herrmann (-) für Traoré, 84. Zakaria (-) für Plea – 67. Teigl (-) für Max, 73. Cordova (-) für Finnbogason, 82. Gregoritsch (-) für Baier
Tore: 1:0 Wendt (78., Rechtsschuss, Vorarbeit), 2:0 Herrmann (90./+3, Rechtsschuss)
Chancenverhältnis: 9:2
Eckenverhältnis: 4:0
SR: Osmers (Hannover) – **Zuschauer:** 42 509 – **Gelbe Karten:** Sommer, Cuisance – Khedira, Danso, Hahn, Stafylidis – **Besonderes Vorkommnis:** Kobel hält Foulelfmeter von Hofmann (44.) – **Spielnote:** 4

26. Januar 2019
SC Freiburg – TSG Hoffenheim 2:4 (1:1)
Freiburg: Schwolow (2,5) – Stenzel (5), Gulde (3), Heintz (4,5), Günter (2) – Haberer (3,5), Koch (4) – Gondorf (4,5), Frantz (3,5) – Höler (3), Petersen (4) – **Trainer:** Streich
Hoffenheim: Baumann (2,5) – Kaderabek (4,5), Vogt (4), Hübner (3,5), Schulz (2,5) – Grillitsch (1,5) – Demirbay (2), Geiger (4,5) – Kramaric (2) – Joelinton (2), Szalai (4,5) – **Trainer:** Nagelsmann
Eingewechselt: 65. Waldschmidt (-) für Höler, 66. Niederlechner (-) für Stenzel, 74. Ravet (-) für Gondorf – 64. Posch (-) für Szalai, 78. Amiri (-) für Geiger, 89. Brenet (-) für Schulz
Tore: 0:1 Joelinton (19., Linksschuss, Vorarbeit), 1:1 Höler (42., Rechtsschuss, Gulde), 1:2 Kramaric (59., Foulelfmeter, Rechtsschuss, Schulz), 1:3 Kramaric (72., Linksschuss, Demirbay), 2:3 Niederlechner (77., Kopfball, Günter), 2:4 Demirbay (85., Linksschuss)
Chancenverhältnis: 9:10
Eckenverhältnis: 6:1
SR: Steinhaus (Langenhagen) – **Zuschauer:** 23 900 – **Gelbe Karten:** Schulz, Grillitsch – **Spielnote:** 2,5

26. Januar 2019
1. FSV Mainz 05 – 1. FC Nürnberg 2:1 (1:1)
Mainz: Müller (2,5) – Brosinski (2,5), Bell (4), Hack (2), Aaron (3) – Kunde (2,5) – Öztunali (4,5), Gbamin (3,5) – Boetius (3) – Mateta (4), Quaison (3) – **Trainer:** Schwarz
Nürnberg: Mathenia (2,5) – Valentini (4), Margreitter (2,5), Ewerton (3,5), Leibold (4,5) – Petrak (4) – Behrens (4,5), Palacios (4) – Misidjan (4,5), Matheus Pereira (3,5) – Zrelak (4,5) – **Trainer:** Köllner
Eingewechselt: 54. Maxim (3) für Öztunali, 79. Latza (-) für Quaison, 82. Ujah (-) für Mateta – 66. Löwen (-) für Matheus Pereira, 87. Kerk (-) für Petrak
Tore: 1:0 Brosinski (12., Foulelfmeter, Rechtsschuss, Vorarbeit Aaron), 1:1 Margreitter (43., Kopfball, Valentini), 2:1 Quaison (73., Linksschuss, Brosinski)
Chancenverhältnis: 6:3
Eckenverhältnis: 5:5
SR: Dankert (Rostock) – **Zuschauer:** 22 005 – **Gelbe Karten:** Mateta, Gbamin, Bell – Bredlow – **Spielnote:** 4

26. Januar 2019
VfL Wolfsburg – Bayer 04 Leverkusen 0:3 (0:1)
Wolfsburg: Casteels (2) – William (5), Knoche (4), Brooks (4), Roussillon (4) – Arnold (4,5) – Gerhardt (5), Rexhbecaj (4,5) – Mehmedi (-) – Steffen (3), Weghorst (4,5) – **Trainer:** Labbadia
Leverkusen: Hradecky (2,5) – L. Bender (2,5), Tah (2,5), S. Bender (3,5), Wendell (3) – Aranguiz (2,5) – Havertz (2), Brandt (2,5) – Bailey (3,5), Bellarabi (1,5) – Volland (2) – **Trainer:** Bosz
Eingewechselt: 27. Malli (4,5) für Mehmedi, 63. Brekalo (-) für Rexhbecaj, 78. Klaus (-) für William – 77. Baumgartlinger (-) für Bailey, 78. Weiser (-) für Wendell
Tore: 0:1 Havertz (45., Foulelfmeter, Linksschuss, Vorarbeit Volland), 0:2 Volland (62., Rechtsschuss, Aranguiz), 0:3 Brandt (88., Linksschuss, Bellarabi)
Chancenverhältnis: 4:11
Eckenverhältnis: 5:6
SR: Zwayer (Berlin) – **Zuschauer:** 21 736 – **Gelbe Karten:** Rexhbecaj, William, Brooks, Arnold, Roussillon – Aranguiz, Wendell, Bailey – **Spielnote:** 2

26. Januar 2019
Werder Bremen – Eintracht Frankfurt 2:2 (1:1)
Bremen: Pavlenka (3) – Gebre Selassie (3), Langkamp (3), Moisander (3), Augustinsson (4,5) – Bargfrede (3) – M. Eggestein (1,5), Klaassen (4) – Harnik (2), J. Eggestein (4) – Kruse (1,5) – **Trainer:** Kohfeldt
Frankfurt: Trapp (2) – Abraham (4,5), Hasebe (4), Falette (5) – da Costa (4), de Guzman (4), Rode (4), Kostic (3,5) – Jovic (4) – Haller (3,5), Rebic (2,5) – **Trainer:** Hütter
Eingewechselt: 37. Veljkovic (3) für Langkamp, 69. Sargent (-) für Harnik, 86. Pizarro (-) für J. Eggestein – 63. Gacinovic (-) für de Guzman, 67. Russ (-) für Abraham, 87. M. Stendera (-) für Rode
Tore: 1:0 M. Eggestein (27., Linksschuss, Vorarbeit Harnik), 1:1 Rebic (35., Linksschuss, de Guzman), 2:1 Harnik (52., Rechtsschuss, Kruse), 2:2 Haller (68., Handelfmeter, Rechtsschuss)
Chancenverhältnis: 11:5
Eckenverhältnis: 8:3
SR: Schmidt (Stuttgart) – **Zuschauer:** 42 100 (ausverkauft) – **Gelbe Karten:** Gebre Selassie, Veljkovic, Bargfrede, Klaassen – Kostic, Rode – **Spielnote:** 2

27. Januar 2019
Bayern München – VfB Stuttgart 4:1 (1:1)
Bayern: Neuer (3) – Kimmich (3,5), Süle (4), Hummels (3), Alaba (2,5) – Thiago (2,5), Javi Martinez (3,5) – Müller (3,5), Goretzka (3), Coman (3) – Lewandowski (3,5) – **Trainer:** Kovac
Stuttgart: Zieler (4,5) – Beck (4), Kabak (3,5), Kempf (5), Insua (4,5) – Gentner (4), Ascacibar (5) – Esswein (4,5), Zuber (3,5) – Donis (3) – Gonzalez (4,5) – **Trainer:** Weinzierl
Eingewechselt: 46. Gnabry (3,5) für Javi Martinez, 74. James (-) für Müller, 86. Davies (-) für Coman – 74. Thommy (-) für Donis, 87. Didavi (-) für Zuber, 90. Sosa (-) für Esswein
Tore: 1:0 Thiago (5., Rechtsschuss, Vorarbeit Lewandowski), 1:1 Donis (26., Rechtsschuss, Gentner), 2:1 Gentner (55., Eigentor, Rechtsschuss, Gnabry), 3:1 Goretzka (71., Kopfball, Kimmich), 4:1 Lewandowski (84., Rechtsschuss, Kimmich)
Chancenverhältnis: 14:4
Eckenverhältnis: 8:1
SR: Willenborg (Osnabrück) – **Zuschauer:** 75 000 (ausverkauft) – **Gelbe Karten:** Alaba – Gentner – **Besonderes Vorkommnis:** Lewandowski schießt Foulelfmeter an den Pfosten (65.) – **Spielnote:** 3

27. Januar 2019
Fortuna Düsseldorf – RB Leipzig 0:4 (0:3)
Düsseldorf: Rensing (5,5) – Zimmermann (5), Ayhan (5), Kaminski (5), Gießelmann (4,5) – Morales (5) – Usami (5), Stöger (5), Fink (4), Raman (4) – Lukebakio (4) – **Trainer:** Funkel
Leipzig: Gulacsi (3) – Klostermann (3), Konaté (2), Orban (3), Halstenberg (3) – Adams (2,5), Demme (2) – Sabitzer (2,5), Laimer (2) – Poulsen (1,5), Werner (3) – **Trainer:** Rangnick
Eingewechselt: 46. Ducksch (4) für Raman, 63. Hennings (-) für Fink, 77. Barkok (-) für Lukebakio – 73. Forsberg (-) für Demme, 84. Augustin (-) für Werner, 85. Matheus Cunha (-) für Sabitzer
Tore: 0:1 Poulsen (2., Rechtsschuss, Vorarbeit Klostermann), 0:2 Konaté (9., Linksschuss, Halstenberg), 0:3 Poulsen (16., Linksschuss, Laimer), 0:4 Laimer (68., Linksschuss, Sabitzer)
Chancenverhältnis: 3:8
Eckenverhältnis: 8:2
SR: Hartmann (Wangen) – **Zuschauer:** 34 394 – **Gelbe Karte:** Ducksch – **Spielnote:** 3,5

20. SPIELTAG

1. Februar 2019
Hannover 96 – RB Leipzig 0:3 (0:1)
Hannover: Esser (3) – Korb (4,5), Akpoguma (5), Anton (4), Albornoz (5) – Schwegler (5), Walace (6) – Müller (5,5), Muslija (5,5) – Asano (5,5), Jonathas (5) – **Trainer:** Doll
Leipzig: Gulacsi (3) – Klostermann (2,5), Konaté (3), Orban (1,5), Halstenberg (2) – Adams (3), Demme (3) – Sabitzer (3), Laimer (3,5) – Poulsen (3,5), Matheus Cunha (3,5) – **Trainer:** Rangnick
Eingewechselt: 46. Wood (5) für Muslija, 70. Weydandt (-) für Asano – 46. Mvogo (3) für Gulacsi, 81. Forsberg (-) für Matheus Cunha, 87. Augustin (-) für Demme
Tore: 0:1 Halstenberg (45./+3, Foulelfmeter, Linksschuss, Vorarbeit Matheus Cunha), 0:2 Orban (64., Kopfball, Halstenberg), 0:3 Orban (85., Kopfball, Forsberg)
Chancenverhältnis: 0:11
Eckenverhältnis: 0:7
SR: Schlager (Hügelsheim) – **Zuschauer:** 32 400 – **Gelbe Karten:** Schwegler, Jonathas – Konaté, Laimer – **Spielnote:** 4

2. Februar 2019
1. FC Nürnberg – Werder Bremen 1:1 (0:0)
Nürnberg: Mathenia (3) – Valentini (3), Margreitter (3), Ewerton (3), Leibold (3,5) – Behrens (3), Petrak (4) – Misidjan (4,5), Palacios (4,5) – Matheus Pereira (2) – Zrelak (4,5) – **Trainer:** Köllner
Bremen: Pavlenka (3) – Gebre Selassie (4), Veljkovic (4,5), Moisander (3), Augustinsson (3,5) – Sahin (4) – M. Eggestein (3,5), Klaassen (4) – Harnik (5), Rashica (5) – Kruse (3,5) – **Trainer:** Kohfeldt
Eingewechselt: 46. Goden (3,5) für Leibold, 67. Kerk (-) für Misidjan, 82. Ishak (-) für Palacios – 46. J. Eggestein (3) für Harnik, 46. Sargent (4) für Rashica, 84. Möhwald (-) für Sahin
Tore: 0:1 J. Eggestein (64., Rechtsschuss, Vorarbeit Augustinsson), 1:1 Ishak (87., Linksschuss, Matheus Pereira)
Chancenverhältnis: 4:2
Eckenverhältnis: 3:7
SR: Dr. Kampka (Mainz) – **Zuschauer:** 35 753 – **Gelbe Karten:** Misidjan, Zrelak, Petrak, Ishak – Veljkovic – **Spielnote:** 3,5

2. Februar 2019
TSG Hoffenheim – Fortuna Düsseldorf 1:1 (1:0)
Hoffenheim: Baumann (2,5) – Brenet (4), Vogt (4,5), Posch (5), Schulz (3) – Grillitsch (3,5) – Amiri (4), Demirbay (5) – Geiger (4) – Joelinton (4,5), Kramaric (4) – **Trainer:** Nagelsmann
Düsseldorf: Rensing (3) – Ayhan (2,5), Bodzek (4), Hoffmann (3) – Zimmermann (4), Gießelmann (3) – Morales (2,5), Stöger (2,5) – Fink (3) – Hennings (2,5), Ducksch (3,5) – **Trainer:** Funkel
Eingewechselt: 61. Nelson (-) für Amiri, 71. Szalai (-) für Brenet, 75. Belfodil (-) für Joelinton – 69. Lukebakio (-) für Ducksch, 84. Karaman (-) für Hennings, 90./+4 Bormuth (-) für Stöger
Tore: 1:0 Kramaric (16., Foulelfmeter, Rechtsschuss, Vorarbeit Geiger), 1:1 Hennings (47., Kopfball, Stöger)
Chancenverhältnis: 3:5
Eckenverhältnis: 5:5
SR: Cortus (Röthenbach a. d. Pegnitz) – **Zuschauer:** 24 747 – **Gelbe Karten:** Vogt, Joelinton, Posch – Morales, Zimmermann, Fink, Rensing – **Spielnote:** 4,5

2. Februar 2019
Bayer 04 Leverkusen – Bayern München 3:1 (0:1)
Leverkusen: Hradecky (3,5) – Weiser (3), Tah (3), S. Bender (2,5), Wendell (3,5) – Aranguiz (2) – Havertz (3,5), Brandt (2) – Bellarabi (2,5), Bailey (2,5) – Volland (2) – **Trainer:** Bosz
Bayern: Ulreich (4,5) – Rafinha (4), Süle (4,5), Hummels (4,5), Alaba (5) – Kimmich (5), Goretzka (2,5) – Müller (3,5), James (3,5), Coman (3,5) – Lewandowski (4,5) – **Trainer:** Kovac
Eingewechselt: 45./+1 Baumgartlinger (2,5) für Havertz, 84. Alario (-) für Bailey, 90./+2 Paulinho (-) für Bellarabi – 74. Gnabry (-) für Müller, 77. Davies (-) für James, 79. Renato Sanches (-) für Rafinha
Tore: 0:1 Goretzka (41., Kopfball, Vorarbeit Müller), 1:1 Bailey (53., direkter Freistoß, Linksschuss), 2:1 Volland (63., Linksschuss, Bellarabi), 3:1 Alario (89., Linksschuss, Brandt)
Chancenverhältnis: 5:7
Eckenverhältnis: 7:4
SR: Stieler (Hamburg) – **Zuschauer:** 30 210 (ausverkauft) – **Gelbe Karten:** Bellarabi, Aranguiz, Wendell – Kimmich, Coman – **Spielnote:** 2,5

2. Februar 2019
Eintracht Frankfurt – Borussia Dortmund 1:1 (1:1)
Frankfurt: Trapp (3) – Hinteregger (4,5), Hasebe (2), Ndicka (3) – Fernandes (3) – da Costa (2,5), Rode (2,5), Kostic (4) – Jovic (3) – Haller (3), Rebic (2,5) – **Trainer:** Hütter
Dortmund: Bürki (2) – Piszczek (2,5), Weigl (2), Diallo (4), Hakimi (4) – Witsel (3), Delaney (2,5) – Sancho (3,5), Reus (4), Guerreiro (2,5) – Paco Alcacer (4,5) – **Trainer:** Favre
Eingewechselt: 55. Gacinovic (3) für Jovic – 65. Pulisic (-) für Sancho, 77. Bruun Larsen (-) für Guerreiro, 86. Götze (-) für Paco Alcacer
Tore: 0:1 Reus (22., Linksschuss, Vorarbeit Guerreiro), 1:1 Jovic (36., Rechtsschuss, da Costa)
Chancenverhältnis: 7:7
Eckenverhältnis: 6:4
SR: Zwayer (Berlin) – **Zuschauer:** 51 500 (ausverkauft) – **Gelbe Karten:** Fernandes, Rode – Delaney, Weigl – **Spielnote:** 2

2. Februar 2019

Hertha BSC – VfL Wolfsburg 0:1 (0:0)

Hertha: Jarstein (2,5) – Stark (3,5), Lustenberger (3), Rekik (3) – Lazaro (5), Grujic (3,5), Maier (4), Plattenhardt (5) – Duda (5) – Selke (3,5), Ibisevic (5) – **Trainer:** Dardai
Wolfsburg: Casteels (2) – Verhaegh (3,5), Knoche (3,5), Brooks (2,5), Roussillon (1,5) – Arnold (3) – Gerhardt (3,5), Rexhbecaj (2,5) – Malli (3,5) – Steffen (3,5), Weghorst (2,5) – **Trainer:** Labbadia
Eingewechselt: 66. Mittelstädt (-) für Plattenhardt, 66. Kalou (-) für Ibisevic, 71. Darida (-) für Maier – 67. Brekalo (-) für Steffen, 86. William (-) für Malli, 90./+2 Uduokhai (-) für Rexhbecaj
Tor: 0:1 Weghorst (65., Rechtsschuss, Vorarbeit Roussillon)
Chancenverhältnis: 4:5
Eckenverhältnis: 3:7
SR: Dankert (Rostock) – **Zuschauer:** 39 259 – **Gelbe Karten:** Lazaro, Darida, Selke – Steffen – **Spielnote:** 3,5

2. Februar 2019

FC Schalke 04 – Bor. Mönchengladbach 0:2 (0:0)

Schalke: Nübel (4) – Caligiuri (3,5), Sané (4), Nastasic (3), Oczipka (4) – Rudy (5), Bentaleb (3) – Serdar (4,5), Konoplyanka (5) – McKennie (3,5) – Uth (4) – **Trainer:** Tedesco
Gladbach: Sommer (3) – Lang (3), Ginter (3), Elvedi (2), Wendt (3) – Strobl (3,5) – Zakaria (3), Hofmann (3,5) – Hazard (2), Stindl (2,5), Plea (4) – **Trainer:** Hecking
Eingewechselt: 61. Fährmann (-) für Konoplyanka, 75. Matondo (-) für Rudy – 68. Kramer (-) für Strobl, 78. Neuhaus (-) für Zakaria, 83. Herrmann (-) für Hofmann
Tore: 0:1 Kramer (85., Linksschuss, Vorarbeit Hazard), 0:2 Neuhaus (90./+1, Linksschuss, Hazard)
Chancenverhältnis: 1:6
Eckenverhältnis: 1:6
SR: Fritz (Korb) – **Zuschauer:** 62 271 (ausverkauft) – **Gelbe Karten:** Bentaleb – Ginter, Strobl – **Rote Karte:** Nübel (59., Notbremse) – **Spielnote:** 3,5

3. Februar 2019

FC Augsburg – 1. FSV Mainz 05 3:0 (2:0)

Augsburg: Kobel (3,5) – Schmid (3), Khedira (3), Danso (3), Stafylidis (2,5) – Moravek (2,5), Baier (3) – Hahn (3,5), Gregoritsch (3), Ji (2,5) – Finnbogason (1) – **Trainer:** Baum
Mainz: Müller (3) – Brosinski (4,5), Hack (5), Niakhaté (4,5), Aaron (3,5) – Gbamin (3) – Baku (5), Latza (4) – Boetius (4) – Mateta (4,5), Quaison (4,5) – **Trainer:** Schwarz
Eingewechselt: 67. Koo (-) für Ji, 76. Cordova (-) für Finnbogason, 87. Oxford (-) für Moravek – 44. Maxim (4) für Latza, 58. Ujah (4,5) für Mateta, 73. Onisiwo (-) für Baku
Tore: 1:0 Finnbogason (8., Handelfmeter, Rechtsschuss, Vorarbeit), 2:0 Finnbogason (34., Handelfmeter, Rechtsschuss), 3:0 Finnbogason (54., Rechtsschuss, Moravek)
Chancenverhältnis: 9:4
Eckenverhältnis: 7:3
SR: Storks (Velen) – **Zuschauer:** 25 733 – **Gelbe Karte:** Maxim – **Spielnote:** 3

3. Februar 2019

VfB Stuttgart – SC Freiburg 2:2 (0:1)

Stuttgart: Zieler (3) – Pavard (3,5), Kabak (5), Kempf (4), Insua (3) – Gentner (4,5), Ascacibar (4,5) – Esswein (2,5), Zuber (4) – Donis (5), Gonzalez (3) – **Trainer:** Weinzierl
Freiburg: Schwolow (2,5) – Gulde (3), Lienhart (3,5), Heintz (3,5) – Kübler (3,5), Haberer (2,5), Koch (4), Günter (4) – Höler (3,5), Grifo (3,5) – Petersen (2,5) – **Trainer:** Streich
Eingewechselt: 46. Gomez (5) für Donis, 58. Didavi (2,5) für Gentner, 88. Beck (-) für Esswein – 38. K. Schlotterbeck (3) für Gulde, 79. Gondorf (-) für Höler, 84. Niederlechner (-) für Heintz
Tore: 0:1 Haberer (4., Rechtsschuss, Vorarbeit Petersen), 1:1 Insua (75., Rechtsschuss, Gonzalez), 2:1 Didavi (83., Linksschuss, Gonzalez), 2:2 Niederlechner (90./+4, Rechtsschuss, Gondorf)
Chancenverhältnis: 7:7
Eckenverhältnis: 7:8
SR: Aytekin (Oberasbach) – **Zuschauer:** 51 089 – **Gelbe Karten:** Donis, Pavard, Kabak – **Gelb-Rote Karte:** Gomez (89.) – **Spielnote:** 2

21. SPIELTAG

8. Februar 2019

1. FSV Mainz 05 – Bayer 04 Leverkusen 1:5 (1:4)

Mainz: Müller (4,5) – Bell (5,5), Hack (5), Niakhaté (5) – Brosinski (4,5), Aaron (4) – Barreiro (4), Kunde (4,5) – Boetius (4), Quaison (3,5) – Mateta (4,5) – **Trainer:** Schwarz
Leverkusen: Hradecky (3) – Weiser (3,5), Tah (3,5), S. Bender (3), Wendell (2,5) – Aranguiz (3) – Havertz (2), Brandt (1) – Bellarabi (1,5), Volland (1,5), Bailey (2,5) – **Trainer:** Bosz
Eingewechselt: 55. Gbamin (3,5) für Kunde, 62. Onisiwo (-) für Aaron, 71. Holtmann (-) für Boetius – 62. Baumgartlinger (-) für Havertz, 78. Jedvaj (-) für Wendell, 81. Alario (-) für Brandt
Tore: 0:1 Wendell (5., Linksschuss, Vorarbeit Bellarabi), 1:1 Quaison (9., Linksschuss, Hack), 1:2 Havertz (19., Linksschuss, Brandt), 1:3 Brandt (30., Linksschuss, Volland), 1:4 Bellarabi (43., Rechtsschuss, Brandt), 1:5 Brandt (64., Rechtsschuss, Volland)
Chancenverhältnis: 6:12
Eckenverhältnis: 4:4
SR: Schröder (Hannover) – **Zuschauer:** 21 905 – **Gelbe Karten:** Kunde, Quaison, Barreiro – Bellarabi – **Spielnote:** 1,5

9. Februar 2019

Hannover 96 – 1. FC Nürnberg 2:0 (1:0)

Hannover: Esser (3) – Korb (3,5), Akpoguma (3), Anton (3), Ostrzolek (3,5) – Walace (4) – Bakalorz (4), Haraguchi (3,5) – Müller (2) – Weydandt (4), Jonathas (4) – **Trainer:** Doll
Nürnberg: Mathenia (2) – Valentini (3,5), Mühl (4,5), Ewerton (5), Leibold (3,5) – Behrens (4), Rhein (-) – Matheus Pereira (4,5), Palacios (5) – Knöll (4,5), Zrelak (5) – **Trainer:** Köllner
Eingewechselt: 44. Wimmer (3) für Akpoguma, 63. Wood (-) für Weydandt, 78. Fossum (-) für Müller – 60. Fuchs (4) für Palacios, 76. Kubo (-) für Knöll, 88. Ishak (-) für Valentini
Tore: 1:0 Müller (45./+5, Kopfball, Vorarbeit Weydandt), 2:0 Müller (77., Rechtsschuss, Jonathas)
Chancenverhältnis: 7:3
Eckenverhältnis: 4:4
SR: Welz (Wiesbaden) – **Zuschauer:** 33 700 – **Gelbe Karten:** Walace, Bakalorz – Zrelak, Matheus Pereira – **Rote Karte:** Rhein (11., grobes Foulspiel) – **Spielnote:** 4,5

9. Februar 2019

SC Freiburg – VfL Wolfsburg 3:3 (1:1)

Freiburg: Schwolow (3) – Kübler (3,5), Lienhart (3), Heintz (3), Günter (4) – Frantz (3,5), Koch (4,5) – Haberer (3,5), Grifo (2) – Niederlechner (3), Petersen (2) – **Trainer:** Streich
Wolfsburg: Casteels (3,5) – William (3), Knoche (3), Brooks (5), Roussillon (2) – Guilavogui (3) – Gerhardt (3,5), Arnold (4) – Steffen (2), Brekalo (3,5) – Weghorst (1,5) – **Trainer:** Labbadia
Eingewechselt: 69. Waldschmidt (-) für Frantz, 81. Höler (-) für Niederlechner, 90./+6 Terrazzino (-) für Grifo – 79. Rexhbecaj (-) für Steffen, 90./+5 Uduokhai (-) für Brekalo, 90./+2 Klaus (-) für Weghorst
Tore: 0:1 Roussillon (11., Linksschuss, Vorarbeit Brekalo), 1:1 Grifo (37., Rechtsschuss, Niederlechner), 1:2 Weghorst (63., Foulelfmeter, Rechtsschuss, Weghorst), 2:2 Petersen (70., Kopfball, Grifo), 2:3 Steffen (74., Linksschuss, Weghorst), 3:3 Waldschmidt (87., Linksschuss, Petersen)
Chancenverhältnis: 3:6
Eckenverhältnis: 9:2
SR: Dr. Brych (München) – **Zuschauer:** 23 600 – **Gelbe Karten:** Niederlechner, Haberer, Koch – Guilavogui, William – **Spielnote:** 2

9. Februar 2019

Borussia Dortmund – TSG Hoffenheim 3:3 (2:0)

Dortmund: Bürki (2) – Piszczek (2,5), Weigl (3), Diallo (5), Hakimi (5) – Dahoud (4,5), Witsel (3,5) – Sancho (2), Philipp (4,5), Guerreiro (3) – Götze (2) – **Trainer:** Stefes
Hoffenheim: Baumann (3,5) – Bicakcic (3), Posch (4,5), Hübner (4) – Kaderabek (2,5), Demirbay (5), Grillitsch (3), Schulz (3) – Bittencourt (4) – Joelinton (2,5) – Kramaric (5) – **Trainer:** Nagelsmann
Eingewechselt: 70. Paco Alcacer (-) für Philipp, 82. Toprak (-) für Götze, 90./+2 Wolf (-) für Guerreiro – 46. Belfodil (2) für Kramaric, 46. Geiger (2,5) für Demirbay, 70. Nelson (-) für Bittencourt
Tore: 1:0 Sancho (32., Rechtsschuss, Vorarbeit Piszczek), 2:0 Götze (43., Rechtsschuss, Sancho), 3:0 Guerreiro (67., Linksschuss, Götze), 3:1 Belfodil (75., Linksschuss, Kaderabek), 3:2 Kaderabek (83., Kopfball, Grillitsch), 3:3 Belfodil (87., Kopfball, Geiger)
Chancenverhältnis: 7:7
Eckenverhältnis: 7:8
SR: Fritz (Korb) – **Zuschauer:** 81 365 (ausverkauft) – **Gelbe Karten:** Grillitsch, Demirbay, Geiger – **Spielnote:** 2

9. Februar 2019

RB Leipzig – Eintracht Frankfurt 0:0

Leipzig: Gulacsi (3) – Mukiele (2), Ilsanker (2,5), Orban (2) – Klostermann (2,5), Demme (3), Halstenberg (2,5) – Sabitzer (3), Laimer (3) – Poulsen (4), Werner (3,5) – **Trainer:** Rangnick
Frankfurt: Trapp (3,5) – Hinteregger (2), Hasebe (2), Ndicka (3) – da Costa (4), Fernandes (2,5), Rode (4), Kostic (3,5) – Jovic (5) – Rebic (5), Haller (4) – **Trainer:** Hütter
Eingewechselt: 67. Forsberg (-) für Laimer, 85. Matheus Cunha (-) für Werner, 90./+1 Adams (-) für Sabitzer – 59. Gacinovic (4) für Rode, 77. Willems (-) für Rebic
Chancenverhältnis: 8:2
Eckenverhältnis: 7:4
SR: Winkmann (Kerken) – **Zuschauer:** 38 330 – **Gelbe Karten:** Orban, Laimer, Ilsanker, Sabitzer – Fernandes, Willems – **Spielnote:** 3

9. Februar 2019

Bor. Mönchengladbach – Hertha BSC 0:3 (0:1)

Gladbach: Sommer (2,5) – Lang (4), Ginter (5), Elvedi (5), Wendt (4) – Strobl (4) – Neuhaus (5), Hofmann (3) – Hazard (4), Stindl (4,5), Plea (5) – **Trainer:** Hecking
Hertha: Jarstein (3) – Klünter (2), Stark (3), Rekik (2,5), Torunarigha (3) – Grujic (2,5), Lustenberger (3) – Kalou (2), Duda (2), Mittelstädt (3) – Selke (1) – **Trainer:** Dardai
Eingewechselt: 34. Cuisance (5) für Hofmann, 64. Herrmann (-) für Lang, 81. Kramer (-) für Strobl – 88. Darida (-) für Duda
Tore: 0:1 Kalou (30., Rechtsschuss, Vorarbeit Grujic), 0:2 Duda (56., Rechtsschuss, Selke), 0:3 Selke (76., Kopfball, Duda)
Chancenverhältnis: 5:7
Eckenverhältnis: 5:5
SR: Petersen (Stuttgart) – **Zuschauer:** 48 232 – **Gelbe Karten:** Grujic, Torunarigha – **Spielnote:** 3

9. Februar 2019

Bayern München – FC Schalke 04 3:1 (2:1)

Bayern: Ulreich (2,5) – Kimmich (3,5), Boateng (3,5), Hummels (3), Alaba (2,5) – Thiago (3) – Goretzka (3,5), James (2) – Gnabry (2,5), Coman (2,5) – Lewandowski (2) – **Trainer:** Kovac
Schalke: Fährmann (3,5) – Caligiuri (4,5), Sané (4), Bruma (4), Oczipka (4) – McKennie (3,5), Rudy (5) – Serdar (5), Bentaleb (5), Konoplyanka (4,5) – Kutucu (3) – **Trainer:** Tedesco
Eingewechselt: 68. Ribery (-) für Coman, 78. Javi Martinez (-) für James, 89. Davies (-) für Gnabry – 33. Mascarell (4,5) für Rudy, 54. Harit (4,5) für Serdar, 73. Uth (-) für Kutucu
Tore: 1:0 Bruma (11., Eigentor, Rechtsschuss, Vorarbeit Lewandowski), 1:1 Kutucu (25., Rechtsschuss, McKennie), 2:1 Lewandowski (27., Rechtsschuss, James), 3:1 Gnabry (57., Kopfball, Lewandowski)
Chancenverhältnis: 9:6
Eckenverhältnis: 7:2
SR: Siebert (Berlin) – **Zuschauer:** 75 000 (ausverkauft) – **Gelbe Karten:** Lewandowski – Caligiuri, Bruma – **Spielnote:** 2,5

Auftakt zu einem ganz munteren, abwechslungsreichen Spielchen: Der junge Engländer Jadon Sancho macht das 1:0 gegen die Hoffenheimer Benjamin Hübner und Torhüter Oliver Baumann. Nach einer 3:0-Führung des BVB gelingt Hoffenheim später noch ein 3:3-Unentschieden.

10. Februar 2019
Werder Bremen – FC Augsburg 4:0 (3:0)
Bremen: Pavlenka (2) – Gebre Selassie (3), Langkamp (3), Moisander (3), Augustinsson (3) – Bargfrede (3,5) – M. Eggestein (3), Klaassen (2) – J. Eggestein (2,5), Kruse (2) – Rashica (1) – **Trainer:** Kohfeldt
Augsburg: Kobel (3) – Oxford (5), Khedira (5), Stafylidis (5) – Moravek (4,5), Baier (4,5) – Schmid (4,5), Ji (5), Max (5) – Gregoritsch (5), Finnbogason (4,5) – **Trainer:** Baum
Eingewechselt: 36. Möhwald (3) für Rashica, 77. Pizarro (-) für J. Eggestein, 88. Sargent (-) für Kruse – 53. Jensen (4) für Max, 68. Hahn (-) für Finnbogason, 88. Stanic (-) für Baier
Tore: 1:0 Rashica (5., Rechtsschuss, Vorarbeit Klaassen), 2:0 J. Eggestein (27., Rechtsschuss, Moisander), 3:0 Rashica (28., Rechtsschuss, Klaassen), 4:0 Möhwald (83., Rechtsschuss)
Chancenverhältnis: 7:5
Eckenverhältnis: 3:2
SR: Gräfe (Berlin) – **Zuschauer:** 40 138 – **Gelbe Karte:** Baier – **Spielnote:** 3

10. Februar 2019
Fortuna Düsseldorf – VfB Stuttgart 3:0 (1:0)
Düsseldorf: Rensing (3,5) – Zimmermann (3,5), Ayhan (3), Kaminski (4), Gießelmann (3) – Bodzek (3) – Zimmer (3), Fink (2,5), Stöger (2), Lukebakio (2) – Karaman (2,5) – **Trainer:** Funkel
Stuttgart: Zieler (3) – Pavard (5,5), Kabak (4), Kempf (4,5), Insua (5) – Ascacibar (4,5), Gentner (5) – Esswein (4,5), Zuber (5) – Didavi (4) – Gonzalez (5) – **Trainer:** Weinzierl
Eingewechselt: 65. Morales (-) für Fink, 76. Raman (-) für Zimmer, 82. Hennings (-) für Karaman – 46. Donis (4) für Zuber, 64. Thommy (-) für Gentner, 82. Akolo (-) für Esswein
Tore: 1:0 Karaman (34., Kopfball, Vorarbeit Lukebakio), 2:0 Fink (49., Rechtsschuss, Zimmer), 3:0 Raman (85., Rechtsschuss, Stöger)
Chancenverhältnis: 6:3
Eckenverhältnis: 5:4
SR: Dingert (Gries) – **Zuschauer:** 40 211 – **Gelbe Karten:** Kaminski, Stöger, Ayhan – Pavard, Ascacibar, Esswein, Kabak – **Rote Karte:** Gonzalez (90./+3, Tätlichkeit) – **Spielnote:** 4

22. SPIELTAG

15. Februar 2019
FC Augsburg – Bayern München 2:3 (2:2)
Augsburg: Kobel (4,5) – Oxford (5), Khedira (3,5), Danso (4) – Schmid (5), Moravek (4,5), Stafylidis (3), Max (2,5) – Ji (2,5) – Cordova (3,5), Gregoritsch (4) – **Trainer:** Baum
Bayern: Neuer (3) – Kimmich (4,5), Süle (5), Hummels (2,5), Alaba (2,5) – Thiago (3,5) – Goretzka (4) – James (4) – Gnabry (5), Lewandowski (3,5), Coman (1) – **Trainer:** Kovac
Eingewechselt: 69. Richter (-) für Stafylidis, 78. Koo (-) für Moravek – 56. Müller (4) für James, 64. Ribery (-) für Gnabry, 82. Javi Martinez (-) für Thiago
Tore: 1:0 Goretzka (1., Eigentor, Rechtsschuss, Vorarbeit Max), 1:1 Coman (17., Linksschuss, Kimmich), 2:1 Ji (23., Linksschuss, Gregoritsch), 2:2 Coman (45./+3, Linksschuss, Goretzka), 2:3 Alaba (53., Linksschuss, Coman)
Chancenverhältnis: 4:11
Eckenverhältnis: 1:9
SR: Steinhaus (Langenhagen) – **Zuschauer:** 30 660 (ausverkauft) – **Gelbe Karten:** Richter – Goretzka, Javi Martinez – **Spielnote:** 2,5

16. Februar 2019
VfL Wolfsburg – 1. FSV Mainz 05 3:0 (1:0)
Wolfsburg: Casteels (3,5) – William (3), Knoche (2,5), Brooks (3), Roussillon (3) – Guilavogui (2,5) – Gerhardt (3), Arnold (2) – Steffen (4), Brekalo (4,5) – Weghorst (3) – **Trainer:** Labbadia
Mainz: Müller (3) – Brosinski (4), Bell (3), Niakhaté (3,5), Aaron (4) – Kunde (4) – Gbamin (5), Latza (3) – Boetius (4,5) – Mateta (4,5), Quaison (5) – **Trainer:** Schwarz
Eingewechselt: 71. Mehmedi (-) für Steffen, 78. Klaus (-) für Brekalo, 85. Rexhbecaj (-) für Guilavogui – 60. Onisiwo (4,5) für Quaison, 77. Ujah (-) für Boetius, 77. Holtmann (-) für Latza
Tore: 1:0 Arnold (4., Linksschuss, Vorarbeit Brekalo), 2:0 Weghorst (69., Handelfmeter, Rechtsschuss), 3:0 Knoche (76., Linksschuss, Gerhardt)
Chancenverhältnis: 6:2
Eckenverhältnis: 4:7
SR: Cortus (Röthenbach a. d. Pegnitz) – **Zuschauer:** 20 334 – **Gelbe Karten:** Brekalo – Bell – **Spielnote:** 4

16. Februar 2019
VfB Stuttgart – RB Leipzig 1:3 (1:1)
Stuttgart: Zieler (3) – Kabak (4), Pavard (4), Kempf (4) – Beck (3,5), Insua (3,5) – Ascacibar (3,5), Castro (4) – Esswein (3,5), Zuber (4) – Gomez (3,5) – **Trainer:** Weinzierl
Leipzig: Gulacsi (2,5) – Klostermann (3,5), Konaté (3), Orban (2,5), Halstenberg (3,5) – Adams (2,5), Demme (3) – Sabitzer (2,5), Forsberg (4,5) – Poulsen (1,5), Werner (3,5) – **Trainer:** Rangnick
Eingewechselt: 74. Didavi (-) für Castro, 80. Donis (-) für Beck, 86. Sosa (-) für Insua – 59. Bruma (3) für Forsberg, 78. Ilsanker (-) für Werner, 90. Matheus Cunha (-) für Poulsen
Tore: 0:1 Poulsen (6., Linksschuss, Vorarbeit Werner), 1:1 Zuber (16., Handelfmeter, Rechtsschuss), 1:2 Sabitzer (68., direkter Freistoß, Rechtsschuss), 1:3 Poulsen (74., Rechtsschuss, Adams)
Chancenverhältnis: 4:4
Eckenverhältnis: 5:4
SR: Zwayer (Berlin) – **Zuschauer:** 46 072 – **Gelbe Karten:** Castro – Sabitzer – **Spielnote:** 3,5

16. Februar 2019
FC Schalke 04 – SC Freiburg 0:0
Schalke: Fährmann (2,5) – McKennie (3), Sané (4), Nastasic (4), Oczipka (4) – Serdar (5,5), Mascarell (4) – Harit (5,5), Matondo (5) – Uth (5) – Kutucu (5,5) – **Trainer:** Tedesco
Freiburg: Schwolow (3) – Kübler (3), Lienhart (4), Heintz (3), Günter (3) – Abrashi (3,5), Frantz (3) – Haberer (3,5), Grifo (3,5) – Höler (5), Petersen (4,5) – **Trainer:** Streich
Eingewechselt: 66. Bentaleb (-) für Harit, 84. Burgstaller (-) für Kutucu, 89. Bruma (-) für Matondo – 46. Waldschmidt (3) für Höler, 46. Gondorf (3) für Frantz, 88. Niederlechner (-) für Haberer
Chancenverhältnis: 0:4
Eckenverhältnis: 4:9
SR: Willenborg (Osnabrück) – **Zuschauer:** 58 271 – **Gelbe Karten:** Abrashi, Heintz – **Gelb-Rote Karte:** Günter (90./+2) – **Rote Karte:** Serdar (42., grobes Foulspiel) – **Spielnote:** 4,5

16. Februar 2019
TSG Hoffenheim – Hannover 96 3:0 (2:0)
Hoffenheim: Baumann (3) – Adams (3,5), Vogt (2,5), Posch (3) – Demirbay (1,5) – Kaderabek (3), Schulz (2) – Amiri (3) – Joelinton (2,5), Kramaric (3,5) – Belfodil (2) – **Trainer:** Nagelsmann
Hannover: Esser (2) – Anton (5), Felipe (5), Wimmer (4) – Korb (5), Bakalorz (5), Walace (5,5), Ostrzolek (4,5) – Haraguchi (4) – Jonathas (5,5), Müller (5) – **Trainer:** Doll
Eingewechselt: 74. Bittencourt (-) für Joelinton, 79. Szalai (-) für Kramaric, 85. Otto (-) für Belfodil – 46. Asano (5) für Bakalorz, 67. Schwegler (-) für Walace, 67. Wood (-) für Jonathas
Tore: 1:0 Joelinton (4., Rechtsschuss, Vorarbeit), 2:0 Belfodil (14., Rücken, Demirbay), 3:0 Demirbay (80., Rechtsschuss, Schulz)
Chancenverhältnis: 13:1
Eckenverhältnis: 10:6
SR: Siebert (Berlin) – **Zuschauer:** 23 404 – **Gelbe Karte:** Walace – **Spielnote:** 3

16. Februar 2019
Hertha BSC – Werder Bremen 1:1 (1:0)
Hertha: Jarstein (3) – Stark (3), Rekik (2,5), Torunarigha (3) – Lazaro (3), Mittelstädt (4) – Lustenberger (2,5) – Grujic (4) – Duda (2,5) – Kalou (3), Selke (2,5) – **Trainer:** Dardai
Bremen: Pavlenka (3,5) – Gebre Selassie (4), Langkamp (3), Moisander (4), Augustinsson (3) – Bargfrede (4) – M. Eggestein (4), Klaassen (4,5) – J. Eggestein (5), Kruse (4,5), Rashica (4,5) – **Trainer:** Kohfeldt
Eingewechselt: 57. Skjelbred (3,5) für Torunarigha, 81. Klünter (-) für Kalou, 90. Darida (-) für Duda – 61. Pizarro (-) für J. Eggestein, 75. Möhwald (-) für Bargfrede, 75. Sargent (-) für Rashica
Tore: 1:0 Selke (25., Rechtsschuss, Vorarbeit Kalou), 1:1 Pizarro (90./+6, direkter Freistoß, Rechtsschuss)
Chancenverhältnis: 4:1
Eckenverhältnis: 4:3
SR: Storks (Velen) – **Zuschauer:** 49 627 – **Gelbe Karten:** Rekik, Lazaro, Ibisevic – Langkamp, Bargfrede, Klaassen – **Spielnote:** 3,5

17. Februar 2019
Eintracht Frankfurt – Bor. Mönchengladbach 1:1 (1:0)
Frankfurt: Trapp (3) – Hinteregger (3), Hasebe (3), Ndicka (3,5) – Fernandes (3,5) – da Costa (2,5), de Guzman (4), Gacinovic (4,5), Kostic (3) – Haller (4), Rebic (3,5) – **Trainer:** Hütter
Gladbach: Sommer (3) – Johnson (3), Ginter (3,5), Elvedi (3), Wendt (4) – Kramer (3) – Zakaria (3), Neuhaus (4) – Herrmann (3,5), Hazard (4) – Stindl (4) – **Trainer:** Hecking
Eingewechselt: 78. Willems (-) für Fernandes, 84. Jovic (-) für Rebic, 89. Paciencia (-) für Haller – 67. Plea (-) für Herrmann, 67. Drmic (-) für Neuhaus, 77. Strobl (-) für Kramer
Tore: 1:0 da Costa (45./+1, Rechtsschuss, Vorarbeit de Guzman), 1:1 Zakaria (82., Rechtsschuss, Strobl)
Chancenverhältnis: 4:7
Eckenverhältnis: 8:7
SR: Aytekin (Oberasbach) – **Zuschauer:** 51 500 (ausverkauft) – **Gelbe Karten:** Gacinovic, Hasebe, de Guzman – Kramer – **Spielnote:** 3,5

17. Februar 2019
Bayer 04 Leverkusen – Fortuna Düsseldorf 2:0 (1:0)
Leverkusen: Hradecky (3) – Weiser (3), Tah (3), Dragovic (3), Wendell (3,5) – Aranguiz (2,5) – Havertz (2), Brandt (2,5) – Bellarabi (-), Bailey (3) – Volland (3) – **Trainer:** Bosz
Düsseldorf: Drobny (3) – Zimmer (-), Kaminski (3,5), Hoffmann (3,5), Suttner (3,5) – Zimmermann (4), Morales (4) – Lukebakio (5), Gießelmann (4) – Fink (4) – Karaman (5) – **Trainer:** Funkel
Eingewechselt: 15. Alario (3) für Bellarabi, 80. Baumgartlinger (-) für Brandt, 89. Paulinho (-) für Volland – 27. Barkok (4) für Zimmer, 64. Raman (-) für Suttner, 75. Kownacki (-) für Fink
Tore: 1:0 Havertz (18., Linksschuss, Vorarbeit Volland), 2:0 Bailey (66., Linksschuss, Weiser)
Chancenverhältnis: 5:3
Eckenverhältnis: 5:4
SR: Schmidt (Stuttgart) – **Zuschauer:** 27 717 – **Gelbe Karten:** Dragovic – Fink, Lukebakio, Hoffmann – **Spielnote:** 3,5

18. Februar 2019
1. FC Nürnberg – Borussia Dortmund 0:0
Nürnberg: Mathenia (1,5) – Valentini (4), Mühl (3,5), Ewerton (2,5), Leibold (3,5) – Petrak (3,5) – Löwen (3,5), Behrens (3) – Kubo (4,5), Matheus Pereira (3,5) – Zrelak (4,5) – **Trainer:** Schommers
Dortmund: Bürki (2,5) – Wolf (4), Weigl (3), Zagadou (4), Diallo (4) – Witsel (3,5), Delaney (4) – Sancho (3,5), Philipp (5), Guerreiro (4,5) – Götze (2) – **Trainer:** Favre
Eingewechselt: 66. Ishak (-) für Zrelak, 77. Bauer (-) für Löwen, 85. Palacios (-) für Kubo – 63. Paco Alcacer (-) für Philipp, 80. Bruun Larsen (-) für Delaney
Chancenverhältnis: 3:8
Eckenverhältnis: 3:11
SR: Osmers (Hannover) – **Zuschauer:** 50 000 (ausverkauft) – **Gelbe Karten:** Mathenia – Witsel – **Spielnote:** 4

23. SPIELTAG

22. Februar 2019
Werder Bremen – VfB Stuttgart 1:1 (1:1)
Bremen: Pavlenka (2) – Gebre Selassie (3), Langkamp (3), Moisander (3,5), Augustinsson (3,5) – Sahin (4) – M. Eggestein (3,5), Klaassen (2,5) – Kruse (3,5) – Sargent (5), Rashica (2,5) – **Trainer:** Kohfeldt
Stuttgart: Zieler (2,5) – Kabak (3), Pavard (3), Kempf (3) – Beck (3), Castro (3), Insua (4) – Ascacibar (3), Zuber (2,5) – Esswein (3,5), Gomez (4,5) – **Trainer:** Weinzierl
Eingewechselt: 61. Pizarro (-) für Sargent, 72. J. Eggestein (-) für Sahin, 84. Möhwald (-) für Klaassen – 46. Gentner (3,5) für Kempf, 58. Donis (4) für Gomez, 81. Badstuber (-) für Zuber
Tore: 0:1 Zuber (2., Rechtsschuss, Vorarbeit Gomez), 1:1 Klaassen (45., Rechtsschuss, Kruse)
Chancenverhältnis: 5:5
Eckenverhältnis: 4:2
SR: Hartmann (Wangen) – **Zuschauer:** 42 000 – **Gelbe Karten:** Moisander – Kabak, Zieler, Donis – **Spielnote:** 3,5

23. Februar 2019
SC Freiburg – FC Augsburg 5:1 (3:0)
Freiburg: Schwolow (2,5) – Kübler (3,5), Lienhart (2), Heintz (2,5), Okoroji (3,5) – Frantz (2,5), Abrashi (2) – Haberer (1,5), Grifo (1,5) – Waldschmidt (2), Petersen (1,5) – **Trainer:** Streich
Augsburg: Kobel (2) – Schmid (4), Oxford (5), Khedira (5), Stafylidis (5,5) – Koo (5,5), Baier (5) – Ji (4,5), Gregoritsch (5), Max (5) – Cordova (5) – **Trainer:** Baum
Eingewechselt: 81. Niederlechner (-) für Waldschmidt, 86. Gondorf (-) für Frantz, 86. Stenzel (-) für Okoroji – 46. Danso (4) für Baier, 73. Jensen (-) für Max
Tore: 1:0 Petersen (9., Linksschuss, Vorarbeit Schwolow), 2:0 Grifo (30., direkter Freistoß, Rechtsschuss), 3:0 Petersen (43., Kopfball, Grifo), 3:1 Khedira (52., Rechtsschuss, Ji), 4:1 Waldschmidt (64., Linksschuss, Haberer), 5:1 Niederlechner (85., Rechtsschuss, Haberer)
Chancenverhältnis: 14:5
Eckenverhältnis: 8:1
SR: Welz (Wiesbaden) – **Zuschauer:** 23 600 – **Gelbe Karten:** Baier, Koo, Ji – **Rote Karte:** Oxford (90./+1, grobes Foulspiel) – **Spielnote:** 2

23. Februar 2019
1. FSV Mainz 05 – FC Schalke 04 3:0 (1:0)
Mainz: Müller (3) – Donati (3,5), Bell (2,5), Niakhaté (3), Aaron (2) – Gbamin (2,5) – Öztunali (4), Latza (2,5) – Boetius (3) – Onisiwo (1), Ujah (3,5) – **Trainer:** Schwarz
Schalke: Nübel (3) – Bruma (5,5), Sané (5,5), Nastasic (5) – Caligiuri (5,5), Oczipka (5) – Mascarell (5) – Bentaleb (4,5), Rudy (5) – Uth (5), Skrzybski (5) – **Trainer:** Tedesco
Eingewechselt: 64. Mateta (-) für Ujah, 86. Maxim (-) für Boetius, 90./+1 Bungert (-) für Aaron – 56. Harit (5) für Mascarell, 63. Kutucu (-) für Skrzybski, 69. Wright (-) für Bruma
Tore: 1:0 Onisiwo (18., Rechtsschuss, Vorarbeit Latza), 2:0 Mateta (73., Kopfball, Aaron), 3:0 Onisiwo (84., Linksschuss, Latza)
Chancenverhältnis: 10:2
Eckenverhältnis: 1:3
SR: Jablonski (Bremen) – **Zuschauer:** 26 005 – **Gelbe Karten:** Latza, Öztunali, Boetius, Onisiwo – Bruma, Caligiuri – **Spielnote:** 2,5

23. Februar 2019
Bayern München – Hertha BSC 1:0 (0:0)
Bayern: Neuer (3) – Kimmich (3,5), Süle (3,5), Boateng (3), Alaba (3) – Javi Martinez (2), Goretzka (4,5) – James (3) – Gnabry (4,5), Ribery (4,5) – Lewandowski (4) – **Trainer:** Kovac
Hertha: Jarstein (4,5) – Stark (2,5), Lustenberger (3), Rekik (4) – Lazaro (4), Mittelstädt (4) – Grujic (3,5), Maier (3,5) – Duda (4,5) – Kalou (4,5), Selke (3,5) – **Trainer:** Dardai
Eingewechselt: 46. Thiago (3) für Goretzka, 58. Coman (-) für Ribery, 67. Müller (-) für Coman – 79. Jastrzembski (-) für Kalou, 79. Dardai (-) für Maier
Tor: 1:0 Javi Martinez (62., Kopfball, Vorarbeit James)
Chancenverhältnis: 4:2
Eckenverhältnis: 11:3
SR: Osmers (Hannover) – **Zuschauer:** 75 000 (ausverkauft) – **Gelbe Karten:** Kimmich, James – **Rote Karte:** Rekik (84., Tätlichkeit) – **Spielnote:** 4

23. Februar 2019

Bor. Mönchengladbach – VfL Wolfsburg 0:3 (0:1)

Gladbach: Sommer (3) – Johnson (4), Ginter (3), Elvedi (5), Wendt (4,5) – Kramer (3,5) – Neuhaus (3), Zakaria (4) – Herrmann (4,5), Hazard (3,5), Stindl (3,5) – **Trainer:** Hecking
Wolfsburg: Casteels (2) – William (4), Knoche (3,5), Brooks (3), Roussillon (2,5) – Guilavogui (2) – Gerhardt (2,5), Arnold (3) – Steffen (4), Brekalo (4), Weghorst (3,5) – **Trainer:** Labbadia
Eingewechselt: 46. Hofmann (3) für Zakaria, 66. Plea (-) für Herrmann, 82. Drmic (-) für Neuhaus – 64. Mehmedi (2) für Brekalo, 78. Rexhbecaj (-) für Steffen, 84. Klaus (-) für Weghorst
Tore: 0:1 Gerhardt (38., Linksschuss, Vorarbeit Roussillon), 0:2 Mehmedi (68., Linksschuss, Casteels), 0:3 Mehmedi (83., Kopfball, Brooks)
Chancenverhältnis: 5:3
Eckenverhältnis: 12:1
SR: Dr. Kampka (Mainz) – **Zuschauer:** 48 041 – **Gelbe Karten:** Neuhaus, Stindl – Brekalo – **Spielnote:** 3

23. Februar 2019

Fortuna Düsseldorf – 1. FC Nürnberg 2:1 (0:1)

Düsseldorf: Drobny (3) – Zimmermann (4), Ayhan (2,5), Kaminski (3), Gießelmann (3,5) – Morales (3,5), Stöger (2,5) – Raman (4), Lukebakio (3,5) – Karaman (5), Kownacki (4) – **Trainer:** Funkel
Nürnberg: Mathenia (2) – Valentini (4), Mühl (4,5), Ewerton (5), Leibold (4,5) – Petrak (4) – Behrens (3), Löwen (3,5) – Matheus Pereira (6), Kubo (5) – Zrelak (4,5) – **Trainer:** Schommers
Eingewechselt: 62. Hennings (-) für Kownacki, 62. Ducksch (-) für Karaman, 79. Usami (-) für Raman – 46. Misidjan (4) für Kubo, 68. Ishak (-) für Zrelak, 79. Jäger (-) für Behrens
Tore: 0:1 Löwen (41., Rechtsschuss, Vorarbeit), 1:1 Ewerton (62., Eigentor, Kopfball, Lukebakio), 2:1 Ayhan (84., Kopfball, Stöger)
Chancenverhältnis: 7:1
Eckenverhältnis: 7:3
SR: S. Stegemann (Niederkassel) – **Zuschauer:** 41 816 – **Gelbe Karten:** Ayhan, Morales, Stöger – Behrens, Mathenia, Leibold, Ewerton – **Rote Karte:** Matheus Pereira (4., Tätlichkeit) – **Spielnote:** 4

24. Februar 2019

Hannover 96 – Eintracht Frankfurt 0:3 (0:0)

Hannover: Esser (2,5) – Anton (5), Felipe (4), Wimmer (4,5) – Haraguchi (5), Schwegler (5), Bakalorz (4), Ostrzolek (4) – Asano (5), Müller (5) – Weydandt (4,5) – **Trainer:** Doll
Frankfurt: Trapp (3) – Touré (3), Hinteregger (2,5), Ndicka (3) – da Costa (3,5), Hasebe (3), Rode (3), Kostic (2) – Rebic (2,5) – Haller (3), Jovic (2) – **Trainer:** Hütter
Eingewechselt: 65. Wood (-) für Bakalorz, 65. Muslija (-) für Müller, 75. Jonathas (-) für Asano – 75. Willems (-) für Rode, 86. Paciencia (-) für Haller, 90./+1 Gacinovic (-) für Rebic
Tore: 0:1 Rebic (54., Linksschuss, Vorarbeit Jovic), 0:2 Jovic (63., Kopfball, Kostic), 0:3 Kostic (90., Linksschuss, Jovic)
Chancenverhältnis: 1:9
Eckenverhältnis: 3:5
SR: Fritz (Korb) – **Zuschauer:** 39 100 – **Gelbe Karten:** Felipe – da Costa – **Spielnote:** 4

24. Februar 2019

Borussia Dortmund – Bayer 04 Leverkusen 3:2 (2:1)

Dortmund: Bürki (2) – Hakimi (3), Akanji (3), Zagadou (2,5), Diallo (3) – Weigl (4), Witsel (3,5) – Sancho (2), Götze (2,5), Guerreiro (4) – Paco Alcacer (4) – **Trainer:** Favre
Leverkusen: Hradecky (3,5) – Weiser (3), Tah (2,5), S. Bender (3), Jedvaj (5) – Baumgartlinger (2,5) – Aranguiz (3), Brandt (2) – Havertz (2), Bailey (4) – Volland (2,5) – **Trainer:** Bosz
Eingewechselt: 75. Bruun Larsen (-) für Guerreiro, 83. Dahoud (-) für Götze, 90. Wolf (-) für Paco Alcacer – 70. Alario (-) für Bailey
Tore: 1:0 Zagadou (30., Linksschuss, Vorarbeit Sancho), 1:1 Volland (37., Linksschuss, Havertz), 2:1 Sancho (38., Rechtsschuss, Diallo), 3:1 Götze (60., Rechtsschuss), 3:2 Tah (75., Kopfball, Brandt)
Chancenverhältnis: 5:6
Eckenverhältnis: 3:8
SR: Dingert (Gries) – **Zuschauer:** 81 029 – **Gelbe Karten:** Guerreiro – Jedvaj, Tah – **Spielnote:** 1,5

25. Februar 2019

RB Leipzig – TSG Hoffenheim 1:1 (0:1)

Leipzig: Gulacsi (2,5) – Konaté (3,5), Ilsanker (4,5), Orban (3) – Klostermann (3,5), Demme (4,5), Halstenberg (2,5) – Sabitzer (3,5), Laimer (3) – Poulsen (3,5), Matheus Cunha (4) – **Trainer:** Rangnick
Hoffenheim: Baumann (2,5) – Kaderabek (3,5), Adams (3), Posch (3), Schulz (3,5) – Grillitsch (2,5) – Demirbay (3,5), Amiri (4,5) – Joelinton (3) – Belfodil (3,5), Kramaric (3) – **Trainer:** Nagelsmann
Eingewechselt: 46. Adams (3) für Ilsanker, 61. Kampl (-) für Demme, 75. Augustin (-) für Matheus Cunha – 64. Bicakcic (-) für Amiri, 69. Szalai (-) für Belfodil, 82. Nelson (-) für Joelinton
Tore: 0:1 Kramaric (22., Rechtsschuss, Vorarbeit Joelinton), 1:1 Orban (89., Rechtsschuss, Halstenberg)
Chancenverhältnis: 7:3
Eckenverhältnis: 6:4
SR: Dr. Brych (München) – **Zuschauer:** 33 569 – **Gelbe Karte:** Kaderabek – **Spielnote:** 3

24. SPIELTAG

1. März 2019

FC Augsburg – Borussia Dortmund 2:1 (1:0)

Augsburg: Kobel (1) – Schmid (3,5), Danso (4), Khedira (3), Stafylidis (-) – Baier (2,5) – Koo (3), Gregoritsch (3,5) – Hahn (2,5), Max (3) – Ji (1) – **Trainer:** Baum
Dortmund: Bürki (3) – Hakimi (5,5), Akanji (3), Zagadou (5,5), Diallo (4,5) – Witsel (4,5), Delaney (4) – Sancho (4), Reus (4), Bruun Larsen (4,5) – Götze (2) – **Trainer:** Favre
Eingewechselt: 17. Teigl (5) für Stafylidis, 83. Cordova (-) für Ji, 89. Götze (-) für Baier – 66. Paco Alcacer (-) für Reus, 66. Guerreiro (-) für Delaney, 76. Philipp (-) für Bruun Larsen
Tore: 1:0 Ji (24., Linksschuss, Vorarbeit Hahn), 2:0 Ji (68., Linksschuss), 2:1 Paco Alcacer (81., Rechtsschuss, Götze)
Chancenverhältnis: 3:8
Eckenverhältnis: 1:4
SR: Stieler (Hamburg) – **Zuschauer:** 30 660 (ausverkauft) – **Gelbe Karten:** Hahn – Guerreiro, Hakimi – **Spielnote:** 2

2. März 2019

1. FC Nürnberg – RB Leipzig 0:1 (0:1)

Nürnberg: Mathenia (2,5) – Valentini (3,5), Mühl (3,5), Ewerton (3), Leibold (3) – Erras (3,5) – Behrens (4,5) – Löwen (4) – Kubo (5), Kerk (4,5) – Ishak (4,5) – **Trainer:** Schommers
Leipzig: Gulacsi (3) – Klostermann (2), Konaté (4), Orban (2,5), Halstenberg (2,5) – Adams (4), Kampl (3) – Sabitzer (3), Laimer (4) – Matheus Cunha (4,5), Poulsen (3,5) – **Trainer:** Rangnick
Eingewechselt: 66. Misidjan (-) für Kerk, 81. Knöll (-) für Kubo – 86. Ilsanker (-) für Matheus Cunha, 90./+2 Mukiele (-) für Kampl, 90./+3 Bruma (-) für Sabitzer
Tor: 0:1 Klostermann (40., Rechtsschuss, Vorarbeit Konaté)
Chancenverhältnis: 2:6
Eckenverhältnis: 5:8
SR: Schlager (Hügelsheim) – **Zuschauer:** 34 532 – **Gelbe Karten:** Leibold, Behrens – Sabitzer, Konaté, Kampl – **Besonderes Vorkommnis:** Behrens schießt Foulelfmeter an die Latte (10.) – **Spielnote:** 4

2. März 2019

Eintracht Frankfurt – TSG Hoffenheim 3:2 (1:1)

Frankfurt: Trapp (3) – Touré (4), Hinteregger (3), Ndicka (3,5) – da Costa (3,5), Kostic (2,5) – Rode (2), Hasebe (2,5) – Gacinovic (3) – Haller (2), Rebic (3) – **Trainer:** Hütter
Hoffenheim: Baumann (2) – Adams (5), Grillitsch (2,5), Posch (2,5) – Brenet (3,5), Schulz (3) – Demirbay (3,5) – Amiri (4), Kramaric (3) – Joelinton (3) – Belfodil (2,5) – **Trainer:** Nagelsmann
Eingewechselt: 46. Jovic (2,5) für Rebic, 69. Willems (-) für Touré, 80. Paciencia (-) für Rode – 37. Szalai (2,5) für Demirbay, 78. Nelson (-) für Belfodil, 82. Amade (-) für Amiri
Tore: 1:0 Kostic (20., direkter Freistoß, Linksschuss, Vorarbeit), 1:1 Joelinton (43., Rechtsschuss, Szalai), 1:2 Belfodil (60., Rechtsschuss, Adams), 2:2 Haller (89., Kopfball, Gacinovic), 3:2 Paciencia (90./+6, Kopfball, Haller)
Chancenverhältnis: 8:7
Eckenverhältnis: 4:3
SR: Gräfe (Berlin) – **Zuschauer:** 49 500 – **Gelbe Karte:** Kramaric – **Gelb-Rote Karte:** Adams (65.) – **Spielnote:** 1,5

2. März 2019

FC Schalke 04 – Fortuna Düsseldorf 0:4 (0:1)

Schalke: Nübel (5) – Bruma (5,5), Sané (6), Nastasic (5,5) – Caligiuri (5,5), Mendyl (6) – Stambouli (5,5), Bentaleb (6) – Uth (5,5), Burgstaller (5), Harit (6) – **Trainer:** Tedesco
Düsseldorf: Rensing (2,5) – Zimmermann (2), Ayhan (2,5), Kaminski (2,5), Gießelmann (3) – Barkok (2,5), Sobottka (3) – Fink (3) – Raman (1,5), Kownacki (1,5) – Lukebakio (1,5) – **Trainer:** Funkel
Eingewechselt: 46. Skrzybski (5) für Nastasic, 61. Kutucu (-) für Burgstaller, 77. Embolo (-) für Uth – 71. Hoffmann (-) für Sobottka, 76. Usami (-) für Raman, 86. Ducksch (-) für Lukebakio
Tore: 0:1 Lukebakio (35., Handelfmeter, Linksschuss, Vorarbeit), 0:2 Kownacki (62., Linksschuss, Raman), 0:3 Raman (68., Linksschuss, Lukebakio), 0:4 Kownacki (84., Rechtsschuss, Usami)
Chancenverhältnis: 1:5
Eckenverhältnis: 1:1
SR: Dr. Brych (München) – **Zuschauer:** 60 322 – **Gelbe Karten:** Burgstaller, Uth, Nastasic, Bruma – Sobottka, Kownacki – **Spielnote:** 2,5

2. März 2019

Bayer 04 Leverkusen – SC Freiburg 2:0 (1:0)

Leverkusen: Hradecky (2,5) – Weiser (4), Tah (2,5), S. Bender (2), Jedvaj (3,5) – Baumgartlinger (2,5), Aranguiz (2) – Havertz (2,5), Brandt (2), Bailey (2,5) – Volland (2,5) – **Trainer:** Bosz
Freiburg: Schwolow (2) – Kübler (4,5), Lienhart (4), Heintz (3), Günter (4) – Frantz (3), Abrashi (4) – Haberer (3,5), Grifo (3,5) – Waldschmidt (4,5), Petersen (4) – **Trainer:** Streich
Eingewechselt: 22. Dragovic (2,5) für S. Bender, 85. Kohr (-) für Havertz, 87. Paulinho (-) für Bailey – 68. Niederlechner (-) für Waldschmidt, 74. Gondorf (-) für Frantz, 81. Höler (-) für Abrashi
Tore: 1:0 Aranguiz (4., Rechtsschuss, Vorarbeit), 2:0 Bailey (73., Linksschuss, Volland)
Chancenverhältnis: 10:2
Eckenverhältnis: 7:2
SR: Winkmann (Kerken) – **Zuschauer:** 26 607 – **Spielnote:** 2,5

2. März 2019

Hertha BSC – 1. FSV Mainz 05 2:1 (0:0)

Hertha: Jarstein (3) – Stark (3), Lustenberger (3), Torunarigha (3,5) – Lazaro (3), Mittelstädt (4) – Grujic (3,5), Maier (3,5) – Duda (3,5) – Kalou (5), Selke (3,5) – **Trainer:** Dardai
Mainz: Müller (3) – Donati (4), Bell (3,5), Niakhaté (5), Aaron (4,5) – Gbamin (3,5) – Öztunali (3), Latza (4) – Quaison (3,5) – Ujah (3,5), Onisiwo (4) – **Trainer:** Schwarz
Eingewechselt: 67. Ibisevic (-) für Selke, 77. Leckie (-) für Kalou, 90./+3 Baak (-) für Duda – 65. Mateta (-) für Onisiwo, 79. Maxim (-) für Latza, 87. Kunde (-) für Donati
Tore: 0:1 Stark (46., Eigentor, Kopfball, Vorarbeit Öztunali), 1:1 Grujic (50., Rechtsschuss, Selke), 2:1 Stark (60., Rechtsschuss, Lazaro)
Chancenverhältnis: 4:5
Eckenverhältnis: 4:1
SR: Aytekin (Oberasbach) – **Zuschauer:** 33 981 – **Gelbe Karten:** Bell, Donati – **Spielnote:** 4

2. März 2019

Bor. Mönchengladbach – Bayern München 1:5 (1:2)

Gladbach: Sommer (1,5) – Lang (5,5), Ginter (4,5), Elvedi (6), Wendt (4,5) – Kramer (5) – Neuhaus (5), Hofmann (4,5) – Hazard (3,5), Stindl (3), Plea (5) – **Trainer:** Hecking
Bayern: Neuer (3) – Kimmich (2), Süle (3), Boateng (3,5), Rafinha (3) – Javi Martinez (2), Thiago (2) – James (2) – Müller (2), Gnabry (2) – Lewandowski (1,5) – **Trainer:** Kovac
Eingewechselt: 65. Zakaria (-) für Neuhaus, 72. Raffael (-) für Hofmann, 76. Johnson (-) für Lang – 80. Renato Sanches (-) für James, 83. Davies (-) für Gnabry, 86. Jeong (-) für Müller
Tore: 0:1 Javi Martinez (2., Kopfball, Vorarbeit James), 0:2 Müller (11., Rechtsschuss, Gnabry), 1:2 Stindl (37., Linksschuss, Hazard), 1:3 Lewandowski (47., Rechtsschuss, Thiago), 1:4 Gnabry (75., Rechtsschuss), 1:5 Lewandowski (90./+1, Foulelfmeter, Rechtsschuss, Kimmich)
Chancenverhältnis: 4:11
Eckenverhältnis: 1:9
SR: Zwayer (Berlin) – **Zuschauer:** 54 022 (ausverkauft) – **Gelbe Karten:** Hofmann, Kramer – Boateng, Thiago – **Spielnote:** 1,5

3. März 2019

VfB Stuttgart – Hannover 96 5:1 (3:0)

Stuttgart: Zieler (3) – Kabak (1,5), Pavard (2), Kempf (3) – Beck (3), Castro (2), Insua (3,5) – Ascacibar (3), Zuber (1,5) – Esswein (4) – Gomez (3,5) – **Trainer:** Weinzierl
Hannover: Esser (2,5) – Sorg (5), Felipe (5,5), Wimmer (6) – Haraguchi (4), Schwegler (5), Anton (6), Albornoz (5) – Asano (5) – Weydandt (5), Wood (5) – **Trainer:** Doll
Eingewechselt: 73. Gentner (-) für Gomez, 84. Thommy (-) für Zuber, 88. Donis (-) für Esswein – 46. Jonathas (4) für Weydandt, 46. Bakalorz (3) für Felipe, 75. Müller (-) für Schwegler
Tore: 1:0 Gomez (4., Linksschuss, Vorarbeit Zuber), 2:0 Kabak (16., Kopfball, Castro), 3:0 Kabak (45., Kopfball, Castro), 3:1 Jonathas (68., Kopfball, Haraguchi), 4:1 Zuber (78., Rechtsschuss), 5:1 Zuber (81., Rechtsschuss, Gentner)
Chancenverhältnis: 9:1
Eckenverhältnis: 7:0
SR: Dankert (Rostock) – **Zuschauer:** 55 781 – **Gelbe Karten:** Esswein, Zuber – Sorg, Bakalorz – **Spielnote:** 2,5

3. März 2019

VfL Wolfsburg – Werder Bremen 1:1 (0:0)

Wolfsburg: Casteels (3) – William (4), Knoche (3), Brooks (2), Roussillon (3) – Guilavogui (2,5) – Gerhardt (3), Arnold (2) – Mehmedi (3,5) – Klaus (4), Weghorst (3) – **Trainer:** Labbadia
Bremen: Pavlenka (4) – Gebre Selassie (3,5), Langkamp (3), Moisander (3,5), Augustinsson (3,5) – Bargfrede (4) – M. Eggestein (3), Klaassen (4) – J. Eggestein (4), Rashica (5) – Kruse (3) – **Trainer:** Kohfeldt
Eingewechselt: 46. Pervan (3) für Casteels, 78. Rexhbecaj (-) für Klaus – 42. Veljkovic (3,5) für Langkamp, 68. Pizarro (-) für Rashica, 82. Möhwald (-) für Bargfrede
Tore: 1:0 Brooks (54., Kopfball, Vorarbeit Arnold), 1:1 Kruse (74., Linksschuss, M. Eggestein)
Chancenverhältnis: 4:5
Eckenverhältnis: 6:4
SR: Siebert (Berlin) – **Zuschauer:** 28 101 – **Gelbe Karten:** M. Eggestein, Augustinsson – **Spielnote:** 3

25. SPIELTAG

8. März 2019

Werder Bremen – FC Schalke 04 4:2 (1:1)

Bremen: Pavlenka (2) – Gebre Selassie (4), Veljkovic (3,5), Moisander (4), Augustinsson (6) – Bargfrede (3,5) – M. Eggestein (2,5), Klaassen (3) – Kruse (2) – Pizarro (4,5), Rashica (2) – **Trainer:** Kohfeldt
Schalke: Nübel (3) – Bruma (4,5), Stambouli (4), Nastasic (4) – Caligiuri (5), McKennie (3,5), Bentaleb (5), Oczipka (4) – Skrzybski (3,5) – Embolo (2), Burgstaller (4) – **Trainer:** Tedesco
Eingewechselt: 67. Harnik (-) für Pizarro, 84. Bartels (-) für Rashica, 90./+1 Möhwald (-) für Kruse – 73. Kutucu (-) für Bentaleb, 79. Matondo (-) für Skrzybski, 87. Sané (-) für Caligiuri
Tore: 0:1 Embolo (26., Linksschuss, Vorarbeit McKennie), 1:1 Rashica (31., Linksschuss, Kruse), 2:1 Kruse (51., Foulelfmeter, Linksschuss, Kruse), 3:1 Rashica (73., Rechtsschuss, M. Eggestein), 3:2 Embolo (85., Kopfball, Oczipka), 4:2 Harnik (90./+4, Rechtsschuss, Möhwald)

Chancenverhältnis: 8:7
Eckenverhältnis: 4:5
SR: Petersen (Stuttgart) – **Zuschauer:** 42 100 (ausverkauft) – **Gelbe Karten:** M. Eggestein, Veljkovic – Bentaleb – **Spielnote:** 2

9. März 2019
Borussia Dortmund – VfB Stuttgart 3:1 (0:0)

Dortmund: Bürki (3) – Wolf (4), Akanji (3), Diallo (4,5), Hakimi (4) – Witsel (3) – Götze (2), Reus (3) – Sancho (3,5), Guerreiro (3) – Paco Alcacer (3,5) – **Trainer:** Favre
Stuttgart: Zieler (2,5) – Kabak (3,5), Pavard (2,5), Kempf (3,5) – Beck (3), Castro (3), Insua (4) – Ascacibar (3), Zuber (4) – Esswein (3,5) – Gonzalez (4) – **Trainer:** Weinzierl
Eingewechselt: 79. Pulisic (2) für Guerreiro, 88. Zagadou (-) für Wolf, 90./+1 Delaney (-) für Paco Alcacer – 70. Donis (-) für Zuber, 74. Gentner (-) für Gonzalez, 88. Gomez (-) für Insua
Tore: 1:0 Reus (62., Foulelfmeter, Rechtsschuss, Vorarbeit Sancho), 1:1 Kempf (71., Kopfball, Castro), 2:1 Paco Alcacer (84., Linksschuss, Pulisic), 3:1 Pulisic (90./+2, Linksschuss, Götze)
Chancenverhältnis: 8:3
Eckenverhältnis: 7:1
SR: Cortus (Röthenbach a. d. Pegnitz) – **Zuschauer:** 81 365 (ausverkauft) – **Gelbe Karten:** Reus, Wolf, Witsel – Zuber, Insua, Ascacibar – **Spielnote:** 3,5

9. März 2019
RB Leipzig – FC Augsburg 0:0

Leipzig: Gulacsi (2) – Klostermann (3,5), Konaté (3,5), Orban (3), Halstenberg (4) – Adams (3,5), Kampl (4,5) – Sabitzer (3), Laimer (4,5) – Matheus Cunha (4), Werner (4,5) – **Trainer:** Rangnick
Augsburg: Kobel (2,5) – Schmid (3,5), Danso (2,5), Khedira (2), Max (3) – Teigl (4,5), Baier (3,5), Jensen (4,5) – Koo (4,5), Gregoritsch (4) – Cordova (5) – **Trainer:** Baum
Eingewechselt: 58. Forsberg (4,5) für Matheus Cunha, 73. Bruma (-) für Adams, 81. Augustin (-) für Laimer – 59. Richter (4) für Cordova, 83. Janker (-) für Jensen
Chancenverhältnis: 6:1
Eckenverhältnis: 7:4
SR: Jablonski (Bremen) – **Zuschauer:** 38 590 – **Gelbe Karten:** Konaté – Danso – **Spielnote:** 5

9. März 2019
Bayern München – VfL Wolfsburg 6:0 (2:0)

Bayern: Neuer (3) – Kimmich (2), Boateng (2), Hummels (2), Rafinha (3) – Thiago (2,5), Javi Martinez (3) – Müller (2), James (1,5), Gnabry (2) – Lewandowski (1,5) – **Trainer:** Kovac
Wolfsburg: Casteels (2,5) – William (6), Knoche (5,5), Brooks (6), Roussillon (4,5) – Guilavogui (5) – Gerhardt (5), Arnold (5) – Mehmedi (5,5), Brekalo (5,5) – Weghorst (5) – **Trainer:** Labbadia
Eingewechselt: 54. Ribery (1,5) für Gnabry, 55. Goretzka (3) für Javi Martinez, 74. Renato Sanches (-) für James – 55. Steffen (5) für Mehmedi, 68. Rexhbecaj (-) für Arnold, 83. Malli (-) für Gerhardt
Tore: 1:0 Gnabry (34., Rechtsschuss, Vorarbeit Müller), 2:0 Lewandowski (37., Rechtsschuss, Gnabry), 3:0 James (52., Linksschuss, Thiago), 4:0 Müller (76., Linksschuss, Ribery), 5:0 Kimmich (82., Kopfball, Ribery), 6:0 Lewandowski (85., Kopfball, Ribery)
Chancenverhältnis: 13:1
Eckenverhältnis: 7:2
SR: S. Stegemann (Niederkassel) – **Zuschauer:** 75 000 (ausverkauft) – **Gelbe Karte:** Rexhbecaj – **Spielnote:** 3

9. März 2019
SC Freiburg – Hertha BSC 2:1 (1:0)

Freiburg: Schwolow (3) – Kübler (-), Lienhart (3), Heintz (3,5), Günter (3,5) – Frantz (3,5), Abrashi (3,5) – Haberer (3), Grifo (2,5) – Waldschmidt (4) – Petersen (2,5) – **Trainer:** Streich
Hertha: Jarstein (3) – Stark (3), Rekik (4), Torunarigha (4) – Klünter (3,5), Lustenberger (4), Grujic (3), Mittelstädt (4) – Duda (3,5) – Ibisevic (3), Kalou (4) – **Trainer:** Dardai
Eingewechselt: 30. Stenzel (4) für Kübler, 46. N. Schlotterbeck (2,5) für Lienhart, 89. Gondorf (-) für Waldschmidt – 46. Maier (2,5) für Lustenberger, 63. Jastrzembski (-) für Mittelstädt
Tore: 1:0 Petersen (27., Kopfball, Vorarbeit Grifo), 1:1 Ibisevic (76., Rechtsschuss, Torunarigha), 2:1 Ibisevic (81., Eigentor, Kopfball, Grifo)
Chancenverhältnis: 8:7
Eckenverhältnis: 3:6
SR: Schröder (Hannover) – **Zuschauer:** 24 000 (ausverkauft) – **Gelbe Karten:** N. Schlotterbeck – Mittelstädt, Stark, Grujic – **Spielnote:** 3

9. März 2019
1. FSV Mainz 05 – Bor. Mönchengladbach 0:1 (0:0)

Mainz: Müller (2) – Brosinski (3,5), Bell (4), Niakhaté (4), Aaron (4) – Gbamin (4), Latza (3,5) – Öztunali (4,5), Boetius (3,5) – Ujah (4,5), Quaison (5) – **Trainer:** Schwarz
Gladbach: Sommer (3) – Johnson (3,5), Elvedi (2), Jantschke (3), Wendt (3) – Strobl (3,5) – Zakaria (3), Hofmann (4) – Hazard (4), Stindl (3,5), Plea (4,5) – **Trainer:** Hecking
Eingewechselt: 55. Mateta (4) für Ujah, 71. Onisiwo (-) für Öztunali, 84. Kunde (-) für Latza – 69. Herrmann (-) für Hazard, 89. Kramer (-) für Hofmann, 90./+1 Lang (-) für Plea
Tor: 0:1 Elvedi (63., Linksschuss, Vorarbeit Strobl)
Chancenverhältnis: 1:4
Eckenverhältnis: 2:6
SR: Schmidt (Stuttgart) – **Zuschauer:** 30 405 – **Gelbe Karten:** Boetius, Gbamin – **Spielnote:** 4

10. März 2019
TSG Hoffenheim – 1. FC Nürnberg 2:1 (1:0)

Hoffenheim: Baumann (4,5) – Posch (3), Vogt (3), Bicakcic (3,5) – Kaderabek (3), Schulz (2,5) – Grillitsch (3) – Amiri (3,5), Kramaric (2) – Belfodil (2,5), Joelinton (3) – **Trainer:** Nagelsmann
Nürnberg: Mathenia (2,5) – Valentini (5), Mühl (4), Ewerton (3,5), Leibold (3,5) – Erras (4) – Behrens (3,5), Löwen (4) – Kerk (5), Kubo (4,5) – Ishak (4) – **Trainer:** Schommers
Eingewechselt: 69. Szalai (-) für Posch, 72. Bittencourt (-) für Amiri, 85. Otto (-) für Belfodil – 38. Bauer (4,5) für Kerk, 52. Tillman (4) für Valentini, 76. Jäger (-) für Kubo
Tore: 1:0 Kramaric (25., Handelfmeter, Rechtsschuss, Vorarbeit), 1:1 Behrens (61., Linksschuss, Ishak), 2:1 Kramaric (78., Rechtsschuss, Szalai)
Chancenverhältnis: 8:4
Eckenverhältnis: 8:3
SR: Dingert (Gries) – **Zuschauer:** 29 015 – **Gelbe Karten:** Posch, Grillitsch, Joelinton – Erras, Leibold – **Spielnote:** 3,5

10. März 2019
Hannover 96 – Bayer 04 Leverkusen 2:3 (0:2)

Hannover: Esser (3) – Korb (5), Anton (4), Wimmer (4), Albornoz (4) – Bakalorz (3,5), Schwegler (4), Walace (4) – Maina (4), Haraguchi (3) – Jonathas (3,5) – **Trainer:** Doll
Leverkusen: Hradecky (4) – Weiser (3,5), Tah (3), Dragovic (3,5), Jedvaj (5) – Baumgartlinger (3,5) – Aranguiz (3,5), Brandt (1,5) – Havertz (3), Bailey (3,5) – Volland (1,5) – **Trainer:** Bosz
Eingewechselt: 46. Weydandt (3) für Walace, 68. Muslija (-) für Maina, 90. Felipe (-) für Korb – 61. Kohr (-) für Aranguiz, 66. Bellarabi (-) für Bailey
Tore: 0:1 Volland (13., Linksschuss, Vorarbeit Brandt), 0:2 Volland (28., Linksschuss, Brandt), 1:2 Jonathas (51., Kopfball, Haraguchi), 2:2 Weiser (73., Eigentor, Rechtsschuss, Weydandt), 2:3 Havertz (87., Kopfball, Brandt)
Chancenverhältnis: 4:7
Eckenverhältnis: 6:6
SR: Storks (Velen) – **Zuschauer:** 33 800 – **Gelbe Karten:** Wimmer, Albornoz, Schwegler – Jedvaj – **Spielnote:** 4

11. März 2019
Fortuna Düsseldorf – Eintracht Frankfurt 0:3 (0:0)

Düsseldorf: Rensing (5) – Zimmermann (3,5), Ayhan (3), Kaminski (3,5), Gießelmann (3,5) – Barkok (4), Sobottka (2,5) – Fink (3,5) – Raman (4), Kownacki (-) – Lukebakio (4,5) – **Trainer:** Funkel
Frankfurt: Trapp (2) – Touré (3), Hasebe (4), Hinteregger (2) – Fernandes (3,5) – da Costa (3,5), Kostic (3) – de Guzman (3), Rode (2,5) – Paciencia (2), Jovic (4) – **Trainer:** Hütter
Eingewechselt: 19. Hennings (5) für Kownacki, 73. Karaman (-) für Barkok, 77. Morales (-) für Sobottka – 72. Haller (2) für Jovic, 80. Gacinovic (-) für de Guzman, 90./+5 Willems (-) für Paciencia
Tore: 0:1 Paciencia (48., Kopfball, Vorarbeit de Guzman), 0:2 Haller (90./+1, Linksschuss, Paciencia), 0:3 Haller (90./+3, Rechtsschuss, Kostic)
Chancenverhältnis: 3:8
Eckenverhältnis: 1:5
SR: Hartmann (Wangen) – **Zuschauer:** 41 419 – **Gelbe Karten:** Ayhan – Hinteregger, Fernandes – **Spielnote:** 4

Ein sehenswerter Treffer mit der Hacke: Hoffenheims kroatischer Vize-Weltmeister Andrej Kramaric gelingt ein Kabinettstückchen gegen den 1. FC Nürnberg zum 2:1. Dabei überrascht er Verteidiger Robert Bauer und den machtlosen Torhüter Christian Mathenia.

26. SPIELTAG

15. März 2019
Bor. Mönchengladbach – SC Freiburg 1:1 (1:1)

Gladbach: Sommer (3) – Johnson (4), Elvedi (3), Jantschke (3,5), Wendt (3,5) – Strobl (3) – Zakaria (4), Hofmann (4) – Hazard (3,5), Stindl (5), Plea (4) – **Trainer:** Hecking
Freiburg: Schwolow (3) – Stenzel (2,5), K. Schlotterbeck (2), Heintz (3), Günter (3) – Frantz (3), Abrashi (3,5) – Haberer (4), Grifo (2,5) – Waldschmidt (4,5) – Petersen (4,5) – **Trainer:** Streich
Eingewechselt: 61. Herrmann (-) für Zakaria, 71. Neuhaus (-) für Stindl, 82. Raffael (-) für Hofmann – 65. Niederlechner (-) für Waldschmidt, 77. Gondorf (-) für Frantz, 90./+2 Höler (-) für Grifo
Tore: 0:1 Grifo (10., Rechtsschuss, Vorarbeit Stenzel), 1:1 Plea (16., Rechtsschuss, Hazard)
Chancenverhältnis: 2:2
Eckenverhältnis: 10:6
SR: Dr. Kampka (Mainz) – **Zuschauer:** 46 832 – **Gelbe Karten:** Abrashi, Stenzel, Grifo – **Spielnote:** 4,5

16. März 2019
FC Augsburg – Hannover 96 3:1 (0:1)

Augsburg: Kobel (4,5) – Schmid (2), Danso (4), Khedira (3,5), Max (3) – Koo (4), Baier (4) – Hahn (2), Richter (4), Ji (3,5) – Finnbogason (4,5) – **Trainer:** Baum
Hannover: Esser (5) – Sorg (4,5), Anton (4), Wimmer (4), Albornoz (4,5) – Bakalorz (4) – Haraguchi (3,5) – Müller (5), Maina (5) – Weydandt (3), Jonathas (4) – **Trainer:** Doll
Eingewechselt: 60. Cordova (2) für Finnbogason, 88. Gouweleeuw (-) für Ji, 90. Jensen (-) für Richter – 67. Walace (-) für Müller, 76. Bech (-) für Weydandt, 79. Muslija (-) für Maina
Tore: 0:1 Weydandt (8., Kopfball, Vorarbeit), 1:1 Cordova (65., Rechtsschuss, Hahn), 2:1 Schmid (78., direkter Freistoß, Rechtsschuss), 3:1 Hahn (86., Rechtsschuss, Danso)
Chancenverhältnis: 11:7
Eckenverhältnis: 2:3
SR: Gräfe (Berlin) – **Zuschauer:** 28 136 – **Gelbe Karten:** Hahn – Esser, Jonathas, Maina, Bakalorz, Bech – **Spielnote:** 3,5

16. März 2019
VfL Wolfsburg – Fortuna Düsseldorf 5:2 (1:1)

Wolfsburg: Casteels (2,5) – William (3), Knoche (2,5), Brooks (3), Roussillon (1,5) – Guilavogui (3) – Gerhardt (3,5), Arnold (2,5) – Mehmedi (2,5), Brekalo (4) – Weghorst (1) – **Trainer:** Labbadia
Düsseldorf: Rensing (4,5) – Zimmermann (5), Ayhan (4,5), Kaminski (5), Gießelmann (4,5) – Bodzek (5), Stöger (3) – Barkok (4) – Lukebakio (5), Raman (3) – Hennings (5) – **Trainer:** Funkel
Eingewechselt: 68. Klaus (-) für Brekalo, 80. Steffen (-) für Mehmedi, 84. Uduokhai (-) für Roussillon – 61. Karaman (-) für Barkok, 78. Usami (-) für Lukebakio, 78. Sobottka (-) für Bodzek
Tore: 0:1 Ayhan (30., direkter Freistoß, Rechtsschuss, Vorarbeit), 1:1 Mehmedi (34., Linksschuss, Weghorst), 2:1 Weghorst (54., Linksschuss, Roussillon), 3:1 Knoche (57., Linksschuss, Weghorst), 4:1 Weghorst (59., Rechtsschuss, Roussillon), 4:2 Raman (65., Rechtsschuss, Stöger), 5:2 Weghorst (88., Kopfball, Klaus)
Chancenverhältnis: 10:8
Eckenverhältnis: 7:5
SR: Dankert (Rostock) – **Zuschauer:** 25 350 – **Gelbe Karten:** Guilavogui – Lukebakio – **Spielnote:** 2

16. März 2019
FC Schalke 04 – RB Leipzig 0:1 (0:1)
Schalke: Nübel (2,5) – Bruma (3,5), Sané (4,5), Nastasic (3) – McKennie (3,5), Oczipka (4) – Stambouli (4,5) – Serdar (3,5), Rudy (4) – Uth (3), Embolo (4,5) – **Trainer:** Stevens
Leipzig: Gulacsi (3) – Klostermann (3,5), Konaté (2,5), Orban (3), Halstenberg (3,5) – Adams (2,5) – Sabitzer (3,5), Kampl (3,5) – Forsberg (4,5) – Poulsen (4), Werner (3) – **Trainer:** Rangnick
Eingewechselt: 60. Kutucu (3) für Rudy, 73. Burgstaller (-) für Uth, 86. Skrzybski (-) für Serdar – 67. Laimer (-) für Forsberg, 77. Haidara (-) für Kampl, 88. Mukiele (-) für Werner
Tor: 0:1 Werner (14., Rechtsschuss, Vorarbeit)
Chancenverhältnis: 5:3
Eckenverhältnis: 0:6
SR: Winkmann (Kerken) – **Zuschauer:** 59 913 – **Gelbe Karten:** Oczipka – Halstenberg – **Spielnote:** 4,5

16. März 2019
VfB Stuttgart – TSG Hoffenheim 1:1 (0:1)
Stuttgart: Zieler (3) – Kabak (3,5), Pavard (4), Kempf (3) – Beck (2,5), Castro (4), Insua (4,5) – Ascacibar (4), Zuber (2,5) – Esswein (4) – Gomez (5) – **Trainer:** Weinzierl
Hoffenheim: Baumann (3) – Posch (3), Vogt (3), Bicakcic (2) – Kaderabek (3,5), Grillitsch (3), Schulz (4) – Demirbay (2,5), Kramaric (2) – Belfodil (2,5), Joelinton (3,5) – **Trainer:** Nagelsmann
Eingewechselt: 54. Gonzalez (4) für Gomez, 77. Didavi (-) für Esswein, 85. Gentner (-) für Zuber – 64. Szalai (-) für Joelinton, 85. Bittencourt (-) für Demirbay, 85. Nelson (-) für Schulz
Tore: 0:1 Kramaric (42., Rechtsschuss, Vorarbeit Belfodil), 1:1 Zuber (66., Rechtsschuss, Beck)
Chancenverhältnis: 3:10
Eckenverhältnis: 4:9
SR: Zwayer (Berlin) – **Zuschauer:** 56 743 – **Gelbe Karten:** Castro, Zuber, Ascacibar, Kabak – Joelinton, Schulz – **Spielnote:** 4

16. März 2019
Hertha BSC – Borussia Dortmund 2:3 (2:1)
Hertha: Jarstein (2) – Stark (2,5), Rekik (4), Torunarigha (4,5) – Lazaro (5), Grujic (4), Maier (3), Mittelstädt (3,5) – Duda (3,5) – Kalou (1,5) – Selke (4) – **Trainer:** Dardai
Dortmund: Bürki (4,5) – Wolf (3,5), Akanji (3), Zagadou (2,5), Diallo (4) – Weigl (4), Delaney (2) – Pulisic (3,5), Sancho (2) – Reus (3) – Bruun Larsen (3) – **Trainer:** Favre
Eingewechselt: 77. Ibisevic (-) für Kalou, 77. Leckie (-) für Selke, 89. Lustenberger (-) für Duda – 75. Guerreiro (-) für Bruun Larsen, 78. Hakimi (-) für Wolf, 90./+6 Toprak (-) für Sancho
Tore: 1:0 Kalou (4., Rechtsschuss, Vorarbeit Mittelstädt), 1:1 Delaney (14., Linksschuss), 2:1 Kalou (35., Handelfmeter, Rechtsschuss), 2:2 Zagadou (47., Kopfball, Sancho), 2:3 Reus (90./+2, Rechtsschuss, Sancho)
Chancenverhältnis: 5:12
Eckenverhältnis: 4:10
SR: Welz (Wiesbaden) – **Zuschauer:** 74 667 (ausverkauft) – **Gelbe Karten:** Stark – Zagadou, Sancho, Schmelzer – **Gelb-Rote Karte:** Torunarigha (85.) – **Rote Karte:** Ibisevic (90./+5, unsportliches Verhalten) – **Spielnote:** 1

17. März 2019
Bayer 04 Leverkusen – Werder Bremen 1:3 (0:2)
Leverkusen: Hradecky (3) – L. Bender (3), Tah (3,5), Dragovic (3,5), Wendell (4) – Baumgartlinger (3,5) – Aranguiz (4,5), Brandt (3) – Bellarabi (4,5), Bailey (2), Volland (4) – **Trainer:** Bosz
Bremen: Pavlenka (2,5) – Gebre Selassie (3,5), Friedl (3), Moisander (3), Augustinsson (3,5) – Sahin (3) – M. Eggestein (2), Klaassen (3) – J. Eggestein (2,5), Kruse (1), Rashica (2) – **Trainer:** Kohfeldt
Eingewechselt: 46. Paulinho (2,5) für Bellarabi, 46. Havertz (2,5) für Aranguiz, 84. Weiser (-) für L. Bender – 65. Harnik (-) für Rashica, 76. Bartels (-) für J. Eggestein, 85. Langkamp (-) für Klaassen
Tore: 0:1 Kruse (13., Linksschuss, Vorarbeit M. Eggestein), 0:2 Rashica (37., Rechtsschuss, Kruse), 1:2 Bailey (75., direkter Freistoß, Linksschuss), 1:3 Kruse (90./+5, Rechtsschuss, Harnik)
Chancenverhältnis: 8:5
Eckenverhältnis: 10:3
SR: Aytekin (Oberasbach) – **Zuschauer:** 30 210 (ausverkauft) – **Gelbe Karten:** L. Bender, Dragovic, Wendell – Sahin, Pavlenka – **Spielnote:** 1,5

17. März 2019
Eintracht Frankfurt – 1. FC Nürnberg 1:0 (1:0)
Frankfurt: Trapp (2,5) – Touré (3), Hasebe (2,5), Hinteregger (2) – Fernandes (3,5) – da Costa (3), Kostic (2) – Rode (2,5), Gacinovic (3) – Jovic (2,5), Paciencia (4) – **Trainer:** Hütter
Nürnberg: Mathenia (3) – Bauer (5,5), Mühl (4,5), Ewerton (4), Kerk (4) – Erras (4,5) – Behrens (4), Löwen (4) – Kubo (5), Tillman (4,5) – Ishak (5) – **Trainer:** Schommers
Eingewechselt: 63. Haller (-) für Paciencia, 76. Rebic (-) für Jovic, 86. Willems (-) für Kostic – 59. Salli (4) für Tillman, 68. Knöll (-) für Ishak, 83. Margreitter (-) für Kubo
Tor: 1:0 Hinteregger (31., Rechtsschuss, Vorarbeit Kostic)
Chancenverhältnis: 9:4
Eckenverhältnis: 8:3
SR: Steinhaus (Langenhagen) – **Zuschauer:** 51 000 – **Gelbe Karten:** Salli, Mühl – **Spielnote:** 3

17. März 2019
Bayern München – 1. FSV Mainz 05 6:0 (3:0)
Bayern: Neuer (3) – Kimmich (2), Süle (2,5), Boateng (3), Alaba (2) – Thiago (3) – James (1), Goretzka (3) – Müller (3), Coman (2) – Lewandowski (2,5) – **Trainer:** Kovac
Mainz: Müller (4,5) – Brosinski (5,5), Bell (5), Hack (5,5), Niakhaté (5) – Gbamin (4,5) – Öztunali (4,5), Latza (5) – Onisiwo (5), Boetius (4) – Mateta (4,5) – **Trainer:** Schwarz
Eingewechselt: 59. Davies (2,5) für Alaba, 66. Ribery (-) für Coman, 73. Rafinha (-) für James – 46. Kunde (4,5) für Boetius, 63. Aaron (-) für Mateta, 75. Donati (-) für Öztunali
Tore: 1:0 Lewandowski (3., Rechtsschuss, Vorarbeit Alaba), 2:0 James (33., Linksschuss, Goretzka), 3:0 Coman (39., Rechtsschuss, Thiago), 4:0 James (51., Linksschuss, Boateng), 5:0 James (55., Linksschuss, Müller), 6:0 Davies (70., Rechtsschuss, Lewandowski)
Chancenverhältnis: 11:1
Eckenverhältnis: 13:2
SR: Willenborg (Osnabrück) – **Zuschauer:** 75 000 (ausverkauft) – **Gelbe Karte:** Süle – **Spielnote:** 3

27. SPIELTAG

29. März 2019
TSG Hoffenheim – Bayer 04 Leverkusen 4:1 (1:1)
Hoffenheim: Baumann (2,5) – Kaderabek (3), Vogt (2), Hübner (1,5), Brenet (3) – Grillitsch (2,5) – Demirbay (2), Bittencourt (3,5) – Kramaric (2,5) – Joelinton (4), Belfodil (1) – **Trainer:** Nagelsmann
Leverkusen: Hradecky (3,5) – L. Bender (2,5), Tah (4), S. Bender (4), Jedvaj (4) – Baumgartlinger (2,5) – Havertz (3), Brandt (2,5) – Bellarabi (-), Bailey (3,5) – Volland (2,5) – **Trainer:** Bosz
Eingewechselt: 51. Amiri (2,5) für Joelinton, 74. Otto (-) für Bittencourt, 87. Bicakcic (-) für Belfodil – 26. Aranguiz (4) für Bellarabi, 36. Weiser (4,5) für L. Bender, 80. Alario (-) für Bailey
Tore: 1:0 Belfodil (10., Rechtsschuss, Vorarbeit Kramaric), 1:1 Volland (17., Kopfball, Brandt), 2:1 S. Bender (51., Eigentor, Linksschuss, Amiri), 3:1 Belfodil (61., Rechtsschuss, Grillitsch), 4:1 Kramaric (79., Rechtsschuss, Belfodil)
Chancenverhältnis: 8:9
Eckenverhältnis: 4:7
SR: Osmers (Hannover) – **Zuschauer:** 28 350 – **Gelbe Karten:** Grillitsch, Hübner – Bailey, Havertz – **Spielnote:** 1,5

30. März 2019
Borussia Dortmund – VfL Wolfsburg 2:0 (0:0)
Dortmund: Bürki (3) – Wolf (4), Akanji (3), Zagadou (2), Diallo (3,5) – Witsel (3), Delaney (4) – Guerreiro (3), Götze (4), Sancho (3) – Paco Alcacer (2) – **Trainer:** Favre
Wolfsburg: Casteels (3,5) – William (3,5), Knoche (3), Brooks (4), Roussillon (3) – Guilavogui (2) – Gerhardt (3,5), Arnold (3) – Klaus (4), Mehmedi (4) – Weghorst (3) – **Trainer:** Labbadia
Eingewechselt: 50. Hakimi (-) für Diallo, 74. Bruun Larsen (-) für Hakimi, 81. Dahoud (-) für Götze – 67. Steffen (-) für Klaus, 81. Ginczek (-) für Mehmedi
Tore: 1:0 Paco Alcacer (90./+1, direkter Freistoß, Rechtsschuss, Vorarbeit), 2:0 Paco Alcacer (90./+4, Rechtsschuss, Sancho)
Chancenverhältnis: 5:1
Eckenverhältnis: 5:4
SR: Schmidt (Stuttgart) – **Zuschauer:** 81 365 (ausverkauft) – **Gelbe Karten:** Brooks, Arnold, William – **Spielnote:** 4

30. März 2019
Werder Bremen – 1. FSV Mainz 05 3:1 (2:0)
Bremen: Pavlenka (2,5) – Gebre Selassie (4), Veljkovic (3), Moisander (-), Augustinsson (3,5) – M. Eggestein (2) – Möhwald (4), Klaassen (3) – Kruse (1) – Harnik (4,5), Rashica (1,5) – **Trainer:** Kohfeldt
Mainz: Müller (3) – Brosinski (4,5), Bell (4), Niakhaté (5), Aaron (4) – Kunde (3,5) – Öztunali (4), Latza (4,5) – Boetius (2,5) – Mateta (4,5), Quaison (3) – **Trainer:** Schwarz
Eingewechselt: 29. Langkamp (4) für Moisander, 60. J. Eggestein (3,5) für Harnik, 83. Sargent (-) für Rashica – 46. Maxim (4) für Öztunali, 70. Onisiwo (-) für Mateta, 81. Ujah (-) für Kunde
Tore: 1:0 Rashica (3., Rechtsschuss, Vorarbeit Kruse), 2:0 Kruse (36., Linksschuss), 2:1 Quaison (52., Rechtsschuss, Boetius), 3:1 Kruse (63., Linksschuss, Rashica)
Chancenverhältnis: 5:6
Eckenverhältnis: 7:8
SR: Fritz (Korb) – **Zuschauer:** 40 711 – **Gelbe Karte:** Boetius – **Spielnote:** 2,5

30. März 2019
SC Freiburg – Bayern München 1:1 (1:1)
Freiburg: Schwolow (1,5) – Stenzel (4,5), K. Schlotterbeck (3), Heintz (3), Günter (2) – Abrashi (3,5), Höfler (3,5) – Frantz (3,5), Grifo (4) – Haberer (3), Höler (2) – **Trainer:** Streich
Bayern: Ulreich (3) – Kimmich (4), Boateng (4,5), Hummels (4), Rafinha (4,5) – Thiago (4,5) – James (2,5), Goretzka (2,5) – Müller (4), Coman (2,5) – Lewandowski (2,5) – **Trainer:** Kovac
Eingewechselt: 70. Waldschmidt (-) für Frantz, 79. Gulde (-) für Höler, 90. Gondorf (-) für Grifo – 55. Gnabry (2,5) für Müller, 73. Süle (-) für Boateng, 73. Ribery (-) für Coman
Tore: 1:0 Höler (3., Kopfball, Vorarbeit Günter), 1:1 Lewandowski (22., Linksschuss, Goretzka)
Chancenverhältnis: 5:12
Eckenverhältnis: 1:7
SR: Dingert (Gries) – **Zuschauer:** 24 000 (ausverkauft) – **Gelbe Karten:** Günter, Abrashi, Heintz – Hummels – **Spielnote:** 2,5

30. März 2019
Fortuna Düsseldorf – Bor. Mönchengladbach 3:1 (3:0)
Düsseldorf: Rensing (2) – Zimmermann (2,5), Ayhan (3), Kaminski (3), Gießelmann (3) – Bodzek (2,5) – Stöger (1,5), Fink (2) – Raman (1,5), Suttner (3) – Hennings (1,5) – **Trainer:** Funkel
Gladbach: Sommer (3) – Johnson (6), Ginter (5,5), Elvedi (5,5), Wendt (5) – Strobl (5,5) – Neuhaus (5), Hofmann (5) – Hazard (6), Stindl (4,5), Plea (5) – **Trainer:** Hecking
Eingewechselt: 52. Hoffmann (2) für Ayhan, 60. Bormuth (3) für Bodzek, 71. Kownacki (-) für Hennings – 41. Herrmann (4) für Hazard, 46. Zakaria (3,5) für Neuhaus, 69. Raffael (-) für Johnson
Tore: 1:0 Hennings (6., Linksschuss, Vorarbeit Raman), 2:0 Stöger (12., Rechtsschuss, Raman), 3:0 Hennings (16., Linksschuss, Raman), 3:1 Zakaria (83., Rechtsschuss)
Chancenverhältnis: 4:6
Eckenverhältnis: 1:2
SR: Stieler (Hamburg) – **Zuschauer:** 52 500 (ausverkauft) – **Gelbe Karten:** Suttner, Hoffmann – Neuhaus, Plea, Strobl – **Spielnote:** 2,5

30. März 2019
1. FC Nürnberg – FC Augsburg 3:0 (0:0)
Nürnberg: Mathenia (3) – Bauer (3,5), Mühl (3), Ewerton (3), Leibold (3) – Erras (4) – Löwen (3,5), Behrens (4) – Kubo (5), Kerk (3) – Ishak (2,5) – **Trainer:** Schommers
Augsburg: Kobel (4) – Danso (5), Gouweleeuw (4,5), Khedira (4), Max (4) – Baier (3,5) – Koo (4,5) – Hahn (5,5), Gregoritsch (5), Ji (5) – Finnbogason (5) – **Trainer:** Baum
Eingewechselt: 54. Margreitter (3,5) für Ewerton, 70. Matheus Pereira (-) für Kerk, 84. Ilicevic (-) für Kubo – 46. Richter (5,5) für Finnbogason, 78. Cordova (-) für Koo
Tore: 1:0 Ishak (52., Rechtsschuss, Vorarbeit Kerk), 2:0 Matheus Pereira (88., Linksschuss, Leibold), 3:0 Löwen (90./+1, Rechtsschuss, Erras)
Chancenverhältnis: 6:4
Eckenverhältnis: 4:4
SR: Siebert (Berlin) – **Zuschauer:** 42 658 – **Gelbe Karten:** Bauer – Ji, Baier, Gregoritsch – **Spielnote:** 4,5

30. März 2019
RB Leipzig – Hertha BSC 5:0 (2:0)
Leipzig: Gulacsi (3) – Mukiele (3), Konaté (2,5), Orban (2,5), Halstenberg (2) – Adams (2) – Haidara (2), Kampl (1,5) – Forsberg (1,5) – Poulsen (1), Werner (2,5) – **Trainer:** Rangnick
Hertha: Jarstein (2,5) – Stark (4), Lustenberger (6), Rekik (5) – Lazaro (5), Maier (5,5), Grujic (5), Mittelstädt (5) – Duda (6) – Kalou (5,5), Selke (5) – **Trainer:** Dardai
Eingewechselt: 65. Laimer (-) für Mukiele, 70. Matheus Cunha (-) für Poulsen, 75. Sabitzer (-) für Forsberg – 59. Klünter (4,5) für Lustenberger, 75. Leckie (-) für Kalou, 77. Skjelbred (-) für Maier
Tore: 1:0 Forsberg (17., Rechtsschuss, Vorarbeit Kampl), 2:0 Poulsen (27., Rechtsschuss, Werner), 3:0 Poulsen (56., Rechtsschuss, Forsberg), 4:0 Poulsen (62., Rechtsschuss, Adams), 5:0 Haidara (64., Rechtsschuss, Werner)
Chancenverhältnis: 13:1
Eckenverhältnis: 6:3
SR: Storks (Velen) – **Zuschauer:** 41 939 (ausverkauft) – **Gelbe Karten:** Mukiele – Stark – **Spielnote:** 2

31. März 2019
Hannover 96 – FC Schalke 04 0:1 (0:1)
Hannover: Esser (3) – Sorg (3,5), Anton (3), Wimmer (3,5), Albornoz (4) – Bakalorz (3,5), Schwegler (4,5) – Haraguchi (3), Müller (4), Maina (5) – Weydandt (4,5) – **Trainer:** Doll
Schalke: Nübel (1,5) – Bruma (4), Sané (3,5), Nastasic (3,5) – Stambouli (3), Oczipka (4) – Mascarell (4) – Serdar (3), Rudy (4,5) – Uth (4,5), Embolo (4,5) – **Trainer:** Stevens
Eingewechselt: 46. Muslija (4) für Sorg, 61. Felipe (-) für Albornoz, 75. Asano (-) für Maina – 71. Kutucu (-) für Rudy, 79. Boujellab (-) für Serdar, 89. Konoplyanka (-) für Embolo
Tor: 0:1 Serdar (39., Rechtsschuss, Vorarbeit Stambouli)
Chancenverhältnis: 5:3
Eckenverhältnis: 8:2
SR: Jablonski (Bremen) – **Zuschauer:** 44 500 – **Gelbe Karten:** Weydandt – Bruma – **Spielnote:** 3,5

31. März 2019
Eintracht Frankfurt – VfB Stuttgart 3:0 (1:0)
Frankfurt: Trapp (3) – Hinteregger (3), Hasebe (3,5), Ndicka (3) – da Costa (3,5), Fernandes (3), Rode (2,5), Kostic (1,5) – Rebic (2,5) – Haller (4), Jovic (3) – **Trainer:** Hütter
Stuttgart: Zieler (4) – Kabak (3), Pavard (3,5), Kempf (4) – Castro (3,5) – Beck (4,5), Insua (4) – Gentner (3), Zuber (4,5) – Esswein (4), Gonzalez (4) – **Trainer:** Weinzierl
Eingewechselt: 75. de Guzman (-) für Haller, 85. Paciencia (-) für Rebic, 89. Willems (-) für Kostic – 34. Didavi (4) für Gentner, 72. Aogo (-) für Zuber, 79. Gomez (-) für Gonzalez
Tore: 1:0 Kostic (45., Linksschuss, Vorarbeit Jovic), 2:0 Kostic (64., Linksschuss, Rebic), 3:0 Jovic (84., Rechtsschuss, da Costa)
Chancenverhältnis: 5:2
Eckenverhältnis: 5:5
SR: Dr. Brych (München) – **Zuschauer:** 51 500 (ausverkauft) – **Gelbe Karten:** Haller, Hasebe – Insua – **Spielnote:** 3,5

Ein satter Treffer im Duell der Verfolger-Mannschaften: Leverkusens Shootingstar Kay Havertz (rechts) schießt wuchtig gegen Leipzig zur 2:1-Führung ein. Der Österreicher Konrad Laimer ist dagegen machtlos. Am Ende siegten die Rasenball-Sportler dennoch mit 4:2 Toren.

28. SPIELTAG

5. April 2019

1. FSV Mainz 05 – SC Freiburg 5:0 (3:0)

Mainz: Müller (1,5) – Donati (3,5), Bungert (2,5), Niakhaté (3,5), Aaron (2,5) – Kunde (4) – Gbamin (4), Latza (3,5) – Boetius (1) – Mateta (1), Quaison (4,5) – **Trainer:** Schwarz
Freiburg: Schwolow (5) – K. Schlotterbeck (5), Frantz (4,5), Heintz (3,5) – Stenzel (4), Abrashi (5,5), Höfler (4,5), Günter (4,5) – Haberer (3,5), Grifo (4) – Höler (4,5) – **Trainer:** Streich
Eingewechselt: 55. Onisiwo (1,5) für Kunde, 68. Hack (-) für Bungert, 79. Maxim (-) für Quaison – 46. Niederlechner (4) für Höler, 46. Waldschmidt (3) für Frantz, 83. Koch (-) für Stenzel
Tore: 1:0 Boetius (20., Rechtsschuss, Vorarbeit), 2:0 Mateta (26., Linksschuss, Boetius), 3:0 Mateta (33., Linksschuss, Aaron), 4:0 Onisiwo (73., Rechtsschuss, Boetius), 5:0 Mateta (77., Kopfball, Onisiwo)
Chancenverhältnis: 7:7
Eckenverhältnis: 2:7
SR: Jablonski (Bremen) – **Zuschauer:** 27 305 – **Gelbe Karten:** Kunde, Latza, Maxim – Höfler – **Spielnote:** 1,5

6. April 2019

VfL Wolfsburg – Hannover 96 3:1 (1:1)

Wolfsburg: Pervan (2) – William (4), Knoche (4,5), Brooks (4), Roussillon (2,5) – Guilavogui (3,5) – Mehmedi (4,5), Rexhbecaj (4) – Steffen (2), Brekalo (4,5) – Weghorst (4) – **Trainer:** Labbadia
Hannover: Esser (3) – Sorg (4), Anton (3), Wimmer (5), Korb (4,5) – Schwegler (4,5) – Haraguchi (4,5), Bakalorz (4) – Müller (5), Maina (3,5) – Weydandt (3,5) – **Trainer:** Doll
Eingewechselt: 62. Ginczek (-) für Brekalo, 77. Malli (-) für Steffen, 85. Klaus (-) für Mehmedi – 70. Muslija (-) für Müller, 79. Soto (-) für Bakalorz
Tore: 0:1 Weydandt (30., Rechtsschuss, Vorarbeit Maina), 1:1 Steffen (32., Kopfball, Guilavogui), 2:1 Steffen (71., Rechtsschuss, Ginczek), 3:1 Roussillon (78., Rechtsschuss, Malli)
Chancenverhältnis: 7:3
Eckenverhältnis: 9:2
SR: Cortus (Röthenbach a. d. Pegnitz) – **Zuschauer:** 23 512 – **Gelbe Karten:** Steffen – Müller, Wimmer – **Spielnote:** 4

6. April 2019

Hertha BSC – Fortuna Düsseldorf 1:2 (1:1)

Hertha: Jarstein (2,5) – Lazaro (4,5), Stark (4), Rekik (5), Mittelstädt (4,5) – Grujic (4), Skjelbred (4,5) – Leckie (4,5), Duda (4), Kalou (5) – Selke (4,5) – **Trainer:** Dardai
Düsseldorf: Rensing (2) – Zimmermann (3,5), Hoffmann (3,5), Kaminski (3), Gießelmann (3,5) – Bodzek (4) – Raman (1,5), Stöger (2), Fink (2,5), Lukebakio (3,5) – Hennings (3) – **Trainer:** Funkel
Eingewechselt: 70. Dilrosun (-) für Duda, 78. Dardai (-) für Leckie – 68. Usami (-) für Lukebakio, 73. Sobottka (-) für Fink, 79. Bormuth (-) für Gießelmann
Tore: 0:1 Raman (35., Linksschuss, Vorarbeit Hennings), 1:1 Grujic (41., Rechtsschuss, Duda), 1:2 Raman (61., Rechtsschuss, Fink)
Chancenverhältnis: 7:10
Eckenverhältnis: 2:6
SR: Dingert (Gries) – **Zuschauer:** 51 604 – **Gelbe Karten:** Duda, Mittelstädt – Stöger – **Spielnote:** 2,5

6. April 2019

FC Schalke 04 – Eintracht Frankfurt 1:2 (1:1)

Schalke: Nübel (2) – Bruma (4), Stambouli (4), Nastasic (4) – Mascarell (4) – Caligiuri (3), Oczipka (4) – Serdar (4), Boujellab (3) – Burgstaller (4,5), Embolo (5) – **Trainer:** Stevens
Frankfurt: Trapp (3,5) – Abraham (2,5), Hasebe (2), Hinteregger (2) – Fernandes (2,5) – da Costa (4), Kostic (3) – Willems (4), de Guzman (4,5) – Jovic (3), Rebic (2,5) – **Trainer:** Hütter
Eingewechselt: 66. Kutucu (-) für Embolo, 79. Rudy (-) für Boujellab – 37. Ndicka (3) für Hinteregger, 46. Paciencia (3) für de Guzman
Tore: 0:1 Rebic (13., Rechtsschuss, Vorarbeit Kostic), 1:1 Serdar (21., Rechtsschuss, Embolo), 1:2 Jovic (90./+9, Handelfmeter, Rechtsschuss)
Chancenverhältnis: 3:6
Eckenverhältnis: 3:6
SR: S. Stegemann (Niederkassel) – **Zuschauer:** 61 842 (ausverkauft) – **Gelbe Karten:** Embolo, Burgstaller, Caligiuri – de Guzman – **Gelb-Rote Karte:** Serdar (90./+4) – **Spielnote:** 3,5

6. April 2019

Bayer 04 Leverkusen – RB Leipzig 2:4 (2:1)

Leverkusen: Hradecky (4,5) – Weiser (4,5), Tah (3), S. Bender (4), Wendell (3,5) – Baumgartlinger (2,5) – Aranguiz (3,5), Brandt (3) – Havertz (2), Volland (4,5), Bailey (3) – **Trainer:** Bosz
Leipzig: Gulacsi (2,5) – Klostermann (5), Konaté (4), Orban (3,5), Halstenberg (3) – Laimer (3), Kampl (3) – Sabitzer (2,5), Haidara (4,5) – Forsberg (3), Werner (3) – **Trainer:** Rangnick
Eingewechselt: 72. Alario (-) für Baumgartlinger, 81. Paulinho (-) für Volland – 46. Matheus Cunha (2) für Haidara, 46. Mukiele (3,5) für Klostermann, 85. Demme (-) für Forsberg
Tore: 1:0 Havertz (11., Foulelfmeter, Linksschuss, Vorarbeit Volland), 1:1 Sabitzer (17., direkter Freistoß, Rechtsschuss), 2:1 Havertz (23., Linksschuss, Baumgartlinger), 2:2 Werner (64., Rechtsschuss, Forsberg), 2:3 Forsberg (71., Handelfmeter, Rechtsschuss), 2:4 Matheus Cunha (83., Rechtsschuss, Werner)
Chancenverhältnis: 6:5
Eckenverhältnis: 6:2
SR: Welz (Wiesbaden) – **Zuschauer:** 28 845 – **Gelbe Karten:** Aranguiz, Tah – Orban – **Spielnote:** 2

6. April 2019

VfB Stuttgart – 1. FC Nürnberg 1:1 (0:1)

Stuttgart: Zieler (2) – Kabak (2,5), Pavard (4), Kempf (4) – Beck (4,5), Ascacibar (4), Insua (5,5) – Zuber (4), Esswein (5) – Donis (5), Gomez (5,5) – **Trainer:** Weinzierl
Nürnberg: Mathenia (2) – Bauer (5), Mühl (4), Ewerton (3), Leibold (4) – Erras (4) – Löwen (4), Behrens (4,5) – Matheus Pereira (3), Kerk (-) – Ishak (5) – **Trainer:** Schommers
Eingewechselt: 46. Didavi (4) für Beck, 61. Gonzalez (-) für Esswein, 78. Sosa (-) für Insua – 26. Kubo (5,5) für Kerk, 68. Misidjan (-) für Ishak, 88. Petrak (-) für Kubo
Tore: 0:1 Matheus Pereira (42., Kopfball, Vorarbeit Behrens), 1:1 Kabak (75., Linksschuss, Donis)
Chancenverhältnis: 7:8
Eckenverhältnis: 12:5
SR: Willenborg (Osnabrück) – **Zuschauer:** 58 757 (ausverkauft) – **Gelbe Karten:** Pavard – Leibold, Misidjan, Bauer – **Spielnote:** 4,5

6. April 2019

Bayern München – Borussia Dortmund 5:0 (4:0)

Bayern: Neuer (3) – Kimmich (2,5), Süle (3), Hummels (1,5), Alaba (2) – Javi Martinez (1,5) – Müller (1,5), Thiago (2) – Gnabry (1,5), Lewandowski (1), Coman (2) – **Trainer:** Kovac
Dortmund: Bürki (2) – Piszczek (5), Akanji (4,5), Zagadou (6), Diallo (5) – Witsel (5) – Dahoud (6), Delaney (5) – Sancho (5,5), Bruun Larsen (5) – Reus (5) – **Trainer:** Favre
Eingewechselt: 68. Ribery (-) für Coman, 77. Goretzka (-) für Javi Martinez, 80. Renato Sanches (-) für Müller – 46. Weigl (4) für Zagadou, 62. Götze (-) für Dahoud, 69. Wolf (-) für Piszczek
Tore: 1:0 Hummels (10., Kopfball, Vorarbeit Thiago), 2:0 Lewandowski (17., Rechtsschuss), 3:0 Javi Martinez (41., Rechtsschuss, Lewandowski), 4:0 Gnabry (43., Kopfball, Müller), 5:0 Lewandowski (89., Rechtsschuss, Gnabry)
Chancenverhältnis: 11:1
Eckenverhältnis: 11:1
SR: Gräfe (Berlin) – **Zuschauer:** 75 000 (ausverkauft) – **Gelbe Karten:** Lewandowski – Zagadou, Delaney – **Spielnote:** 1,5

7. April 2019

FC Augsburg – TSG Hoffenheim 0:4 (0:1)

Augsburg: Kobel (2,5) – Gouweleeuw (4,5), Oxford (5), Danso (6) – Schmid (5), Max (5) – Koo (5), Baier (5) – Richter (5), Ji (5,5) – Gregoritsch (3,5) – **Trainer:** Baum
Hoffenheim: Baumann (3) – Kaderabek (4), Vogt (2), Hübner (3), Schulz (2) – Grillitsch (2), Demirbay (2) – Amiri (3,5), Kramaric (2) – Szalai (3,5), Belfodil (1) – **Trainer:** Nagelsmann
Eingewechselt: 27. Finnbogason (4,5) für Oxford, 60. Hahn (5) für Richter, 74. Cordova (-) für Baier – 62. Bicakcic (-) für Amiri, 66. Brenet (-) für Schulz, 80. Bittencourt (-) für Kramaric
Tore: 0:1 Kramaric (6., Rechtsschuss, Vorarbeit Belfodil), 0:2 Belfodil (61., Kopfball, Demirbay), 0:3 Belfodil (74., Rechtsschuss, Grillitsch), 0:4 Belfodil (82., Linksschuss, Szalai)
Chancenverhältnis: 2:10
Eckenverhältnis: 4:3
SR: Schröder (Hannover) – **Zuschauer:** 27 552 – **Gelbe Karten:** Gregoritsch – Demirbay – **Spielnote:** 3

7. April 2019

Bor. Mönchengladbach – Werder Bremen 1:1 (0:0)

Gladbach: Sommer (2) – Ginter (3), Strobl (4), Elvedi (2,5) – Herrmann (2,5), Kramer (3), Hazard (4) – Neuhaus (2,5), Zakaria (3) – Plea (3), Raffael (4) – **Trainer:** Hecking
Bremen: Pavlenka (2,5) – Gebre Selassie (3,5), Langkamp (3,5), Moisander (3), Augustinsson (4) – Sahin (3,5) – M. Eggestein (4), Klaassen (2,5) – Kruse (4,5) – J. Eggestein (4) – Rashica (4) – **Trainer:** Kohfeldt
Eingewechselt: 66. Johnson (-) für Herrmann, 78. Hofmann (-) für Raffael, 84. Stindl (-) für Neuhaus – 52. Osako (2,5) für J. Eggestein, 76. Pizarro (-) für Sahin, 87. Möhwald (-) für Rashica
Tore: 1:0 Neuhaus (49., Rechtsschuss, Vorarbeit Elvedi), 1:1 Klaassen (79., Kopfball, Osako)
Chancenverhältnis: 11:6
Eckenverhältnis: 7:1
SR: Schlager (Hügelsheim) – **Zuschauer:** 54 022 (ausverkauft) – **Gelbe Karten:** Kramer, Zakaria – Augustinsson, Moisander – **Spielnote:** 2

29. SPIELTAG

12. April 2019

1. FC Nürnberg – FC Schalke 04 1:1 (0:0)

Nürnberg: Mathenia (3,5) – Bauer (3,5), Mühl (3), Ewerton (2), Leibold (2,5) – Erras (3,5) – Löwen (3,5), Behrens (4) – Matheus Pereira (2,5), Kerk (3) – Ishak (4) – **Trainer:** Schommers
Schalke: Nübel (1,5) – Stambouli (5), Sané (4,5), Nastasic (4) – Caligiuri (5,5), Mascarell (4), Oczipka (5) – Boujellab (5), Harit (5) – Burgstaller (4,5), Skrzybski (5) – **Trainer:** Stevens
Eingewechselt: 50. Kubo (2,5) für Leibold – 46. Embolo (5) für Skrzybski, 67. Bentaleb (-) für Harit, 81. Rudy (-) für Boujellab
Tore: 1:0 Kubo (82., Kopfball, Vorarbeit Matheus Pereira), 1:1 Nastasic (85., Rechtsschuss, Mascarell)
Chancenverhältnis: 8:2
Eckenverhältnis: 11:9
SR: Dr. Kampka (Mainz) – **Zuschauer:** 50 000 (ausverkauft) – **Gelbe Karten:** Matheus Pereira – Mascarell, Stambouli – **Besonderes Vorkommnis:** Nübel hält Foulelfmeter von Behrens (45./+2) – **Spielnote:** 3

13. April 2019

Werder Bremen – SC Freiburg 2:1 (0:0)

Bremen: Pavlenka (3,5) – Gebre Selassie (2,5), Veljkovic (3,5), Moisander (3), Augustinsson (3,5) – Sahin (3,5) – M. Eggestein (4), Klaassen (2) – Kruse (3,5) – Osako (4), Rashica (2) – **Trainer:** Kohfeldt
Freiburg: Schwolow (1,5) – N. Schlotterbeck (3,5), K. Schlotterbeck (3), Heintz (3,5) – Stenzel (3,5), Abrashi (3,5), Günter (3) – Haberer (3,5), Gondorf (4,5) – Niederlechner (4,5), Grifo (3,5) – **Trainer:** Streich
Eingewechselt: 46. Kapino (3) für Pavlenka, 63. Pizarro (-) für Osako, 87. Harnik (-) für Rashica – 63. Frantz (-) für Stenzel, 81. Höler (-) für Niederlechner, 81. Waldschmidt (-) für Gondorf
Tore: 1:0 Klaassen (76., Kopfball, Vorarbeit Rashica), 2:0 Gebre Selassie (84., Kopfball, Kruse), 2:1 Waldschmidt (90./+3, Linksschuss, Haberer)
Chancenverhältnis: 8:4
Eckenverhältnis: 7:3
SR: Steinhaus (Langenhagen) – **Zuschauer:** 42 100 (ausverkauft) – **Gelbe Karten:** Augustinsson – Abrashi, Stenzel, Frantz – **Spielnote:** 3,5

13. April 2019

Hannover 96 – Bor. Mönchengladbach 0:1 (0:0)

Hannover: Esser (2,5) – Korb (5), Anton (3), Felipe (3), Ostrzolek (4,5) – Bakalorz (4), Schwegler (4,5) – Haraguchi (4), Müller (5), Maina (4,5) – Weydandt (3) – **Trainer:** Doll
Gladbach: Sommer (2,5) – Ginter (3), Strobl (3), Elvedi (2,5) – Herrmann (4), Kramer (3,5), Hazard (3) – Neuhaus (3), Zakaria (2) – Stindl (-), Plea (4) – **Trainer:** Hecking
Eingewechselt: 64. Muslija (-) für Schwegler, 81. Soto (-) für Haraguchi, 87. Bech (-) für Maina – 5. Raffael (2,5) für Stindl, 75. Hofmann (-) für Neuhaus, 81. Cuisance (-) für Zakaria
Tor: 0:1 Raffael (53., Rechtsschuss, Vorarbeit)
Chancenverhältnis: 3:6
Eckenverhältnis: 3:12
SR: Dr. Brych (München) – **Zuschauer:** 40 200 – **Spielnote:** 4

13. April 2019

RB Leipzig – VfL Wolfsburg 2:0 (2:0)

Leipzig: Gulacsi (2,5) – Mukiele (2), Konaté (2,5), Klostermann (3) – Laimer (2,5), Kampl (2,5), Halstenberg (3,5) – Sabitzer (2), Forsberg (3,5) – Matheus Cunha (4,5), Werner (2) – **Trainer:** Rangnick
Wolfsburg: Pervan (2,5) – Tisserand (4,5), Knoche (5,5), Brooks (4), Roussillon (4) – Guilavogui (4) – Rexhbecaj (4,5), Arnold (4,5) – Steffen (5), Mehmedi (4,5) – Weghorst (4) – **Trainer:** Labbadia
Eingewechselt: 69. Haidara (-) für Matheus Cunha, 89. Demme (-) für Kampl, 90./+1 Smith Rowe (-) für Forsberg – 46. Ginczek (4) für Steffen, 69. Klaus (-) für Rexhbecaj, 86. Malli (-) für Arnold
Tore: 1:0 Kampl (16., Linksschuss, Vorarbeit Mukiele), 2:0 Werner (28., Kopfball, Sabitzer)
Chancenverhältnis: 8:3
Eckenverhältnis: 9:3
SR: Siebert (Berlin) – **Zuschauer:** 41 212 – **Gelbe Karten:** Laimer – Guilavogui – **Spielnote:** 3

13. April 2019

VfB Stuttgart – Bayer 04 Leverkusen 0:1 (0:0)

Stuttgart: Zieler (2) – Kabak (3), Pavard (3), Kempf (3) – Beck (4), Castro (4,5), Zuber (4) – Esswein (4,5), Ascacibar (6) – Didavi (4,5) – Gonzalez (5,5) – **Trainer:** Weinzierl
Leverkusen: Hradecky (3,5) – Weiser (4), Tah (2,5), S. Bender (3), Wendell (4) – Baumgartlinger (2,5) – Aranguiz (4), Brandt (3,5) – Havertz (2), Volland (4), Bailey (4,5) – **Trainer:** Bosz
Eingewechselt: 68. Thommy (-) für Didavi, 70. Donis (-) für Gonzalez, 82. Gomez (-) für Zuber – 78. Alario (-) für Bailey
Tor: 0:1 Havertz (64., Foulelfmeter, Linksschuss, Vorarbeit Volland)
Chancenverhältnis: 2:7
Eckenverhältnis: 7:6
SR: Stieler (Hamburg) – **Zuschauer:** 53 657 – **Gelbe Karte:** Beck – **Rote Karte:** Ascacibar (90./+1, grobe Unsportlichkeit) – **Spielnote:** 4,5

13. April 2019

Borussia Dortmund – 1. FSV Mainz 05 2:1 (2:0)

Dortmund: Bürki (1) – Wolf (3), Weigl (4), Akanji (4), Diallo (5) – Witsel (4), Delaney (3,5) – Sancho (2), Reus (4), Bruun Larsen (5) – Götze (3) – **Trainer:** Favre
Mainz: Müller (2,5) – Gbamin (3), Hack (3), Niakhaté (5) – Donati (3,5), Kunde (4,5), Aaron (4) – Boetius (4,5), Latza (3,5) – Mateta (5), Onisiwo (2) – **Trainer:** Schwarz
Eingewechselt: 72. Philipp (-) für Bruun Larsen, 78. Zagadou (-) für Wolf, 89. Toprak (-) für Götze – 46. Baku (3) für Kunde, 56. Quaison (3) für Mateta, 82. Ujah (-) für Latza
Tore: 1:0 Sancho (17., Rechtsschuss, Vorarbeit Götze), 2:0 Sancho (24., Linksschuss, Delaney), 2:1 Quaison (84., Linksschuss, Hack)
Chancenverhältnis: 7:7
Eckenverhältnis: 4:4
SR: Aytekin (Oberasbach) – **Zuschauer:** 81 365 (ausverkauft) – **Gelbe Karte:** Mateta – **Spielnote:** 3,5

14. April 2019

TSG Hoffenheim – Hertha BSC 2:0 (1:0)

Hoffenheim: Baumann (2,5) – Kaderabek (2,5), Vogt (2,5), Hübner (2,5), Schulz (2) – Grillitsch (2,5), Demirbay (3) – Amiri (2), Kramaric (2,5) – Szalai (3), Belfodil (3) – **Trainer:** Nagelsmann
Hertha: Jarstein (2) – Pekarik (5), Klünter (4), Rekik (3,5), Plattenhardt (5) – Skjelbred (3,5), Mittelstädt (4,5) – Lazaro (5,5), Kalou (5), Leckie (5) – Selke (5) – **Trainer:** Dardai
Eingewechselt: 64. Bicakcic (-) für Szalai, 69. Nelson (-) für Amiri, 77. Bittencourt (-) für Demirbay – 63. Dilrosun (-) für Lazaro, 85. Köpke (-) für Selke
Tore: 1:0 Amiri (29., Rechtsschuss, Vorarbeit Demirbay), 2:0 Nelson (76., Kopfball, Schulz)
Chancenverhältnis: 15:3
Eckenverhältnis: 9:3
SR: Petersen (Stuttgart) – **Zuschauer:** 28 010 – **Gelbe Karte:** Demirbay – **Spielnote:** 2,5

14. April 2019

Fortuna Düsseldorf – Bayern München 1:4 (0:2)

Düsseldorf: Rensing (2,5) – Zimmermann (4,5), Hoffmann (4), Kaminski (4), Ayhan (4,5) – Sobottka (4) – Stöger (4), Barkok (4) – Raman (4,5), Hennings (5), Kownacki (5) – **Trainer:** Funkel
Bayern: Neuer (3) – Kimmich (2,5), Süle (3), Hummels (3), Alaba (3) – Javi Martinez (3) – Müller (2), Thiago (3) – Gnabry (2), Lewandowski (3,5), Coman (2) – **Trainer:** Kovac
Eingewechselt: 67. Morales (-) für Sobottka, 68. Lukebakio (-) für Hennings, 80. Usami (-) für Kownacki – 53. Ulreich (3) für Neuer, 70. Goretzka (-) für Müller, 80. James (-) für Gnabry
Tore: 0:1 Coman (15., Rechtsschuss, Vorarbeit Gnabry), 0:2 Coman (41., Linksschuss, Kimmich), 0:3 Gnabry (55., Rechtsschuss, Müller), 1:3 Lukebakio (89., Handelfmeter, Linksschuss), 1:4 Goretzka (90./+2, Rechtsschuss)
Chancenverhältnis: 2:8
Eckenverhältnis: 2:6
SR: Zwayer (Berlin) – **Zuschauer:** 53 400 (ausverkauft) – **Gelbe Karte:** Ayhan – **Spielnote:** 3,5

14. April 2019

Eintracht Frankfurt – FC Augsburg 1:3 (1:2)

Frankfurt: Trapp (3) – Touré (5,5), Hasebe (4), Hinteregger (-) – da Costa (4), Fernandes (5), Rode (4), Kostic (3,5) – Rebic (4) – Paciencia (3), Jovic (3,5) – **Trainer:** Hütter
Augsburg: Kobel (3) – Schmid (4,5), Gouweleeuw (3,5), Khedira (3), Stafylidis (3) – Baier (3) – Gregoritsch (2), Koo (2,5) – Hahn (4), Richter (1,5) – Finnbogason (4) – **Trainer:** Schmidt
Eingewechselt: 26. Ndicka (4) für Hinteregger, 54. Gacinovic (4) für Paciencia, 66. de Guzman (-) für Rode – 39. Luthe (3) für Kobel, 83. Schieber (-) für Finnbogason, 90./+2 Janker (-) für Koo
Tore: 1:0 Paciencia (15., Kopfball, Vorarbeit Kostic), 1:1 Richter (31., Rechtsschuss, Gregoritsch), 1:2 Richter (45./+4, Linksschuss, Koo), 1:3 Gregoritsch (84., Linksschuss, Baier)
Chancenverhältnis: 7:8
Eckenverhältnis: 8:2
SR: Dankert (Rostock) – **Zuschauer:** 51 000 – **Gelbe Karten:** Rebic – Gregoritsch – **Gelb-Rote Karte:** Fernandes (47.) – **Spielnote:** 3

30. SPIELTAG

20. April 2019

Bayern München – Werder Bremen 1:0 (0:0)

Bayern: Ulreich (3) – Kimmich (2,5), Süle (2), Boateng (3), Alaba (3) – Javi Martinez (4), Thiago (3) – Gnabry (2,5), Müller (4), Coman (3,5) – Lewandowski (3,5) – **Trainer:** Kovac
Bremen: Pavlenka (1,5) – Gebre Selassie (3,5), Veljkovic (5), Moisander (3,5), Augustinsson (4) – Sahin (3) – Möhwald (5), M. Eggestein (4), Klaassen (4,5) – Rashica (4), Kruse (4) – **Trainer:** Kohfeldt
Eingewechselt: 59. Goretzka (4) für Javi Martinez, 70. Ribery (-) für Müller, 87. Renato Sanches (-) für Gnabry – 60. Langkamp (4) für Möhwald, 73. Osako (-) für Rashica, 81. Pizarro (-) für Sahin
Tor: 1:0 Süle (75., Rechtsschuss, Vorarbeit Thiago)
Chancenverhältnis: 14:0
Eckenverhältnis: 14:3
SR: Welz (Wiesbaden) – **Zuschauer:** 75 000 (ausverkauft) – **Gelb-Rote Karte:** Veljkovic (58.) – **Spielnote:** 3,5

20. April 2019

Bayer 04 Leverkusen – 1. FC Nürnberg 2:0 (0:0)

Leverkusen: Hradecky (3) – Tah (3), S. Bender (3), Wendell (3,5) – Aranguiz (3), Baumgartlinger (2,5) – Weiser (4), Havertz (4), Brandt (3), Bailey (3) – Volland (2,5) – **Trainer:** Bosz
Nürnberg: Mathenia (3) – Bauer (5), Mühl (3,5), Ewerton (3), Leibold (3) – Erras (3,5) – Behrens (4,5), Löwen (3,5) – Matheus Pereira (4,5), Kerk (5), Ishak (5) – **Trainer:** Schommers
Eingewechselt: 34. Alario (2) für Bailey, 87. Kohr (-) für Havertz, 89. Paulinho (-) für Brandt – 62. Misidjan (-) für Kerk, 75. Tillman (-) für Ishak, 79. Margreitter (-) für Ewerton
Tore: 1:0 Alario (61., Kopfball, Vorarbeit Brandt), 2:0 Volland (86., Rechtsschuss, Alario)
Chancenverhältnis: 8:1
Eckenverhältnis: 11:1
SR: Winkmann (Kerken) – **Zuschauer:** 26 405 – **Spielnote:** 4

20. April 2019

FC Augsburg – VfB Stuttgart 6:0 (3:0)

Augsburg: Luthe (2,5) – Schmid (2), Gouweleeuw (2,5), Danso (3,5), Stafylidis (3) – Baier (3) – Gregoritsch (2,5), Khedira (2) – Hahn (2), Max (1,5) – Richter (1) – **Trainer:** Schmidt
Stuttgart: Zieler (4) – Baumgartl (6), Pavard (5), Kempf (5,5) – Esswein (6), Insua (6) – Castro (6), Kabak (6) – Zuber (6) – Gomez (6), Gonzalez (5,5) – **Trainer:** Weinzierl
Eingewechselt: 37. Moravek (3) für Khedira, 64. Oxford (-) für Gouweleeuw, 79. Schieber (-) für Richter – 46. Didavi (5,5) für Esswein, 46. Donis (5) für Insua
Tore: 1:0 Khedira (11., Linksschuss, Vorarbeit Schmid), 2:0 Hahn (18., Rechtsschuss, Schmid), 3:0 Max (29., Rechtsschuss, Richter), 4:0 Richter (53., Rechtsschuss, Stafylidis), 5:0 Max (58., Linksschuss, Hahn), 6:0 Richter (68., Rechtsschuss)
Chancenverhältnis: 13:8
Eckenverhältnis: 9:4
SR: Gräfe (Berlin) – **Zuschauer:** 30 660 (ausverkauft) – **Spielnote:** 2

20. April 2019

1. FSV Mainz 05 – Fortuna Düsseldorf 3:1 (1:1)

Mainz: Müller (2,5) – Donati (3), Niakhaté (2,5), Hack (4,5), Aaron (2,5) – Gbamin (2) – Boetius (2,5), Latza (3,5) – Quaison (4) – Onisiwo (2), Mateta (1,5) – **Trainer:** Schwarz
Düsseldorf: Rensing (3,5) – Zimmermann (4), Ayhan (3), Kaminski (5), Suttner (4) – Hoffmann (3,5) – Stöger (3), Morales (4) – Raman (4), Kownacki (5) – Lukebakio (3,5) – **Trainer:** Funkel

Der Schlusspunkt in einem überraschenden Schwaben-Duell: Der FC Augsburg fertigt überforderte Gäste des VfB Stuttgart mit 6:0 Toren ab. Hier gelingt Marco Richter der Treffer zum 6:0 gegen den Stuttgarter Marc Oliver Kempf.

Eingewechselt: 59. Maxim (2,5) für Hack, 71. Baku (-) für Quaison, 88. Kunde (-) für Latza – 70. Barkok (-) für Morales, 76. Karaman (-) für Lukebakio, 81. Ducksch (-) für Raman
Tore: 1:0 Mateta (1., Linksschuss, Vorarbeit Onisiwo), 1:1 Lukebakio (19., Rechtsschuss, Raman), 2:1 Onisiwo (67., Rechtsschuss, Aaron), 3:1 Mateta (87., Linksschuss, Boetius)
Chancenverhältnis: 7:4
Eckenverhältnis: 3:7
SR: Schmidt (Stuttgart) – **Zuschauer:** 29 205 – **Gelbe Karten:** Raman, Ayhan, Kownacki – **Besonderes Vorkommnis:** Lukebakio schießt Handelfmeter an den Pfosten (58.) – **Spielnote:** 2,5

20. April 2019
Bor. Mönchengladbach – RB Leipzig 1:2 (0:1)

Gladbach: Sommer (2,5) – Ginter (3,5), Strobl (4,5), Jantschke (3) – Kramer (3) – Herrmann (3,5), Neuhaus (3,5), Zakaria (2,5), Hazard (3) – Raffael (4,5), Plea (3) – **Trainer:** Hecking
Leipzig: Gulacsi (2,5) – Mukiele (4), Konaté (1,5), Klostermann (3) – Laimer (3), Kampl (2,5), Halstenberg (1) – Sabitzer (3,5), Forsberg (3) – Matheus Cunha (4,5), Werner (3,5) – **Trainer:** Rangnick
Eingewechselt: 62. Hofmann (-) für Neuhaus, 80. Wendt (-) für Raffael, 86. Traoré (-) für Herrmann – 46. Poulsen (3,5) für Matheus Cunha, 74. Haidara (-) für Forsberg, 81. Orban (-) für Werner
Tore: 0:1 Halstenberg (17., Foulelfmeter, Linksschuss, Vorarbeit Halstenberg), 0:2 Halstenberg (53., Linksschuss, Forsberg), 1:2 Plea (61., Rechtsschuss, Neuhaus)
Chancenverhältnis: 5:6
Eckenverhältnis: 2:4
SR: Osmers (Hannover) – **Zuschauer:** 51 757 – **Gelbe Karten:** Haidara, Poulsen – **Spielnote:** 2

20. April 2019
FC Schalke 04 – TSG Hoffenheim 2:5 (0:2)

Schalke: Nübel (4,5) – Stambouli (6), Sané (6), Nastasic (6) – Caligiuri (4), Carls (5) – Mascarell (6), McKennie (5) – Serdar (4,5) – Embolo (5,5), Burgstaller (4,5) – **Trainer:** Stevens
Hoffenheim: Baumann (3) – Bicakcic (2), Vogt (2,5), Hübner (3) – Kaderabek (3,5), Schulz (3) – Demirbay (2), Grillitsch (3) – Amiri (2), Kramaric (2) – Belfodil (1) – **Trainer:** Nagelsmann
Eingewechselt: 80. Harit (-) für McKennie, 81. Boujellab (-) für Mascarell – 56. Szalai (2) für Hübner, 71. Brenet (-) für Schulz, 81. Adams (-) für Demirbay
Tore: 0:1 Belfodil (25., Rechtsschuss, Vorarbeit Amiri), 0:2 Kramaric (45., Rechtsschuss, Demirbay), 1:2 Caligiuri (60., Foulelfmeter, Rechtsschuss, Embolo), 1:3 Szalai (65., Kopfball, Belfodil), 1:4 Amiri (73., Linksschuss, Kramaric), 1:5 Belfodil (80., Rechtsschuss, Bicakcic), 2:5 Burgstaller (90., Linksschuss, Embolo)
Chancenverhältnis: 7:5
Eckenverhältnis: 6:1
SR: Dingert (Gries) – **Zuschauer:** 58 958 – **Gelbe Karten:** Embolo, Caligiuri – Hübner, Demirbay, Amiri – **Spielnote:** 2,5

21. April 2019
SC Freiburg – Borussia Dortmund 0:4 (0:1)

Freiburg: Schwolow (3) – Stenzel (5), K. Schlotterbeck (4), Heintz (4), Günter (3,5) – Haberer (4), Höfler (4) – Frantz (4), Grifo (4,5) – Waldschmidt (3), Niederlechner (4,5) – **Trainer:** Streich
Dortmund: Bürki (3,5) – Wolf (4), Weigl (3), Akanji (3), Diallo (3,5) – Witsel (3), Delaney (3) – Sancho (2), Reus (1,5), Guerreiro (2) – Götze (2,5) – **Trainer:** Favre
Eingewechselt: 66. Daferner (-) für Niederlechner, 70. Gondorf (-) für Frantz, 87. Terrazzino (-) für Haberer – 56. Toprak (3,5) für Wolf, 71. Pulisic (-) für Guerreiro, 80. Paco Alcacer (-) für Götze
Tore: 0:1 Sancho (12., Rechtsschuss, Vorarbeit Reus), 0:2 Reus (54., Rechtsschuss, Guerreiro), 0:3 Götze (79., Rechtsschuss, Reus), 0:4 Paco Alcacer (87., Handelfmeter, Rechtsschuss)
Chancenverhältnis: 4:5
Eckenverhältnis: 5:3
SR: Hartmann (Wangen) – **Zuschauer:** 24 000 (ausverkauft) – **Gelbe Karten:** Haberer, Stenzel – **Spielnote:** 3,5

21. April 2019
Hertha BSC – Hannover 96 0:0

Hertha: Jarstein (3) – Klünter (4,5), Stark (3), Rekik (3), Plattenhardt (4) – Skjelbred (3,5), Grujic (4) – Leckie (4,5), Duda (4,5), Kalou (3,5) – Ibisevic (4) – **Trainer:** Dardai
Hannover: Esser (3) – Sorg (5), Anton (4), Felipe (3), Ostrzolek (4,5) – Schwegler (4,5) – Haraguchi (5), Bakalorz (4) – Maina (4,5), Muslija (4,5) – Weydandt (4) – **Trainer:** Doll
Eingewechselt: 60. Selke (4) für Skjelbred, 76. Dilrosun (-) für Leckie, 90./+3 Lustenberger (-) für Stark – 72. Müller (-) für Muslija, 84. Soto (-) für Maina
Chancenverhältnis: 5:3
Eckenverhältnis: 5:8
SR: S. Stegemann (Niederkassel) – **Zuschauer:** 38 960 – **Gelbe Karten:** Skjelbred, Grujic, Leckie, Stark – Bakalorz – **Spielnote:** 5

22. April 2019
VfL Wolfsburg – Eintracht Frankfurt 1:1 (0:0)

Wolfsburg: Pervan (3) – Tisserand (4,5), Knoche (3), Brooks (2,5), William (3,5) – Guilavogui (4) – Gerhardt (3,5), Arnold (3) – Ginczek (3), Mehmedi (2) – Weghorst (2) – **Trainer:** Labbadia
Frankfurt: Trapp (2) – Abraham (3,5), Hasebe (2,5), Falette (3,5) – da Costa (3,5), Torro (4), Kostic (3) – Rode (3,5) – Gacinovic (3,5) – Paciencia (3,5), Jovic (5) – **Trainer:** Hütter
Eingewechselt: 64. Malli (-) für Gerhardt, 82. Steffen (-) für Tisserand, 86. Klaus (-) für Ginczek – 69. Rebic (-) für Jovic, 69. de Guzman (-) für Rode, 90./+1 Touré (-) für Paciencia
Tore: 0:1 de Guzman (78., Linksschuss, Vorarbeit Kostic), 1:1 Brooks (90., Linksschuss, Klaus)
Chancenverhältnis: 10:4
Eckenverhältnis: 14:6
SR: Fritz (Korb) – **Zuschauer:** 26 102 – **Gelbe Karten:** Arnold, Tisserand – Jovic, Rode, Paciencia – **Spielnote:** 2,5

31. SPIELTAG

26. April 2019
FC Augsburg – Bayer 04 Leverkusen 1:4 (1:1)

Augsburg: Kobel (4,5) – Schmid (5), Gouweleeuw (4), Danso (4), Stafylidis (5) – Baier (4) – Gregoritsch (4,5), Khedira (4) – Hahn (5), Max (5) – Richter (5) – **Trainer:** Schmidt
Leverkusen: Hradecky (3) – Tah (1,5), S. Bender (3,5), Wendell (2,5) – Aranguiz (2,5), Baumgartlinger (3) – Weiser (2,5), Havertz (2), Brandt (1,5), Volland (1) – Alario (3) – **Trainer:** Bosz
Eingewechselt: 60. Koo (4,5) für Danso, 71. Schieber (-) für Richter, 81. Teigl (-) für Max – 46. Dragovic (3) für S. Bender, 84. Kohr (-) für Alario, 89. L. Bender (-) für Weiser
Tore: 1:0 Danso (12., Kopfball, Vorarbeit Schmid), 1:1 Volland (15., Linksschuss, Aranguiz), 1:2 Havertz (48., Rechtsschuss, Volland), 1:3 Tah (60., Rechtsschuss, Brandt), 1:4 Brandt (88., Rechtsschuss, Kohr)
Chancenverhältnis: 2:7
Eckenverhältnis: 3:3
SR: Willenborg (Osnabrück) – **Zuschauer:** 26 404 – **Gelbe Karte:** Schmid – **Spielnote:** 2,5

27. April 2019
Hannover 96 – 1. FSV Mainz 05 1:0 (0:0)

Hannover: Esser (3,5) – Haraguchi (4), Anton (3,5), Felipe (2,5), Ostrzolek (4,5) – Schwegler (4) – Maina (3,5), Bakalorz (4) – Müller (5,5) – Jonathas (4,5), Weydandt (3) – **Trainer:** Doll
Mainz: Müller (5) – Donati (3,5), Niakhaté (4), Hack (3), Aaron (3,5) – Gbamin (3,5) – Boetius (4), Maxim (3) – Quaison (4) – Mateta (4), Onisiwo (4) – **Trainer:** Schwarz
Eingewechselt: 46. Prib (3,5) für Müller, 77. Sorg (-) für Maina, 84. Walace (-) für Jonathas – 71. Öztunali (-) für Boetius, 79. Ujah (-) für Quaison, 87. Bungert (-) für Donati
Tor: 1:0 Weydandt (66., Rechtsschuss, Vorarbeit Maina)
Chancenverhältnis: 3:7
Eckenverhältnis: 4:7
SR: Storks (Velen) – **Zuschauer:** 30 400 – **Gelbe Karten:** Bakalorz, Schwegler – Gbamin – **Spielnote:** 4,5

27. April 2019
Fortuna Düsseldorf – Werder Bremen 4:1 (2:1)

Düsseldorf: Rensing (2) – Zimmermann (3), Ayhan (3,5), Hoffmann (3), Suttner (2,5) – Stöger (2,5), Bodzek (3,5) – Raman (2), Lukebakio (4) – Hennings (2), Karaman (1,5) – **Trainer:** Funkel
Bremen: Pavlenka (3) – Gebre Selassie (5), Langkamp (5), Moisander (4), Augustinsson (4,5) – Sahin (4) – M. Eggestein (4), Klaassen (4,5) – J. Eggestein (5), Rashica (4) – Kruse (2) – **Trainer:** Kohfeldt
Eingewechselt: 36. Barkok (-) für Raman, 52. Kownacki (4) für Barkok, 71. Gießelmann (-) für Lukebakio – 46. Osako (3) für J. Eggestein, 59. Möhwald (3) für Klaassen, 80. Harnik (-) für Augustinsson
Tore: 1:0 Raman (1., Rechtsschuss, Vorarbeit Hennings), 2:0 Karaman (22., Linksschuss), 2:1 Kruse (28., Foulelfmeter, Linksschuss, Klaassen), 3:1 Hennings (56., Linksschuss, Karaman), 4:1 Suttner (73., Linksschuss)
Chancenverhältnis: 7:11
Eckenverhältnis: 4:9
SR: Cortus (Röthenbach a. d. Pegnitz) – **Zuschauer:** 52 500 (ausverkauft) – **Gelbe Karten:** Lukebakio – Moisander, Langkamp, Osako – **Spielnote:** 2

27. April 2019
Borussia Dortmund – FC Schalke 04 2:4 (1:2)

Dortmund: Bürki (3) – Wolf (5,5), Weigl (5), Diallo (5), Akanji (5) – Witsel (4), Delaney (4) – Sancho (2,5), Reus (5,5), Guerreiro (5) – Götze (3) – **Trainer:** Favre
Schalke: Nübel (3) – Sané (2), Stambouli (2,5), Nastasic (3) – Caligiuri (1), Oczipka (3) – Mascarell (3) – McKennie (3), Serdar (2) – Embolo (2,5), Burgstaller (4) – **Trainer:** Stevens
Eingewechselt: 56. Paco Alcacer (5) für Delaney, 78. Pulisic (-) für Guerreiro, 83. Bruun Larsen (-) für Götze – 67. Rudy (-) für Caligiuri, 77. Bruma (-) für McKennie, 87. Matondo (-) für Embolo
Tore: 1:0 Götze (14., Kopfball, Vorarbeit Sancho), 1:1 Caligiuri (18., Handelfmeter, Rechtsschuss), 1:2 Sané (28., Kopfball, Caligiuri), 1:3 Caligiuri (62., direkter Freistoß, Rechtsschuss), 2:3 Witsel (84., Rechtsschuss, Bruun Larsen), 2:4 Embolo (86., Rechtsschuss, Oczipka)
Chancenverhältnis: 2:5
Eckenverhältnis: 2:4
SR: Zwayer (Berlin) – **Zuschauer:** 80 196 (ausverkauft) – **Gelbe Karten:** Caligiuri, Serdar, Embolo, McKennie, Mascarell, Rudy – **Rote Karten:** Reus (60., grobes Foulspiel), Wolf (65., grobes Foulspiel) – **Spielnote:** 2,5

27. April 2019
RB Leipzig – SC Freiburg 2:1 (1:0)

Leipzig: Gulacsi (3) – Mukiele (3,5), Konaté (3,5), Orban (3) – Laimer (4), Kampl (3), Halstenberg (3,5) – Sabitzer (3,5), Haidara (4) – Poulsen (3,5), Werner (2,5) – **Trainer:** Rangnick
Freiburg: Schwolow (2,5) – N. Schlotterbeck (3), K. Schlotterbeck (3,5), Heintz (4,5) – Frantz (3,5), Abrashi (3,5), Günter (4) – Haberer (3,5), Höfler (4) – Höler (4), Grifo (3) – **Trainer:** Streich
Eingewechselt: 71. Forsberg (-) für Haidara, 75. Klostermann (-) für Mukiele, 83. Ilsanker (-) für Werner – 58. Gondorf (4) für Abrashi, 79. Stenzel (-) für Frantz, 87. Niederlechner (-) für Höler
Tore: 1:0 Werner (19., Rechtsschuss, Vorarbeit Poulsen), 1:1 Grifo (66., direkter Freistoß, Rechtsschuss), 2:1 Forsberg (78., Handelfmeter, Rechtsschuss)
Chancenverhältnis: 4:7
Eckenverhältnis: 5:4
SR: Schröder (Hannover) – **Zuschauer:** 40 826 – **Gelbe Karten:** Laimer, Sabitzer, Kampl – Heintz, Abrashi, K. Schlotterbeck, Höfler, Haberer – **Spielnote:** 4

27. April 2019
Eintracht Frankfurt – Hertha BSC 0:0

Frankfurt: Trapp (2) – Abraham (3,5), Hasebe (3,5), Hinteregger (4,5) – Fernandes (4) – da Costa (4,5), de Guzman (5,5), Rode (4), Kostic (4) – Jovic (5), Rebic (4) – **Trainer:** Hütter
Hertha: Jarstein (2,5) – Klünter (4), Lustenberger (3,5), Rekik (2,5), Plattenhardt (4) – Skjelbred (3), Mittelstädt (5) – Lazaro (4), Duda (3,5), Kalou (4) – Ibisevic (4,5) – **Trainer:** Dardai
Eingewechselt: 46. Torro (4,5) für Fernandes, 62. Willems (-) für Rode, 77. Paciencia (-) für de Guzman – 64. Selke (-) für Ibisevic, 70. Dilrosun (-) für Lazaro, 79. Leckie (-) für Duda
Chancenverhältnis: 5:4
Eckenverhältnis: 2:4
SR: Jablonski (Bremen) – **Zuschauer:** 51 500 (ausverkauft) – **Gelbe Karten:** Duda, Plattenhardt, Lustenberger – **Gelb-Rote Karte:** Klünter (81.) – **Spielnote:** 4,5

27. April 2019
VfB Stuttgart – Bor. Mönchengladbach 1:0 (0:0)

Stuttgart: Zieler (2) – Pavard (2,5), Kabak (3), Kempf (2,5), Sosa (4,5) – Castro (3,5) – Beck (3,5), Aogo (3) – Didavi (3,5) – Donis (2), Gonzalez (4) – **Trainer:** Willig
Gladbach: Sommer (3) – Ginter (3,5), Strobl (4), Elvedi (5) – Kramer (3,5), Zakaria (4,5) – Herrmann (4), Hazard (5) – Neuhaus (4) – Plea (5), Hofmann (4) – **Trainer:** Hecking
Eingewechselt: 67. Esswein (-) für Donis, 70. Insua (-) für Aogo, 78. Gomez (-) für Didavi – 57. Wendt (4) für Strobl, 67. Traoré (-) für Hofmann, 71. Cuisance (-) für Kramer
Tor: 1:0 Donis (56., Rechtsschuss)
Chancenverhältnis: 5:4
Eckenverhältnis: 2:7
SR: Dankert (Rostock) – **Zuschauer:** 56 730 – **Gelbe Karten:** Beck, Sosa – Kramer – **Spielnote:** 3,5

28. April 2019
TSG Hoffenheim – VfL Wolfsburg 1:4 (1:1)

Hoffenheim: Baumann (5) – Adams (4,5), Vogt (2,5), Bicakcic (3) – Kaderabek (4), Grillitsch (3,5), Schulz (3,5) – Kramaric (3,5), Amiri (4) – Belfodil (4,5), Szalai (2,5) – **Trainer:** Nagelsmann
Wolfsburg: Pervan (3) – Jung (3), Knoche (3), Tisserand (4), William (2) – Guilavogui (2,5) – Gerhardt (3), Arnold (1,5) – Klaus (3), Mehmedi (2), Weghorst (2) – **Trainer:** Labbadia
Eingewechselt: 56. Bittencourt (4) für Amiri, 73. Nelson (-) für Bicakcic – 57. Steffen (2,5) für Jung, 77. Rexhbecaj (-) für Klaus, 84. Malli (-) für Mehmedi
Tore: 1:0 Szalai (9., Rechtsschuss, Vorarbeit Schulz), 1:1 William (42., Rechtsschuss), 1:2 Weghorst (69., Kopfball, William), 1:3 Arnold (85., Linksschuss, Weghorst), 1:4 Weghorst (88., Rechtsschuss, Arnold)
Chancenverhältnis: 11:12
Eckenverhältnis: 9:3
SR: Aytekin (Oberasbach) – **Zuschauer:** 27 725 – **Gelbe Karten:** Schulz, Kaderabek – William, Arnold – **Besonderes Vorkommnis:** Kramaric schießt Foulelfmeter an den Pfosten (15.) – **Spielnote:** 1,5

28. April 2019
1. FC Nürnberg – Bayern München 1:1 (0:0)

Nürnberg: Mathenia (1) – Bauer (3), Mühl (2,5), Ewerton (2), Leibold (4) – Behrens (3,5), Erras (3) – Matheus Pereira (2,5), Kerk (3) – Löwen (2,5) – Ishak (3,5) – **Trainer:** Schommers
Bayern: Ulreich (3) – Kimmich (4,5), Süle (3), Hummels (4), Alaba (4) – Javi Martinez (3,5) – Goretzka (4), Thiago (4) – Müller (4), Coman (4,5) – Lewandowski (4,5) – **Trainer:** Kovac
Eingewechselt: 72. Tillman (-) für Ishak, 82. Margreitter (-) für Löwen, 88. Ilicevic (-) für Bauer – 46. Gnabry (2,5) für Müller, 56. James (-) für Javi Martinez, 72. Davies (-) für James
Tore: 1:0 Matheus Pereira (48., Linksschuss, Vorarbeit Löwen), 1:1 Gnabry (75., Linksschuss, Coman)
Chancenverhältnis: 5:5
Eckenverhältnis: 5:5
SR: Stieler (Hamburg) – **Zuschauer:** 50 000 (ausverkauft) – **Gelbe Karten:** Ewerton – Davies, Süle – **Besonderes Vorkommnis:** Leibold schießt Foulelfmeter an den Pfosten (90./+1) – **Spielnote:** 2,5

32. SPIELTAG

3. Mai 2019

1. FSV Mainz 05 – RB Leipzig 3:3 (1:2)

Mainz: Müller (2,5) – Brosinski (4), Niakhaté (2,5), Hack (4), Aaron (3) – Gbamin (2,5) – Baku (4), Latza (3) – Boetius (2,5) – Onisiwo (2,5), Quaison (3,5) – **Trainer:** Schwarz
Leipzig: Gulacsi (2,5) – Mukiele (4), Konaté (3), Orban (4) – Klostermann (2), Kampl (3,5), Halstenberg (4) – Laimer (4), Forsberg (2,5) – Poulsen (3,5), Werner (2) – **Trainer:** Rangnick
Eingewechselt: 46. Mateta (2,5) für Onisiwo, 68. Kunde (-) für Baku, 79. Maxim (-) für Gbamin – 70. Haidara (-) für Laimer, 90. Matheus Cunha (-) für Poulsen
Tore: 0:1 Klostermann (20., Rechtsschuss, Vorarbeit Werner), 0:2 Klostermann (32., Rechtsschuss, Werner), 1:2 Onisiwo (43., Linksschuss, Latza), 1:3 Werner (49., Rechtsschuss, Forsberg), 2:3 Niakhaté (67., Linksschuss, Latza), 3:3 Mateta (83., Rechtsschuss, Boetius)
Chancenverhältnis: 8:8
Eckenverhältnis: 6:4
SR: Steinhaus (Langenhagen) – **Zuschauer:** 23 805 – **Gelbe Karten:** Brosinski – Kampl – **Spielnote:** 1,5

4. Mai 2019

VfL Wolfsburg – 1. FC Nürnberg 2:0 (1:0)

Wolfsburg: Pervan (3) – Rexhbecaj (3), Knoche (3), Tisserand (2,5), Steffen (3) – Guilavogui (3) – Arnold (4), Gerhardt (4) – Klaus (3), Mehmedi (2,5) – Weghorst (4) – **Trainer:** Labbadia
Nürnberg: Mathenia (4) – Bauer (3,5), Mühl (3), Ewerton (3), Leibold (4) – Erras (4) – Behrens (4) – Löwen (3,5) – Matheus Pereira (4,5), Kerk (5) – Ishak (4,5) – **Trainer:** Schommers
Eingewechselt: 70. Malli (-) für Klaus, 76. Uduokhai (-) für Steffen, 84. Ginczek (-) für Weghorst – 73. Margreitter (-) für Ewerton, 75. Kubo (-) für Matheus Pereira, 81. Knöll (-) für Ishak
Tore: 1:0 Klaus (38., Rechtsschuss, Vorarbeit Mehmedi), 2:0 Tisserand (78., Kopfball, Mehmedi)
Chancenverhältnis: 2:2
Eckenverhältnis: 4:5
SR: Siebert (Berlin) – **Zuschauer:** 22 512 – **Spielnote:** 4,5

4. Mai 2019

Bayern München – Hannover 96 3:1 (2:0)

Bayern: Ulreich (3) – Kimmich (1,5), Süle (3), Boateng (3), Alaba (2,5) – Thiago (3) – Müller (4), Goretzka (3) – Gnabry (4), Coman (3) – Lewandowski (3) – **Trainer:** Kovac
Hannover: Esser (1,5) – Sorg (4,5), Anton (4), Felipe (3,5), Albornoz (5) – Schwegler (4), Ostrzolek (4,5) – Haraguchi (5), Walace (5), Maina (4,5) – Weydandt (5) – **Trainer:** Doll
Eingewechselt: 71. Ribery (-) für Gnabry, 86. Robben (-) für Coman, 88. Rafinha (-) für Alaba – 46. Jonathas (-) für Weydandt, 70. Wimmer (-) für Felipe, 88. Prib (-) für Maina
Tore: 1:0 Lewandowski (27., Kopfball, Vorarbeit Kimmich), 2:0 Goretzka (40., Rechtsschuss, Coman), 2:1 Jonathas (52., Handelfmeter, Rechtsschuss), 3:1 Ribery (84., Rechtsschuss, Coman)
Chancenverhältnis: 16:1
Eckenverhältnis: 11:0
SR: Dingert (Gries) – **Zuschauer:** 75 000 (ausverkauft) – **Gelbe Karte:** Wimmer – **Gelb-Rote Karte:** Jonathas (55.) – **Spielnote:** 3,5

4. Mai 2019

Bor. Mönchengladbach – TSG Hoffenheim 2:2 (0:1)

Gladbach: Sommer (2) – Elvedi (5,5), Ginter (4), Jantschke (4) – Herrmann (4), Strobl (6), Wendt (6) – Neuhaus (4,5), Zakaria (3,5) – Hazard (5,5), Plea (4) – **Trainer:** Hecking
Hoffenheim: Baumann (2,5) – Posch (3,5), Vogt (2,5), Bicakcic (3) – Kaderabek (2), Grillitsch (3,5), Schulz (4) – Demirbay (2), Kramaric (4) – Belfodil (5), Szalai (4,5) – **Trainer:** Nagelsmann
Eingewechselt: 46. Traoré (2,5) für Herrmann, 46. Beyer (3,5) für Jantschke, 81. Drmic (-) für Strobl – 67. Adams (-) für Posch, 75. Amiri (-) für Kramaric, 85. Nelson (-) für Szalai
Tore: 0:1 Kaderabek (33., Kopfball, Vorarbeit Demirbay), 1:1 Ginter (72., Linksschuss, Neuhaus), 1:2 Amiri (79., Rechtsschuss), 2:2 Drmic (84., Rechtsschuss, Plea)
Chancenverhältnis: 4:14
Eckenverhältnis: 2:7
SR: S. Stegemann (Niederkassel) – **Zuschauer:** 51 807 – **Gelbe Karten:** Neuhaus, Zakaria – Posch, Szalai, Demirbay, Adams – **Spielnote:** 2

4. Mai 2019

Hertha BSC – VfB Stuttgart 3:1 (2:0)

Hertha: Jarstein (3) – Lazaro (4), Lustenberger (3), Rekik (3,5), Plattenhardt (3) – Skjelbred (4), Mittelstädt (3,5) – Leckie (4), Duda (3), Kalou (3) – Ibisevic (2,5) – **Trainer:** Dardai
Stuttgart: Zieler (3) – Pavard (4,5), Kabak (5,5), Kempf (4,5), Sosa (4) – Castro (4) – Beck (4,5), Aogo (5) – Didavi (5) – Donis (5), Gonzalez (5) – **Trainer:** Willig
Eingewechselt: 60. Grujic (3,5) für Skjelbred, 67. Dilrosun (-) für Leckie, 71. Selke (-) für Ibisevic – 46. Gomez (3) für Gonzalez, 57. Esswein (4) für Donis, 64. Gentner (-) für Beck
Tore: 1:0 Ibisevic (40., Rechtsschuss, Vorarbeit Leckie), 2:0 Duda (45./+1, Rechtsschuss, Ibisevic), 3:0 Kalou (67., Linksschuss, Dilrosun), 3:1 Gomez (70., Kopfball, Sosa)
Chancenverhältnis: 5:2
Eckenverhältnis: 2:5
SR: Schlager (Hügelsheim) – **Zuschauer:** 48 668 – **Gelbe Karten:** Jarstein – Castro – **Spielnote:** 4,5

4. Mai 2019

Werder Bremen – Borussia Dortmund 2:2 (0:2)

Bremen: Pavlenka (1,5) – Friedl (4), Veljkovic (4,5), Langkamp (3,5), Augustinsson (3) – Sahin (4) – M. Eggestein (3,5), Klaassen (3,5) – Kruse (3,5) – Osako (5), Rashica (3) – **Trainer:** Kohfeldt
Dortmund: Bürki (5) – Akanji (5), Weigl (3), Diallo (4), Guerreiro (3) – Delaney (3), Witsel (3,5) – Sancho (4), Götze (2,5), Pulisic (2) – Paco Alcacer (2,5) – **Trainer:** Favre
Eingewechselt: 60. Pizarro (2) für Osako, 60. Möhwald (2,5) für Sahin – 82. Bruun Larsen (-) für Götze, 83. Dahoud (-) für Delaney, 90. Philipp (-) für Diallo
Tore: 0:1 Pulisic (6., Rechtsschuss, Vorarbeit Delaney), 0:2 Paco Alcacer (41., direkter Freistoß, Rechtsschuss), 1:2 Möhwald (70., Linksschuss, Rashica), 2:2 Pizarro (75., Linksschuss, Augustinsson)
Chancenverhältnis: 5:9
Eckenverhältnis: 4:8
SR: Fritz (Korb) – **Zuschauer:** 42 100 (ausverkauft) – **Gelbe Karten:** Klaassen, Friedl – Weigl – **Spielnote:** 2

5. Mai 2019

FC Schalke 04 – FC Augsburg 0:0

Schalke: Nübel (3) – McKennie (3), Stambouli (3), Nastasic (3) – Caligiuri (4), Mascarell (4), Oczipka (4) – Rudy (3,5), Serdar (3,5) – Embolo (4,5), Kutucu (4) – **Trainer:** Stevens
Augsburg: Kobel (2,5) – Schmid (3), Gouweleeuw (3), Khedira (3), Stafylidis (3) – Baier (3,5) – Hahn (4), Koo (4), Gregoritsch (4,5), Max (4) – Schieber (4,5) – **Trainer:** Schmidt
Eingewechselt: 61. Matondo (-) für Kutucu, 73. Boujellab (-) für Rudy – 57. Richter (4) für Schieber, 66. Moravek (-) für Koo, 83. Teigl (-) für Gregoritsch
Chancenverhältnis: 5:1
Eckenverhältnis: 7:4
SR: Gräfe (Berlin) – **Zuschauer:** 59 841 – **Gelbe Karte:** Serdar – **Spielnote:** 5

5. Mai 2019

SC Freiburg – Fortuna Düsseldorf 1:1 (1:1)

Freiburg: Schwolow (3) – Koch (4), K. Schlotterbeck (3), Heintz (3) – Höfler (3,5) – Frantz (4), Günter (3,5) – Haberer (4), Gondorf (4) – Höler (4), Grifo (2,5) – **Trainer:** Streich
Düsseldorf: Rensing (3) – Zimmermann (3,5), Ayhan (3), Hoffmann (3,5), Suttner (3,5) – Stöger (2,5), Bodzek (3,5) – Raman (4,5), Kownacki (2,5) – Hennings (4), Karaman (4) – **Trainer:** Funkel
Eingewechselt: 72. Sallai (-) für Frantz, 82. Niederlechner (-) für Höler, 90./+3 N. Schlotterbeck (-) für Gondorf – 68. Morales (-) für Bodzek, 73. Lukebakio (-) für Kownacki, 82. Fink (-) für Karaman
Tore: 1:0 Grifo (9., Foulelfmeter, Rechtsschuss, Vorarbeit Grifo), 1:1 Kownacki (31., Linksschuss, Stöger)
Chancenverhältnis: 3:6
Eckenverhältnis: 5:4
SR: Welz (Wiesbaden) – **Zuschauer:** 24 000 (ausverkauft) – **Gelbe Karten:** Hoffmann, Morales, Fink – **Gelb-Rote Karte:** Haberer (47.) – **Spielnote:** 3

5. Mai 2019

Bayer 04 Leverkusen – Eintracht Frankfurt 6:1 (6:1)

Leverkusen: Hradecky (3) – Tah (1,5), S. Bender (2), Wendell (2,5) – Baumgartlinger (1,5), Aranguiz (1) – L. Bender (2), Volland (2) – Havertz (1,5), Brandt (1,5) – Alario (1,5) – **Trainer:** Bosz
Frankfurt: Trapp (4) – Touré (5), Abraham (5,5), Hasebe (5), Hinteregger (5,5), Ndicka (6) – Fernandes (5,5), Willems (6) – da Costa (4,5), Kostic (5) – Rebic (5) – **Trainer:** Hütter
Eingewechselt: 60. Dragovic (2,5) für S. Bender, 67. Weiser (-) für L. Bender, 83. Paulinho (-) für Alario – 37. Gacinovic (5) für Willems, 37. Jovic (5) für Ndicka, 74. Chandler (-) für da Costa
Tore: 1:0 Havertz (2., Linksschuss, Vorarbeit Aranguiz), 2:0 Brandt (13., Rechtsschuss, Aranguiz), 2:1 Kostic (14., Linksschuss), 3:1 Alario (23., Kopfball, L. Bender), 4:1 Aranguiz (28., Linksschuss, Brandt), 5:1 Alario (34., Linksschuss, Volland), 6:1 Hinteregger (36., Eigentor, Kopfball, Brandt)
Chancenverhältnis: 13:1
Eckenverhältnis: 1:4
SR: Hartmann (Wangen) – **Zuschauer:** 30 210 (ausverkauft) – **Gelbe Karten:** Hinteregger, Abraham, Fernandes – **Spielnote:** 1

33. SPIELTAG

11. Mai 2019

TSG Hoffenheim – Werder Bremen 0:1 (0:1)

Hoffenheim: Baumann (4) – Vogt (2,5), Grillitsch (4), Bicakcic (3,5) – Kaderabek (3,5), Brenet (3,5) – Demirbay (5), Amiri (3,5) – Kramaric (4) – Szalai (5), Belfodil (3,5) – **Trainer:** Nagelsmann
Bremen: Pavlenka (2,5) – Veljkovic (3), Sahin (4), Moisander (2,5) – Gebre Selassie (-), Augustinsson (3,5) – M. Eggestein (2), Möhwald (3,5) – Osako (3,5) – J. Eggestein (3), Rashica (3,5) – **Trainer:** Kohfeldt
Eingewechselt: 46. Baumgartner (3) für Amiri, 56. Joelinton (3,5) für Szalai, 74. Nelson (-) für Demirbay – 25. Friedl (3,5) für Gebre Selassie, 61. Pizarro (-) für Rashica, 87. Langkamp (-) für J. Eggestein
Tor: 0:1 J. Eggestein (39., Kopfball, Vorarbeit Rashica)
Chancenverhältnis: 8:4
Eckenverhältnis: 1:4
SR: Dankert (Rostock) – **Zuschauer:** 30 150 (ausverkauft) – **Gelbe Karten:** Baumgartner, Kaderabek, Grillitsch – Möhwald, Pizarro, Moisander, M. Eggestein – **Spielnote:** 3,5

11. Mai 2019

Borussia Dortmund – Fortuna Düsseldorf 3:2 (1:0)

Dortmund: Hitz (5) – Piszczek (4), Weigl (3), Akanji (4,5), Guerreiro (2,5) – Witsel (4), Delaney (2) – Pulisic (3), Götze (2), Bruun Larsen (5) – Paco Alcacer (5) – **Trainer:** Favre
Düsseldorf: Rensing (3) – Zimmermann (3), Ayhan (2,5), Hoffmann (4), Gießelmann (3,5) – Stöger (2,5) – Kownacki (3), Fink (3,5), Bodzek (4,5), Suttner (3,5) – Lukebakio (5) – **Trainer:** Funkel
Eingewechselt: 61. Sancho (-) für Bruun Larsen, 90./+1 Schmelzer (-) für Pulisic, 90./+5 Philipp (-) für Götze – 67. Raman (-) für Suttner, 76. Karaman (-) für Fink, 85. Morales (-) für Lukebakio
Tore: 1:0 Pulisic (41., Kopfball, Vorarbeit Delaney), 1:1 Fink (47., Kopfball, Suttner), 2:1 Delaney (53., Linksschuss, Götze), 3:1 Götze (90./+2, Rechtsschuss, Paco Alcacer), 3:2 Kownacki (90./+5, Rechtsschuss, Ayhan)
Chancenverhältnis: 4:5
Eckenverhältnis: 2:4
SR: Stieler (Hamburg) – **Zuschauer:** 81 365 (ausverkauft) – **Gelbe Karte:** Pulisic – **Rote Karte:** Bodzek (82., grobes Foulspiel) – **Besonderes Vorkommnis:** Lukebakio schießt Foulelfmeter am Tor vorbei (59.) – **Spielnote:** 3,5

11. Mai 2019

Bayer 04 Leverkusen – FC Schalke 04 1:1 (1:0)

Leverkusen: Hradecky (2) – Tah (3,5), S. Bender (3), Wendell (3,5) – Baumgartlinger (3,5), Aranguiz (3) – L. Bender (3,5), Havertz (2), Brandt (3,5), Volland (4,5) – Alario (5) – **Trainer:** Bosz
Schalke: Nübel (3) – McKennie (4), Stambouli (3,5), Nastasic (3) – Caligiuri (4), Mascarell (3,5), Oczipka (3,5) – Rudy (4), Boujellab (2) – Embolo (4,5), Burgstaller (3) – **Trainer:** Stevens
Eingewechselt: 46. Weiser (4,5) für L. Bender, 76. Paulinho (-) für Alario, 84. Kohr (-) für Baumgartlinger – 80. Matondo (-) für Embolo, 90./+4 Teuchert (-) für Burgstaller
Tore: 1:0 Havertz (31., Linksschuss), 1:1 Burgstaller (48., Linksschuss, Boujellab)
Chancenverhältnis: 8:4
Eckenverhältnis: 4:4
SR: Aytekin (Oberasbach) – **Zuschauer:** 30 210 (ausverkauft) – **Gelbe Karten:** Baumgartlinger, Volland – Nübel – **Besonderes Vorkommnis:** Hradecky hält Foulelfmeter von Caligiuri (53.) – **Spielnote:** 3,5

11. Mai 2019

RB Leipzig – Bayern München 0:0

Leipzig: Gulacsi (2) – Klostermann (3), Konaté (2), Orban (2,5), Halstenberg (3) – Demme (4) – Sabitzer (4), Laimer (3,5) – Forsberg (4) – Poulsen (5), Werner (4) – **Trainer:** Rangnick
Bayern: Ulreich (3) – Kimmich (3,5), Süle (2), Hummels (2), Alaba (3) – Goretzka (2,5), Thiago (2) – Müller (4) – Coman (4,5), Gnabry (3) – Lewandowski (3,5) – **Trainer:** Kovac
Eingewechselt: 82. Haidara (-) für Demme, 86. Mukiele (-) für Laimer, 90. Smith Rowe (-) für Forsberg – 78. Ribery (-) für Gnabry, 81. Rafinha (-) für Thiago, 89. Robben (-) für Coman
Chancenverhältnis: 2:6
Eckenverhältnis: 1:6
SR: Gräfe (Berlin) – **Zuschauer:** 41 939 (ausverkauft) – **Gelbe Karten:** Goretzka, Coman – **Spielnote:** 3

11. Mai 2019

VfB Stuttgart – VfL Wolfsburg 3:0 (1:0)

Stuttgart: Zieler (3) – Pavard (2,5), Kabak (2,5), Kempf (4), Insua (4) – Castro (3), Gentner (3) – Esswein (4,5), Akolo (4), Gonzalez (3,5) – Donis (2) – **Trainer:** Willig
Wolfsburg: Pervan (3) – William (5), Knoche (5), Tisserand (5), Steffen (4,5) – Guilavogui (5) – Gerhardt (4,5), Arnold (4) – Mehmedi (4,5), Klaus (5) – Weghorst (4) – **Trainer:** Labbadia
Eingewechselt: 53. Didavi (1,5) für Esswein, 76. Aogo (-) für Akolo, 79. Badstuber (-) für Donis – 46. Malli (5) für Klaus, 59. Ginczek (4,5) für Gerhardt, 75. Brekalo (-) für William
Tore: 1:0 Castro (45./+1, Rechtsschuss, Vorarbeit Donis), 2:0 Donis (55., Rechtsschuss, Didavi), 3:0 Didavi (83., Linksschuss, Gentner)
Chancenverhältnis: 5:2
Eckenverhältnis: 3:3
SR: Dr. Brych (München) – **Zuschauer:** 54 068 – **Gelbe Karten:** Esswein – Guilavogui, Tisserand – **Spielnote:** 3

11. Mai 2019

FC Augsburg – Hertha BSC 3:4 (1:0)

Augsburg: Kobel (3,5) – Schmid (4,5), Gouweleeuw (4), Oxford (5), Max (3,5) – Baier (4) – Moravek (4,5), Koo (4) – Teigl (3,5), Richter (3) – Hahn (3) – **Trainer:** Schmidt
Hertha: Kraft (4,5) – Klünter (4), Lustenberger (4), Rekik (4), Plattenhardt (2,5) – Skjelbred (3), Grujic (3) – Lazaro (3), Duda (2,5), Kalou (1,5) – Ibisevic (4) – **Trainer:** Dardai
Eingewechselt: 43. Gregoritsch (2,5) für Koo, 57. Stafylidis (4) für Max, 73. Janker (-) für Moravek – 67. Dilrosun (-) für Klünter, 82. Selke (-) für Ibisevic, 87. Köpke (-) für Duda
Tore: 1:0 Hahn (10., Rechtsschuss, Vorarbeit Moravek), 1:1 Plattenhardt (47., Linksschuss, Duda), 2:1 Gregoritsch (50., Foulelfmeter, Linksschuss, Teigl), 2:2 Grujic (66., Kopfball, Lazaro), 3:2 Gregoritsch (70., Linksschuss, Richter), 3:3 Kalou (75., Kopfball, Lazaro), 3:4 Kalou (90./+3, Foulelfmeter, Rechtsschuss, Köpke)
Chancenverhältnis: 4:8
Eckenverhältnis: 1:9
SR: Winkmann (Kerken) – **Zuschauer:** 29 307 – **Gelbe Karte:** Rekik – **Spielnote:** 2,5

11. Mai 2019
Hannover 96 – SC Freiburg 3:0 (1:0)

Hannover: Esser (3) – Sorg (3), Anton (2,5), Ostrzolek (3) – Haraguchi (4), Schwegler (3,5), Maina (2,5) – Prib (2,5), Bakalorz (3) – Bebou (2), Weydandt (3) – **Trainer:** Doll
Freiburg: Schwolow (2,5) – Stenzel (4,5), K. Schlotterbeck (5), Heintz (4), Günter (4) – Koch (5), Höfler (5) – Frantz (5), Grifo (4,5) – Petersen (5), Niederlechner (5) – **Trainer:** Streich
Eingewechselt: 54. Walace (2,5) für Schwegler, 79. Albornoz (-) für Bebou, 86. Füllkrug (-) für Prib – 46. Waldschmidt (5) für Niederlechner, 46. Sallai (5,5) für Stenzel, 76. Höler (-) für Petersen
Tore: 1:0 Anton (39., Kopfball, Vorarbeit Prib), 2:0 Bebou (51., Rechtsschuss, Maina), 3:0 Walace (81., Rechtsschuss, Albornoz)
Chancenverhältnis: 7:1
Eckenverhältnis: 5:3
SR: Hartmann (Wangen) – **Zuschauer:** 38 100 – **Gelbe Karten:** Heintz, Sallai – **Spielnote:** 4

11. Mai 2019
1. FC Nürnberg – Bor. Mönchengladbach 0:4 (0:0)

Nürnberg: Mathenia (4) – Bauer (5), Margreitter (4), Mühl (4,5), Leibold (4) – Erras (4) – Löwen (5), Behrens (4,5) – Misidjan (4,5), Kerk (5) – Ishak (4) – **Trainer:** Schommers
Gladbach: Sommer (2,5) – Beyer (3,5), Ginter (3), Elvedi (3), Wendt (4) – Kramer (3,5) – Zakaria (2,5), Neuhaus (3,5) – Traoré (2), Hazard (2,5) – Drmic (3) – **Trainer:** Hecking
Eingewechselt: 61. Tillman (-) für Kerk, 73. Petrak (-) für Misidjan, 79. Knöll (-) für Löwen – 46. Hofmann (2,5) für Neuhaus, 72. Plea (-) für Traoré, 78. Strobl (-) für Kramer
Tore: 0:1 Drmic (56., Rechtsschuss, Vorarbeit Hofmann), 0:2 Mühl (63., Eigentor, Linksschuss, Traoré), 0:3 Hazard (65., Linksschuss, Traoré), 0:4 Zakaria (80., Rechtsschuss, Hazard)
Chancenverhältnis: 3:7
Eckenverhältnis: 1:5
SR: Willenborg (Osnabrück) – **Zuschauer:** 50 000 (ausverkauft) – **Gelbe Karten:** Neuhaus, Beyer – **Spielnote:** 3,5

12. Mai 2019
Eintracht Frankfurt – 1. FSV Mainz 05 0:2 (0:0)

Frankfurt: Trapp (3) – Abraham (5), Hinteregger (4,5), Falette (5) – Hasebe (4) – da Costa (4), Fernandes (4,5), Gacinovic (4,5), Kostic (3) – Jovic (5), Rebic (4) – **Trainer:** Hütter
Mainz: Müller (2,5) – Brosinski (4), Niakhaté (3), Hack (2,5), Aaron (3,5) – Kunde (3) – Gbamin (2,5), Latza (3,5) – Boetius (3,5) – Mateta (3), Ujah (2) – **Trainer:** Schwarz
Eingewechselt: 61. Haller (-) für Falette, 61. de Guzman (-) für Fernandes, 77. Paciencia (-) für Jovic – 46. Donati (3) für Brosinski, 81. Baku (-) für Latza, 90. Bungert (-) für Ujah
Tore: 0:1 Ujah (53., Linksschuss, Vorarbeit Mateta), 0:2 Ujah (57., Rechtsschuss, Gbamin)
Chancenverhältnis: 5:5
Eckenverhältnis: 9:4
SR: Osmers (Hannover) – **Zuschauer:** 51 500 (ausverkauft) – **Gelbe Karten:** Kostic – Niakhaté – **Spielnote:** 3

34. SPIELTAG

18. Mai 2019
Bayern München – Eintracht Frankfurt 5:1 (1:0)

Bayern: Ulreich (3) – Kimmich (3,5), Süle (2), Hummels (3), Alaba (1) – Thiago (4), Goretzka (3,5) – Müller (2,5) – Gnabry (2), Coman (2) – Lewandowski (3) – **Trainer:** Kovac
Frankfurt: Trapp (3,5) – Abraham (5,5), Hasebe (5), Hinteregger (5) – da Costa (6), Fernandes (5), de Guzman (5), Kostic (5,5) – Gacinovic (4,5) – Jovic (5,5), Rebic (5,5) – **Trainer:** Hütter
Eingewechselt: 38. Renato Sanches (3) für Goretzka, 61. Ribery (-) für Coman, 67. Robben (-) für Gnabry – 46. Haller (3,5) für de Guzman, 64. Torro (-) für Rebic
Tore: 1:0 Coman (4., Rechtsschuss, Vorarbeit Müller), 1:1 Haller (50., Rechtsschuss, Abraham), 2:1 Alaba (53., Linksschuss, Müller), 3:1 Renato Sanches (58., Rechtsschuss, Coman), 4:1 Ribery (72., Rechtsschuss, Kimmich), 5:1 Robben (78., Linksschuss, Alaba)
Chancenverhältnis: 17:2
Eckenverhältnis: 5:3
SR: S. Stegemann (Niederkassel) – **Zuschauer:** 75 000 (ausverkauft) – **Gelbe Karten:** Thiago, Ribery – Hinteregger, Hasebe – **Spielnote:** 1,5

18. Mai 2019
FC Schalke 04 – VfB Stuttgart 0:0

Schalke: Nübel (3) – McKennie (4), Stambouli (4), Timotheou (4) – Caligiuri (4,5), Rudy (4,5), Oczipka (4,5) – Serdar (4), Boujellab (4,5) – Embolo (5), Burgstaller (3,5) – **Trainer:** Stevens
Stuttgart: Zieler (3) – Pavard (3), Baumgartl (3), Badstuber (3,5), Insua (4) – Gentner (4), Aogo (4) – Esswein (4), Didavi (4), Sosa (5,5) – Gomez (5) – **Trainer:** Willig
Eingewechselt: 63. Matondo (-) für Embolo, 80. Konoplyanka (-) für Serdar, 89. Riether (-) für Caligiuri – 46. Akolo (4) für Didavi, 46. Castro (4) für Gentner, 69. Gonzalez (-) für Gomez
Chancenverhältnis: 3:2
Eckenverhältnis: 7:5
SR: Schröder (Hannover) – **Zuschauer:** 61 676 – **Gelbe Karte:** Castro – **Spielnote:** 5

18. Mai 2019
Bor. Mönchengladbach – Borussia Dortmund 0:2 (0:1)

Gladbach: Sommer (3) – Beyer (4), Ginter (4), Elvedi (3,5), Wendt (4,5) – Kramer (4) – Zakaria (3,5), Hofmann (4) – Traoré (4), Drmic (5), Hazard (3,5) – **Trainer:** Hecking
Dortmund: Bürki (3) – Piszczek (4), Weigl (3), Akanji (3), Guerreiro (4,5) – Witsel (4), Delaney (4) – Pulisic (3,5), Reus (2), Sancho (2,5) – Götze (4) – **Trainer:** Favre
Eingewechselt: 63. Strobl (-) für Kramer, 66. Plea (-) für Traoré, 75. Herrmann (-) für Hazard – 75. Paco Alcacer (-) für Götze, 83. Schmelzer (-) für Reus, 87. Dahoud (-) für Sancho
Tore: 0:1 Sancho (45., Rechtsschuss, Vorarbeit Reus), 0:2 Reus (54., Linksschuss, Pulisic)
Chancenverhältnis: 3:5
Eckenverhältnis: 2:2
SR: Gräfe (Berlin) – **Zuschauer:** 54 022 (ausverkauft) – **Gelbe Karten:** Kramer – Delaney – **Spielnote:** 4

18. Mai 2019
Hertha BSC – Bayer 04 Leverkusen 1:5 (1:2)

Hertha: Kraft (4,5) – Klünter (4), Lustenberger (4), Rekik (5), Plattenhardt (4) – Skjelbred (4,5) – Lazaro (4), Duda (4), Grujic (4,5), Kalou (5) – Ibisevic (3,5) – **Trainer:** Dardai
Leverkusen: Hradecky (3) – Tah (2), S. Bender (4,5), Wendell (2,5) – Baumgartlinger (3), Aranguiz (2) – Weiser (2) – Havertz (2), Brandt (2), Volland (3) – Alario (1) – **Trainer:** Bosz
Eingewechselt: 45./+2 Mittelstädt (4,5) für Klünter, 46. Dilrosun (4,5) für Skjelbred, 72. Köpke (-) für Ibisevic – 59. Dragovic (3) für S. Bender, 75. L. Bender (-) für Aranguiz, 81. Kohr (-) für Weiser
Tore: 0:1 Havertz (28., Linksschuss, Vorarbeit Tah), 1:1 Lazaro (34., Linksschuss, Duda), 1:2 Alario (38., Rechtsschuss, Wendell), 1:3 Brandt (54., Rechtsschuss, Aranguiz), 1:4 Alario (72., Kopfball, Volland), 1:5 Alario (88., Linksschuss, L. Bender)
Chancenverhältnis: 4:8
Eckenverhältnis: 4:3
SR: Fritz (Korb) – **Zuschauer:** 59 287 – **Gelbe Karten:** Duda – Volland – **Spielnote:** 3

18. Mai 2019
Werder Bremen – RB Leipzig 2:1 (1:0)

Bremen: Pavlenka (2,5) – Friedl (4), Veljkovic (2,5), Moisander (3), Augustinsson (3,5) – Sahin (4) – M. Eggestein (4), Klaassen (3,5) – Möhwald (4), Osako (3) – Rashica (2,5) – **Trainer:** Kohfeldt
Leipzig: Mvogo (4) – Mukiele (2,5), Ilsanker (4), Upamecano (3), Saracchi (4) – Laimer (3,5), Adams (3) – Haidara (4), Bruma (5) – Augustin (5), Matheus Cunha (4) – **Trainer:** Rangnick
Eingewechselt: 46. J. Eggestein (4,5) für Sahin, 74. Pizarro (-) für Osako, 87. Johannsson (-) für Möhwald – 64. Smith Rowe (-) für Adams, 70. Forsberg (-) für Laimer, 70. Poulsen (-) für Augustin
Tore: 1:0 Rashica (35., Foulelfmeter, Rechtsschuss, Vorarbeit Osako), 1:1 Mukiele (86., Rechtsschuss, Saracchi), 2:1 Pizarro (88., Linksschuss, M. Eggestein)
Chancenverhältnis: 6:5
Eckenverhältnis: 3:9
SR: Dr. Brych (München) – **Zuschauer:** 42 100 (ausverkauft) – **Gelbe Karten:** Friedl, Augustinsson – Ilsanker, Saracchi – **Besonderes Vorkommnis:** Bruma schießt Handelfmeter über das Tor (54.) – **Spielnote:** 3,5

18. Mai 2019
SC Freiburg – 1. FC Nürnberg 5:1 (2:0)

Freiburg: Flekken (2) – Stenzel (2,5), Koch (3), Heintz (2,5), Günter (2) – Frantz (3), Höfler (2) – Terrazzino (2), Grifo (2) – Waldschmidt (1,5), Petersen (1) – **Trainer:** Streich
Nürnberg: Mathenia (4) – Bauer (4,5), Margreitter (5), Mühl (6), Leibold (4,5) – Erras (5,5) – Behrens (5), Rhein (5,5) – Löwen (4), Kerk (6) – Ishak (4) – **Trainer:** Schommers
Eingewechselt: 68. Abrashi (-) für Frantz, 75. Sallai (-) für Terrazzino, 81. Höler (-) für Grifo – 46. Tillman (5) für Rhein, 62. Ilicevic (-) für Kerk, 74. Knöll (-) für Ishak
Tore: 1:0 Terrazzino (7., Rechtsschuss, Vorarbeit Waldschmidt), 2:0 Waldschmidt (34., Rechtsschuss, Petersen), 3:0 Petersen (54., Linksschuss), 4:0 Petersen (56., Rechtsschuss, Stenzel), 5:0 Grifo (61., Rechtsschuss, Günter), 5:1 Löwen (69., Rechtsschuss, Ishak)
Chancenverhältnis: 12:5
Eckenverhältnis: 4:2
SR: Schmidt (Stuttgart) – **Zuschauer:** 24 000 (ausverkauft) – **Gelbe Karten:** Heintz, Stenzel – Ilicevic – **Spielnote:** 2,5

18. Mai 2019
1. FSV Mainz 05 – TSG Hoffenheim 4:2 (0:2)

Mainz: Zentner (2) – Brosinski (3,5), Bungert (3,5), Niakhaté (3), Aaron (3,5) – Kunde (3,5) – Gbamin (3), Latza (3) – Boetius (1,5) – Mateta (2,5), Ujah (4) – **Trainer:** Schwarz
Hoffenheim: Baumann (2) – Brenet (3,5), Vogt (4), Bicakcic (4,5), Schulz (3,5) – Grillitsch (4) – Demirbay (4), Baumgartner (5) – Kramaric (3) – Belfodil (2), Joelinton (4,5) – **Trainer:** Nagelsmann
Eingewechselt: 56. Onisiwo (2) für Ujah, 56. Maxim (2,5) für Kunde, 81. Öztunali (-) für Latza – 32. Szalai (4,5) für Belfodil, 66. Rupp (-) für Joelinton, 85. Nelson (-) für Brenet
Tore: 0:1 Belfodil (12., Rechtsschuss, Vorarbeit Demirbay), 0:2 Kramaric (34., direkter Freistoß, Rechtsschuss), 1:2 Brosinski (66., Foulelfmeter, Rechtsschuss, Latza), 2:2 Boetius (83., Rechtsschuss), 3:2 Boetius (90., Rechtsschuss, Niakhaté), 4:2 Mateta (90./+3, Rechtsschuss, Onisiwo)
Chancenverhältnis: 12:8
Eckenverhältnis: 8:5
SR: Aytekin (Oberasbach) – **Zuschauer:** 28 305 – **Gelbe Karten:** Kunde, Boetius – Joelinton, Vogt – **Gelb-Rote Karte:** Baumgartner (41.) – **Spielnote:** 2

18. Mai 2019
VfL Wolfsburg – FC Augsburg 8:1 (3:0)

Wolfsburg: Pervan (3) – William (2), Knoche (2), Tisserand (3), Roussillon (2,5) – Arnold (2) – Gerhardt (2,5), Rexhbecaj (2) – Ginczek (2), Mehmedi (2,5) – Weghorst (1) – **Trainer:** Labbadia
Augsburg: Kobel (5) – Asta (5,5), Gouweleeuw (6), Oxford (5), Schmid (5,5) – Janker (5,5), Baier (5) – Hahn (5), Richter (5) – Ji (6), Gregoritsch (5,5) – **Trainer:** Schmidt
Eingewechselt: 56. Malli (2) für Mehmedi, 69. Brekalo (-) für Roussillon, 81. Klaus (-) für Rexhbecaj – 46. Moravek (5) für Janker, 46. Danso (6) für Gouweleeuw, 60. Schieber (4,5) für Ji
Tore: 1:0 Weghorst (21., Rechtsschuss, Vorarbeit William), 2:0 Weghorst (37., Rechtsschuss, Mehmedi), 3:0 Knoche (41., Kopfball, Arnold), 4:0 Weghorst (55., Rechtsschuss, Rexhbecaj), 5:0 Ginczek (57., Rechtsschuss, Gerhardt), 6:0 Rexhbecaj (60., Linksschuss, Roussillon), 6:1 Schieber (81., Linksschuss, Richter), 7:1 Brekalo (85., Rechtsschuss, Weghorst), 8:1 Danso (89., Eigentor, Rechtsschuss, William)
Chancenverhältnis: 11:2
Eckenverhältnis: 6:5
SR: Zwayer (Berlin) – **Zuschauer:** 24 486 – **Gelbe Karten:** Hahn, Asta – **Spielnote:** 2

18. Mai 2019
Fortuna Düsseldorf – Hannover 96 2:1 (0:0)

Düsseldorf: Rensing (3) – Zimmermann (4), Ayhan (4), Kaminski (3,5), Gießelmann (3) – Stöger (3), Hoffmann (3,5) – Raman (2), Karaman (2,5), Lukebakio (3,5) – Hennings (2) – **Trainer:** Funkel
Hannover: Sahin-Radlinger (2) – Sorg (4), Anton (4), Ostrzolek (5) – Schwegler (4) – Haraguchi (4,5), Maina (3,5) – Prib (4), Walace (4) – Weydandt (4), Bebou (3,5) – **Trainer:** Doll
Eingewechselt: 79. Barkok (-) für Lukebakio, 79. Fink (-) für Karaman, 89. Morales (-) für Stöger – 70. Müller (-) für Walace, 70. Muslija (-) für Prib, 77. Albornoz (-) für Maina
Tore: 1:0 Hennings (56., Linksschuss, Vorarbeit Raman), 2:0 Karaman (60., Rechtsschuss, Hennings), 2:1 Müller (78., Rechtsschuss)
Chancenverhältnis: 7:4
Eckenverhältnis: 2:7
SR: Cortus (Röthenbach a. d. Pegnitz) – **Zuschauer:** 50 000 (ausverkauft) – **Gelbe Karten:** Ayhan, Stöger – Prib – **Spielnote:** 4

Das abschließende Tor einer langen Karriere im Dress von Bayern München: Der Franzose Franck Ribery macht – kaum eingewechselt – sein Tor zum 4:1 gegen Eintracht Frankfurt. Weder der Japaner Makoto Hasebe (am Boden) noch Torhüter Kevin Trapp können eingreifen.

Die Bundesliga auf einen Blick

BUNDESLIGA 2018/19

	München	Dortmund	Leipzig	Leverkusen	Gladbach	Wolfsburg	Frankfurt	Bremen	Hoffenheim	Düsseldorf	Berlin	Mainz	Freiburg	Schalke	Augsburg	Stuttgart	Hannover	Nürnberg	Heimbilanz Auswärtsbilanz g.	u.	v.	Tore	Pkt.	Gesamt Tore	Punkte
1. Bayern München		5:0 2:3	1:0 0:0	3:1 1:3	0:3 5:1	6:0 3:1	5:1 3:0	1:0 2:1	3:1 3:1	3:3 4:1	1:0 0:2	6:0 2:1	1:1 1:1	3:1 2:0	1:1 3:2	4:1 3:0	3:1 4:0	3:0 1:1	13 11	3 3	1 3	49:14 39:18	42 36	88:32	78
2. Borussia Dortmund	3:2 0:5		4:1 1:0	3:2 4:2	2:1 2:0	2:0 1:0	3:1 1:1	2:1 2:2	3:3 1:1	3:2 1:2	2:2 3:2	2:1 2:1	2:0 4:0	2:4 2:1	4:3 1:2	3:1 4:0	5:1 0:0	7:0 0:0	14 9	2 5	1 3	52:25 29:19	44 32	81:44	76
3. RB Leipzig	0:0 0:1	0:1 1:4		3:0 4:2	2:0 2:1	2:0 0:1	0:0 1:1	3:2 1:2	1:1 2:1	1:1 4:0	5:0 3:0	4:1 3:3	2:1 0:3	0:0 1:0	0:0 0:0	2:0 3:1	3:2 3:0	6:0 1:0	10 9	6 3	1 5	34:9 29:20	36 30	63:29	66
4. Bayer 04 Leverkusen	3:1 1:3	2:4 2:3	2:4 0:3		0:1 0:2	1:3 3:0	6:1 1:2	1:3 6:2	1:4 1:4	2:0 2:1	3:1 5:1	1:0 5:1	2:0 0:0	1:1 2:1	1:0 4:1	2:0 1:0	2:2 3:2	2:0 1:1	9 9	2 2	6 6	32:25 37:27	29 29	69:52	58
5. Mönchengladbach	1:5 3:0	0:2 1:2	1:2 0:2	2:0 1:0		0:3 2:2	3:1 1:1	1:1 3:1	2:2 0:0	3:0 1:3	0:3 2:4	4:0 1:0	1:1 1:3	2:1 2:0	2:0 1:1	3:0 0:1	4:1 1:0	2:0 4:0	9 7	3 4	5 6	31:22 24:20	30 25	55:42	55
6. VfL Wolfsburg	1:3 0:6	0:1 0:2	1:0 0:2	0:3 3:1	2:2 3:0		1:1 2:1	1:1 0:2	2:2 4:1	5:2 3:0	2:2 1:0	3:0 0:0	1:3 3:3	2:1 1:2	8:1 3:2	2:0 0:3	3:1 1:2	2:0 2:0	8 8	5 2	4 7	36:23 26:27	29 26	62:50	55
7. Eintracht Frankfurt	0:3 1:5	1:1 1:3	1:1 0:0	2:1 1:6	1:1 1:3	1:2 1:1		1:2 2:2	3:2 2:1	7:1 3:0	0:0 0:1	0:2 2:2	3:1 2:0	3:0 2:1	1:3 3:1	3:0 3:0	4:1 3:0	1:0 1:1	8 7	4 5	5 5	32:21 28:27	28 26	60:48	54
8. Werder Bremen	1:2 0:1	2:2 1:2	2:1 2:3	2:6 3:1	1:3 1:1	2:0 1:1	2:2 2:1		1:1 1:0	3:1 1:4	3:1 1:1	3:1 1:2	2:1 1:1	4:2 2:0	4:0 3:2	1:1 1:2	1:1 1:0	1:1 1:1	8 6	6 5	3 6	35:26 23:23	30 23	58:49	53
9. TSG Hoffenheim	1:3 1:3	1:1 3:3	1:2 1:1	4:1 4:1	0:0 2:2	1:4 2:2	1:2 2:3	0:1 1:1		1:1 1:2	2:0 3:3	1:1 2:4	3:1 4:2	1:1 5:2	2:1 4:0	4:0 1:1	3:0 3:1	2:1 3:1	7 6	5 7	5 4	28:20 42:32	26 25	70:52	51
10. Fortuna Düsseldorf	1:4 3:3	2:1 2:3	0:4 1:1	1:2 0:2	3:1 0:3	0:3 2:5	0:3 1:7	4:1 1:3	2:1 1:1		4:1 2:1	0:1 1:3	2:0 1:1	0:2 4:0	1:2 2:1	3:0 0:0	2:1 1:0	2:1 0:3	9 4	0 5	8 8	27:28 22:37	27 17	49:65	44
11. Hertha BSC	2:0 0:1	2:3 2:2	0:3 0:5	1:5 1:3	4:2 3:0	0:1 2:2	1:0 0:0	1:1 1:3	3:3 0:2	1:2 1:4		2:1 0:0	1:1 1:2	2:2 2:0	2:2 4:3	3:1 1:2	0:0 2:0	1:0 3:1	6 5	6 4	5 8	26:27 23:30	24 19	49:57	43
12. 1. FSV Mainz 05	1:2 0:6	1:2 1:2	3:3 1:4	1:5 0:1	0:1 0:4	0:0 0:3	2:2 2:0	2:1 1:3	4:2 1:1	3:1 1:0	0:0 1:2		5:0 3:1	3:0 0:1	2:1 0:3	1:0 3:2	1:1 0:1	2:1 1:1	8 4	5 2	4 11	31:22 15:35	29 14	46:57	43
13. SC Freiburg	1:1 1:1	0:4 0:2	3:0 1:2	0:0 0:2	3:1 1:1	3:3 3:1	0:2 1:3	1:1 1:2	2:4 1:3	1:1 0:2	2:1 1:1	1:3 0:5		1:0 0:0	5:1 1:4	3:3 2:2	1:1 0:3	5:1 1:0	6 2	7 5	4 10	32:27 14:34	25 11	46:61	36
14. FC Schalke 04	0:2 1:3	1:2 4:2	0:1 0:0	1:2 1:1	0:2 1:2	2:1 1:2	1:2 0:3	0:2 2:4	2:5 1:1	0:4 2:0	0:2 2:2	1:0 0:3	0:0 0:1		0:0 1:1	0:0 3:1	3:1 1:0	5:2 1:1	4 4	3 6	10 7	16:28 21:27	15 18	37:55	33
15. FC Augsburg	2:3 1:1	2:1 3:4	0:0 0:0	1:4 0:1	1:1 0:2	2:3 1:8	1:3 3:1	2:3 0:4	0:4 1:2	1:2 2:1	3:4 2:2	3:0 1:2	4:1 1:5	1:1 0:0		6:0 0:1	3:1 2:1	2:2 0:3	5 3	4 4	8 10	34:33 17:38	19 13	51:71	32
16. VfB Stuttgart *	0:3 1:4	0:4 1:3	1:3 0:2	0:1 0:2	1:0 0:3	3:0 0:2	0:3 0:3	2:1 1:1	1:1 0:4	0:0 0:3	2:1 1:3	2:3 0:1	2:2 3:3	1:3 0:0	1:0 0:6		5:1 1:3	1:1 2:0	6 1	4 3	7 13	22:27 10:43	22 6	32:70	28
17. Hannover 96 *	0:4 1:3	0:0 1:5	0:3 2:3	2:3 2:2	0:1 1:4	2:1 1:3	0:3 1:4	0:1 1:1	1:3 0:3	0:1 1:2	0:2 0:0	1:0 1:1	3:0 1:1	0:1 1:3	1:2 1:3	3:1 1:5		2:0 0:2	5 0	1 5	11 12	15:26 16:45	16 5	31:71	21
18. 1. FC Nürnberg *	1:1 0:3	0:0 0:7	0:1 0:6	1:1 0:2	0:4 0:2	0:2 0:2	1:1 0:1	1:1 1:1	1:3 1:2	3:0 1:2	1:3 0:1	1:1 1:2	0:1 1:5	1:1 2:5	3:0 2:2	0:2 1:1	2:0 0:2		3 0	7 3	7 14	16:22 10:46	16 3	26:68	19

* Absteiger in die 2. Bundesliga. Aufsteiger aus der 2. Bundesliga: 1. FC Köln, SC Paderborn 07, 1. FC Union Berlin. Relegation: VfB Stuttgart – 1. FC Union Berlin 2:2, 0:0.

Die Bundesliga-Torjäger

Robert Lewandowski (Bayern München)	22
Paco Alcacer (Borussia Dortmund)	18
Marco Reus (Borussia Dortmund)	17
Luka Jovic (Eintracht Frankfurt)	17
Andrej Kramaric (TSG Hoffenheim)	17
Kai Havertz (Bayer 04 Leverkusen)	17
Wout Weghorst (VfL Wolfsburg)	17
Ishak Belfodil (TSG Hoffenheim)	16
Timo Werner (RB Leipzig)	16
Sebastien Haller (Eintracht Frankfurt)	15
Yussuf Poulsen (RB Leipzig)	15
Kevin Volland (Bayer 04 Leverkusen)	14
Jean-Philippe Mateta (1. FSV Mainz 05)	14
Jadon Sancho (Borussia Dortmund)	12
Alassane Plea (Bor. Mönchengladbach)	12
Ondrej Duda (Hertha BSC)	11
Max Kruse (Werder Bremen)	11
Alfred Finnbogason (FC Augsburg)	10
Vedad Ibisevic (Hertha BSC)	10
Dodi Lukebakio (Fortuna Düsseldorf)	10
Benito Raman (Fortuna Düsseldorf)	10
Nils Petersen (SC Freiburg)	10
Thorgan Hazard (Bor. Mönchengladbach)	10
Serge Gnabry (Bayern München)	10
Milot Rashica (Werder Bremen)	9
Ante Rebic (Eintracht Frankfurt)	9
Luca Waldschmidt (SC Freiburg)	9
Lucas Alario (Bayer 04 Leverkusen)	9
Salomon Kalou (Hertha BSC)	8
Leon Goretzka (Bayern München)	8
Mario Götze (Borussia Dortmund)	7
Rouwen Hennings (Fortuna Düsseldorf)	7
Vincenzo Grifo (TSG Hoffenheim/SC Freiburg)	7

Die meisten Bundesliga-Spiele

Karl-Heinz Körbel (Eintracht Frankfurt)	602
Manfred Kaltz (Hamburger SV)	581
Oliver Kahn (Bayern München)	557
Klaus Fichtel (FC Schalke 04)	552
Miroslav Votava (Werder Bremen)	546
Klaus Fischer (FC Schalke 04)	535
Eike Immel (VfB Stuttgart)	534
Willi Neuberger (Eintracht Frankfurt)	520
Michael Lameck (VfL Bochum)	518
Ulrich Stein (Hamburger SV)	512
Stefan Reuter (Borussia Dortmund)	502
Bernard Dietz (MSV Duisburg)	495
Ditmar Jakobs (Hamburger SV)	493
Reiner Geye (1. FC Kaiserslautern)	485
Dieter Burdenski (Werder Bremen)	478
Josef Maier (Bayern München)	473
Claudio Pizarro (Werder Bremen)	472
Oliver Reck (Werder Bremen)	471
Christian Wörns (Borussia Dortmund)	469
Lothar Matthäus (Bayern München)	464
Harald Schumacher (1. FC Köln)	464
Michael Zorc (Borussia Dortmund)	463
Franz-Josef Tenhagen (VfL Bochum)	457
Norbert Nigbur (FC Schalke 04)	456
Richard Golz (Hamburger SV)	453
Rolf Rüssmann (FC Schalke 04)	453
Stefan Kuntz (1. FC Kaiserslautern)	449
Manfred Burgsmüller (Borussia Dortmund)	447
Olaf Thon (FC Schalke 04)	443
Jürgen Grabowski (Eintracht Frankfurt)	441
Johannes Riedl (1. FC Kaiserslautern)	441
Gerd Zewe (Fortuna Düsseldorf)	440
Michael Frontzeck (Bor. Mönchengladbach)	436

Die Rekord-Torjäger

Gerd Müller (Bayern München)	365
Klaus Fischer (FC Schalke 04)	268
Josef Heynckes (Bor. Mönchengladbach)	220
Manfred Burgsmüller (Borussia Dortmund)	213
Robert Lewandowski (Bayern München)	202
Claudio Pizarro (Werder Bremen)	197
Ulf Kirsten (Bayer 04 Leverkusen)	181
Stefan Kuntz (1. FC Kaiserslautern)	179
Klaus Allofs (1. FC Köln)	177
Dieter Müller (1. FC Köln)	177
Mario Gomez (VfB Stuttgart)	170
Johannes Löhr (1. FC Köln)	166
Karl-Heinz Rummenigge (Bayern München)	162
Bernd Hölzenbein (Eintracht Frankfurt)	160
Fritz Walter (VfB Stuttgart)	157
Thomas Allofs (1. FC Kaiserslautern)	148
Stefan Kießling (Bayer 04 Leverkusen)	144
Bernd Nickel (Eintracht Frankfurt)	141
Uwe Seeler (Hamburger SV)	137
Horst Hrubesch (Hamburger SV)	136
Giovane Elber (Bayern München)	133
Rudolf Völler (Werder Bremen)	132
Michael Zorc (Borussia Dortmund)	131
Karl Allgöwer (VfB Stuttgart)	129
Dieter Hoeneß (Bayern München)	127
Martin Max (1860 München)	126
Georg Volkert (Hamburger SV)	125
Frank Mill (Bor. Mönchengladbach)	123
Miroslav Klose (Werder Bremen)	121
Herbert Laumen (Bor. Mönchengladbach)	121
Lothar Matthäus (Bayern München)	121
Vedad Ibisevic (Hertha BSC)	120
Roland Wohlfarth (Bayern München)	120

Die Bundesliga nach 56 Spieljahren

Pl.	(Vj.)	Team	Spieljahre	Gesamtbilanz						Heimbilanz						Auswärtsbilanz					
				Spiele	S	U	N	Tore	Punkte	Spiele	S	U	N	Tore	Punkte	Spiele	S	U	N	Tore	Punkte
1	1	Bayern München	54	1840	1094	405	341	4033:2001	3687	920	684	152	84	2482:814	2204	920	410	253	257	1551:1187	1483
2	2	Werder Bremen	55	1866	785	469	612	3132:2709	2824	933	528	226	179	1890:1087	1810	933	257	243	433	1242:1622	1014
3	4	Borussia Dortmund	52	1764	784	454	526	3132:2486	2806	882	518	213	151	1884:954	1767	882	266	241	375	1248:1532	1039
4	3	Hamburger SV	55	1866	746	495	625	2937:2662	2733	933	504	228	201	1749:1026	1740	933	242	267	424	1188:1636	993
5	5	VfB Stuttgart	53	1798	740	434	624	2969:2628	2654	899	511	188	200	1792:1004	1721	899	229	246	424	1177:1624	933
6	6	Bor. Mönchengladbach	51	1738	701	457	580	2946:2521	2560	869	464	233	172	1798:1012	1625	869	237	224	408	1148:1509	935
7	7	FC Schalke 04	51	1730	681	434	615	2544:2463	2477	865	454	228	183	1545:935	1590	865	227	206	432	999:1528	887
8	8	1. FC Köln	47	1594	629	407	558	2617:2364	2294	797	422	184	191	1582:990	1450	797	207	223	367	1035:1374	844
9	9	Eintracht Frankfurt	50	1696	621	430	645	2647:2620	2291	848	442	212	194	1662:1051	1538	848	179	218	451	985:1569	755
10	11	Bayer 04 Leverkusen	40	1364	583	373	408	2291:1828	2122	682	367	181	134	1312:750	1282	682	216	192	274	979:1078	840
11	10	1. FC Kaiserslautern	44	1492	575	372	545	2348:2344	2094	746	422	188	136	1441:816	1454	746	153	184	409	907:1528	643
12	12	Hertha BSC	36	1216	442	307	467	1719:1851	1633	608	310	154	144	1030:715	1084	608	132	153	323	689:1136	549
13	13	VfL Bochum	34	1160	356	306	498	1602:1887	1374	580	259	159	162	962:738	936	580	97	147	336	640:1149	438
14	14	1. FC Nürnberg	33	1118	344	286	488	1428:1794	1318	559	233	165	161	864:717	864	559	111	121	327	564:1077	454
15	15	Hannover 96	30	1016	308	250	458	1385:1734	1174	508	217	138	153	855:727	789	508	91	112	305	530:1007	385
16	16	Meidericher SV/MSV Duisburg	28	948	296	259	393	1291:1520	1147	474	203	150	121	767:582	759	474	93	109	272	524:938	388
17	17	VfL Wolfsburg	22	748	283	191	274	1127:1101	1040	374	182	95	97	666:469	641	374	101	96	177	461:632	399
18	19	Fortuna Düsseldorf	24	820	258	220	342	1209:1451	994	410	186	118	106	749:576	676	410	72	102	236	460:875	318
19	18	Karlsruher SC	24	812	241	230	341	1093:1408	953	406	175	134	97	670:527	659	406	66	96	244	423:881	294
20	20	Eintracht Braunschweig	21	706	242	177	287	937:1086	903	353	186	92	75	600:364	650	353	56	85	212	337:722	253
21	21	1860 München	20	672	238	170	264	1022:1059	884	336	167	76	93	610:422	577	336	71	94	171	412:637	307
22	22	SC Freiburg	19	646	196	167	283	802:1041	755	323	131	86	106	469:426	479	323	65	81	177	333:615	276
23	23	Arminia Bielefeld	16	544	153	139	252	645:883	598	272	115	69	88	396:335	414	272	38	70	164	249:548	184
24	25	1. FSV Mainz 05	13	442	148	116	178	578:642	560	221	98	55	68	333:270	349	221	50	61	110	245:372	211
25	24	Bayer 05 Uerdingen/KFC Uerdingen 05	14	476	138	129	209	644:844	543	238	105	67	66	404:352	382	238	33	62	143	240:492	161
26	27	TSG Hoffenheim	11	374	131	112	131	600:571	505	187	81	59	47	323:238	302	187	50	53	84	277:333	203
27	26	Hansa Rostock	12	412	124	107	181	492:621	479	206	84	57	65	296:249	309	206	40	50	116	196:372	170
28	28	FC Augsburg	8	272	82	75	115	330:410	321	136	48	39	49	192:193	183	136	34	36	66	138:217	138
29	29	Waldhof Mannheim	7	238	71	72	95	299:378	285	119	51	41	27	197:149	194	119	20	31	68	102:229	91
30	30	Kickers Offenbach	7	238	77	51	110	368:486	282	119	61	26	32	238:184	209	119	16	25	78	130:302	73
31	31	Rot-Weiss Essen	7	238	61	79	98	346:483	262	119	46	43	30	213:198	181	119	15	36	68	133:285	81
32	32	FC St. Pauli	8	272	58	80	134	296:485	254	136	43	42	51	175:197	171	136	15	38	83	121:288	83
33	33	Energie Cottbus	6	204	56	43	105	211:338	211	102	42	16	44	136:140	142	102	14	27	61	75:198	69
34	39	RB Leipzig	3	102	54	24	24	186:121	186	51	31	12	8	103:51	105	51	23	12	16	83:70	81
35	34	Alemannia Aachen	4	136	43	28	65	186:270	157	68	31	17	20	124:109	110	68	12	11	45	62:161	47
36	35	SG Wattenscheid 09	4	140	34	48	58	186:248	150	70	26	22	22	108:91	100	70	8	26	36	78:157	50
37	36	1. FC Saarbrücken	5	166	32	48	86	202:336	144	83	22	32	29	117:134	98	83	10	16	57	85:202	46
38	37	1. FC Dynamo Dresden	4	140	33	45	62	132:211	140	70	27	24	19	82:68	105	70	6	21	43	50:143	39
39	38	Rot-Weiß Oberhausen	4	136	36	31	69	182:281	139	68	31	18	19	119:99	111	68	5	13	50	63:182	28
40	40	SV Darmstadt 98	4	136	28	33	75	152:273	117	68	18	19	31	85:122	73	68	10	14	44	67:151	44
41	41	Wuppertaler SV	3	102	25	27	50	136:200	102	51	20	14	17	93:87	74	51	5	13	33	43:113	28
42	42	Borussia Neunkirchen	3	98	25	18	55	109:223	93	49	22	11	16	71:85	77	49	3	7	39	38:138	16
43	43	FC 08 Homburg	3	102	21	27	54	103:200	90	51	18	17	16	72:74	71	51	3	10	38	31:126	19
44	44	SpVgg Unterhaching	2	68	20	19	29	75:101	79	34	17	11	6	43:30	62	34	3	8	23	32:71	17
45	45	Stuttgarter Kickers	2	72	20	17	35	94:132	77	36	11	8	17	41:49	41	36	9	9	18	53:83	36
46	46	FC Ingolstadt 04	2	68	18	18	32	69:99	72	34	11	10	13	43:48	43	34	7	8	19	26:51	29
47	47	Tennis Borussia Berlin	2	68	11	16	41	85:174	49	34	10	10	14	54:66	40	34	1	6	27	31:108	9
48	48	SSV Ulm 1846	1	34	9	8	17	36:62	35	17	7	4	6	22:23	25	17	2	4	11	14:39	10
49	49	Fortuna Köln	1	34	8	9	17	46:79	33	17	6	6	5	31:32	24	17	2	3	12	15:47	9
50	50	SC Paderborn 07	1	34	7	10	17	31:65	31	17	4	6	7	21:31	18	17	3	4	10	10:34	13
51	51	Preußen Münster	1	30	7	9	14	34:52	30	15	5	4	6	21:23	19	15	2	5	8	13:29	11
52	52	SpVgg Greuther Fürth	1	34	4	9	21	26:60	21	17	0	4	13	10:36	4	17	4	5	8	16:24	17
53	53	Blau-Weiß 90 Berlin	1	34	3	12	19	36:76	21	17	2	8	7	20:31	14	17	1	4	12	16:45	7
54	54	VfB Leipzig	1	34	3	11	20	32:69	20	17	2	9	6	20:28	15	17	1	2	14	12:41	5
55	55	Tasmania Berlin	1	34	2	4	28	15:108	10	17	2	3	12	8:46	9	17	0	1	16	7:62	1

Die Tabelle wurde nach dem Drei-Punkte-System errechnet.

Bei den Gesamtpunkten wurden folgende Punktabzüge eingerechnet:
1993/94 Dynamo Dresden 4 Punkte, 1999/2000 Eintracht Frankfurt 2 Punkte, 2003/04 1. FC Kaiserslautern 3 Punkte

Bei den Spieljahren und allen folgenden Spalten blieben die in der Saison 1971/72 von Bielefeld erbrachten Leistungen unberücksichtigt. Aufgrund des Lizenzentzugs der Arminia wurden alle 34 Spiele (6 Siege, 7 Unentschieden, 21 Niederlagen, 41:75 Tore, 25 Punkte: 17 Sp, 6 S, 4 U, 7 N, 25:29 Tore, 22 Pkt.; 17 Sp, 0 S, 3 U, 14 N, 16:46 Tore, 3 Pkt.) des Klubs nur aus Sicht der jeweiligen Gegner gewertet.

Alle Tabellenführer

Bayern München	782
Borussia Dortmund	171
Bor. Mönchengladbach	131
Werder Bremen	130
Hamburger SV	102
1. FC Kaiserslautern	91
1. FC Köln	82
Bayer 04 Leverkusen	71
FC Schalke 04	59
Eintracht Frankfurt	55
VfB Stuttgart	55
1. FC Nürnberg	36
Eintracht Braunschweig	34
VfL Wolfsburg	20
1860 München	17
Hertha BSC	16
TSG Hoffenheim	15
1. FSV Mainz 05	6
Bayer 05 Uerdingen	6
Fortuna Düsseldorf	5
Kickers Offenbach	5
Hansa Rostock	5
Hannover 96	4
Karlsruher SC	4
Arminia Bielefeld	3
VfL Bochum	3
MSV Duisburg	3
RB Leipzig	3
Rot-Weiß Essen	2
Rot-Weiß Oberhausen	2
SC Freiburg	1
SC Paderborn 07	1
FC St. Pauli	1

Verlegte Begegnungen wurden den Spieltagen zugeordnet, in deren unmittelbarer zeitlicher Nähe sie ausgetragen wurden.

Spitzenkampf in der 2. Liga: Beim Spiel des 1. FC Köln gegen Union Berlin gab's keine Geschenke. Hier fährt Unions Grischa Prömel dem Kölner Torschützen Christian Clemens in die Parade. Am Ende werden beim 1:1 die Punkte geteilt.

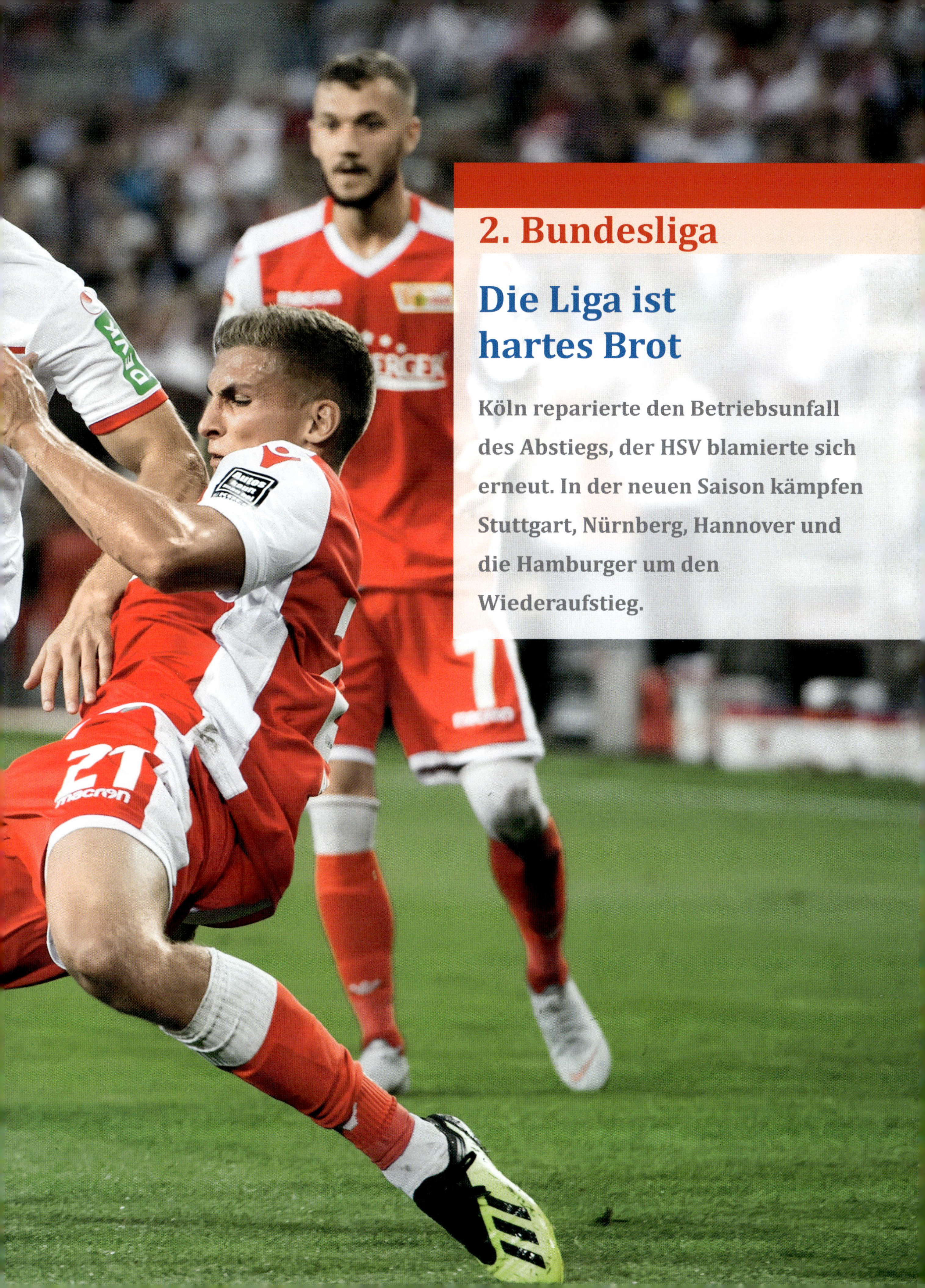

2. Bundesliga

Die Liga ist hartes Brot

Köln reparierte den Betriebsunfall des Abstiegs, der HSV blamierte sich erneut. In der neuen Saison kämpfen Stuttgart, Nürnberg, Hannover und die Hamburger um den Wiederaufstieg.

Stuttgarts Tiefpunkt nach Selbstüberschätzung und Selbstgefälligkeit

In der älteren wie jüngeren Vergangenheit war es immer so eine Sache mit dem Weitblick der Stuttgarter Verantwortlichen. Während die Führungskräfte des VfB gedanklich schon über einen stillen See der Sonne entgegensegelten, war das Boot mal wieder längst am Kentern.

Wie in dieser Saison. In einer Spielzeit, in die die Schwaben so optimistisch wie selten zuvor gestartet waren. Die für sie nur Angst und Schrecken übrighatte. Vom ersten bis zum letzten Tag. Die erst nach zwei Relegationsspielen gegen Union Berlin enden sollte. Dem nächsten Tiefpunkt. Dem dritten Abstieg des Traditionsklubs nach 1974 und 2016. Mit 2:2 daheim und 0:0 auswärts verspielte der Bundesligist gegen den aufstrebenden Zweitligisten auch das Geschenk der allerletzten Chance. »Ich halte heute die erste Rede, in der die Abwärtsspirale der vergangenen Jahre keine Rolle mehr spielt. Ab sofort wird unser Blick nur noch nach vorne gehen«, hatte Wolfgang Dietrich im Juni 2018 bei der Mitgliederversammlung euphorisch in die jubelnde Menge gerufen. Überzeugt und entschlossen, die Fehler der Vergangenheit nicht zu wiederholen, die der VfB-Präsident seinen Vorgängern so oft und unbarmherzig vorgeworfen hatte. Missmanagement in allen Bereichen. Von den jeweiligen Befehlshabern bis hin zu den Befehlsempfängern. Von den Bossen bis hin zu Managern, Trainern, Spielern. An den Pranger gestellt wegen Geldverschwendung, schlechter Kaderplanung, falscher Führungs- und Personalpoli-

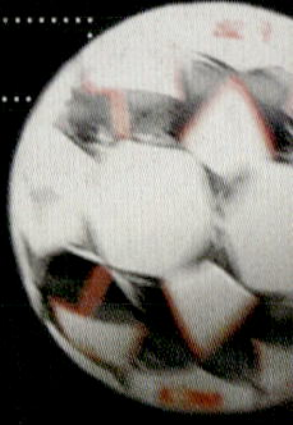

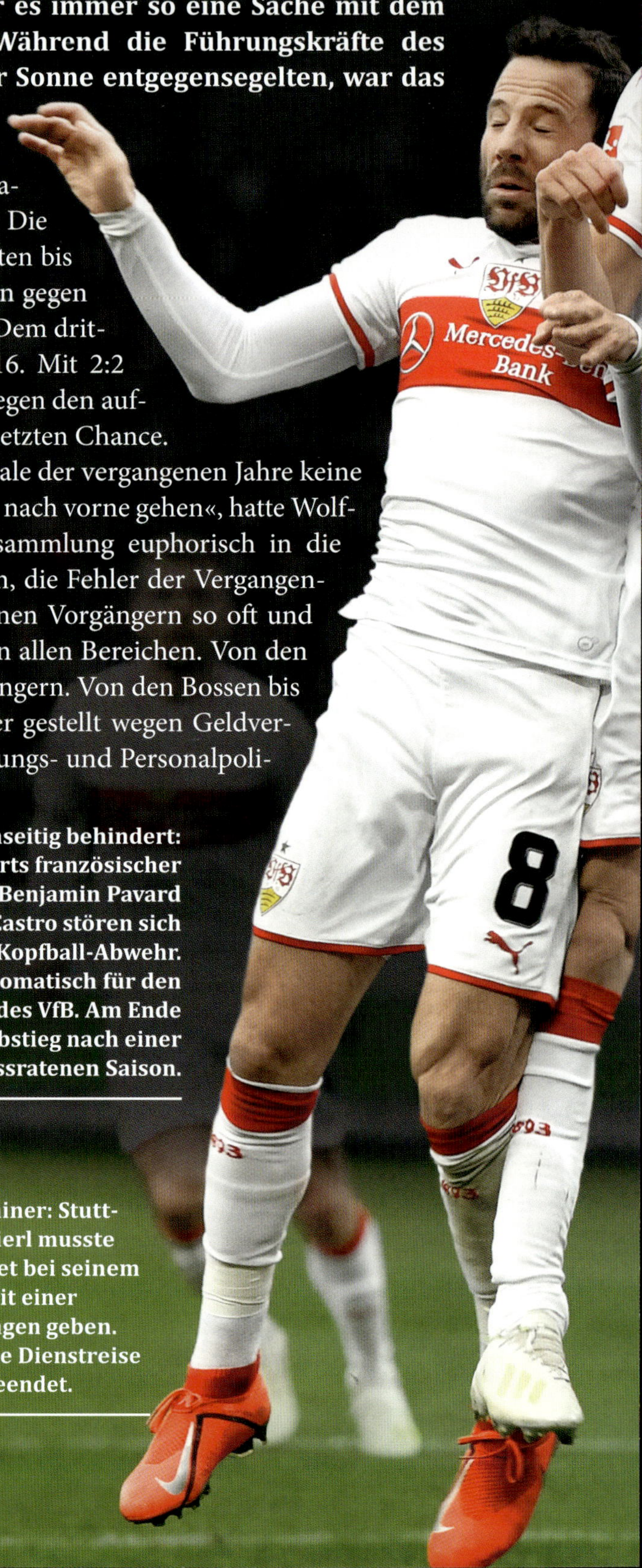

Gegenseitig behindert: Stuttgarts französischer Weltmeister Benjamin Pavard und Gonzalo Castro stören sich bei der Kopfball-Abwehr. Symptomatisch für den Saisonverlauf des VfB. Am Ende stand der Abstieg nach einer missratenen Saison.

Ein gebrochener Trainer: Stuttgarts Markus Weinzierl musste mit sich ausgerechnet bei seinem Ex-Klub Augsburg mit einer 0:6-Klatsche geschlagen geben. Damit war für ihn die Dienstreise bei den Schwaben beendet.

Zwei gegen einen: Stuttgarts Marc-Oliver Kempf (links) und Daniel Didavi versuchen Frankfurts Torjäger Luka Jovic zu stören. Dennoch traf der Serbe zum Endstand von 3:0 am Montagabend. Die anderen beiden Tore gelangen Landsmann Kostic.

tik. Genau die Vorwürfe, denen sich Dietrich am Ende dieser Saison ebenfalls massiv stellen musste. Die an ihm abperlten wie lästige Regentropfen.

Dabei waren die Voraussetzungen für den mittlerweile in eine AG ausgegliederten Klub selten besser. Als Zweiter der Rückrundentabelle und Bezwinger des Meisters FC Bayern am 34. Spieltag der Vorsaison sowie als Großinvestor mit insgesamt rund 47 Millionen Euro für vermeintliche Spitzenkönner war der VfB in seine zweite Bundesligasaison nach dem Wiederaufstieg 2017 gestartet. Offiziell hatte man den Klassenerhalt, am liebsten auf Platz 13 einlaufend, ins Auge gefasst. Inoffiziell stand dem ehrgeizigen und nach einem Aufleben seiner erfolgreichen Vergangenheit schmachtenden Klub nach mehr der Sinn: das internationale Geschäft, das man als Siebter der Saison 2017/18 nur knapp verpasst hatte.

Am 27. Mai 2019 endete stattdessen alles im Desaster. Die anvisierten Ziele platzten wie Knallfrösche. Laut und stinkend. »Ich lege mich fest: Wir werden mit dem Abstieg nichts zu tun haben«, hatte Michael Reschke vor dem Startschuss in die Spielzeit erklärt. Die für ihn persönlich die schlimmste Spielzeit seiner Laufbahn werden sollte. Eine eigentlich nachvollziehbare Einschätzung, nachdem die Stuttgarter mit Daniel Ginczek (zum VfL Wolfsburg) nur einen ihrer Leistungsträger abgegeben hatten. Dank einer Mannschaft, die die Handschrift des hochgelobten Kaderplaners trug. Reschke verpflichtete mit Daniel Didavi (vom VfL Wolfsburg), Marc Oliver Kempf (SC Freiburg) und Gonzalo Castro (Borussia Dortmund) drei namhafte Bundesligaprofis sowie mit Borna Sosa (Dinamo Zagreb), Pablo Maffeo (Manchester City) und Nicolas Gonzalez (Argentinos Juniors) vier international hochgehandelte Jungstars. Überaus vielversprechende Transfers, die fast nichts bis überhaupt nichts von dieser Reputation erfüllen sollten.

Didavi verpasste weite Strecken der Saison aus Verletzungsgründen und konnte der dann bereits verfahrenen Situation nur punktuell positive Impulse geben. Ebenso wie Kempf, der erst verletzt fehlte, anschließend zwar Stammspieler, aber mit der Zeit immer mehr von den

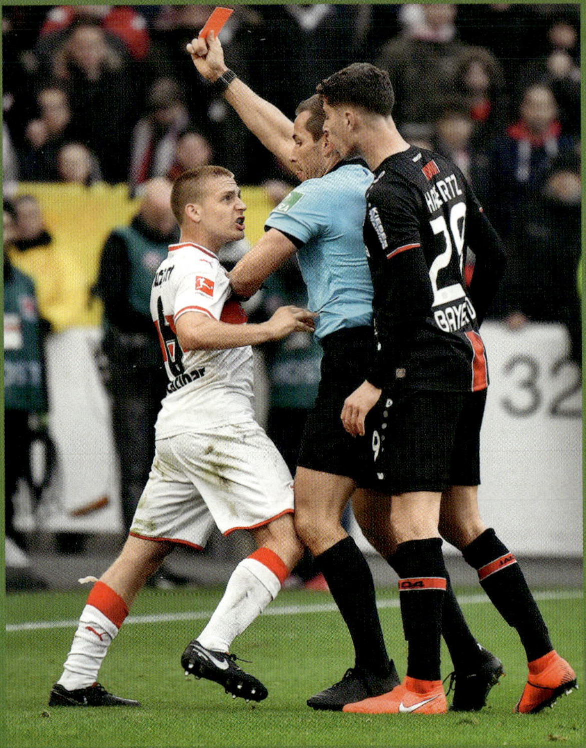

Die Sicherungen durchgebrannt: Stuttgarts Argentinier Santiago Ascacibar (links) spuckte Leverkusens Kai Havertz an – die Rote Karte von Schiedsrichter Stieler war zwingend.

Unsicherheiten seiner Mitspieler in das bereits klaffende Leistungsloch gerissen wurde. Oder Musterprofi Castro, der nur bruchstückhaft sein spielerisches Können aufblitzen ließ, ansonsten hauptsächlich durch fehlendes Tempo und spielentscheidende Fehler auffiel. Sowie schließlich die drei Talente aus Kroatien, Spanien und Argentinien, die entweder schlecht spielten, sich unprofessionell oder disziplinlos verhielten – oder am besten gleich alles zusammen.

Und Hilfe war nicht zu kriegen. Im völlig überbewerteten, überteuerten und völlig unausgewogen zusammengestellten Kader, dem es besonders an Tempo und Mentalität fehlte, hatten die vermeintlichen Führungskräfte wie Keeper Ron-Robert Zieler, Kapitän Christian Gentner, Ex-Nationalstürmer Mario Gomez oder Holger Badstuber mit ihren eigenen Schwächen mehr als genug zu tun. Und somit keine Zeit für die Probleme derer, bei denen sie angesichts ihrer eigenen Schwierigkeiten und Schwächen wenig Gehör fanden.

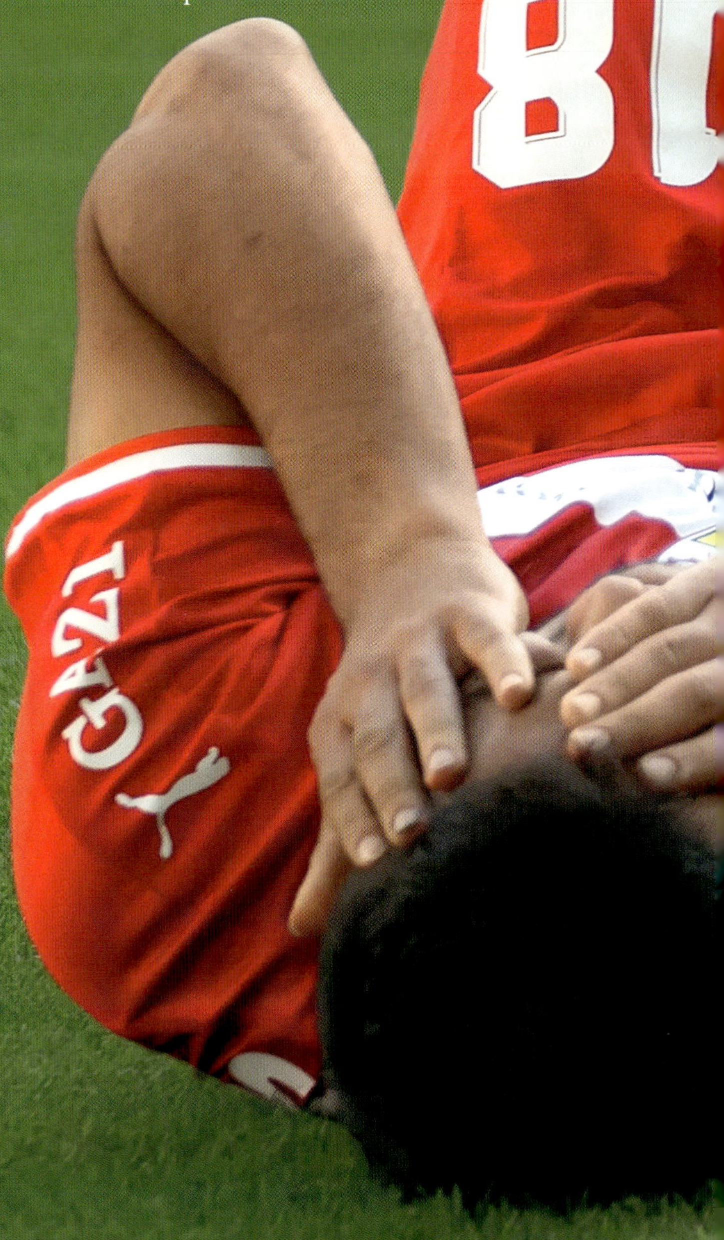

Was als Warnung begann, mündete in einer selbsterfüllenden Prophezeiung. Der Saisonstart, so hatte Reschke gewarnt, sei mit Rostock im Pokal, Mainz, Bayern und Freiburg in der Liga gefährlich und »eine große Herausforderung«. Daraus wurde der Anfang vom Ende aller Träume von einer sorgenfreien Spielzeit. 0:2 bei Hansa, 0:1 in Mainz, 0:3 gegen Bayern, dazwischen ein mühsam erkämpftes 3:3 in Frei-

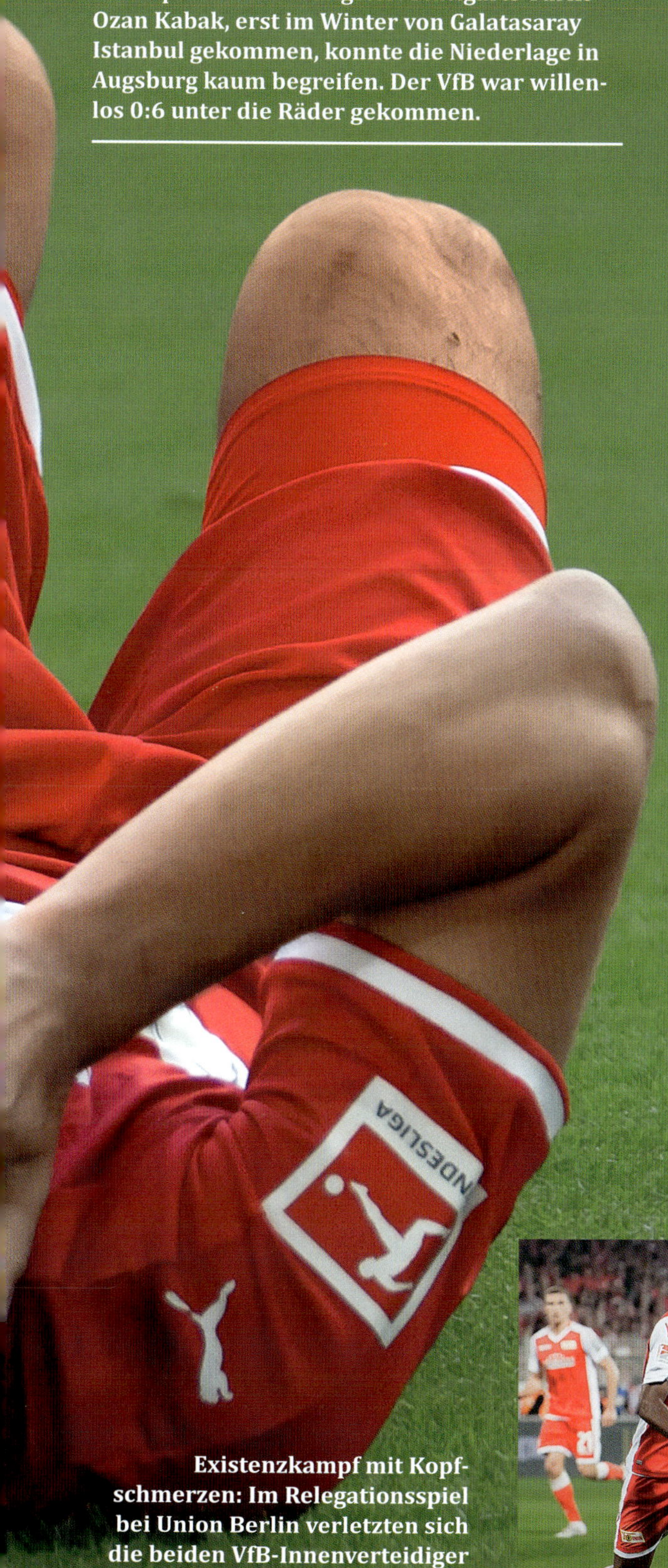

Ein deprimierter Youngster: Stuttgarts Türke Ozan Kabak, erst im Winter von Galatasaray Istanbul gekommen, konnte die Niederlage in Augsburg kaum begreifen. Der VfB war willenlos 0:6 unter die Räder gekommen.

burg. Fehlstart perfekt. Von Anfang an fehlte es an ernstgemeinter und vor allem gelebter Selbstkritik. Dafür bekam das Hadern mit Fehlentscheidungen, individuellen Fehlern und unglücklichen Momenten sowie das Hoffen, auf manchmal zehn oder ein paar mehr gute Minuten pro Spiel aufbauen zu können, Hochkonjunktur.

Niemand wollte hören, dass schlecht auch ein Qualitätsmerkmal ist. Eines, das besonders den VfB 2019 auszeichnete. Infiltriert in einen Großteil einer Mannschaft, in der Selbstüberschätzung und Selbstgefälligkeit die Selbstkritik abgehängt hatten. Zusätzlich geschwächt durch Grüppchenbildung und eine sportliche Führung, die lange die Augen davor verschloss und die Probleme, die sie teilweise obendrein selbst hatte, nicht in den Griff bekam. Das Ende vom Lied besingt einen gescheiterten Sportvorstand, der von Ex-Profi Thomas Hitzlsperger ersetzt wurde. Sowie von Trainern, denen es schwer bis gar nicht gelang, diesen ausgeprägten Mischmasch von Einzelinteressen zu einen. Markus Weinzierl, der Tayfun Korkut folgte, erlebte sogar die Demütigung, von seinen Spielern bei seinem Ex-Klub Augsburg mit 0:6 zum Abschuss freigegeben zu werden. Mit einem kicker-Notenschnitt von 5,58 ließen sich die Stuttgarter Profis regelrecht vorführen. Der schlechteste Notenschnitt des VfB in seiner Bundesligahistorie. Was damals als absoluter Tiefpunkt einer Spielzeit galt, die alles, nur nicht das versprochen hatte, und erst am 27. Mai krachend auf dem Boden landen sollte.

George Moissidis

Existenzkampf mit Kopfschmerzen: Im Relegationsspiel bei Union Berlin verletzten sich die beiden VfB-Innenverteidiger Holger Badstuber und Ozan Kabak gegenseitig. Hier stemmen sie sich gemeinsam gegen Unions Suleiman Abdullahi.

Zwei im Fahrstuhl: Rekord für den Club – Sinkendes 96-Boot!

Tabellenletzter, drei Siege, mit 26 mageren Törchen den schlechtesten Sturm gestellt, um satte 13 Punkte die direkte Rettung verpasst – all dies scheint nur einen Schluss zulassen: Der neunte Bundesliga-Abstieg des 1. FCN, ein Rekord übrigens, war gerecht und unausweichlich.

Ersteres, ja, Haken dran. Aber ob dieser Abstieg wirklich so unausweichlich war, dahinter gilt es ein Fragezeichen zu setzen. Angesichts einer schwächelnden Konkurrenz wäre es so leicht wie seit Jahren nicht mehr gewesen, die Liga zu halten – auch oder gerade für einen Aufsteiger wie den Club, der im Vergleich zur Konkurrenz mit höchst bescheidenen finanziellen Mitteln an den Start gehen musste.

Dieser Umstand war es auch, der den so stolzen Traditionsverein nach vier Jahren Zweitklassigkeit mit ganzen leisen Tönen in die Bundesliga zurückkehren ließ. Sportvorstand Andreas Bornemann rechnete akribisch vor, wie viele zig Millionen mehr jüngst zum Beispiel die vermeintliche Abstiegskonkurrenz aus Mainz oder Freiburg eingenommen hatte. Die weiße Flagge hisste der Club deswegen dennoch nicht. Die Aufstiegseuphorie mitnehmen, die mannschaftliche Geschlossenheit wie auch die Ruhe im Verein komme-was-wolle bewahren und ja keine Fehler machen, und wenn, dann nur minimale – dann klappt's auch mit dem Ligaverbleib, so die Einschätzung des FCN. Eine plausible wie richtige, wie der wahrlich nicht vermögendere Mitaufsteiger aus Düsseldorf beweisen sollte.

Dass sie sich beim Club so gar nicht bewahrheiten sollte, lag selbstredend auch an der überschaubaren Qualität des Kaders, aber noch viel mehr an der Kommandozentrale. So zögerlich

Eines der wenigen erfreulichen Spiele: Ausgerechnet gegen den Tabellenführer FC Bayern zeigte der 1. FC Nürnberg eine gute Leistung. Hier setzt sich der Brasilianer Matheus Pereira gegen den Münchner David Alaba durch.

und wenig kreativ der Sportvorstand auf dem Transfermarkt unterwegs war, so sehr irrlichterte der sich und die Liga gnadenlos überschätzende Trainer Michael Köllner umher. Ständig wechselte er die Formationen und leistete sich dabei häufig den Luxus, seine qualitativ besten Spieler außen vor zu lassen. Siehe Matheus Pereira: Der quirlige, herausragende Techniker musste fast die ganze Hinrunde von der Tribüne aus verfolgen. Andreas Bornemann, Köllners direkter Vorgesetzter, ließ ihn gewähren und verbat sich jedwede Kritik.

Und der Aufsichtsrat, das Kontrollgremium? Er fand das ganz prima und schlug sich selbst dafür auf die Schultern, wie toll er und der Verein doch die Ruhe bewahren würde. Als er nach dem vierten Spieltag der Rückrunde dann doch die Reißleine zog und Bornemann und Köllner die Verantwortung entzog, war es bereits zu spät. Der vom Assistenz- zum Chefcoach beförderte Boris Schommers baute eine Stammelf auf und setzte endlich auf eine kompakte Defensivtaktik. Gefühlt mit Erfolg, denn der Club war fortan weitaus unbequemer zu bespielen und in vielen Spielen auch verdammt oft nah dran, um am Ende doch ganz weit weg zu sein. Zu tief saß einfach die Verunsicherung. Was wohl passiert wäre, wenn der Aufsteiger viel früher so agiert hätte? Diese Frage wird immer hypothetischer Natur sein, doch dass der Club eine riesige Chance liegen ließ, dieser Verdacht drängt sich auf.

Sechster Abstieg für Hannover

14 Jahre wurde in Hannover an der Erstliga-Zugehörigkeit nicht gerüttelt. Nach dem Aufstieg 2002 mit Ralf Rangnick als Trainer gab es Höhen und Tiefen, auch manch enges Saison-Finish. Doch selbst unter schwierigsten Umständen wie nach der Tragödie um Torhüter Robert Enke 2009 schafften es die Niedersachsen sogar, sich auf höherem Niveau zu stabilisieren: Mit dem erstmaligen Erreichen der Europa League 2011 dank des so unterschiedlichen, aber erfolgreichen Gespanns aus Manager Jörg Schmadtke und Trainer Mirko Slomka und dem Wiederholen des Kunststücks ein Jahr darauf stand der Traditionsklub in lange nicht gekannter Blüte. Nicht zu Unrecht hegte der damalige Klubboss Martin Kind in jener Zeit den Wunsch, sich mit 96, das er selbst seit seiner Amtsübernahme 1997 vom drohenden Insolvenzverein zu einem prosperierenden Bundesligisten formte, dauerhaft im oberen Ligadrittel etablieren zu können.

Doch der Höhenflug hielt nicht dauerhaft an. Erst ging im Frühjahr 2013 Schmadtke, dann musste Ende jenen Jahres Slomka seinen Posten abgeben. Die anschließende Zeit war durch Personalwechsel geprägt. Für Dirk Dufner erwies sich der Schatten Schmadtkes auf dem Managerposten als zu groß. Tayfun Korkut

Ein Treffer, der nicht langt: Hannovers Stürmer Hendrik Weydandt (links) gelingt das 1:0 beim Auswärtsspiel in Mainz gegen Stefan Bell. Am Ende gab's beim 1:1 nur einen Punkt. Zu wenig! 96 musste zum 6. Mal in die Zweitklassigkeit.

brachte als Trainer zwar zunächst eine neue Grundstimmung nach Hannover, er musste aber im Abstiegskampf 2015 dem erfahrenen Michael Frontzeck den Job überlassen. Martin Bader, der wenig später Dufner beerbte, schaffte es zunächst mit Frontzeck wie mit der Trainerlegende Thomas Schaaf nicht, den Kader so umzugestalten, dass ein Verbleib im Oberhaus möglich war. 2016, schließlich schon mit Daniel Stendel als Coach für die letzten Spiele, bestieg Hannover den Fahrstuhl nach unten, aus dem man bisher nicht herausfand. Zwar glückte mit Stendel, dann mit dessen Nachfolger André Breitenreiter und dem neuen Manager Horst Heldt 2016/17 die sofortige Rückkehr in die 1. Liga und 2018 sogar der Klassenerhalt. Doch nach personellem Aderlass und begleitet von internem Zwist um Martin Kinds Übernahmepläne unter Wegfall des 50+1 ging es 2019 wieder in die 2. Liga. Breitenreiter und Heldt waren da schon Geschichte. Der Managerposten verwaiste zunächst, als Trainer bemühte sich Thomas Doll das sinkende 96-Boot zu retten – vergeblich.

Christian Biechele/Michael Richter

»Kreislauf des Schreckens«: Der weiteren Enttäuschung folgt der nächste Umbruch

Am Ende war eigentlich alles wie immer. Der Hamburger SV hatte auch im Jahr eins nach dem Verlust des Dino-Status mal wieder sportlich enttäuscht, rote Zahlen geschrieben – und natürlich auch wieder das Gegenteil von dem getan, was proklamiert wurde.

Der verpasste Aufstieg stand nach dem 1:4 in Paderborn am 33. Spieltag gerade einmal 48 Stunden fest, als Vorstandsboss Bernd Hoffmann von »einem Kreislauf des Schreckens« sprach. »Wir befinden uns seit zehn Jahren im Krisenmodus, der Austausch von Personen macht es kurzfristig mal besser, aber dauerhaft hat es bislang keinen Effekt.« Worte, die nach einem Lernprozess klangen, wurden in den Tagen darauf konterkariert: Neben Trainer Hannes Wolf musste auch Sportvorstand Ralf Becker gehen. Einer weiteren Enttäuschung folgt der nächste Umbruch.

Jonas Boldt und Dieter Hecking sind das neue Duo und allein ihre ersten Tage klingen zumindest danach, dass vielleicht doch nicht alles wie üblich endet. Der neue Trainer verzichtete direkt auf eine langfristige Anstellung in Hamburg, die zuletzt ohnehin immer nur Abfindungskosten verursacht hatte. Heckings Vertrag verlängert sich nur bei Aufstieg um ein Jahr und im Idealfall bei anschließendem Klassenerhalt nochmal.

Bundesliga-Dino am Boden: Einer der schlimmsten Momente in der Saison – die 1:2-Heimniederlage gegen den Aufsteiger und späteren Absteiger 1. FC Magdeburg. Der umstrittene Lewis Holtby kann es nicht fassen. Ein Tiefschlag!

Ein täuschendes Bild: Der HSVer Douglas Santos bleibt am Ball, Grischa Prömel von Union Berlin am Boden. Doch beim 0:2 in der Alten Försterei setzte es am 31. Spieltag den entscheidenden Rückschlag für den HSV.

Ohne Worte: Der gescheiterte Trainer Hannes Wolf und sein vermeintlicher Leistungsträger Gotoku Sakai. Beim HSV konnte man immer den Eindruck haben, dass alle permanent aneinander vorbeigeredet haben.

Und Boldt verzichtete bei seiner Antrittsrede auf die üblichen Worthülsen vom »großen HSV«, sondern verkündete mit Blick auf seinen Zwei-Jahres-Kontrakt: »Wenn ich den erfülle, wäre das schon ein Erfolg.« Dafür erntete er Lacher und schob nach: »Das meine ich ernst.«

Die Lage ist ernst in Hamburg. Und Hoffmann will sie mit aller Macht drehen. Der mächtige Boss hat schon bei seinem Amtsantritt 2018 keinen Zweifel daran gelassen, dass für ihn nur der Aufstieg zählt, dementsprechend ging er nun ins Risiko, nachdem der Umbruch des Vorjahres noch zu zaghaft angegangen wurde. Als Sportvorstand Becker seinen Dienst angetreten hatte, waren die Verträge von Lewis Holtby, Aaron Hunt und Gotoku Sakai schon verlängert, auch Pierre-Michel Lasogga war nach seiner Ausleihe zu Leeds United zurück.

Dass Gesichter, die jahrelang für den Niedergang des HSV standen, den Aufbruch verkörpern können, war ebenso eine fatale Fehleinschätzung wie das Festhalten an Trainer Christian Titz. Beckers Problem: Seine Korrektur mit Hannes Wolf griff nicht. Der Ex-Stuttgarter startete furios, verlor aber in der entscheidenden Phase komplett den Überblick.

Zu Hause gegen die Kellerkinder Darmstadt (2:3), Magdeburg (1:2), Aue (1:1) und Ingolstadt (0:3) warf der HSV den bis Mitte März sicher geglaubten Aufstieg regelrecht weg, weil Wolf keinen Plan B entwickelte, als sein System entschlüsselt war. Becker hatte keinen Plan C und hat diesen mit einem Bekenntnis ohne Not im Januar (»Hannes Wolf ist auch im nächsten Jahr hier noch Trainer«) eigentlich auch verworfen, ehe er fällig wurde.

Also setzt Hoffmann auf Plan B, auf Boldt. Der beschäftigte sich für Leverkusen bis vor kurzem noch mit Spielern auf Champions-League-Niveau, sein neuer Trainer führte Mönchengladbach zum Abschied in die Europa League. Wenn der HSV schon nicht in den großen Fußball zurückgekehrt ist, holt er sich wenigstens ein bisschen großen Fußball nach Hamburg. Weil Träume und Ansprüche immer noch groß sind. Auch das ist wie immer.

Sebastian Wolff

Die 2. Bundesliga auf einen Blick

2. BUNDESLIGA 2018/19

		Köln	Paderborn	Union	Hamburg	Heidenheim	Kiel	Bielefeld	Regensburg	St. Pauli	Darmstadt	Bochum	Dresden	Fürth	Aue	Sandhausen	Ingolstadt	Magdeburg	Duisburg	Heimbilanz Auswärtsbilanz g.	u.	v.	Tore	Pkt.	Gesamt Tore	Punkte
1.	1. FC Köln *		3:5 2:3	1:1 0:2	1:1 0:1	1:1 2:0	4:0 1:1	5:1 3:1	3:5 3:1	4:1 5:3	1:2 3:0	2:3 2:0	8:1 0:3	4:0 4:0	3:1 1:0	3:1 2:0	2:1 2:1	3:0 1:1	1:2 4:4	9 10	3 3	5 4	49:26 35:21	30 33	84:47	63
2.	SC Paderborn 07 *	3:2 5:3		0:0 3:1	4:1 0:1	3:1 5:1	4:4 2:1	2:2 0:2	2:0 0:2	0:1 1:2	6:2 0:1	2:2 2:1	3:0 1:3	6:0 2:2	1:0 1:2	3:3 1:1	3:1 2:1	4:4 1:1	4:0 0:2	10 6	6 3	1 8	50:23 26:27	36 21	76:50	57
3.	1. FC Union Berlin *	2:0 1:1	1:3 0:0		2:0 2:2	1:1 1:2	2:0 2:0	1:1 1:1	2:2 1:1	4:1 2:3	3:1 1:2	2:0 2:2	0:0 0:0	4:0 1:1	1:0 0:3	2:0 0:0	2:0 2:1	3:0 1:1	2:2 3:2	11 3	5 10	1 4	34:11 20:22	38 19	54:33	57
4.	Hamburger SV	1:0 1:1	1:0 1:4	2:2 0:2		3:2 2:2	0:3 1:3	3:0 0:2	0:5 1:2	0:0 4:0	2:3 2:1	0:0 0:0	1:0 1:0	1:0 0:0	1:1 3:1	2:1 3:0	0:3 2:1	1:2 1:0	3:0 2:1	8 8	4 4	5 5	21:22 24:20	28 28	45:42	56
5.	1. FC Heidenheim	0:2 1:1	1:5 1:3	2:1 1:1	2:2 2:3		2:2 1:1	1:1 2:1	1:2 1:2	3:0 1:1	0:1 2:1	3:2 0:1	1:0 3:1	2:0 0:0	1:0 1:0	2:3 2:1	4:2 1:1	3:0 0:0	4:1 4:3	9 6	3 7	5 4	32:24 23:21	30 25	55:45	55
6.	Holstein Kiel	1:1 0:4	1:2 4:4	0:2 0:2	3:1 3:0	1:1 2:2		1:2 0:1	2:0 0:0	2:1 1:0	4:2 2:3	2:2 3:1	3:0 2:0	2:2 1:4	5:1 1:2	2:1 2:3	2:2 1:1	2:1 1:1	0:2 4:0	8 5	5 5	4 7	33:23 27:28	29 20	60:51	49
7.	Arminia Bielefeld	1:3 1:5	2:0 2:2	1:1 1:1	2:0 0:3	1:2 1:1	1:0 2:1		5:3 3:0	1:2 1:1	1:0 2:1	3:1 0:1	2:1 4:3	2:3 2:2	2:1 0:1	1:1 3:0	1:3 1:1	1:3 0:0	0:1 2:2	8 5	2 8	7 4	27:25 25:25	26 23	52:50	49
8.	Jahn Regensburg	1:3 5:3	2:0 0:2	1:1 2:2	2:1 5:0	2:1 2:1	0:0 0:2	0:3 3:5		1:1 3:4	1:1 1:1	2:1 3:3	0:2 0:0	0:2 1:1	1:3 1:1	2:2 2:2	2:1 2:1	1:0 3:2	1:1 3:1	6 6	6 7	5 4	19:23 36:31	24 25	55:54	49
9.	FC St. Pauli	3:5 1:4	2:1 1:0	3:2 1:4	0:4 0:0	1:1 0:3	0:1 1:2	1:1 2:1	4:3 1:1		2:0 1:2	0:0 3:1	1:1 1:2	2:0 1:2	1:2 1:3	3:1 0:4	1:0 1:0	4:1 2:1	0:0 1:0	8 6	5 2	4 9	28:23 18:30	29 20	46:53	49
10.	SV Darmstadt 98	0:3 2:1	1:0 2:6	2:1 1:3	1:2 3:2	1:2 1:0	3:2 2:4	1:2 0:1	1:1 1:1	2:1 0:2		0:0 0:1	2:0 1:4	2:0 1:2	1:0 2:2	1:1 1:1	1:1 0:3	3:1 1:0	3:0 2:3	9 4	4 3	4 10	25:17 20:36	31 15	45:53	46
11.	VfL Bochum	0:2 3:2	1:2 2:2	2:2 0:2	0:0 0:0	1:0 2:3	1:3 2:2	1:0 1:3	3:3 1:2	1:3 0:0	1:0 0:0		0:1 2:2	3:2 2:2	2:1 2:3	1:0 0:3	6:0 1:2	4:2 0:0	2:1 2:0	9 2	3 8	5 7	29:22 20:28	30 14	49:50	44
12.	Dynamo Dresden	3:0 1:8	3:1 0:3	0:0 0:0	0:1 0:1	1:3 0:1	0:2 0:3	3:4 1:2	0:0 2:0	2:1 1:1	4:1 0:2	2:2 1:0		0:1 0:0	1:1 3:1	3:1 1:3	2:0 0:1	1:1 2:2	1:0 3:1	7 4	5 4	5 9	26:19 15:29	26 16	41:48	42
13.	SpVgg Greuther Fürth	0:4 0:4	2:2 0:6	1:1 0:4	0:0 0:1	0:0 0:2	4:1 2:2	2:2 3:2	1:1 2:0	2:1 0:2	2:1 0:2	2:2 2:3	0:0 1:0		0:5 1:1	3:1 0:0	0:1 1:1	3:2 1:2	1:0 1:0	6 4	8 4	3 9	23:24 14:32	26 16	37:56	42
14.	Erzgebirge Aue	0:1 1:3	2:1 0:1	3:0 0:1	1:3 1:1	0:1 0:1	2:1 1:5	1:0 1:2	1:1 3:1	3:1 2:1	2:2 0:1	3:2 1:2	1:3 1:1	1:1 5:0		0:2 3:0	0:3 2:3	0:0 0:1	0:0 2:1	6 5	5 2	6 10	20:22 23:25	23 17	43:47	40
15.	SV Sandhausen	0:2 1:3	1:1 3:3	0:0 0:2	0:3 1:2	1:2 3:2	3:2 1:2	0:3 1:1	2:2 2:2	4:0 1:3	1:1 1:1	3:0 0:1	3:1 1:3	0:0 1:3	0:3 2:0		4:0 2:1	0:1 1:0	0:0 2:2	5 4	6 5	6 8	22:21 23:31	21 17	45:52	38
16.	FC Ingolstadt 04 **	1:2 1:2	1:2 1:3	1:2 0:2	1:2 3:0	1:1 2:4	1:1 2:2	1:1 3:1	1:2 1:2	0:1 0:1	3:0 1:1	2:1 0:6	1:0 0:2	1:1 1:0	3:2 3:0	1:2 0:4		0:1 1:1	1:1 4:2	4 5	5 3	8 9	20:22 23:33	17 18	43:55	35
17.	1. FC Magdeburg **	1:1 0:3	1:1 4:4	1:1 0:3	0:1 2:1	0:0 0:3	1:1 1:2	0:0 3:1	2:3 0:1	1:2 1:4	0:1 1:3	0:0 2:4	2:2 1:1	2:1 2:3	1:0 0:0	0:1 1:0	1:1 1:0		3:3 0:1	2 4	10 3	5 10	16:19 19:34	16 15	35:53	31
18.	MSV Duisburg **	4:4 2:1	2:0 0:4	2:3 2:2	1:2 0:3	3:4 1:4	0:4 2:0	2:2 1:0	1:3 1:1	0:1 0:0	3:2 0:3	0:2 1:2	1:3 0:1	0:1 0:1	1:2 0:0	2:2 0:0	2:4 1:1	1:0 3:3		3 3	3 7	11 7	25:39 14:26	12 16	39:65	28

* Aufsteiger in die Bundesliga. Absteiger aus der Bundesliga: VfB Stuttgart, Hannover 96, 1. FC Nürnberg. Relegation: VfB Stuttgart – 1. FC Union Berlin 2:2, 0:0.

** Absteiger in die 3. Liga. Aufsteiger aus der 3. Liga: VfL Osnabrück, Karlsruher SC, SV Wehen Wiesbaden. Relegation: SV Wehen Wiesbaden – FC Ingolstadt 04 1:2, 3:2.

Die Torjäger der 2. Bundesliga

Simon Terodde (1. FC Köln)	29
Jhon Cordoba (1. FC Köln)	20
Lukas Hinterseer (VfL Bochum)	18
Fabian Klos (Arminia Bielefeld)	17
Andrew Wooten (SV Sandhausen)	17
Philipp Klement (SC Paderborn 07)	16
Pascal Testroet (Erzgebirge Aue)	15
Sargis Adamyan (Jahn Regensburg)	15
Andreas Voglsammer (Arminia Bielefeld)	13
Pierre-Michel Lasogga (Hamburger SV)	13
Robert Glatzel (1. FC Heidenheim)	13
Sebastian Andersson (1. FC Union Berlin)	12
Marco Grüttner (Jahn Regensburg)	12
Serdar Dursun (SV Darmstadt 98)	11
Hamadi Al Ghaddioui (Jahn Regensburg)	11
Tobias Kempe (SV Darmstadt 98)	10
Daniel Keita-Ruel (SpVgg Greuther Fürth)	10
Marc Schnatterer (1. FC Heidenheim)	10
Sonny Kittel (FC Ingolstadt 04)	10
Janni Serra (Holstein Kiel)	10
Christian Beck (1. FC Magdeburg)	10
Christopher Antwi-Adjej (SC Paderborn 07)	10
Sven Michel (SC Paderborn 07)	10
Bernard Tekpetey (SC Paderborn 07)	10
Fabian Schleusener (SV Sandhausen)	10
Sebastian Polter (1. FC Union Berlin)	9
Tom Weilandt (VfL Bochum)	9
Moussa Koné (Dynamo Dresden)	9
Kevin Wolze (MSV Duisburg)	9
Dario Lezcano (FC Ingolstadt 04)	9
Dominick Drexler (1. FC Köln)	9
Jan Hochscheidt (Erzgebirge Aue)	8
Nikola Dovedan (1. FC Heidenheim)	8

Torjäger-Ikone in der 2. Liga: Simon Terodde machte für den 1. FC Köln 29 Tore in der Meistersaison. Damit schraubte er sein Konto auf 118 Treffer im Unterhaus. Er traf für den MSV Duisburg, Union Berlin, den VfL Bochum, den VfB Stuttgart und die Kölner. Bester Schütze in der 2. Liga bleibt Dieter Schatzschneider mit 153 Toren!

Eine namhafte Partie in der 3. Liga: Der 1. FC Kaiserslautern gegen 1860 München – vom Klang her eine Partie der Bundesliga. In der Realität zwei Klassen tiefer. Hier stemmt sich Lauterns Janek Sternberg gegen Sascha Mölders.

3. Liga

Viel Tradition in der 3. Liga

Osnabrück, Karlsruhe und Wehen-Wiesbaden als Aufsteiger, aber Kaiserslautern und 1860 München stecken fest in der Drittklassigkeit.

Lila-Weiße feiern unter Thioune als Fast-Absteiger den Aufstieg! Braunschweig zittert bis zum letzten Spieltag!

Die Umstellung der Auf- und Abstiegsregelung zwischen der 3. Liga und der Regionalliga kam für Osnabrück keinen Moment zu früh. Vier Absteiger gibt es seit der abgelaufenen Saison, die Drittligisten waren damit in Vorleistung getreten, damit die Anzahl Regionalligen von fünf auf vier reduziert wird und die Meister direkt aufsteigen.

Das hat zwar nicht ganz geklappt, weil der Nordostdeutsche Verband seine Regionalliga partout nicht aufgeben will, aber immerhin haben nun der Südwesten und der Westen dauerhaft einen festen Aufsteiger. Der Norden, der Nordosten und Bayern stellen zwei weitere Aufsteiger, über das Procedere muss noch verhandelt werden.

Hätte es in der Saison 2017/18 bereits vier Absteiger aus der 3. Liga gegeben, wäre der VfL Osnabrück im vergangenen Jahr in der Regionalliga Nord angetreten. Gerade so hatten die Niedersachsen damals den Klassenerhalt geschafft, mit nur acht Siegen und gerade mal 37 Punkten, das hätte in der angelaufenen Saison nur zu Platz 19 gereicht. Trainer Daniel Thioune durfte dennoch bleiben. Er ist ehemaliger Spieler der Lila-Weißen und zudem ein guter Freund von Ex-Trainer Joe Enochs, seinem Vorgänger. Deshalb hatte Thioune sich auch ausdrücklich Enochs Segen geholt nach dessen Entlassung.

Der Trainer-Novize und der neue Sportdirektor Benjamin Schmedes, der zuvor das Scouting beim Hamburger SV leitete, holten 16 neue Spieler. Thioune formte aus dem neuen VfL ein Spitzenteam, erklomm am neunten Spieltag Platz 1 und gab diesen – abgesehen von einer einwöchigen Ausnahme – nicht mehr ab. Souverän, körperlich und mental stark, spielerisch stets mindestens ordentlich, erreichte

Spitzenspiel in der 3. Liga: Karlsruhes Torjäger Anton Fink (links) muss sich der Attacke des Osnabrückers Konstantin Engel erwehren. Am Ende siegte der KSC im alten Wildparkstadion mit 2:1 Toren.

Osnabrück mehr als doppelt so viele Punkte (76) wie im Jahr zuvor, kassierte die wenigsten Gegentore (31), gewann 22 Spiele und verlor nur sechs – darunter die letzten drei, nachdem die Meisterschaft in der 3. Liga schon feststand.

Drei Aufsteiger in der 3. Liga: Feierstimmung an der Bremer Brücke nach dem 34. Spieltag beim VfL Osnabrück (oben). Stille Freude bei KSC-Torjäger Marvin Pourié (Mitte). Wehener Wahnsinn nach der Relegation in Ingolstadt.

In der 2. Liga werden die Osnabrücker auch den Karlsruher SC wieder treffen. Auch im zweiten Jahr nach dem Zweitliga-Abstieg waren die Badener unter Trainer Alois Schwartz dauerhaft eine Spitzenmannschaft – und dass das keine Selbstverständlichkeit ist, davon können Würzburg sowie zum Beispiel Kaiserslautern und Braunschweig ein Lied singen. Nach Platz 3 in der Saison 2017/18 (und der verlorenen Relegation gegen Aue) lief der KSC nun als zweiter

Direktaufsteiger ein und stellte mit Marvin Pourié (28 Jahre/22 Treffer) und Drittliga-Urgestein Toni Fink (31/15) den Ersten und den Dritten der Torjägerliste. Pourié geht nun in seine dritte Saison mit Karlsruhe, länger hielt es der Wandervogel als Profi noch nirgendwo auf seinen zahlreichen Stationen aus.

In die Relegation musste – oder vielmehr durfte – diesmal der SV Wehen, der Klub aus einem Stadtteil von Taunusstein mit Sitz in Wiesbaden. Dort arbeitet seit etwas mehr als zwei Jahren Rüdiger Rehm als Trainer, und der mag es, wenn es schnell nach vorne geht. In diesem Stil schossen die Hessen 71 Tore (1,87 im Schnitt) und landeten auf Platz 3. In der Relegation lagen die Hessen nach dem 1:2 im Hinspiel zuhause schon scheinbar weit zurück, beim 3:2 im Rückspiel in Ingolstadt beeindruckte Wehen jedoch mit einer bärenstarken ersten Halbzeit. Dass die Mannschaft in der 3. Liga auswärts mit 11 Siegen und 42 Toren Spitzenwerte erzielte, war also kein Zufall.
Ein Jahr zum Vergessen lieferten die beiden Traditionsklubs Kaiserslautern und Braunschweig. Die beiden Zweitliga-Absteiger waren ursprünglich als Favoriten auf den direkten Wiederaufstieg gestartet: die meisten Fans, mit die höchsten Etats, die besten Namen, beide ehemalige Deutsche Meister. Sie werteten die 3. Liga enorm auf und machten den anderen Klubs das Stadion voll, genauso wie Aufsteiger 1860 München. Kein Wunder also, dass es vergangene Saison einen neuen Zuschauerrekord für die 3. Liga gab. Nach Angaben des DFB kamen exakt 3 090 122 Fans in die Stadien, damit wurde zum ersten Mal die 3-Millionen-

Auf Biegen und Brechen: Existenzkampf auf dem Betzenberg zwischen Lautern und Eintracht Braunschweig. Bei dem torlosen Remis gab's zwar keine Tore, aber viele Karten.

Marke geknackt. Im Schnitt waren es 8132 Besucher pro Spiel, die alte Bestmarke aus der Saison 2015/16 lag bei 7071. Am meisten Fans zählten Kaiserslautern (Schnitt: 21 315), Braunschweig (18 047) und 1860 München (14 953), auch Hansa Rostock (13 893), Karlsruhe (13 202) und Osnabrück (11 955) freuten sich über einen fünfstelligen Wert.

Die Mannschaften aus Kaiserslautern und Braunschweig jedoch waren bloß eine einzige Enttäuschung. Lautern warf Abstiegstrainer Michael Frontzeck nach einem furchtbaren 0:5 an einem Freitagabend im Unterhachinger Schneeregen raus, nach nur fünf Siegen aus den ersten 17 Spielen. Unter Nachfolger Sascha Hildmann ging es im Grunde so oder so ähnlich weiter. Am Ende stand Platz 9, mit 13 Siegen, 13 Niederlagen und 12 Unentschieden. Die einst gefürchteten Roten Teufel waren das sprichwörtliche Mittelmaß in Liga 3.

Immerhin geriet der FCK nie in Abstiegsgefahr – ganz anders als Braunschweig. Der Däne Henrik Pedersen (zuvor Co-Trainer bei Union Berlin) verlor seinen ersten Cheftrainerposten bereits am 10. Oktober, unter ihm war den Niedersachsen in elf Spielen nur ein Sieg geglückt. Es kam Andre Schubert, der sich mal in Mönchengladbach ein Namen gemacht hatte, doch unter dem wurde es auch nicht besser, bis zur Winterpause gab es für die Eintracht nur einen weiteren Sieg, nach 20 Spielen war Braunschweig Tabellenletzter mit 14 Punkten und der Rückstand auf das rettende Ufer betrug schon acht Zähler. Doch dann holte Braunschweig im Winter zehn neue Spieler und in der Folge 31 Punkte aus den 18 Spielen im Jahre 2019 (Schnitt 1,72). Trotz der am Ende erreichten 45 Punkte musste die Eintracht zittern bis zur letzten Sekunde, am letzten Spieltag im direkten Duell mit Cottbus reichte ein 1:1. Der FC Energie musste die 3. Liga nach nur einem Jahr wieder verlassen, anders als 1860 München und der anfangs so starke KFC Uerdingen. Neben Cottbus musste auch Fortuna Köln nach fünf Spielzeiten und die Sportfreunde Lotte nach zwei Spielzeiten wieder zurück in die Regionalliga. Und der VfR Aalen, der erstmals nach neun Jahren in der 2. und 3. Liga wieder viertklassig ist.

Cottbus hat nun einen ganz langen Weg zurück, weil der Meister der Regionalliga Nordost immer am Ende einer langen Saison noch in eine Playoff-Runde muss.

Peter Nickel

Die 3. Liga auf einen Blick

3. LIGA 2018/19

	Osnabrück	Karlsruhe	Wehen	Halle	Würzburg	Rostock	Zwickau	Münster	Kaiserslautern	Haching	Uerdingen	TSV 1860	Meppen	Jena	Großaspach	Braunschweig	Cottbus	Lotte	Köln	Aalen	Heimbilanz Auswärtsbilanz g.	u.	v.	Tore	Pkt.	Gesamt Tore	Punkte
1. VfL Osnabrück *		0:1 1:2	2:1 0:1	2:0 1:1	2:1 2:1	1:2 1:1	3:0 1:0	3:0 0:0	2:0 3:1	1:4 1:1	2:1 3:1	2:2 2:1	1:0 2:0	3:1 0:0	0:2 0:0	1:0 4:3	3:1 2:1	1:0 0:0	1:0 0:0	2:0 1:1	14 8	1 9	4 2	32:16 24:15	43 33	56:31	76
2. Karlsruher SC *	2:1 1:0		2:5 0:2	2:3 3:0	2:1 0:0	1:1 0:1	1:1 1:1	5:0 4:1	0:1 0:0	4:0 0:0	2:0 3:1	3:2 2:0	3:1 3:2	1:1 1:1	2:1 2:1	1:1 1:1	2:0 2:0	1:3 0:0	3:1 1:0	0:3 3:1	10 10	4 7	5 2	37:26 27:12	34 37	64:38	71
3. Wehen Wiesbaden *	1:0 1:2	2:0 5:2		2:0 4:1	0:2 1:3	2:0 2:3	0:0 1:2	2:0 0:3	2:0 0:0	1:2 2:1	0:2 3:2	0:1 2:1	3:0 1:1	2:3 1:3	2:0 3:2	3:3 3:2	0:2 3:2	2:0 1:0	3:0 7:0	2:1 2:1	11 11	2 2	6 6	29:16 42:31	35 35	71:47	70
4. Hallescher FC	1:1 0:2	0:3 3:2	1:4 0:2		1:0 2:1	0:1 1:1	2:0 0:2	1:2 2:1	2:0 0:0	1:1 0:0	4:0 1:2	3:0 1:1	2:1 2:0	0:0 3:0	2:0 1:1	1:0 1:0	2:3 2:1	0:0 1:0	1:2 1:0	1:0 1:0	9 10	4 5	6 4	25:18 22:16	31 35	47:34	66
5. Würzburger Kickers	1:2 1:2	0:0 1:2	3:1 2:0	1:2 0:1		0:2 4:0	0:2 0:2	3:2 0:1	2:0 0:0	0:1 1:0	0:2 3:0	2:1 1:1	2:1 1:1	5:2 4:3	0:0 1:2	1:1 2:2	3:1 2:1	2:2 2:1	2:0 0:0	2:1 2:3	9 7	4 5	6 7	29:23 27:22	31 26	56:45	57
6. Hansa Rostock	1:1 2:1	1:0 1:1	3:2 0:2	1:1 1:0	0:4 2:0		3:1 2:2	1:4 1:0	4:1 2:0	2:0 1:2	1:1 1:2	2:2 2:1	0:2 3:1	1:2 1:1	0:0 0:0	2:0 0:2	0:2 0:3	0:0 0:1	3:1 1:1	1:1 1:1	7 7	7 6	5 6	26:25 21:21	28 27	47:46	55
7. FSV Zwickau	0:1 0:3	1:1 1:1	2:1 0:0	2:0 0:2	2:0 2:0	2:2 1:3		2:0 2:0	1:1 1:1	2:2 1:0	2:0 2:1	5:2 0:2	1:1 0:2	2:0 1:2	3:0 2:5	0:1 1:1	2:1 1:2	0:2 1:2	1:0 0:1	2:3 1:1	10 4	5 5	4 10	32:18 17:29	35 17	49:47	52
8. Preußen Münster	0:0 0:3	1:4 0:5	3:0 0:2	1:2 2:1	1:0 2:3	0:1 4:1	0:2 0:2		2:0 2:1	3:0 1:1	0:1 0:0	0:0 1:0	1:1 2:1	1:2 0:0	1:0 1:3	3:0 3:3	3:0 0:3	1:0 0:1	0:2 4:1	4:0 1:4	9 6	3 4	7 9	25:15 23:35	30 22	48:50	52
9. 1. FC Kaiserslautern	1:3 0:2	0:0 1:0	0:0 0:2	0:0 0:2	0:0 0:2	0:2 1:4	1:1 1:1	1:2 0:2		4:0 0:5	2:0 4:2	1:0 1:2	4:2 1:0	4:1 3:3	2:0 1:1	0:0 4:1	0:2 1:1	2:1 2:0	3:3 2:2	0:1 2:1	7 6	7 5	5 8	25:18 24:33	28 23	49:51	51
10. SpVgg Unterhaching	1:1 4:1	0:0 0:4	1:2 2:1	0:0 1:1	0:1 1:0	2:1 0:2	0:1 2:2	1:1 0:3	5:0 0:4		4:0 3:1	1:1 0:1	0:1 3:3	0:1 5:4	0:0 1:1	3:0 0:1	0:0 2:2	3:0 0:0	6:0 1:1	0:0 1:4	6 5	8 7	5 7	27:10 26:36	26 22	53:46	48
11. KFC Uerdingen 05	1:3 1:2	1:3 0:2	2:3 2:0	2:1 0:4	0:3 2:0	2:1 1:1	1:2 0:2	0:0 1:0	2:4 0:2	1:3 0:4		1:1 1:0	3:2 2:3	2:1 0:0	0:0 2:3	0:3 2:0	1:2 2:0	0:2 3:1	1:1 2:1	2:0 4:2	5 9	4 2	10 8	22:35 25:27	19 29	47:62	48
12. TSV München 1860	1:2 2:2	0:2 2:3	1:2 1:0	1:1 0:3	1:1 1:2	1:2 2:2	2:0 2:5	0:1 0:0	2:1 0:1	1:0 1:1	0:1 1:1		1:0 0:1	1:3 0:4	2:2 0:1	2:0 1:1	2:0 2:1	5:1 1:1	3:2 0:0	2:1 4:1	9 3	3 8	7 8	28:22 20:30	30 17	48:52	47
13. SV Meppen	0:2 0:1	2:3 1:3	1:1 0:3	0:2 1:2	1:1 1:2	1:3 2:0	2:0 1:1	1:2 1:1	0:1 2:4	3:3 1:0	3:2 2:3	1:0 0:1		0:1 2:1	2:1 0:1	4:2 0:3	3:0 1:1	2:0 0:0	3:0 1:1	1:0 2:1	9 4	3 5	7 10	30:24 18:29	30 17	48:53	47
14. Carl Zeiss Jena	0:0 1:3	1:1 1:1	3:1 3:2	0:3 0:0	3:4 2:5	1:1 2:1	2:1 0:2	0:0 2:1	3:3 1:4	4:5 1:0	0:0 1:2	4:0 3:1	1:2 1:0		3:2 0:0	0:0 0:2	2:1 1:2	1:1 0:2	0:1 0:2	0:0 1:1	5 6	9 4	5 9	28:26 20:31	24 22	48:57	46
15. SGS Großaspach	0:0 2:0	1:2 1:2	2:3 0:2	1:1 0:2	2:1 0:0	0:0 0:0	5:2 0:3	3:1 0:1	1:1 0:2	1:1 0:0	3:2 0:0	1:0 2:2	1:0 1:2	0:0 2:3		1:1 1:1	0:0 0:0	0:1 2:0	1:1 2:0	1:1 1:1	6 3	10 8	3 8	24:18 14:21	28 17	38:39	45
16. Eintr. Braunschweig	3:4 0:1	1:1 1:1	2:3 3:3	0:1 0:1	2:2 1:1	2:0 0:2	1:1 1:0	3:3 0:3	1:4 0:0	1:0 0:3	0:2 3:0	1:1 0:2	3:0 2:4	2:0 0:0	1:1 1:1		1:1 1:0	2:2 1:0	0:2 3:1	2:2 3:1	4 6	9 6	6 7	28:30 20:24	21 24	48:54	45
17. Energie Cottbus **	1:2 1:3	0:2 0:2	2:3 2:0	1:2 3:2	1:2 1:3	3:0 2:0	2:1 1:2	3:0 0:3	1:1 2:0	2:2 0:0	0:2 2:1	1:2 0:2	1:1 0:3	2:1 1:2	0:0 0:0	0:1 1:1		2:2 3:0	4:3 1:3	2:1 3:3	6 6	5 4	8 9	28:28 23:30	23 22	51:58	45
18. Sportfreunde Lotte **	0:0 0:1	0:0 3:1	0:1 0:2	0:1 0:0	1:2 2:2	1:0 0:0	2:1 2:0	1:0 0:1	0:2 1:2	0:0 0:3	1:3 2:0	1:1 1:5	0:0 0:2	2:0 1:1	0:2 1:0	0:1 2:2	0:3 2:2		1:2 1:1	1:1 2:1	4 5	6 7	9 7	11:20 20:26	18 22	31:46	40
19. Fortuna Köln **	0:0 0:1	0:1 1:3	0:7 0:3	0:1 2:1	0:0 0:2	1:1 1:3	1:0 0:1	1:4 2:0	2:2 3:3	1:1 0:6	1:2 1:1	0:0 2:3	1:1 0:3	2:0 1:0	0:2 1:1	1:3 2:0	3:1 3:4	1:1 2:1		1:1 1:0	3 6	9 3	7 10	16:28 22:36	18 21	38:64	39
20. VfR Aalen **	1:1 0:2	1:3 3:0	1:2 1:2	0:1 0:1	3:2 1:2	1:1 1:1	1:1 3:2	4:1 0:4	1:2 1:0	4:1 0:0	2:4 0:2	1:4 1:2	1:2 0:1	1:1 0:0	1:1 1:1	1:3 2:2	3:3 1:2	1:2 1:1	0:1 1:1		3 3	6 7	10 9	28:36 17:26	15 16	45:62	31

* Aufsteiger in die 3. Liga. Absteiger aus der 2. Bundesliga: FC Ingolstadt 04, 1. FC Magdeburg, MSV Duisburg. Relegation: SV Wehen Wiesbaden – FC Ingolstadt 04 1:2, 3:2.

** Absteiger in die Regionalliga. Aufsteiger aus den Regionalligen: Chemnitzer FC, FC Viktoria Köln, Waldhof Mannheim, Bayern München II.

Gefürchteter Torjäger des Aufsteigers KSC: Der »Wandervogel« Marvin Pourié scheint endlich den richtigen Klub gefunden zu haben, war mit 22 Toren wesentlich für Platz 2 verantwortlich.

Die Regionalliga auf einen Blick

Regionalliga Nord

1. VfL Wolfsburg II	34	23	8	3	86:28	+58	77
2. VfB Lübeck	34	22	8	4	70:23	+47	74
3. Werder Bremen II (A)	34	18	7	9	54:38	+16	61
4. SC Weiche Flensburg 08 (M)	34	16	11	7	65:41	+24	59
5. SV Drochtersen/Assel	34	14	10	10	44:43	+1	52
6. Hannover 96 II	34	14	9	11	46:33	+13	51
7. Hamburger SV II	34	13	10	11	46:42	+4	49
8. BSV Schwarz-Weiß Rehden	34	13	8	13	42:46	-4	47
9. VfB Oldenburg	34	11	12	11	49:44	+5	45
10. Holstein Kiel II (N)	34	12	9	13	51:51	0	45
11. TSV Havelse	34	13	5	16	40:54	-14	44
12. SSV Jeddeloh II	34	12	7	15	47:65	-18	43
13. Eintracht Norderstedt	34	11	8	15	51:66	-15	41
14. FC St. Pauli II	34	12	4	18	41:47	-6	40
15. Lüneburger SK Hansa	34	11	7	16	40:58	-18	40
16. 1. FC Germ. Egestorf/Langreder *	34	11	3	20	36:57	-21	36
17. VfL Oldenburg (N) *	34	7	4	23	37:79	-42	25
18. USI Lupo Martini Wolfsburg (N) *	34	4	8	22	31:61	-30	20

Aufsteiger aus den Oberligen: HSC Hannover (Niedersachsen), Heider SV (Schleswig-Holstein), Altonaer FC 93 (Hamburg)

Relegation 15. Regionalliga – 2. Oberliga Niedersachsen
Eintracht Northeim – Lüneburger SK Hansa 0:1, 0:2

Regionalliga Nordost

1. Chemnitzer FC (A) **	34	25	2	7	82:36	+46	77
2. Berliner AK 07	34	21	7	6	64:36	+28	70
3. Wacker Nordhausen	34	19	7	8	59:38	+21	64
4. Hertha BSC II	34	16	9	9	60:43	+17	57
5. Rot-Weiß Erfurt (A)	34	15	9	10	57:42	+15	54
6. 1. FC Lokomotive Leipzig	34	14	8	12	51:41	+10	50
7. SV Babelsberg 03	34	13	7	14	53:44	+9	46
8. VfB Germania Halberstadt	34	12	10	12	46:38	+8	46
9. VfB Auerbach	34	13	7	14	47:53	-6	46
10. ZFC Meuselwitz	34	13	5	16	52:55	-3	44
11. FC Viktoria 1889 Berlin #	34	14	10	10	50:38	+12	43
12. Berliner FC Dynamo	34	12	6	16	38:61	-23	42
13. Union Fürstenwalde	34	10	10	14	43:60	-17	40
14. VSG Altglienicke	34	9	12	13	54:59	-5	39
15. FC Oberlausitz Neugersdorf ##	34	10	7	17	40:64	-24	37
16. Bischofswerdaer FV 08 (N)	34	10	4	20	29:58	-29	34
17. Optik Rathenow (N)	34	8	4	22	36:65	-29	28
18. Budissa Bautzen *	34	6	8	20	21:51	-30	26

Absteiger aus der 3. Liga: Energie Cottbus

Aufsteiger aus den Oberligen: SV Lichtenberg 47 (Nordost-Nord), BSG Chemie Leipzig (Nordost-Süd).

Wegen Einleitung eines Insolvenzverfahrens wurden dem FC Viktoria 1889 Berlin neun Punkte abgezogen.

Der FC Oberlausitz Neugersdorf zieht seine Mannschaft aus der Regionalliga zurück.

Regionalliga West

1. FC Viktoria Köln **	34	19	10	5	62:30	+32	67
2. Rot-Weiß Oberhausen	34	18	10	6	58:41	+17	64
3. SV Rödinghausen	34	19	6	9	58:29	+29	63
4. Borussia Mönchengladbach II	34	15	12	7	47:38	+9	57
5. Borussia Dortmund II	34	16	8	10	62:36	+26	56
6. Alemannia Aachen	34	13	10	11	48:39	+9	49
7. SC Verl	34	11	13	10	51:46	+5	46
8. Rot-Weiss Essen	34	13	7	14	42:40	+2	46
9. 1. FC Köln II	34	12	9	13	54:46	+8	45
10. Wuppertaler SV	34	12	8	14	45:49	-4	44
11. SG Wattenscheid 09	34	11	10	13	44:44	0	43
12. Fortuna Düsseldorf II	34	11	9	14	47:62	-15	42
13. SV Lippstadt 08 (N)	34	11	8	15	36:48	-12	41
14. Bonner SC	34	11	7	16	42:51	-9	40
15. 1. FC Kaan-Marienborn (N) *	34	9	12	13	50:54	-4	39
16. SV Straelen (N) *	34	9	12	13	36:62	-26	39
17. SC Wiedenbrück *	34	9	11	14	42:52	-10	38
18. TV Herkenrath (N) *	34	3	6	25	34:91	-57	15

Absteiger aus der 3. Liga: Sportfreunde Lotte, Fortuna Köln

Aufsteiger aus den Oberligen: SV Bergisch Gladbach 09 (Mittelrhein), VfB Homberg (Niederrhein), FC Schalke 04 II, TuS Haltern (beide Westfalen) – Die Liga spielt 2019/20 mit 19 Vereinen.

Erklärung zu den Tabellen:
(A) = (Absteiger der Vorsaison)
(M) = (Meister der Vorsaison)
(N) = (Neuling)
** = Aufsteiger in die 3. Liga
* = Absteiger in die Oberliga
# = siehe Erklärung unter der entsprechenden Tabelle
(H) = Heimspiel
(A) = Auswärtsspiel

Regionalliga Südwest

1. Waldhof Mannheim **	34	28	4	2	88:32	+56	88
2. 1. FC Saarbrücken (M)	34	20	7	7	77:35	+42	67
3. FC 08 Homburg (N)	34	19	7	8	54:30	+24	64
4. SV Elversberg	34	19	3	12	61:40	+21	60
5. Kickers Offenbach	34	16	11	7	61:34	+27	59
6. SSV Ulm 1846 Fußball	34	17	6	11	50:43	+7	57
7. SC Freiburg II	34	15	10	9	50:38	+12	55
8. TSV Steinbach Haiger	34	14	9	11	46:44	+2	51
9. FK Pirmasens (N)	34	12	7	15	36:60	-24	43
10. TSG Hoffenheim II	34	11	8	15	55:62	-7	41
11. TSG Balingen (N)	34	9	14	11	39:49	-10	41
12. FSV Frankfurt	34	11	7	16	45:58	-13	40
13. FC-Astoria Walldorf	34	10	9	15	42:53	-11	39
14. 1. FSV Mainz 05 II	34	8	9	17	39:48	-9	33
15. VfB Stuttgart II *	34	7	10	17	35:56	-21	31
16. Wormatia Worms # *	34	8	7	19	34:58	-24	30
17. Eintracht Stadtallendorf *	34	8	5	21	37:63	-26	29
18. Hessen Dreieich (N) *	34	4	7	23	29:75	-46	19

Absteiger aus der 3. Liga: VfR Aalen

Aufsteiger aus den Oberligen: Bahlinger SC (Baden-Württemberg), FC Gießen (Hessen), TuS Rot-Weiss Koblenz (Rheinland-Pfalz/Saar)

Wegen Zuschauerausschreitungen wurde Wormatia Worms ein Punkt abgezogen.

Regionalliga Bayern

1. Bayern München II **	34	22	7	5	72:30	+42	73
2. VfB Eichstätt	34	19	9	6	69:44	+25	66
3. Wacker Burghausen	34	16	8	10	50:41	+9	56
4. 1. FC Schweinfurt 05	34	14	13	7	55:43	+12	55
5. 1. FC Nürnberg II	34	15	10	9	50:38	+12	55
6. FC Memmingen	34	13	9	12	55:57	-2	48
7. FV Illertissen	34	14	5	15	58:63	-5	47
8. TSV Buchbach	34	13	7	14	52:48	+4	46
9. SpVgg Bayreuth	34	12	9	13	51:47	+4	45
10. Viktoria Aschaffenburg (N)	34	9	14	11	47:54	-7	41
11. VfR Garching	34	10	11	13	46:53	-7	41
12. SV Schalding-Heining	34	11	8	15	41:53	-12	41
13. FC Augsburg II	34	11	6	17	43:50	-7	39
14. SpVgg Greuther Fürth II	34	10	8	16	45:49	-4	38
15. TSV 1860 Rosenheim	34	10	7	17	37:58	-21	37
16. SV Heimstetten (N)	34	10	5	19	48:73	-25	35
17. FC Pipinsried *	34	8	9	17	46:69	-23	33
18. FC Ingolstadt 04 II # *	34	12	9	13	53:48	+5	45

Absteiger aus der 3. Liga: keiner

Aufsteiger aus den Oberligen: TSV Aubstadt (Bayernliga Nord), Türkgücü-Ataspor München, TSV Rain/Lech (beide Bayernliga Süd)

Da der FC Ingolstadt 04 in die 3. Liga abgestiegen ist, muss die zweite Mannschaft nächste Saison in der Bayernliga Süd antreten.

Relegation Regionalliga Bayern – Bayernliga
DJK Gebenbach – TSV 1860 Rosenheim 0:1, 1:1
TSV Rain – SV Heimstetten 1:1, 1:2
DJK Gebenbach – TSV Rain 0:2, 1:0

Aufstiegsspiele der Regionalliga-Meister Nord und Bayern
VfL Wolfsburg II – Bayern München II 3:1, 1:4

Die Torjäger der 3. Bundesliga

Marvin Pourié (Karlsruher SC)	22
Manuel Schäffler (SV Wehen Wiesbaden)	16
Anton Fink (Karlsruher SC)	15
Daniel-Kofi Kyereh (SV Wehen Wiesbaden)	15
Nick Proschwitz (SV Meppen)	14
Stephan Hain (SpVgg Unterhaching)	13
Stefan Schimmer (SpVgg Unterhaching)	13
Christian Kühlwetter (1. FC Kaiserslautern)	12
Martin Kobylanski (Preußen Münster)	12
Streli Mamba (Energie Cottbus)	11
Phillip Tietz (Carl Zeiss Jena)	11
Marcos Alvarez (VfL Osnabrück)	11
Maximilian Beister (KFC Uerdingen 05)	11
Orhan Ademi (Würzburger Kickers)	11
Ronny König (FSV Zwickau)	11
Philipp Hofmann (Eintracht Braunschweig)	10
Timo Röttger (SGS Großaspach)	10
Merveille Biankadi (Hansa Rostock)	10
Cebio Soukou (Hansa Rostock)	10
Toni Wachsmuth (FSV Zwickau)	10
Marcel Bär (VfR Aalen/Eintracht Braunschweig)	9
Matthias Morys (VfR Aalen)	9
René Klingenburg (Preußen Münster)	9
Benjamin Girth (VfL Osnabrück)	9
Dominic Baumann (Würzburger Kickers)	9
Bentley Baxter Bahn (Hallescher FC)	8
Mathias Fetsch (Hallescher FC)	8
Felix Brügmann (Carl Zeiss Jena)	8
Maximilian Wolfram (Carl Zeiss Jena)	8
Sascha Mölders (TSV München 1860)	8
Rufat Dadashov (Preußen Münster)	8
Marc Heider (VfL Osnabrück)	8
Dimitar Rangelov (Energie Cottbus)	7
Sebastian Mai (Hallescher FC)	7
Manfred Starke (Carl Zeiss Jena)	7
Timmy Thiele (1. FC Kaiserslautern)	7
Pascal Breier (Hansa Rostock)	7
Luca Marseiler (SpVgg Unterhaching)	7
Simon Skarlatidis (Würzburger Kickers)	7
Nicolas Sessa (VfR Aalen)	6
Petar Sliskovic (VfR Aalen)	6
Fabio Viteritti (Energie Cottbus)	6
Pascal Sohm (Hallescher FC)	6
Marvin Wanitzek (Karlsruher SC)	6
Hamdi Dahmani (Fortuna Köln)	6
Robin Scheu (Fortuna Köln)	6

Entschlossen und gekonnt: Nach einer Flanke von David Alaba köpft Robert Lewandowski aus der Rückwärtsbewegung zum 1:0 ein. Den Leipzigern Kevin Kampl, Willy Orban und Marcel Halstenberg bleibt nur Staunen.

DFB-Pokal

Das Dutzend an Doubles ist jetzt voll!

Das Finale in Berlin ist immer ein Highlight der Saison. Nach vielen Mühen ab der Hauptrunde konnte Bayern München noch einmal den Angriff aus Leipzig abwehren.

Neuer rettet die Bayern. Ein Dutzend an Doubles. Warum Leipzig dran ist.

Der Pokal, so heißt der banale Spruch, schreibt seine eigenen Gesetze. Das mag schon stimmen, und genau dafür liebt ihn Fußball-Deutschland ja. Weil er unberechenbar ist und bleibt.

So auch in der abgelaufenen Saison, als gleich zu Beginn, in der ersten Runde, der Champion der Vorsaison Tschüss sagen und den Traum von der Titelverteidigung begraben musste. Eintracht Frankfurt schied mit 1:2 in Ulm aus – ein Debakel. Der diesjährige Gewinner, der FC Bayern, indes kam gerade noch mal so mit einem blauen Auge davon, mit einem späten 1:0 bei Drochtersen/Assel.

Ähnlich spannend gestalteten es die Bundesligisten – abgesehen von Borussia Mönchengladbach, das gegen Leverkusen mit 0:5 auf die Mütze bekam – in der zweiten Runde. Die Münchner zitterten sich beim 2:1 in Rödingshausen über die Ziellinie; Nürnberg, das sich unter Ex-Trainer Michael Köllner als nicht mehr bundesligatauglich erwies, mogelte sich mit einem 4:2 nach Verlängerung in Rostock durch; Schalke behielt in Köln im Elfmeterschießen (6:5) die Nerven; und Tabellenführer Dortmund macht es beim 3:2 nach Verlängerung beim späteren Aufsteiger Union Berlin hochspannend.

Dass dem BVB womöglich die Reife für Titel fehlte, hatte sich

Ganz cool verwandelt: Mit seiner tollen Technik verschaffte sich der Franzose Kingsley Coman den nötigen Freiraum gegen Landsmann Ibrahima Konaté und netzt geschickt zum 2:0 der Bayern ein.

nicht nur in der Liga gezeigt, wo die auf zwischenzeitlich neun Zähler enteilte Borussia ihren Vorsprung Stück für Stück wieder hergab, sondern auch im Achtelfinale. Nicht umsonst verschenkte die schwarz-gelbe Truppe in Bremen eine zweimalige Führung – weder das 2:1 in der regulären Spielzeit

Ein Riese macht sich ganz groß: Bayern-Kapitän Manuel Neuer mit einer Weltklasse-Parade – er pariert gegen den allein auf ihn zulaufenden Schweden Emil Forsberg. Mats Hummels und Niklas Süle konnten nicht mehr eingreifen.

noch das 3:2 in der Verlängerung sollte zum Weiterkommen reichen.

Mit den Werderanern aber hatten auch die Münchner ihre Problemchen, zumindest kurzzeitig, als das Team von Trainer Florian Kohfeldt

Clever zum 3:0 vollendet: Robert Lewandowski lässt nach einem Zuspiel von Joshua Kimmich den Leipzigern Dayot Upamecano und Keeper Peter Gulacsi keine Chance. Die finale Entscheidung in Berlin!

mit einem Doppelschlag binnen einer Minute aus 0:2 ein 2:2 machte. Am Ende aber rettete den FCB ein umstrittener Strafstoß. Zur Erinnerung: Kingsley Coman, in vollem Sprint, war leicht von Theo Gebre Selassie geschubst worden, verlor seiner physikalischen Voraussetzung nach das Gleichgewicht und fällt. Das Entsetzen auf Grün-weißer Seite ist logischerweise riesengroß. Es entfachte eine Ewigkeitsdiskussion: Reicht so ein minimaler Rempler aus, um den Boden zu küssen? Die am weitesten verbreitete Meinung heißt: Nein, Fehlentscheidung des Schiedsrichter-Teams, das auf technische Hilfe zurückgriff, aber sich von den Bildern nicht überzeugen ließ. Ihre Argumentation: Ja, unsere Entscheidung ist falsch, aber nicht falsch genug, um sie zu revidieren. Also bleiben wir dabei. So läuft das leider manchmal mit dem Beweis, der – in diesem Fall – keiner ist. Weil es nach wie vor falsche Wahrnehmungen geben wird. Wie bei diesem Elfmeter, der, so sagte es Dr. Jochen Drees, Videoassistent-Beauftragter, nicht hätte gegeben werden dürfen. Es sei eben diese im Reglement verankerte glasklare Fehlentscheidung gewesen.

Nun gut … Bayern im Glück. Das hatten sie in dieser Saison auf ihrem Weg ins Finale ohnehin gebucht, denn jedes einzelne Spiel hätte auch kippen können. Keine einzige Partie gewann der

Enge Pokalfights: Leipzigs Yussuf Poulsen im Duell mit Georg Teigl beim Viertelfinale zwischen Augsburg und RB (n.V. 1:2). Werders Martin Harnik (ganz rechts) gelingt per Kopfball der 3:3-Ausgleich in Dortmund. Im Elfmeterschießen des Achtelfinals siegten die Bremer.

Rekordpokalsieger mit mehr als einem Tor Unterschied: Denn auch vor und nach dem Duell mit Bremen ging's ähnlich eng zu: Bei Hertha reichte es zu einem 3:2 nach Verlängerung, und im Halbfinale gab's noch das spektakuläre, beinahe desaströse 5:4 gegen Heidenheim – wo der FCH beim Stande von 4:4 unmittelbar vor Bayerns Siegtreffer selbst die Sensation auf dem Fuß hatte.

Für Trainer Niko Kovac war das nichts Neues. Bereits auf seiner ersten Pokalreise Richtung Finale, in der Saison 2016/17 mit der Eintracht, schlich er mit knappen Resultaten durch den nationalen Cup – zweimal bedurfte es der Verlängerung, zweimal langte ein enger Sieg mit einem Treffer Differenz, einmal führte die Entscheidung übers Elfmeterschießen. Damals verlor er mit Frankfurt das Endspiel, diesmal taute sein Team im Berliner Olympiastadion, wo es gegen RB Leipzig die Chance auf das zwölfte Double der Vereinsgeschichte hatte, erst so rich-

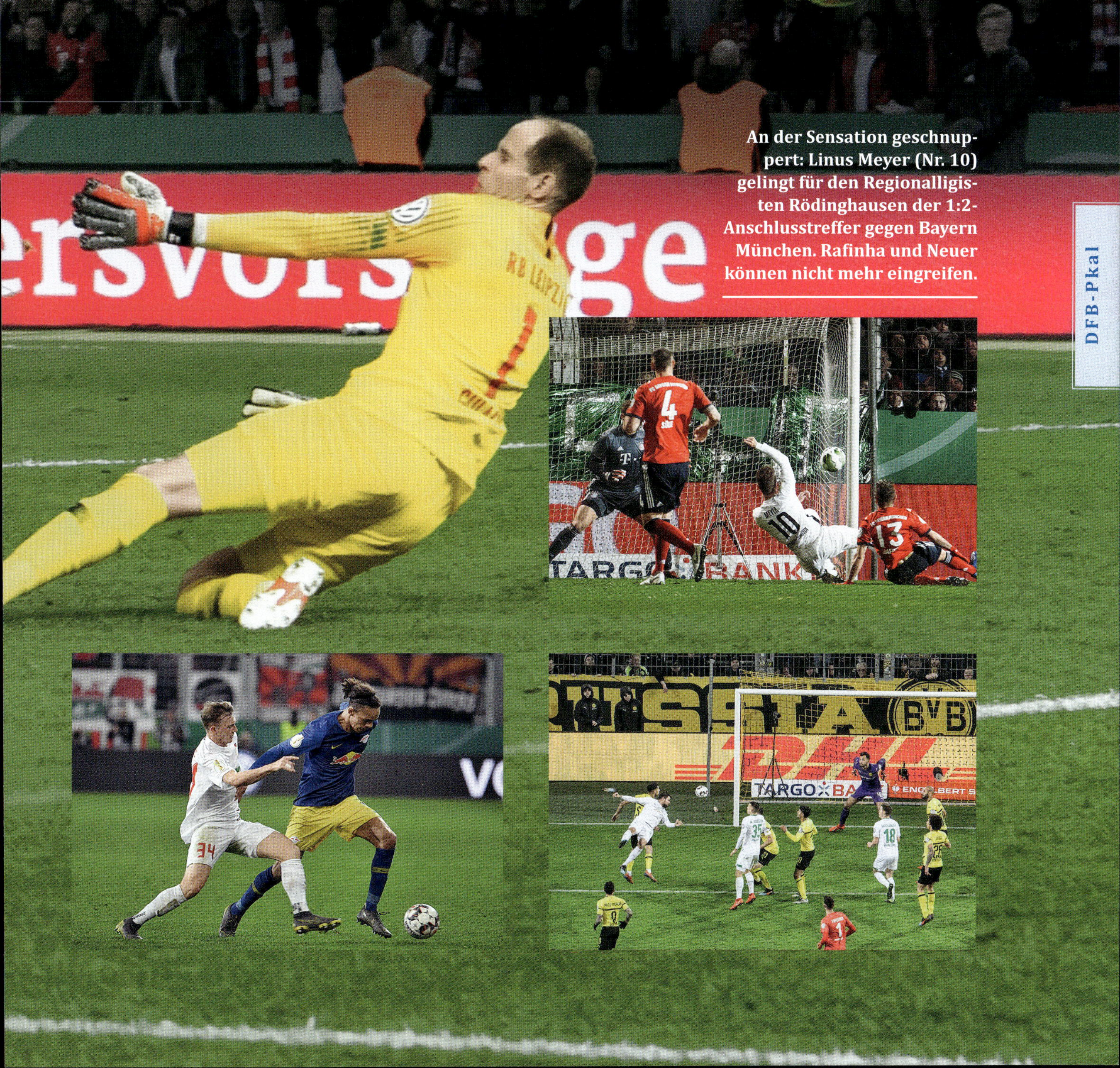

An der Sensation geschnuppert: Linus Meyer (Nr. 10) gelingt für den Regionalligisten Rödinghausen der 1:2-Anschlusstreffer gegen Bayern München. Rafinha und Neuer können nicht mehr eingreifen.

Wieder einmal obenauf in Berlin: Bayern München feiert den 18. Pokalsieg. Voller Stolz präsentiert Kapitän Manuel Neuer die Trophäe. Im Vorjahr waren die Münchner noch Frankfurt unterlegen – die Eintracht damals mit Coach Niko Kovac.

tig auf. Dank individueller Klasse auf beiden Seiten des Feldes.

Einmal überzeugte – seit langer Zeit wieder – Manuel Neuer zwischen den Pfosten. Schon nach zwölf Minuten, die Endspiel-Debütanten aus Leipzig fanden mit hohem Pressing gut rein in die Partie, lenkte der Keeper nach einer Ecke mit einem Sensationsreflex einen Kopfball von Yussuf Poulsen aus vier Metern mit dem rechten Arm gegen die Latte. Kurz nach der Pause (47.) war der Torwart wieder zur Stelle, als Emil Forsberg alleine auf ihn zulief und zum zwischenzeitlichen 1:1 hätte treffen können. Neuer aber kam dem Schweden im Eins-gegen-eins langsam entgegen, machte sich breit, verengte die Winkel, gab dem Angreifer kaum die Möglichkeit, ihn zu umkurven, Forsberg schoss, der 33-jährige Keeper reagierte und parierte erst mit dem linken Fuß, dann mit dem Arm. Bayern im Neuer-Glück, könnte man meinen. »Was Manu abgeliefert hat, war 1a«, sagte Mats Hummels. Und auch Kovac beglückwünschte seinen Kapitän: »Ich möchte Manuel zu dieser Leistung gratulieren.« Doch kein Glück, sondern eben ein Mehr an Qualität.

So auch auf der anderen Seite des Platzes – dort vergaben die Leipziger beste Möglichkeiten. Und die Bayern hatten an diesem Abend ebenfalls einen bestens aufgelegten Robert Lewandowski. Der Pole, der den Ruf nicht ablegen konnte, in großen Spielen abzutauchen, war diesmal der entscheidende Mann. Zum 1:0 köpfte er im Rückwärtsfallen den Ball über die rechte Schulter ins kurze Eck; zudem sorgte er – nach dem lässigen 2:0 durch Coman – für den 3:0-Endstand, indem er sich erst im Laufduell gegen Leipzigs Dayot Upamecano durchsetzte und letztlich den Ball über RB-Keeper Peter Gulacsi lupfte. Beide Tore waren schlicht Weltklasse!

Und so schrieb der Pokal zwar wie immer auch dieses Jahr seine eigenen Gesetze, doch eine Statistik bleibt: Dortmund verlor 2016 gegen Wolfsburg, konnte im Folgejahr gegen Frankfurt gewinnen. Die unterlegene Eintracht triumphierte 2017 dann gegen die Bayern. Und die Münchner revanchierten sich nun in dieser Saison gegen Leipzig. Geht es so weiter, schreibt der DFB-Cup bald sein nächstes Kapitel: Dann müssten 2020 erstmals die Sachsen dieses begehrte Gold erhalten ...

Georg Holzner

1. Runde
17.–20.8.2018

SV Wehen Wiesbaden – FC St. Pauli n.V. 3:2 (1:1, 1:0)

1. FC Magdeburg – SV Darmstadt 98 0:1 (0:1)

1. FC Schweinfurt 05 – FC Schalke 04 0:2 (0:1)

SV Linx – 1. FC Nürnberg 1:2 (1:1)

SV Rödinghausen – Dynamo Dresden n.V. 3:2 (2:2, 2:2)

SV Elversberg – VfL Wolfsburg 0:1 (0:0)

TuS Dassendorf – MSV Duisburg 0:1 (0:1)

Wormatia Worms – Werder Bremen 1:6 (1:5)

SV Drochtersen/Assel – Bayern München 0:1 (0:0)

1. FC Kaiserslautern – TSG Hoffenheim 1:6 (1:3)

1. CfR Pforzheim – Bayer 04 Leverkusen 0:1 (0:1)

SSV Ulm 1846 Fußball – Eintracht Frankfurt 2:1 (0:0)

TuS Erndtebrück – Hamburger SV 3:5 (1:2)

Rot-Weiß Oberhausen – SV Sandhausen 0:6 (0:2)

Erzgebirge Aue – 1. FSV Mainz 05 1:3 (0:1)

Hansa Rostock – VfB Stuttgart 2:0 (1:0)

1. FC Lok Stendal – Arminia Bielefeld 0:5 (0:1)

TSV Steinbach Haiger – FC Augsburg 1:2 (0:1)

TuS RW Koblenz – Fortuna Düsseldorf 0:5 (0:4)

SC Weiche Flensburg 08 – VfL Bochum 1:0 (1:0)

BSG Chemie Leipzig – Jahn Regensburg 2:1 (0:1)

BFC Dynamo – 1. FC Köln 1:9 (1:4)

SSV Jeddeloh II – 1. FC Heidenheim 2:5 (0:3)

FC Viktoria Köln – RB Leipzig 1:3 (1:0)

Karlsruher SC – Hannover 96 0:6 (0:3)

1860 München – Holstein Kiel 1:3 (1:0)

Carl Zeiss Jena – 1. FC Union Berlin 2:4 (2:3)

BSC Hastedt – Bor. Mönchengladbach 1:11 (0:6)

SC Paderborn 07 – FC Ingolstadt 04 2:1 (2:0)

Energie Cottbus – SC Freiburg i.E. 3:5, n.V. 2:2 (1:1, 0:0)

Eintracht Braunschweig – Hertha BSC 1:2 (0:1)

SpVgg Greuther Fürth – Borussia Dortmund n.V. 1:2 (1:1, 0:0)

2. Runde
30./31.10.2018

BSG Chemie Leipzig – SC Paderborn 07 0:3 (0:2)

SSV Ulm 1846 Fußball – Fortuna Düsseldorf 1:5 (1:4)

Hannover 96 – VfL Wolfsburg 0:2 (0:1)

SV Darmstadt 98 – Hertha BSC 0:2 (0:0)

SV Wehen Wiesbaden – Hamburger SV 0:3 (0:1)

SV Rödinghausen – Bayern München 1:2 (0:2)

1. FC Heidenheim – SV Sandhausen 3:0 (2:0)

FC Augsburg – 1. FSV Mainz 05 n.V. 3:2 (2:2, 1:2)

Hansa Rostock – 1. FC Nürnberg i.E. 2:4, n.V. 2:2 (1:1, 1:0)

SC Weiche Flensburg 08 – Werder Bremen 1:5 (1:3)

1. FC Köln – FC Schalke 04 i.E. 5:6, n.V. 1:1 (1:1, 1:0)

Borussia Dortmund – 1. FC Union Berlin n.V. 3:2 (2:2, 1:0)

Holstein Kiel – SC Freiburg 2:1 (1:1)

Arminia Bielefeld – MSV Duisburg 0:3 (0:3)

RB Leipzig – TSG Hoffenheim 2:0 (0:0)

Bor. Mönchengladbach – Bayer 04 Leverkusen 0:5 (0:2)

Achtelfinale
5./6.2.2019

Hamburger SV – 1. FC Nürnberg 1:0 (0:0)

1. FC Heidenheim – Bayer 04 Leverkusen 2:1 (0:1)

MSV Duisburg – SC Paderborn 07 1:3 (0:0)

Borussia Dortmund – Werder Bremen i.E. 2:4, n.V. 3:3 (1:1, 1:1)

Holstein Kiel – FC Augsburg 0:1 (0:0)

RB Leipzig – VfL Wolfsburg 1:0 (1:0)

FC Schalke 04 – Fortuna Düsseldorf 4:1 (1:0)

Hertha BSC – Bayern München n.V. 2:3 (2:2, 1:1)

Viertelfinale
2./3.4.2019

SC Paderborn 07 – Hamburger SV 0:2 (0:0)

FC Augsburg – RB Leipzig n.V. 1:2 (1:1, 0:0)

Bayern München – 1. FC Heidenheim 5:4 (1:2)

FC Schalke 04 – Werder Bremen 0:2 (0:0)

Halbfinale
Finale

Halbfinale
23./24.4.2019

Hamburger SV – RB Leipzig 1:3 (1:1)

Werder Bremen – Bayern München 2:3 (0:1)

Finale am 25.5.2019 in Berlin

RB Leipzig – Bayern München 0:3 (0:1)

Der Gipfel in Madrid: Der FC Liverpool und sein deutscher Coach Jürgen Klopp jubeln über den Gewinn des Henkelpotts. Im Finale ließen sie den Tottenham Hotspurs keine Chance.

Europapokal

Dominanz der Engländer

Vier Finalisten in Europa, vier Teams aus der Premier League. Die Klubs aus der englischen Liga beherrschen Europas Fußball wie nie.

King Klopp – und Deutschland wie beim ESC

In diesen Wochen im Februar und März konnte sich beinahe das Gefühl einstellen, als wäre man beim Eurovision Song Contest. Im Prinzip war es auch so, nur, dass eben nicht gesungen, sondern Fußball gespielt wurde.

Aber auf europäischer Ebene, genauer gesagt im Achtelfinale der Champions League. Und da hieß es dann: Germany 0 Points, Deutschland 0 Punkte. Ein einziger Zähler mischte sich letztlich in die sechs Vergleiche mit den Konkurrenten aus England. Den holte der FC Bayern mit einer taktisch reifen Leistung und etwas Glück in Anfield beim 0:0. Doch der FC Liverpool korrigierte diesen Ausrutscher drei Wochen später in der Allianz Arena, gewann verdient mit 3:1 und profitierte dabei auch von einem sehr ängstlichen und zudem fehlerhaften Auftritt der Münchner. Jürgen Klopp, der Coach der Reds, meinte danach gegenüber dem kicker: »Das war ein knappes Ding. Wir sind nicht besser als Bayern, wir sind nur schwer zu spielen. Bayern hätte auch weiterkommen können. Dass es nicht passiert ist, freut uns natürlich, hat aber keine übergeordnete Bedeutung.«

Die Vorentscheidung im Achtelfinale: Liverpools Abwehrchef Virgil van Dijk macht im Rückspiel von München die 2:1-Führung per Kopfball. Weder Mats Hummels noch Javi Martinez können ihn entschieden hindern. Der Gast siegte mit 3:1.

Nicht zu stoppen: Tottenhams Torjäger Harry Kane entscheidet das Achtelfinal-Hinspiel mit seinem Treffer zum 1:0. Hier behauptet sich der Nationalspieler gegen Dortmunds Julian Weigl.

Dynamik in der Königsklasse: Liverpools doppelter Torschütze Sadio Mané im Duell mit Bayern-Keeper Manuel Neuer (oben). Raheem Sterling von Manchester City beim 3:2-Sieg gegen den Schalker Daniel Caligiuri.

Weltmeister gegen Weltmeister: Dortmunds Mario Götze im Zweikampf mit Atletico Madrids Lucas Hernandez. Im Hinspiel besiegte der BVB die Colchoneros überraschend deutlich mit 4:0.

Youngster gegen Torjäger: Bayerns Robert Lewandowski gegen Ajax-Abwehrtalent Matthijs de Ligt. Beim 3:3 in Amsterdam machte der polnische Torjäger gleich zwei Treffer.

Youngster gegen Routinier: Hoffenheims Verteidiger Stefan Posch (22, links) lässt sich von Citys David Silva (33) austanzen. Anschließend macht der Spanier den 2:1-Siegtreffer in der Schlussphase.

Alleingang gegen Atletico Madrid: Im Rückspiel des Achtelfinales dreht Juves neuer Superstar Cristiano Ronaldo das Duell allein mit drei Toren. Genugtuung für den Ex-Star von Real.

Frustrierter Weltmeister: Antoine Griezmann unterliegt mit Atletico Madrid gleich mit 0:4 in Dortmund. Der Franzose kann's nicht fassen – eine unerwartete Abfuhr für Atletico.

Es war eher des deutschen Trainers Höflichkeit, die da sprach, denn letztlich zielte die Frage zuvor auch auf den Vergleich zwischen der Premier League und der Bundesliga ab. Schalke beendete diese Achtelfinalvergleiche gegen Manchester City mit 2:10, Dortmund gegen Tottenham mit 0:4 Toren. Und vier Niederlagen. Vieles, was dazu führte, ist mit Geld erklärbar, aber auch nicht alles.

Wie auch immer. Weil Hoffenheim in der Gruppenphase ebenso herzerfrischend offensiv wie erschreckend naiv performte und nicht mal Dritter wurde, fand das Viertelfinale in der Königsklasse ohne Bundesligabeteiligung statt.

Die ersten sechs Spieltage verliefen aus deutscher Sicht wenig spektakulär. Die beiden Remis des FC Bayern gegen Ajax wurden erst so richtig wertgeschätzt, als Amsterdam erst Real und dann Juventus rauskegelte. AEK und Benfica stellten keine großen Hürden dar, doch letztlich wurde der Gruppensieg »belohnt« mit dem Los Liverpool, nachdem die Reds gerade noch neben PSG das Ticket für die erste K.-o.-Runde gelöst hatten. Ebenso wie Bayern erging es Dortmund, das in seiner Gruppe zwar Atletico, Monaco und Club Brügge hinter sich ließ, aber Tottenham zugelost bekam, weil die Spurs mit Mühe und Not hinter Barca Zweiter geworden waren. Schalke wurde immerhin Zweiter, das Aus gegen Pep Guardiolas Manchester City war zwar programmiert, doch ein 0:7 im Rückspiel nach unglücklicher 2:3-Heimniederlage hätte es in dann nicht sein müssen mit Blick auf die Bundesligabewertung.

Vier Engländer, ein Spanier, ein Italiener, ein Niederländer und ein Portugiese – so lautete die Viertelfinalbesetzung. ManCity und Tottenham lieferten sich packende Duelle, die Spurs kamen hauchdünn weiter, weil das 5:3 durch Raheem Sterling in letzter Sekunde dem Videobeweis und einer Abseitsstellung zum Opfer fiel. Liverpool durfte sich gegen Porto warmspielen, und während Ajax gegen Juve bewies, dass das Husarenstück gegen Real kein Zufall war, musste ManUniteds Coup gegen PSG in der Runde zuvor angesichts der erneuten Unterlegenheit

Eingewechselt und entscheidend: Liverpools Georginio Wijnaldum gelingt im Halbfinal-Rückspiel gegen den FC Barcelona das 2:0 per Kopfball. Die Innenverteidiger Piqué und Lenglet hatten den Niederländer nicht auf der Rechnung.

gegen Barca genau in diese Kategorie eingeordnet werden.

Die beiden Halbfinalduelle sollten schließlich in die Kategorie von Fußballspielen fallen, über die wohl noch Generationen später gesprochen wird. Sie waren episch. Zunächst schien es so, als sollte Barca dem FC Liverpool die Grenzen aufweisen, doch wer im Camp Nou genau hingesehen hatte, stellte zum einen fest, dass das 3:0 nicht dem Spielverlauf entsprach und den beschlich zum anderen nach der durch Ousmane Dembelé vergebenen Großchance zum 4:0 die ganz leise Ahnung, dass Liverpool in der magischsten aller Anfield-Nächte, und davon gab es schon einige, diesen Rückstand vielleicht doch noch aufholen könnte. Klar war aber auch: Sollte Lionel Messi annähernd seine Galaform aus dem Hinspiel erreichen, würde er ein Tor machen – und fünf von Liverpool, nein, die waren nicht drin. Jedoch wurde es tatsächlich ein 4:0! Weil weder Barca noch Messi eine Schnitte bekam, weil Liverpool sich in einen Rausch spielte und weil Trent Alexander-Arnold die Katalanen bei einer Ecke düpierte.

Matchwinner in Amsterdam: Tottenhams Brasilianer Lucas Moura (links) drehte die Halbfinal-Partie bei Ajax mit einem lupenreinen Hattrick im Alleingang. Machte aus einem 2:0 ein 2:3!

Wer geglaubt hatte, dies sei an Dramatik nicht mehr zu überbieten, wurde tags darauf eines Besseren belehrt: Tottenhams 0:1 aus dem Hinspiel gegen Ajax ließ zwar noch alles offen, doch als die jungen Wilden, diese so mutigen Erben Johan Cruyffs, zur Pause 2:0 führten, gab niemand mehr eine versalzene Pommes auf die Engländer. Doch dann schlug die große Dreiviertelstunde des Mannes, der bis dahin nur als der »letzte Transfer« der Spurs bekannt war, schließlich hatten die Nordlondoner nach dem Kauf von Lucas Moura aus Paris im Januar 2018 zwei Transferperioden lang nichts mehr in Spielereinkäufe investiert. Jener Brasilianer Moura, ein feiner Techniker, schnell zudem, fiel bisher nicht weiter auf, weil er seine Möglichkeiten selten abrief und zudem im Schatten von Harry Kane und Heung-Min Son stand. Doch in Amsterdam erzielte er drei Tore in Folge. Ein Hattrick, ein Tor schöner als das andere und das letzte in der sechsten Minute der Nachspielzeit. Es brachte die Spurs ins Finale nach Madrid. Und als Dank brachte es Lucas Moura – einen Platz auf der Bank. Denn Kane war wieder fit

Die frühe Vorentscheidung im Finale: Der Ägypter Mohamed Salah verwandelt einen Handelfmeter zur 1:0-Führung für den FC Liverpool. Tottenhams Keeper Hugo Lloris ist machtlos. Kapitän Henderson setzt noch nach.

Von den Spielern in den Nachthimmel geworfen: Liverpools deutscher Erfolgstrainer Jürgen Klopp hat sein Final-Trauma überwunden. Immerhin sechs Endspiele hatte er zuvor nicht gewinnen können.

Das Finalteam der Reds von Madrid: Diese elf Profis holten den Henkelpott wieder mal an die Anfield Road. Eine Mannschaft, die Trainer Klopp seit 2015 mehr oder weniger zusammengestellt hatte.

und Trainer Mauricio Pochettino machte den Fehler, nicht nur auf seinen Mittelstürmer zu setzen, der sieben Wochen lang ausgefallen war, sondern auch auf Harry Winks als zweiten Sechser, der ebenso lange pausieren hatte müssen. Zwei nicht hundertprozentig fitte oder zumindest sich im Rhythmus befindliche Spieler – das ist gegen Liverpool mindestens einer zu viel, wie sich im Verlauf des Matches gegen die roten Laufmaschinen zeigen sollte.

Wobei die letztlich spielentscheidende Szene nichts mit Taktik, Personal, Psychologie oder was auch immer zu tun hatte. Sondern nur mit einer Unachtsamkeit, unerklärlich zudem, denn Moussa Sissoko ist nicht als fahrig oder unkonzentriert bekannt. Keine 25 Sekunden waren gespielt, da stand dieser Kerl von einem Baum im eigenen Strafraum und meinte, mit ausgestrecktem Arm, seine Abwehrkollegen dirigieren zu müssen, die eigentlich alle richtig standen. Liverpools Stürmer Sadio Mané aber nahm dieses Geschenk höflich an. Er schoss und von Sissokos Arm sprang der Ball an die Brust, den Oberarm und

Stoppschild für den Spurs-Torjäger: Tottenhams Nationalspieler Harry Kane fand im Endspiel seinen Meister in Joel Matip (am Boden). Der frühere Schalker spielte ein großes Finale in Madrid.

schließlich den noch immer ausgestreckten Unterarm. Nach all den merkwürdigen Handelfmetern war ja fast klar, dass die Entscheidung im wichtigsten Match dieser Saison auch auf diese Art herbeigeführt werden musste. Mo Salah verwandelte diesen Strafstoß zur Führung, die sich Liverpool dank einer überragenden Innenverteidigung Joel Matip/Virgil van Dijk und des in der Schlussphase zweimal glänzend reagierenden Keepers Alisson nicht mehr nehmen ließ. Divock Origi erhöhte noch auf 2:0 im Estadio Metropolitano.

Europa hat einen neuen König: King Klopp. In der Liga knapp gescheitert, zuvor ebenso in drei Finals mit Dortmund und auch mit Liverpool, hat er nun die Krone auf. Sein Endspieltrauma ist besiegt nach diesem verdienten Erfolg, wenngleich der Coach zu Recht anmerkte, seine Teams hätten schon bessere Finals gespielt und verloren. Doch das war ihm in Madrid herzlich egal, als er von seinen Jungs buchstäblich auf Händen getragen wurde.

Thomas Böker

Der Trainer und sein Torjäger: Jürgen Klopp und der Ägypter Mohamed Salah jubeln nach dem Finale von Madrid. Beide sind mit der Medaille geschmückt – die Freude pur.

Gruppenphase

Gruppe A:

AS Monaco	Atletico Madrid	1:2, 0:2
Club Brügge	Borussia Dortmund	0:1, 0:0
Atletico Madrid	Club Brügge	3:1, 0:0
Borussia Dortmund	AS Monaco	3:0, 2:0
Club Brügge	AS Monaco	1:1, 4:0
Borussia Dortmund	Atletico Madrid	4:0, 0:2

1. Borussia Dortmund	6	10:2	13
2. Atletico Madrid	6	9:6	13
3. Club Brügge	6	6:5	6
4. AS Monaco	6	2:14	1

Gruppe B:

FC Barcelona	PSV Eindhoven	4:0, 2:1
Inter Mailand	Tottenham Hotspur	2:1, 0:1
Tottenham Hotspur	FC Barcelona	2:4, 1:1
PSV Eindhoven	Inter Mailand	1:2, 1:1
PSV Eindhoven	Tottenham Hotspur	2:2, 1:2
FC Barcelona	Inter Mailand	2:0, 1:1

1. FC Barcelona	6	14:5	14
2. Tottenham Hotspur	6	9:10	8
3. Inter Mailand	6	6:7	8
4. PSV Eindhoven	6	6:13	2

Gruppe C:

FC Liverpool	Paris Saint-Germain	3:2, 1:2
Roter Stern Belgrad	SSC Neapel	0:0, 1:3
Paris Saint-Germain	Roter Stern Belgrad	6:1, 4:1
SSC Neapel	FC Liverpool	1:0, 0:1
Paris Saint-Germain	SSC Neapel	2:2, 1:1
FC Liverpool	Roter Stern Belgrad	4:0, 0:2

1. Paris Saint-Germain	6	17:9	11
2. FC Liverpool	6	9:7	9
3. SSC Neapel	6	7:5	9
4. Roter Stern Belgrad	6	5:17	4

Gruppe D:

FC Schalke 04	FC Porto	1:1, 1:3
Galatasaray Istanbul	Lokomotive Moskau	3:0, 0:2
Lokomotive Moskau	FC Schalke 04	0:1, 0:1
FC Porto	Galatasaray Istanbul	1:0, 3:2
Lokomotive Moskau	FC Porto	1:3, 1:4
Galatasaray Istanbul	FC Schalke 04	0:0, 0:2

1. FC Porto	6	15:6	16
2. FC Schalke 04	6	6:4	11
3. Galatasaray Istanbul	6	5:8	4
4. Lokomotive Moskau	6	4:12	3

Gruppe E:

Ajax Amsterdam	AEK Athen	3:0, 2:0
Benfica Lissabon	Bayern München	0:2, 1:5
Bayern München	Ajax Amsterdam	1:1, 3:3
AEK Athen	Benfica Lissabon	2:3, 0:1
AEK Athen	Bayern München	0:2, 0:2
Ajax Amsterdam	Benfica Lissabon	1:0, 1:1

1. Bayern München	6	15:5	14
2. Ajax Amsterdam	6	11:5	12
3. Benfica Lissabon	6	6:11	7
4. AEK Athen	6	2:13	0

Gruppe F:

Schachtar Donezk	TSG Hoffenheim	2:2, 3:2
Manchester City	Olympique Lyon	1:2, 2:2
TSG Hoffenheim	Manchester City	1:2, 1:2
Olympique Lyon	Schachtar Donezk	2:2, 1:1
Schachtar Donezk	Manchester City	0:3, 0:6
TSG Hoffenheim	Olympique Lyon	3:3, 2:2

1. Manchester City	6	16:6	13
2. Olympique Lyon	6	12:11	8
3. Schachtar Donezk	6	8:16	6
4. TSG Hoffenheim	6	11:14	3

Gruppe G:

Real Madrid	AS Rom	3:0, 2:0
Viktoria Pilsen	ZSKA Moskau	2:2, 2:1
AS Rom	Viktoria Pilsen	5:0, 1:2
ZSKA Moskau	Real Madrid	1:0, 3:0
Real Madrid	Viktoria Pilsen	2:1, 5:0
AS Rom	ZSKA Moskau	3:0, 2:1

1. Real Madrid	6	12:5	12
2. AS Rom	6	11:8	9
3. Viktoria Pilsen	6	7:16	7
4. ZSKA Moskau	6	8:9	7

Gruppe H:

FC Valencia	Juventus Turin	0:2, 0:1
Young Boys Bern	Manchester United	0:3, 0:1
Juventus Turin	Young Boys Bern	3:0, 1:2
Manchester United	FC Valencia	0:0, 1:2
Young Boys Bern	FC Valencia	1:1, 1:3
Manchester United	Juventus Turin	0:1, 2:1

1. Juventus Turin	6	9:4	12
2. Manchester United	6	7:4	10
3. FC Valencia	6	6:6	8
4. Young Boys Bern	6	4:12	4

Achtelfinale:

Manchester United	Paris Saint-Germain	0:2, 3:1
AS Rom	FC Porto	2:1, n. V. 1:3
Tottenham Hotspur	Borussia Dortmund	3:0, 1:0
Ajax Amsterdam	Real Madrid	1:2, 4:1
Olympique Lyon	FC Barcelona	0:0, 1:5
FC Liverpool	Bayern München	0:0, 3:1
FC Schalke 04	Manchester City	2:3, 0:7
Atletico Madrid	Juventus Turin	2:0, 0:3

Viertelfinale:

FC Liverpool	FC Porto	2:0, 4:1
Tottenham Hotspur	Manchester City	1:0, 3:4
Ajax Amsterdam	Juventus Turin	1:1, 2:1
Manchester United	FC Barcelona	0:1, 0:3

Halbfinale:

Tottenham Hotspur	Ajax Amsterdam	0:1, 3:2
FC Barcelona	FC Liverpool	3:0, 0:4

Endspiel am 1. Juni 2019 in Madrid:

Tottenham Hotspur	FC Liverpool	0:2 (0:1)

1. SPIELTAG

18. September 2018
FC Barcelona – PSV Eindhoven 4:0 (1:0)
Barcelona: ter Stegen – Sergi Roberto, Piqué, Umtiti, Jordi Alba – Busquets – Rakitic, Coutinho – Messi, Suarez, Dembelé – **Trainer:** Valverde
Eindhoven: Zoet – Dumfries, Schwaab, Viergever, Angelino – Rosario, Hendrix – Pereiro – Bergwijn, L. de Jong, Lozano – **Trainer:** van Bommel
Eingewechselt: 80. Lenglet für Coutinho, 83. Arthur für Dembelé, 85. Vidal für Rakitic – 66. Isimat-Mirin für Viergever, 78. Malen für Bergwijn, 82. Gutierrez für Rosario
Tore: 1:0 Messi (31., direkter Freistoß), 2:0 Dembelé (75.), 3:0 Messi (77.), 4:0 Messi (87.)
SR: Sidiropoulos (Griechenland) – **Zuschauer:** 73 462 – **Gelbe Karten:** Viergever, L. de Jong – **Gelb-Rote Karte:** Umtiti (79.)

18. September 2018
Inter Mailand – Tottenham Hotspur 2:1 (0:0)
Inter: Handanovic – Skriniar, de Vrij, Miranda, Asamoah – Vecino, Brozovic – Politano, Nainggolan, Perisic – Icardi – **Trainer:** Spalletti
Tottenham: Vorm – Aurier, D. Sanchez, Vertonghen, B. Davies – Dier, Dembelé – Eriksen, Son – Lamela – Kane – **Trainer:** Pochettino
Eingewechselt: 64. Candreva für Perisic, 72. Baldé für Politano, 89. Borja Valero für Nainggolan – 64. Lucas Moura für Son, 72. Winks für Lamela, 90. Rose für Kane
Tore: 0:1 Eriksen (53.), 1:1 Icardi (86.), 2:1 Vecino (90./+2)
SR: Turpin (Frankreich) – **Zuschauer:** 64 123 – **Gelbe Karten:** Skriniar, Perisic – D. Sanchez, Vertonghen, Vorm

18. September 2018
FC Liverpool – Paris St. Germain 3:2 (2:1)
Liverpool: Alisson – Alexander-Arnold, Gomez, van Dijk, Robertson – Wijnaldum, Henderson, Milner – Salah, Sturridge, Mané – **Trainer:** Klopp
Paris SG: Areola – Meunier, Thiago Silva, Kimpembe, Juan Bernat – Marquinhos – Rabiot, di Maria – Mbappé, Cavani, Neymar – **Trainer:** Tuchel
Eingewechselt: 72. Roberto Firmino für Sturridge, 85. Shaqiri für Salah, 90./+3 Fabinho für Mané – 80. Draxler für Cavani, 80. Choupo-Moting für di Maria
Tore: 1:0 Sturridge (30.), 2:0 Milner (36., Foulelfmeter), 2:1 Meunier (40.), 2:2 Mbappé (83.), 3:2 Roberto Firmino (90./+2)
SR: Cakir (Türkei) – **Zuschauer:** 52 478 – **Gelbe Karten:** van Dijk – Meunier

18. September 2018
AS Monaco – Atletico Madrid 1:2 (1:2)
Monaco: Benaglio – Sidibé, Glik, Jemerson, Henrichs – N'Doram – Chadli, Tielemans, Aholou, Grandsir – Falcao – **Trainer:** Leonardo Jardim
Atl. Madrid: Oblak – Juanfran, Gimenez, Godin, Hernandez – Rodrigo, Saul Niguez – Correa, Koke – Griezmann, Diego Costa – **Trainer:** Burgos
Eingewechselt: 58. Mboula für Chadli, 69. A. Traoré für Aholou, 77. Sylla für Grandsir – 70. Lemar für Correa
Tore: 1:0 Grandsir (18.), 1:1 Diego Costa (31.), 1:2 Gimenez (45./+1)
SR: Collum (Schottland) – **Zuschauer:** 10 575 – **Gelbe Karten:** Falcao, Sidibé, A. Traoré – Gimenez, Diego Costa

18. September 2018
Club Brügge – Borussia Dortmund 0:1 (0:0)
Club Brügge: Letica – Poulain, Mitrovic, Denswil – Vlietinck, Danjuma – Rits – Vormer, Vanaken – Wesley, Vossen – **Trainer:** Leko
Dortmund: Bürki – Piszczek, Akanji, Diallo, Schmelzer – Witsel, Weigl – Wolf, Götze, Sancho – Reus – **Trainer:** Favre
Eingewechselt: 56. Cools für Vlietinck, 76. Dennis für Danjuma, 82. Openda für Vossen – 62. Kagawa für Götze, 69. Pulisic für Sancho, 84. Dahoud für Weigl
Tor: 0:1 Pulisic (85.)
SR: Makkelie (Niederlande) – **Zuschauer:** 25 181 – **Gelbe Karten:** Weigl, Kagawa

18. September 2018
Roter Stern Belgrad – SSC Neapel 0:0
Roter Stern: Borjan – Stojkovic, Savic, Degenek, Rodic – Causic, Jovicic, Krsticic – Ben, Marin – Boakye – **Trainer:** Milojevic
Neapel: Ospina – Hysaj, Raul Albiol, Koulibaly, Mario Rui – Allan, Fabian, Zielinski – José Callejon, Milik, Insigne – **Trainer:** Ancelotti
Eingewechselt: 56. Jovancic für Jovicic, 81. Pavkov für Boakye, 87. Simic für Marin – 61. Mertens für Allan, 75. Ounas für José Callejon, 75. Hamsik für Zielinski
SR: Marciniak (Polen) – **Zuschauer:** 49 112 – **Gelbe Karten:** Krsticic, Degenek – Allan, Raul Albiol, Mario Rui, Milik

18. September 2018
FC Schalke 04 – FC Porto 1:1 (0:0)
Schalke: Fährmann – Sané, Naldo, Nastasic – Caligiuri, Schöpf – Bentaleb – Serdar, McKennie – Uth, Embolo – **Trainer:** Tedesco
FC Porto: Casillas – Maxi Pereira, Felipe, Eder Militao, Alex Telles – Danilo Pereira – Marega, Otavio, Herrera, Brahimi – Aboubakar – **Trainer:** Sergio Conceicao
Eingewechselt: 65. Konoplyanka für Uth, 72. Burgstaller für Embolo, 84. Harit für Serdar – 60. Corona für Aboubakar, 82. Sergio Oliveira für Brahimi, 90. Hernani für Otavio
Tore: 1:0 Embolo (64.), 1:1 Otavio (75., Foulelfmeter)
SR: Gil Manzano (Spanien) – **Zuschauer:** 45 755 – **Gelbe Karten:** Embolo, Uth – Corona, Herrera – **Besonderes Vorkommnis:** Fährmann hält Handelfmeter von Alex Telles (13.)

18. September 2018
Galatasaray Istanbul – Lokomotive Moskau 3:0 (1:0)
Galatasaray: Muslera – Linnes, Donk, Serdar Aziz, Nagatomo – Fernando – Badou, Belhanda – Akbaba, Garry Rodrigues – Derdiyok – **Trainer:** Terim
Lok Moskau: Guilherme – Höwedes, Kvirkvelia, Corluka – Ignatiev, Idowu – Denisov – Manuel Fernandes, Krychowiak – Al. Miranchuk, Farfan – **Trainer:** Semin
Eingewechselt: 73. Maicon für Belhanda, 82. Onyekuru für Derdiyok, 90./+1 Selcuk Inan für Garry Rodrigues – 69. Eder für Ignatiev, 86. An. Miranchuk für Al. Miranchuk
Tore: 1:0 Garry Rodrigues (9.), 2:0 Derdiyok (67., direkter Freistoß), 3:0 Selcuk Inan (90./+4, Foulelfmeter)
SR: Rocchi (Italien) – **Zuschauer:** 43 542 – **Gelbe Karten:** Fernando – Corluka, Idowu, Denisov, Guilherme – **Gelb-Rote Karte:** Badou (87.)

19. September 2018
Ajax Amsterdam – AEK Athen 3:0 (0:0)
Ajax: Onana – Mazraoui, F. de Jong, Blind, Tagliafico – Schöne, Eiting – Ziyech, David Neres, Tadic – Huntelaar – **Trainer:** ten Hag
AEK Athen: Barkas – Cosic, Oikonomou, Lampropoulos, Hult – Galanopoulos, André Simoes – Bakakis, Mantalos – Klonaridis, Ponce – **Trainer:** Ouzounidis
Eingewechselt: 62. van de Beek für Huntelaar, 78. Dolberg für David Neres – 61. Alef für Galanopoulos, 70. Gianniotas für Bakakis, 81. Giakoumakis für Ponce
Tore: 1:0 Tagliafico (46.), 2:0 van de Beek (77.), 3:0 Tagliafico (90.)
SR: del Cerro Grande (Spanien) – **Zuschauer:** 52 285 – **Gelbe Karten:** F. de Jong, Ziyech, Tagliafico – Alef, Mantalos

19. September 2018
Schachtar Donezk – TSG Hoffenheim 2:2 (1:2)
Schachtar: Pyatov – Butko, Khocholava, Rakytskyy, Ismaily – Stepanenko, Alan Patrick – Marlos, Taison, Bolbat – Junior Moraes – **Trainer:** Paulo Fonseca
Hoffenheim: Baumann – Nordtveit, Vogt, Posch – Kaderabek, Grillitsch, Schulz – Bittencourt, Kramaric – Joelinton, Szalai – **Trainer:** Nagelsmann
Eingewechselt: 57. Kovalenko für Bolbat, 76. Maycon für Alan Patrick – 64. Demirbay für Bittencourt, 75. Zuber für Szalai, 85. Nelson für Kramaric
Tore: 0:1 Grillitsch (6.), 1:1 Ismaily (27.), 1:2 Nordtveit (38.), 2:2 Maycon (81.)
SR: Kehlet (Danemark) – **Zuschauer:** 28 336 – **Gelbe Karten:** Junior Moraes, Alan Patrick, Rakytskyy – Grillitsch

19. September 2018
Real Madrid – AS Rom 3:0 (1:0)
Real Madrid: Navas – Carvajal, Varane, Sergio Ramos, Marcelo – Casemiro – Modric, Kroos – Bale, Isco – Benzema – **Trainer:** Lopetegui
Roma: Olsen – Florenzi, Manolas, Fazio, Kolarov – de Rossi – NZonzi, Zaniolo – Cengiz Ünder, El Shaarawy – Dzeko – **Trainer:** di Francesco
Eingewechselt: 62. Asensio für Benzema, 73. Mariano Diaz für Bale, 85. Dani Ceballos für Modric – 54. Lo. Pellegrini für Zaniolo, 62. Perotti für El Shaarawy, 69. Schick für NZonzi
Tore: 1:0 Isco (45., direkter Freistoß), 2:0 Bale (58.), 3:0 Mariano Diaz (90./+1)
SR: Kuipers (Niederlande) – **Zuschauer:** 69 251 – **Gelbe Karten:** Sergio Ramos – de Rossi, Dzeko

19. September 2018
Viktoria Pilsen – ZSKA Moskau 2:2 (2:0)
Vikt. Pilsen: Kozacik – Reznik, Pernica, Hubnik, Limbersky – Horava, Hrosovsky – Kopic, Kolar, Kovarik – Krmencik – **Trainer:** Vrba
ZSKA Moskau: Akinfeev – Rodrigo Becao, Chernov, Nababkin – Oblyakov, Bijol – Mario Fernandes, Dzagoev, Vlasic, Efremov – Chalov – **Trainer:** Goncharenko
Eingewechselt: 64. Cermak für Kolar, 74. Reznicek für Krmencik, 89. Hejda für Horava – 46. Akhmetov für Efremov, 74. Zhamaletdinov für Dzagoev, 81. Sigurdsson für Chalov
Tore: 1:0 Krmencik (29.), 2:0 Krmencik (41.), 2:1 Chalov (49.), 2:2 Vlasic (90./+5, Foulelfmeter)
SR: Bastien (Frankreich) – **Zuschauer:** 11 312 – **Gelbe Karten:** Hubnik, Reznicek, Limbersky – Efremov, Akhmetov, Bijol, Sigurdsson, Rodrigo Becao

19. September 2018
FC Valencia – Juventus Turin 0:2 (0:1)
Valencia: Neto – Ruben Vezo, Gabriel Paulista, Murillo, Gaya – Parejo, Wass – Carlos Soler, Goncalo Guedes – Rodrigo Moreno, Batshuayi – **Trainer:** Marcelino
Juventus: Szczesny – Joao Cancelo, Bonucci, Chiellini, Alex Sandro – Khedira, Pjanic, Matuidi – Bernardeschi, Cristiano Ronaldo, Mandzukic – **Trainer:** Allegri
Eingewechselt: 57. Cheryshev für Ruben Vezo, 70. Santi Mina für Goncalo Guedes, 70. Gameiro für Batshuayi – 23. Can für Khedira, 66. Douglas Costa für Pjanic, 89. Rugani für Douglas Costa
Tore: 0:1 Pjanic (45., Foulelfmeter), 0:2 Pjanic (51., Foulelfmeter)
SR: Dr. Brych (München) – **Zuschauer:** 46 067 – **Gelbe Karten:** Parejo, Murillo, Ruben Vezo – Alex Sandro, Szczesny, Rugani – **Rote Karten:** Cristiano Ronaldo (29., Tätlichkeit) – **Besonderes Vorkommnis:** Szczesny hält Foulelfmeter von Parejo (90./+6)

19. September 2018
Young Boys Bern – Manchester United 0:3 (0:2)
YB Bern: von Ballmoos – Mbabu, Camara, von Bergen, Benito – Sow, Sanogo – Fassnacht, Sulejmani – Hoarau, Assalé – **Trainer:** Seoane
ManUnited: de Gea – Diogo Dalot, Smalling, Lindelöf, Shaw – Pogba, Matic, Fred – Rashford, Lukaku, Martial – **Trainer:** Mourinho
Eingewechselt: 59. Aebischer für Sow, 65. Moumi Ngamaleu für Fassnacht, 75. Nsame für Hoarau – 69. Fellaini für Fred, 69. Mata für Rashford, 75. Pereira für Pogba
Tore: 0:1 Pogba (35.), 0:2 Pogba (44., Handelfmeter), 0:3 Martial (66.)
SR: Aytekin (Oberasbach) – **Zuschauer:** 31 120 (ausverkauft) – **Gelbe Karten:** Assalé – Fred

19. September 2018
Benfica Lissabon – Bayern München 0:2 (0:1)
Benfica: Vlachodimos – André Almeida, Ruben Dias, Jardel, Grimaldo – Fejsa – Gedson, Pizzi – Salvio, Cervi – Seferovic – **Trainer:** Rui Vitoria
Bayern: Neuer – Kimmich, Boateng, Hummels, Alaba – Javi Martinez – Renato Sanches, James – Robben, Ribery – Lewandowski – **Trainer:** Kovac
Eingewechselt: 62. Gabriel für Salvio, 62. Rafa Silva für Pizzi, 75. Zivkovic für Gedson – 62. Gnabry für Ribery, 79. Goretzka für James, 88. Müller für Javi Martinez
Tore: 0:1 Lewandowski (10.), 0:2 Renato Sanches (54.)
SR: Mateu Lahoz (Spanien) – **Zuschauer:** 60 274 – **Gelbe Karten:** Fejsa, Jardel – Kimmich, Hummels

19. September 2018
Manchester City – Olympique Lyon 1:2 (0:2)
ManCity: Ederson – Walker, Stones, Laporte, Delph – Fernandinho – Silva, Gündogan – Bernardo Silva, Gabriel Jesus, Sterling – **Trainer:** Arteta
Lyon: Lopes – Rafael da Silva, Marcelo, Denayer, Mendy – Cornet, Ndombelé, Pape Diop, Aouar – N. Fekir – Depay – **Trainer:** Genesio
Eingewechselt: 55. Sané für Gündogan, 63. Aguero für Gabriel Jesus, 76. Mahrez für Sterling – 76. Dubois für Rafael da Silva, 79. Tousart für N. Fekir, 90./+2 Traoré für Cornet
Tore: 0:1 Cornet (26.), 0:2 N. Fekir (43.), 1:2 Bernardo Silva (67.)
SR: Orsato (Italien) – **Zuschauer:** 40 111 – **Gelbe Karten:** Aguero – N. Fekir, Traoré

2. SPIELTAG

2. Oktober 2018
Juventus Turin – Young Boys Bern 3:0 (2:0)
Juventus: Szczesny – Barzagli, Bonucci, Benatia – Cuadrado, Pjanic, Matuidi, Alex Sandro – Bernardeschi – Dybala, Mandzukic – **Trainer:** Allegri
YB Bern: von Ballmoos – Schick, Camara, von Bergen, Benito – Sanogo – Sulejmani, Bertone, Sow, Fassnacht – Hoarau – **Trainer:** Seoane
Eingewechselt: 46. Can für Matuidi, 70. Khedira für Pjanic, 78. Kean für Mandzukic – 46. Lauper für Sanogo, 70. Moumi Ngamaleu für Sulejmani, 71. Assalé für Fassnacht
Tore: 1:0 Dybala (5.), 2:0 Dybala (33.), 3:0 Dybala (69.)
SR: Karasev (Russland) – **Zuschauer:** 40 961 – **Gelbe Karten:** Bertone, Sanogo – **Gelb-Rote Karte:** Camara (78.)

2. Oktober 2018
TSG Hoffenheim – Manchester City 1:2 (1:1)
Hoffenheim: Baumann – Akpoguma, Hoogma, Posch – Brenet, Demirbay, Grillitsch, Kaderabek – Joelinton, Belfodil – Szalai – **Trainer:** Nagelsmann
ManCity: Ederson – Walker, Kompany, Otamendi, Laporte – Fernandinho – Silva, Gündogan – Sterling, Sané – Aguero – **Trainer:** Guardiola
Eingewechselt: 54. Kramaric für Szalai, 82. Bittencourt für Grillitsch, 89. Hack für Demirbay – 64. Stones für Otamendi, 68. Bernardo Silva für Gündogan, 75. Mahrez für Sterling
Tore: 1:0 Belfodil (1.), 1:1 Aguero (8.), 1:2 Silva (87.)
SR: Skomina (Slowenien) – **Zuschauer:** 24 851 – **Gelbe Karten:** Demirbay – Otamendi, Fernandinho, Walker, Aguero

2. Oktober 2018
Olympique Lyon – Schachtar Donezk 2:2 (0:1)
Lyon: Lopes – Dubois, Marcelo, Denayer, Mendy – Tousart, Ndombelé – Traoré, N. Fekir, Aouar – Dembelé – **Trainer:** Genesio
Schachtar: Pyatov – Matviienko, Kryvtsov, Rakytskyy, Ismaily – Maycon, Stepanenko – Marlos, Alan Patrick, Taison – Junior Moraes – **Trainer:** Paulo Fonseca
Eingewechselt: 63. Depay für Traoré, 81. Cornet für Dembelé, 87. Pape Diop für Ndombelé – 75. Kovalenko für Alan Patrick, 83. Kayode für Junior Moraes, 90./+1 Fernando für Marlos
Tore: 0:1 Junior Moraes (44.), 0:2 Junior Moraes (55.), 1:2 Dembelé (70.), 2:2 Dubois (72.)
SR: Treimanis (Lettland) – **Zuschauer:** 0 – **Gelbe Karte:** N. Fekir

2. Oktober 2018
AS Rom – Viktoria Pilsen 5:0 (2:0)
Roma: Olsen – Florenzi, Fazio, Juan Jesus, Kolarov – Cristante, NZonzi – Cengiz Ünder, Lo. Pellegrini, Kluivert – Dzeko – **Trainer:** di Francesco
Vikt. Pilsen: Kozacik – Reznik, Hejda, Hubnik, Limbersky – Prochazka, Hrosovsky – Zeman, Horava, Kovarik – Krmencik – **Trainer:** Vrba
Eingewechselt: 74. Lu. Pellegrini für Kolarov, 74. Zaniolo für Lo. Pellegrini, 74. Schick für Cengiz Ünder – 64. Kolar für Horava, 71. Ekpai für Zeman, 78. Reznicek für Krmencik
Tore: 1:0 Dzeko (3.), 2:0 Dzeko (40.), 3:0 Cengiz Ünder (64.), 4:0 Kluivert (73.), 5:0 Dzeko (90./+2)
SR: Raczkowski (Polen) – **Zuschauer:** 41 243 – **Gelbe Karten:** Schick – Hejda

2. Oktober 2018
ZSKA Moskau – Real Madrid 1:0 (1:0)
ZSKA Moskau: Akinfeev – Rodrigo Becao, Chernov, Nababkin – Mario Fernandes, Bijol, Akhmetov, Oblyakov – Dzagoev, Vlasic – Chalov – **Trainer:** Goncharenko
Real Madrid: Navas – Carvajal, Varane, Nacho, Reguilon – Casemiro, Kroos – L. Vazquez, Dani Ceballos – Asensio, Benzema – **Trainer:** Lopetegui
Eingewechselt: 65. Efremov für Dzagoev, 78. Sigurdsson für Chalov, 90./+8 Kyrnats für Oblyakov – 43. Odriozola für Carvajal, 58. Modric für Casemiro, 58. Mariano Diaz für L. Vazquez
Tor: 1:0 Vlasic (2.)
SR: Hategan (Rumänien) – **Zuschauer:** 71 811 – **Gelbe Karten:** Bijol, Oblyakov – **Gelb-Rote Karte:** Akinfeev (90./+6)

2. Oktober 2018
Manchester United – FC Valencia 0:0
ManUnited: de Gea – Valencia, Bailly, Smalling, Shaw – Fellaini, Matic, Pogba – A. Sanchez, Lukaku, Rashford – **Trainer:** Mourinho
Valencia: Neto – Piccini, Garay, Gabriel Paulista, Gaya – Parejo, Kondogbia – Coquelin, Goncalo Guedes – Rodrigo Moreno, Batshuayi – **Trainer:** Marcelino
Eingewechselt: 76. Martial für A. Sanchez – 73. Gameiro für Batshuayi, 78. Carlos Soler für Coquelin, 83. Cheryshev für Goncalo Guedes
SR: Vincic (Slowenien) – **Zuschauer:** 73 569 – **Gelbe Karten:** Lukaku – Coquelin, Rodrigo Moreno, Parejo, Piccini, Gaya, Kondogbia

2. Oktober 2018
AEK Athen – Benfica Lissabon 2:3 (0:2)
AEK Athen: Barkas – Bakakis, Oikonomou, Chygrynskyy, Hult – Galanopoulos, André Simoes – Bakasetas, Klonaridis, Mantalos – Ponce – **Trainer:** Ouzounidis
Benfica: Vlachodimos – André Almeida, Ruben Dias, Conti, Grimaldo – Pizzi, Fejsa, Gedson – Salvio, Seferovic, Rafa Silva – **Trainer:** Rui Vitoria
Eingewechselt: 60. Giakoumakis für Ponce, 68. Cosic für Oikonomou, 79. Rodrigo Galo für André Simoes – 46. Lema für Salvio, 62. Alfa Semedo für Pizzi, 84. Cervi für Rafa Silva
Tore: 0:1 Seferovic (6.), 0:2 Grimaldo (15.), 1:2 Klonaridis (53.), 2:2 Klonaridis (63.), 2:3 Alfa Semedo (74.)
SR: Grinfeld (Israel) – **Zuschauer:** 31 154 – **Gelbe Karten:** Ponce, Bakasetas – André Almeida, Grimaldo – **Gelb-Rote Karte:** Ruben Dias (45./+4)

2. Oktober 2018
Bayern München – Ajax Amsterdam 1:1 (1:1)
Bayern: Neuer – Kimmich, Boateng, Hummels, Alaba – Javi Martinez – Müller, Thiago – Robben, Ribery – Lewandowski – **Trainer:** Kovac
Ajax: Onana – Mazraoui, de Ligt, Wöber, Tagliafico – Schöne, Blind – Ziyech, van de Beek, David Neres – Tadic – **Trainer:** ten Hag
Eingewechselt: 62. James für Robben, 74. Gnabry für Ribery, 90./+3 Süle für Hummels – 75. de Wit für van de Beek, 85. Dolberg für David Neres
Tore: 1:0 Hummels (4.), 1:1 Mazraoui (22.)
SR: Kralovec (Tschechien) – **Zuschauer:** 70 000 (ausverkauft) – **Gelbe Karten:** Javi Martinez, James, Gnabry – van de Beek, Blind

3. Oktober 2018
Lokomotive Moskau – FC Schalke 04 0:1 (0:0)
Lok Moskau: Guilherme – Ignatiev, Kvirkvelia, Höwedes, Idowu – Barinov, Krychowiak – Al. Miranchuk, An. Miranchuk, Manuel Fernandes – Eder – **Trainer:** Semin
Schalke: Fährmann – Caligiuri, Sané, Naldo, Mendyl – Mascarell, Rudy – Uth, McKennie, Konoplyanka – Embolo – **Trainer:** Tedesco
Eingewechselt: 72. Denisov für An. Miranchuk, 83. Zhemaletdinov für Al. Miranchuk – 46. Serdar für Mascarell, 55. Bentaleb für Rudy, 72. Burgstaller für Embolo
Tor: 0:1 McKennie (88.)
SR: Taylor (England) – **Zuschauer:** 21 471 – **Gelbe Karten:** Höwedes, Kvirkvelia, Ignatiev – Mascarell, McKennie

3. Oktober 2018
Paris St. Germain – Roter Stern Belgrad 6:1 (4:0)
Paris SG: Areola – Meunier, Thiago Silva, Kimpembe, Juan Bernat – Verratti, Rabiot – Mbappé, Neymar, di Maria – Cavani – **Trainer:** Tuchel
Roter Stern: Borjan – Stojkovic, Savic, Degenek, Rodic – Krsticic – Marin, Causic, Jovicic, Simic – Ben – **Trainer:** Milojevic
Eingewechselt: 76. Kehrer für Thiago Silva, 76. Choupo-Moting für Mbappé, 82. Draxler für Neymar – 46. Babic für Savic, 46. Pavkov für Simic, 73. Ebecilio für Ben
Tore: 1:0 Neymar (20., direkter Freistoß), 2:0 Neymar (22.), 3:0 Cavani (37.), 4:0 di Maria (41.), 5:0 Mbappé (70.), 5:1 Marin (74.), 6:1 Neymar (81., direkter Freistoß)
SR: Soares Dias (Portugal) – **Zuschauer:** 39 979 – **Gelbe Karten:** Stojkovic, Pavkov

3. Oktober 2018
SSC Neapel – FC Liverpool 1:0 (0:0)
Neapel: Ospina – Maksimovic, Raul Albiol, Koulibaly, Mario Rui – Allan, Hamsik, Fabian – José Callejon, Insigne – Milik – **Trainer:** Ancelotti
Liverpool: Alisson – Alexander-Arnold, Gomez, van Dijk, Robertson – Milner, Wijnaldum, Keita – Salah, Roberto Firmino, Mané – **Trainer:** Klopp
Eingewechselt: 68. Verdi für Fabian, 68. Mertens für Milik, 81. Zielinski für Hamsik – 19. Henderson für Keita, 76. Fabinho für Milner, 89. Sturridge für Mané
Tor: 1:0 Insigne (90.)
SR: Kassai (Ungarn) – **Zuschauer:** 37 057 – **Gelbe Karten:** Koulibaly – Milner

3. Oktober 2018
PSV Eindhoven – Inter Mailand 1:2 (1:1)
Eindhoven: Zoet – Dumfries, Schwaab, Viergever, Angelino – Hendrix – Rosario, Pereiro – Bergwijn, Lozano – L. de Jong – **Trainer:** van Bommel
Inter: Handanovic – d'Ambrosio, Skriniar, de Vrij, Asamoah – Vecino, Brozovic – Politano, Nainggolan, Perisic – Icardi – **Trainer:** Spalletti
Eingewechselt: 75. Malen für Pereiro – 86. Borja Valero für Nainggolan, 90./+1 Candreva für Politano
Tore: 1:0 Rosario (27.), 1:1 Nainggolan (44.), 1:2 Icardi (60.)
SR: Mazic (Serbien) – **Zuschauer:** 34 750 – **Gelbe Karten:** Handanovic, d'Ambrosio, Asamoah

3. Oktober 2018
Tottenham Hotspur – FC Barcelona 2:4 (0:2)
Tottenham: Lloris – Trippier, Alderweireld, D. Sanchez, B. Davies – Winks, Wanyama – Lucas Moura, Lamela, Son – Kane – **Trainer:** Pochettino
Barcelona: ter Stegen – Nelson Semedo, Piqué, Lenglet, Jordi Alba – Busquets – Rakitic, Arthur – Messi, Suarez, Coutinho – **Trainer:** Valverde
Eingewechselt: 57. Dier für Wanyama, 66. Sissoko für Son, 79. Llorente für Lamela – 83. Rafinha für Coutinho, 87. Vidal für Arthur, 90./+1 Vermaelen für Busquets
Tore: 0:1 Coutinho (2.), 0:2 Rakitic (28.), 1:2 Kane (52.), 1:3 Messi (56.), 2:3 Lamela (66.), 2:4 Messi (90.)
SR: Zwayer (Berlin) – **Zuschauer:** 82 137 – **Gelbe Karten:** Alderweireld, Wanyama, Lamela, Kane, Dier – Arthur, Busquets

3. Oktober 2018
Borussia Dortmund – AS Monaco 3:0 (0:0)
Dortmund: Bürki – Piszczek, Akanji, Zagadou, Diallo – Witsel, Delaney – Sancho, Reus, Wolf – Paco Alcacer – **Trainer:** Favre
Monaco: Benaglio – Raggi, Glik, Jemerson – Sidibé, Aholou, Henrichs – Tielemans, Golovin – Falcao, Sylla – **Trainer:** Leonardo Jardim
Eingewechselt: 46. Bruun Larsen für Wolf, 65. Weigl für Delaney, 84. Philipp für Sancho – 45. Subasic für Benaglio, 70. Grandsir für Sylla, 76. Chadli für Golovin
Tore: 1:0 Bruun Larsen (51.), 2:0 Paco Alcacer (72.), 3:0 Reus (90./+2)
SR: Kulbakov (Weißrussland) – **Zuschauer:** 66 099 (ausverkauft) – **Besonderes Vorkommnis:** Paco Alcacer schießt Foulelfmeter an die Latte (69.)

3. Oktober 2018
Atletico Madrid – Club Brügge 3:1 (1:1)
Atl. Madrid: Oblak – Gimenez, Godin, Hernandez – Thomas – Arias, Lemar, Koke, Saul Niguez – Griezmann, Diego Costa – **Trainer:** Simeone
Club Brügge: Letica – Poulain, Mechele, Denswil – Vlietinck, Vormer, Rits, Vanaken, Danjuma – Schrijvers – Wesley – **Trainer:** Leko
Eingewechselt: 46. Filipe Luis für Gimenez, 63. Correa für Thomas, 69. Rodrigo für Diego Costa – 56. Clinton für Vlietinck, 56. Nakamba für Schrijvers, 75. Openda für Rits
Tore: 1:0 Griezmann (28.), 1:1 Danjuma (39.), 2:1 Griezmann (67.), 3:1 Koke (90./+3)
SR: Kruzliak (Slowakei) – **Zuschauer:** 55 742 – **Gelbe Karten:** Gimenez, Hernandez – Rits, Openda

3. Oktober 2018
FC Porto – Galatasaray Istanbul 1:0 (0:0)
FC Porto: Casillas – Maxi Pereira, Felipe, Eder Militao, Alex Telles – Danilo Pereira – Corona, Herrera – Otavio, Marega, Brahimi – **Trainer:** Sergio Conceicao
Galatasaray: Muslera – Linnes, Maicon, Serdar Aziz, Nagatomo – Donk – Onyekuru, Fernando, Belhanda, Garry Rodrigues – Gümüs – **Trainer:** Terim
Eingewechselt: 69. Oliver für Corona, 80. André Pereira für Otavio, 89. Sergio Oliveira für Herrera – 68. Selcuk Inan für Donk, 74. Feghouli für Belhanda, 86. Akgün für Fernando
Tor: 1:0 Marega (49.)
SR: Oliver (England) – **Zuschauer:** 42 711 – **Gelbe Karten:** Eder Militao, Otavio, Danilo Pereira – Donk, Serdar Aziz, Linnes, Maicon

3. SPIELTAG

23. Oktober 2018
AEK Athen – Bayern München 0:2 (0:0)
AEK Athen: Barkas – Bakakis, Lampropoulos, Chygrynskyy, Hult – André Simoes, Galanopoulos – Mantalos, Bakasetas – Klonaridis – Ponce – **Trainer:** Ouzounidis
Bayern: Neuer – Kimmich, Süle, Hummels, Rafinha – Javi Martinez – James, Thiago – Robben, Gnabry – Lewandowski – **Trainer:** Kovac
Eingewechselt: 64. Boyé für Klonaridis, 76. Alef für Mantalos, 84. Rodrigo Galo für Galanopoulos – 62. Goretzka für James, 75. Müller für Gnabry, 84. Wagner für Lewandowski
Tore: 0:1 Javi Martinez (61.), 0:2 Lewandowski (63.)
SR: Kulbakov (Weißrussland) – **Zuschauer:** 61 221

23. Oktober 2018
Young Boys Bern – FC Valencia 1:1 (0:1)
YB Bern: Wölfli – Mbabu, Lauper, von Bergen, Benito – Sulejmani, Sanogo, Sow, Fassnacht – Assalé, Hoarau – **Trainer:** Seoane
Valencia: Neto – Piccini, Gabriel Paulista, Diakhaby, Gaya – Carlos Soler, Parejo, Kondogbia, Ferran Torres – Rodrigo Moreno, Batshuayi – **Trainer:** Marcelino
Eingewechselt: 74. Moumi Ngamaleu für Sulejmani, 79. Nsame für Hoarau, 85. Bertone für Fassnacht – 66. Gameiro für Ferran Torres, 70. Coquelin für Kondogbia
Tore: 0:1 Batshuayi (26.), 1:1 Hoarau (55., Foulelfmeter)
SR: Treimanis (Lettland) – **Zuschauer:** 31 120 – **Gelbe Karten:** Mbabu – Gabriel Paulista, Carlos Soler

23. Oktober 2018
Manchester United – Juventus Turin 0:1 (0:1)
ManUnited: de Gea – Young, Smalling, Lindelöf, Shaw – Pogba, Matic – Rashford, Mata, Martial – Lukaku – **Trainer:** Mourinho
Juventus: Szczesny – Joao Cancelo, Bonucci, Chiellini, Alex Sandro – Pjanic – Bentancur, Matuidi – Cuadrado, Cristiano Ronaldo – Dybala – **Trainer:** Allegri
Eingewechselt: – 78. Bernardeschi für Dybala, 81. Barzagli für Cuadrado, 87. Douglas Costa für Joao Cancelo
Tor: 0:1 Dybala (17.)
SR: Mazic (Serbien) – **Zuschauer:** 73 946 – **Gelbe Karten:** Young – Matuidi, Chiellini

23. Oktober 2018
Real Madrid – Viktoria Pilsen 2:1 (1:0)
Real Madrid: Navas – L. Vazquez, Nacho, Sergio Ramos, Marcelo – Casemiro – Modric, Kroos – Bale, Isco – Benzema – **Trainer:** Lopetegui
Vikt. Pilsen: Hruska – Reznik, Hejda, Hubnik, Limbersky – Prochazka, Hrosovsky – Havel, Cermak, Petrzela – Krmencik – **Trainer:** Vrba
Eingewechselt: 54. Fede Valverde für Isco, 75. Asensio für Bale, 88. Mariano Diaz für Benzema – 65. Horava für Prochazka, 76. Ekpai für Havel, 86. Reznicek für Petrzela
Tore: 1:0 Benzema (11.), 2:0 Marcelo (55.), 2:1 Hrosovsky (79.)
SR: Grinfeld (Israel) – **Zuschauer:** 67 356 – **Gelbe Karten:** Isco, Kroos, Sergio Ramos – Limbersky

23. Oktober 2018
TSG Hoffenheim – Olympique Lyon 3:3 (1:1)
Hoffenheim: Baumann – Akpoguma, Vogt, Bicakcic – Grillitsch – Kaderabek, Schulz – Demirbay – Belfodil, Kramaric, Szalai – **Trainer:** Nagelsmann
Lyon: Lopes – Tete, Marcelo, Denayer, Mendy – Tousart – Ndombelé, Aouar – Traoré, Depay, Terrier – **Trainer:** Genesio
Eingewechselt: 60. Joelinton für Szalai, 73. Nelson für Bicakcic, 80. Zuber für Belfodil – 81. Dembelé für Depay, 82. Ferri für Terrier, 90./+1 Pape Diop für Traoré
Tore: 0:1 Traoré (27.), 1:1 Kramaric (33.), 2:1 Kramaric (47.), 2:2 Ndombelé (59.), 2:3 Depay (67.), 3:3 Joelinton (90./+2)
SR: Undiano Mallenco (Spanien) – **Zuschauer:** 24 144 – **Gelbe Karten:** Demirbay – Tete

23. Oktober 2018
AS Rom – ZSKA Moskau 3:0 (2:0)
Roma: Olsen – Florenzi, Manolas, Fazio, Santon – de Rossi – Lo. Pellegrini, NZonzi – Cengiz Ünder, El Shaarawy – Dzeko – **Trainer:** di Francesco
ZSKA Moskau: Pomazun – Chernov, Rodrigo Becao, Magnusson – Mario Fernandes, Nababkin – Akhmetov, Oblyakov – Vlasic, Sigurdsson – Chalov – **Trainer:** Goncharenko
Eingewechselt: 68. Cristante für Lo. Pellegrini, 73. Kolarov für Cengiz Ünder, 81. Schick für de Rossi – 57. Khosonov für Chernov, 57. Dzagoev für Oblyakov, 90. Nishimura für Chalov
Tore: 1:0 Dzeko (30.), 2:0 Dzeko (43.), 3:0 Cengiz Ünder (50.)
SR: Sidiropoulos (Griechenland) – **Zuschauer:** 46 005 – **Gelbe Karten:** Nababkin, Sigurdsson

23. Oktober 2018
Ajax Amsterdam – Benfica Lissabon 1:0 (0:0)
Ajax: Onana – Mazraoui, de Ligt, Blind, Tagliafico – van de Beek, Schöne, F. de Jong – Ziyech, Dolberg, Tadic – **Trainer:** ten Hag
Benfica: Vlachodimos – André Almeida, Conti, Jardel, Grimaldo – Salvio, Gedson, Fejsa, Pizzi, Rafa Silva – Seferovic – **Trainer:** Rui Vitoria
Eingewechselt: 88. David Neres für van de Beek – 79. Gabriel für Pizzi, 90. Cervi für Rafa Silva
Tor: 1:0 Mazraoui (90./+2)
SR: Buquet (Frankreich) – **Zuschauer:** 52 489 – **Gelbe Karten:** Mazraoui, Onana, Tagliafico – Jardel, Conti, Salvio, Seferovic

23. Oktober 2018
Schachtar Donezk – Manchester City 0:3 (0:2)
Schachtar: Pyatov – Matviienko, Kryvtsov, Rakytskyy, Ismaily – Stepanenko, Maycon – Wellington Nem, Kovalenko, Fernando – Junior Moraes – **Trainer:** Paulo Fonseca
ManCity: Ederson – Stones, Otamendi, Laporte, B. Mendy – De Bruyne, Fernandinho, Silva – Mahrez, Gabriel Jesus, Sterling – **Trainer:** Guardiola
Eingewechselt: 62. Alan Patrick für Kovalenko, 69. Bolbat für Wellington Nem, 84. Dentinho für Fernando – 69. Bernardo Silva für De Bruyne, 80. Walker für Stones, 87. Foden für Gabriel Jesus
Tore: 0:1 Silva (30.), 0:2 Laporte (35.), 0:3 Bernardo Silva (70.)
SR: del Cerro Grande (Spanien) – **Zuschauer:** 37 106 – **Gelbe Karten:** Kryvtsov – Otamendi

24. Oktober 2018
PSV Eindhoven – Tottenham Hotspur 2:2 (1:1)
Eindhoven: Zoet – Dumfries, Schwaab, Viergever, Angelino – Rosario, Pereiro, Hendrix – Lozano, L. de Jong, Malen – **Trainer:** van Bommel
Tottenham: Lloris – Trippier, D. Sanchez, Alderweireld, B. Davies – Dier, Dembelé – Lucas Moura, Eriksen, Son – Kane – **Trainer:** Pochettino
Eingewechselt: 83. Gakpo für Pereiro – 64. Lamela für Lucas Moura, 74. Winks für Dembelé, 81. Vorm für Son
Tore: 1:0 Lozano (29.), 1:1 Lucas Moura (39.), 1:2 Kane (54.), 2:2 L. de Jong (87.)
SR: Vincic (Slowenien) – **Zuschauer:** 35 000 – **Gelbe Karten:** Angelino, Dumfries, Rosario – Dembelé – **Rote Karte:** Lloris (79., Notbremse)

24. Oktober 2018
Club Brügge – AS Monaco 1:1 (1:1)
Club Brügge: Letica – Poulain, Mechele, Denswil – Nakamba – Vlietinck, Vormer, Vanaken, Dennis – Rezaei, Wesley – **Trainer:** Leko
Monaco: L. Badiashile – Raggi, Glik, Jemerson – Sidibé, Ait Bennasser, Tielemans, Chadli – Golovin, Jovetic – Sylla – **Trainer:** Henry
Eingewechselt: 79. Openda für Rezaei, 83. Clinton für Vlietinck, 90. Diatta für Dennis – 12. Diop für Jovetic, 64. Henrichs für Sidibé, 73. Aholou für Diop
Tore: 0:1 Sylla (31.), 1:1 Wesley (39.)
SR: Oliver (England) – **Zuschauer:** 23 957 – **Gelbe Karten:** Nakamba, Wesley, Dennis – Sidibé, Jemerson, Tielemans

24. Oktober 2018
Borussia Dortmund – Atletico Madrid 4:0 (1:0)
Dortmund: Bürki – Piszczek, Diallo, Zagadou, Hakimi – Witsel, Delaney – Pulisic, Reus, Bruun Larsen – Götze – **Trainer:** Favre
Atl. Madrid: Oblak – Juanfran, Godin, Hernandez, Filipe Luis – Thomas, Saul Niguez – Lemar, Koke – Griezmann, Diego Costa – **Trainer:** Simeone
Eingewechselt: 35. Dahoud für Delaney, 62. Guerreiro für Bruun Larsen, 79. Sancho für Pulisic – 46. Rodrigo für Thomas, 70. Correa für Saul Niguez
Tore: 1:0 Witsel (38.), 2:0 Guerreiro (73.), 3:0 Sancho (83.), 4:0 Guerreiro (89.)
SR: Taylor (England) – **Zuschauer:** 66 099 (ausverkauft) – **Gelbe Karten:** Diallo, Zagadou – Thomas, Lemar, Filipe Luis, Diego Costa, Correa

24. Oktober 2018
FC Barcelona – Inter Mailand 2:0 (1:0)
Barcelona: ter Stegen – Sergi Roberto, Piqué, Lenglet, Jordi Alba – Rakitic, Busquets, Arthur – Rafinha, Suarez, Coutinho – **Trainer:** Valverde
Inter: Handanovic – d'Ambrosio, Skriniar, Miranda, Asamoah – Vecino, Brozovic – Candreva, Borja Valero, Perisic – Icardi – **Trainer:** Spalletti
Eingewechselt: 72. Nelson Semedo für Rafinha, 78. Vidal für Arthur, 88. Munir für Coutinho – 46. Politano für Candreva, 63. L. Martinez für Borja Valero, 77. Baldé für Perisic
Tore: 1:0 Rafinha (32.), 2:0 Jordi Alba (83.)
SR: Hategan (Rumänien) – **Zuschauer:** 86 290 – **Gelbe Karten:** Suarez – Brozovic, Skriniar, L. Martinez

24. Oktober 2018
Paris St. Germain – SSC Neapel 2:2 (0:1)
Paris SG: Areola – Meunier, Kimpembe, Marquinhos, Juan Bernat – Verratti, Rabiot – Neymar – Mbappé, di Maria – Cavani – **Trainer:** Tuchel
Neapel: Ospina – Maksimovic, Raul Albiol, Koulibaly, Mario Rui – Hamsik – Allan, Fabian – José Callejon, Insigne – Mertens – **Trainer:** Ancelotti
Eingewechselt: 46. Kehrer für Juan Bernat, 76. Draxler für Cavani, 83. Diaby für Verratti – 53. Zielinski für Insigne, 84. Milik für Mertens, 88. Rog für José Callejon
Tore: 0:1 Insigne (29.), 1:1 Mario Rui (61., Eigentor), 1:2 Mertens (77.), 2:2 di Maria (90./+3)
SR: Zwayer (Berlin) – **Zuschauer:** 46 274 – **Gelbe Karten:** Marquinhos, Draxler – Mertens, Mario Rui, José Callejon, Maksimovic, Ospina

24. Oktober 2018
FC Liverpool – Roter Stern Belgrad 4:0 (2:0)
Liverpool: Alisson – Alexander-Arnold, Gomez, van Dijk, Robertson – Wijnaldum, Fabinho – Shaqiri, Roberto Firmino, Mané – Salah – **Trainer:** Klopp
Roter Stern: Borjan – Stojkovic, Degenek, Babic, Gobeljic – Jovicic – Ben, Ebecilio, Krsticic, Srnic – Boakye – **Trainer:** Milojevic
Eingewechselt: 68. Lallana für Shaqiri, 73. Sturridge für Salah, 82. Alberto Moreno für Robertson – 65. Jovancic für Ebecilio, 75. Causic für Jovicic, 81. Simic für Ben
Tore: 1:0 Roberto Firmino (20.), 2:0 Salah (45.), 3:0 Salah (51., Foulelfmeter), 4:0 Mané (80.)
SR: Siebert (Berlin) – **Zuschauer:** 53 024 – **Gelbe Karten:** Stojkovic, Krsticic, Jovicic, Jovancic, Gobeljic – **Besonderes Vorkommnis:** Borjan hält Handelfmeter von Mané (77.)

24. Oktober 2018
Lokomotive Moskau – FC Porto 1:3 (1:2)
Lok Moskau: Guilherme – Ignatiev, Kvirkvelia, Krychowiak, Höwedes – Barinov, Denisov – Manuel Fernandes – Al. Miranchuk, An. Miranchuk – Eder – **Trainer:** Semin
FC Porto: Casillas – Maxi Pereira, Felipe, Eder Militao, Alex Telles – Danilo Pereira, Oliver – Corona, Herrera, Brahimi – Marega – **Trainer:** Sergio Conceicao
Eingewechselt: 66. Zhemaletdinov für Manuel Fernandes, 81. Lysov für Eder – 69. André Pereira für Corona, 82. Adrian Lopez für Brahimi, 83. Bazoer für Oliver
Tore: 0:1 Marega (26., Foulelfmeter), 0:2 Herrera (35.), 1:2 An. Miranchuk (38.), 1:3 Corona (47.)
SR: Madden (Schottland) – **Zuschauer:** 16 034 – **Gelbe Karten:** Eder, Barinov, Ignatiev – Oliver, Corona – **Rote Karte:** Kvirkvelia (76., Notbremse) – **Besonderes Vorkommnis:** Casillas hält Foulelfmeter von Manuel Fernandes (10.)

24. Oktober 2018
Galatasaray Istanbul – FC Schalke 04 0:0
Galatasaray: Muslera – Linnes, Maicon, Kabak, Nagatomo – Donk – Belhanda, Badou – Gümüs, Garry Rodrigues – Derdiyok – **Trainer:** Terim
Schalke: Nübel – Stambouli, Sané, Nastasic – Caligiuri, Mendyl – Rudy – Serdar, Uth – Embolo, Konoplyanka – **Trainer:** Tedesco
Eingewechselt: 61. Selcuk Inan für Gümüs, 70. Celik für Derdiyok, 81. Ömer Bayram für Nagatomo – 77. Skrzybski für Konoplyanka, 82. McKennie für Embolo, 90. Burgstaller für Uth
SR: Bastien (Frankreich) – **Zuschauer:** 46 667 – **Gelbe Karten:** Nagatomo, Linnes, Belhanda – Embolo

4. SPIELTAG

6. November 2018
Roter Stern Belgrad – FC Liverpool 2:0 (2:0)
Roter Stern: Borjan – Stojkovic, Savic, Degenek, Rodic – Krsticic, Jovancic – Srnic, Ben, Marin – Pavkov – **Trainer:** Milojevic
Liverpool: Alisson – Alexander-Arnold, Matip, van Dijk, Robertson – Wijnaldum, Milner, Lallana – Salah, Sturridge, Mané – **Trainer:** Klopp
Eingewechselt: 59. Gobeljic für Stojkovic, 64. Causic für Marin, 73. Jovicic für Krsticic – 46. Gomez für Alexander-Arnold, 46. Roberto Firmino für Sturridge, 79. Origi für Lallana
Tore: 1:0 Pavkov (22.), 2:0 Pavkov (29.)
SR: Mateu Lahoz (Spanien) – **Zuschauer:** 51 318 – **Gelbe Karten:** Marin – Lallana

6. November 2018
AS Monaco – Club Brügge 0:4 (0:3)
Monaco: Benaglio – Sidibé, Glik, Jemerson, Barreca – Tielemans, Ait Bennasser, Chadli – Sylla, Falcao, Diop – **Trainer:** Henry
Club Brügge: Horvath – Poulain, Mechele, Denswil – Clinton, Vormer, Nakamba, Diatta – Rits, Vanaken – Wesley – **Trainer:** Leko
Eingewechselt: 61. Gouano für Falcao, 68. Massengo für Ait Bennasser, 76. Touré für Glik – 6. Cools für Diatta, 72. Rezaei für Wesley, 77. Vlietinck für Clinton
Tore: 0:1 Vanaken (12.), 0:2 Vanaken (17., Handelfmeter), 0:3 Wesley (24.), 0:4 Vormer (85.)
SR: Soares Dias (Portugal) – **Zuschauer:** 8347 – **Gelbe Karte:** Barreca

6. November 2018
Tottenham Hotspur – PSV Eindhoven 2:1 (0:1)
Tottenham: Gazzaniga – Aurier, D. Sanchez, Alderweireld, B. Davies – Winks, Eriksen – Lucas Moura, Alli, Son – Kane – **Trainer:** Pochettino
Eindhoven: Zoet – Dumfries, Schwaab, Viergever, Angelino – Rosario, Hendrix – Lozano, Pereiro, Bergwijn – L. de Jong – **Trainer:** van Bommel
Eingewechselt: 62. Lamela für Lucas Moura, 75. Llorente für Son, 75. Trippier für Aurier – 73. Malen für Pereiro, 81. Sainsbury für L. de Jong, 86. Gutierrez für Bergwijn
Tore: 0:1 L. de Jong (2.), 1:1 Kane (78.), 2:1 Kane (89.)
SR: Kruzliak (Slowakei) – **Zuschauer:** 46 588 – **Gelbe Karten:** Son, Trippier – Lozano, Schwaab

6. November 2018
Atletico Madrid – Borussia Dortmund 2:0 (1:0)
Atl. Madrid: Oblak – Juanfran, Gimenez, Hernandez, Filipe Luis – Thomas, Rodrigo – Saul Niguez, Correa – Griezmann, Kalinic – **Trainer:** Simeone
Dortmund: Bürki – Piszczek, Toprak, Akanji, Hakimi – Delaney, Witsel – Pulisic, Reus, Sancho – Paco Alcacer – **Trainer:** Favre
Eingewechselt: 46. Montero für Gimenez, 62. Gelson Martins für Kalinic, 80. Vitolo für Correa – 59. Guerreiro für Pulisic, 75. Götze für Paco Alcacer, 79. Bruun Larsen für Sancho
Tore: 1:0 Saul Niguez (33.), 2:0 Griezmann (80.)
SR: Orsato (Italien) – **Zuschauer:** 61 023 – **Gelbe Karten:** Correa – Sancho, Akanji, Reus

6. November 2018
SSC Neapel – Paris St. Germain 1:1 (0:1)
Neapel: Ospina – Maksimovic, Raul Albiol, Koulibaly, Mario Rui – Hamsik – Allan, Fabian – José Callejon, Insigne – Mertens – **Trainer:** Ancelotti
Paris SG: Buffon – Marquinhos, Thiago Silva, Kehrer – Verratti – Meunier, Juan Bernat – di Maria, Draxler – Mbappé, Neymar – **Trainer:** Tuchel
Eingewechselt: 71. Zielinski für Fabian, 76. Hysaj für Maksimovic, 83. Ounas für Mertens – 73. Kimpembe für Meunier, 77. Cavani für di Maria, 90./+2 Choupo-Moting für Kehrer
Tore: 0:1 Juan Bernat (45./+2), 1:1 Insigne (63., Foulelfmeter)
SR: Kuipers (Niederlande) – **Zuschauer:** 55 489 – **Gelbe Karten:** Fabian – Mbappé, Kehrer, Verratti, Neymar

6. November 2018
Inter Mailand – FC Barcelona 1:1 (0:0)
Inter: Handanovic – Vrsaljko, de Vrij, Skriniar, Asamoah – Vecino, Brozovic – Politano, Nainggolan, Perisic – Icardi – **Trainer:** Spalletti
Barcelona: ter Stegen – Sergi Roberto, Piqué, Lenglet, Jordi Alba – Busquets – Rakitic, Arthur – Dembelé, Suarez, Coutinho – **Trainer:** Valverde
Eingewechselt: 63. Borja Valero für Nainggolan, 81. Candreva für Politano, 85. L. Martinez für Brozovic – 74. Vidal für Arthur, 81. Malcom für Dembelé
Tore: 0:1 Malcom (83.), 1:1 Icardi (87.)
SR: Marciniak (Polen) – **Zuschauer:** 70 915 – **Gelbe Karten:** Brozovic, Perisic – Rakitic

6. November 2018
FC Porto – Lokomotive Moskau 4:1 (2:0)
FC Porto: Casillas – Maxi Pereira, Felipe, Eder Militao, Alex Telles – Herrera, Danilo Pereira, Oliver – Corona, Marega, Brahimi – **Trainer:** Sergio Conceicao
Lok Moskau: Guilherme – Ignatiev, Corluka, Höwedes, Idowu – Krychowiak, Denisov – Al. Miranchuk, An. Miranchuk, Manuel Fernandes – Eder – **Trainer:** Semin
Eingewechselt: 68. Otavio für Brahimi, 77. Hernani für Corona, 85. Sergio Oliveira für Oliver – 46. Farfan für Manuel Fernandes, 71. Smolov für Eder
Tore: 1:0 Herrera (2.), 2:0 Marega (42.), 2:1 Farfan (59.), 3:1 Corona (67.), 4:1 Otavio (90./+3)
SR: Massa (Italien) – **Zuschauer:** 34 616 – **Gelbe Karten:** Felipe, Eder Militao, Otavio – Corluka

6. November 2018
FC Schalke 04 – Galatasaray Istanbul 2:0 (1:0)
Schalke: Nübel – Stambouli, Sané, Nastasic – Caligiuri, Rudy, Schöpf – Uth, Harit – Embolo, Burgstaller – **Trainer:** Tedesco
Galatasaray: Muslera – Mariano, Kabak, Serdar Aziz, Linnes – Donk – Belhanda, Badou – Onyekuru, Garry Rodrigues – Gümüs – **Trainer:** Terim
Eingewechselt: 56. McKennie für Harit, 63. Bentaleb für Uth, 76. Serdar für Rudy – 46. Ömer Bayram für Linnes, 63. Selcuk Inan für Garry Rodrigues, 72. Celik für Gümüs
Tore: 1:0 Burgstaller (4.), 2:0 Uth (57.)
SR: Collum (Schottland) – **Zuschauer:** 54 740 (ausverkauft) – **Gelbe Karten:** Rudy, Stambouli – Donk, Serdar Aziz, Celik

7. November 2018
ZSKA Moskau – AS Rom 1:2 (0:1)
ZSKA Moskau: Akinfeev – Nababkin, Rodrigo Becao, Magnusson – Bijol – Mario Fernandes, Akhmetov, Vlasic, Oblyakov – Chalov, Sigurdsson – **Trainer:** Goncharenko
Roma: Olsen – Santon, Manolas, Fazio, Kolarov – Cristante, NZonzi – Florenzi, Lo. Pellegrini, Kluivert – Dzeko – **Trainer:** di Francesco
Eingewechselt: 12. Shchennikov für Mario Fernandes, 64. Chernov für Sigurdsson, 76. Khosonov für Akhmetov – 70. Cengiz Ünder für Kluivert, 82. Zaniolo für Lo. Pellegrini, 88. Juan Jesus für Florenzi
Tore: 0:1 Manolas (4.), 1:1 Sigurdsson (50.), 1:2 Lo. Pellegrini (59.)
SR: Cakir (Türkei) – **Zuschauer:** 64 454 – **Gelb-Rote Karte:** Magnusson (56.)

7. November 2018
FC Valencia – Young Boys Bern 3:1 (2:1)
Valencia: Neto – Wass, Garay, Gabriel Paulista, Gaya – Carlos Soler, Coquelin, Kondogbia, Goncalo Guedes – Rodrigo Moreno, Santi Mina – **Trainer:** Marcelino
YB Bern: von Ballmoos – Mbabu, Lauper, von Bergen, Benito – Fassnacht, Sow, Sanogo, Moumi Ngamaleu – Assalé, Hoarau – **Trainer:** Seoane
Eingewechselt: 68. Gameiro für Santi Mina, 75. Ferran Torres für Goncalo Guedes, 87. Ruben Vezo für Kondogbia – 46. Sulejmani für Moumi Ngamaleu, 61. Nsame für Fassnacht, 75. Aebischer für Hoarau
Tore: 1:0 Santi Mina (14.), 1:1 Assalé (37.), 2:1 Santi Mina (42.), 3:1 Carlos Soler (56.)
SR: Kovacs (Rumänien) – **Zuschauer:** 36 480 – **Gelbe Karten:** Santi Mina, Gaya, Carlos Soler – Moumi Ngamaleu, Mbabu, Benito, Lauper, Sanogo – **Rote Karte:** Sanogo (77., Foulspiel)

7. November 2018
Juventus Turin – Manchester United 1:2 (0:0)
Juventus: Szczesny – de Sciglio, Bonucci, Chiellini, Alex Sandro – Cuadrado, Khedira, Pjanic, Bentancur – Dybala – Cristiano Ronaldo – **Trainer:** Allegri
ManUnited: de Gea – Young, Smalling, Lindelöf, Shaw – Ander Herrera, Matic, Pogba – Lingard, A. Sanchez, Martial – **Trainer:** Mourinho
Eingewechselt: 61. Matuidi für Khedira, 83. Barzagli für de Sciglio, 90./+2 Mandzukic für Cuadrado – 70. Rashford für Lingard, 79. Fellaini für A. Sanchez, 79. Mata für Ander Herrera
Tore: 1:0 Cristiano Ronaldo (65.), 1:1 Mata (86., direkter Freistoß), 1:2 Bonucci (90., Eigentor)
SR: Hategan (Rumänien) – **Zuschauer:** 41 470 – **Gelbe Karten:** Alex Sandro, Dybala – Matic, Ander Herrera, Martial

7. November 2018
Viktoria Pilsen – Real Madrid 0:5 (0:4)
Vikt. Pilsen: Hruska – Reznik, Hejda, Hubnik, Limbersky – Hrosovsky – Havel, Prochazka, Cermak, Kopic – Chory – **Trainer:** Vrba
Real Madrid: Courtois – Odriozola, Nacho, Sergio Ramos, Reguilon – Casemiro, Kroos – L. Vazquez, Dani Ceballos, Bale – Benzema – **Trainer:** Solari
Eingewechselt: 38. Petrzela für Havel, 61. Horava für Cermak, 80. Reznicek für Chory – 59. Javi Sanchez für Sergio Ramos, 62. Vinicius Junior für Benzema, 73. Isco für Kroos
Tore: 0:1 Benzema (21.), 0:2 Casemiro (23.), 0:3 Benzema (37.), 0:4 Bale (40.), 0:5 Kroos (67.)
SR: Aytekin (Oberasbach) – **Zuschauer:** 11 483 – **Gelbe Karte:** Nacho

7. November 2018
Olympique Lyon – TSG Hoffenheim 2:2 (2:0)
Lyon: Lopes – Denayer, Marcelo, Morel – Rafael da Silva, Mendy – Tousart – Ndombelé, Aouar – N. Fekir – Depay – **Trainer:** Genesio
Hoffenheim: Baumann – Adams, Vogt, Bicakcic – Kaderabek, Grillitsch, Schulz – Demirbay, Kramaric – Belfodil, Joelinton – **Trainer:** Nagelsmann
Eingewechselt: 74. Dembelé für N. Fekir, 87. Traoré für Depay, 88. Pape Diop für Ndombelé – 57. Nelson für Grillitsch, 67. Szalai für Belfodil, 79. Nordtveit für Demirbay
Tore: 1:0 N. Fekir (19.), 2:0 Ndombelé (28.), 2:1 Kramaric (65.), 2:2 Kaderabek (90./+2)
SR: Makkelie (Niederlande) – **Zuschauer:** 53 850 – **Gelbe Karten:** Denayer, Morel – Grillitsch, Bicakcic, Joelinton, Vogt – **Gelb-Rote Karte:** Adams (51.)

7. November 2018
Manchester City – Schachtar Donezk 6:0 (2:0)
ManCity: Ederson – Walker, Stones, Laporte, Zinchenko – Fernandinho – Mahrez, Bernardo Silva, Silva, Sterling – Gabriel Jesus – **Trainer:** Guardiola
Schachtar: Pyatov – Matviienko, Kryvtsov, Rakytskyy, Ismaily – Maycon, Stepanenko – Kovalenko, Taison, Bolbat – Junior Moraes – **Trainer:** Paulo Fonseca
Eingewechselt: 61. Danilo für Walker, 73. Gündogan für Silva, 76. Delph für Fernandinho – 63. Kayode für Junior Moraes, 77. Alan Patrick für Maycon, 77. Wellington Nem für Taison
Tore: 1:0 Silva (13.), 2:0 Gabriel Jesus (24., Foulelfmeter), 3:0 Sterling (49.), 4:0 Gabriel Jesus (72., Foulelfmeter), 5:0 Mahrez (84.), 6:0 Gabriel Jesus (90./+2)
SR: Kassai (Ungarn) – **Zuschauer:** 52 286

7. November 2018

Bayern München – AEK Athen 2:0 (1:0)

Bayern: Neuer – Kimmich, Boateng, Hummels, Alaba – Javi Martinez – Müller, Goretzka – Gnabry, Ribery – Lewandowski – **Trainer:** Kovac
AEK Athen: Barkas – Lampropoulos, Chygrynskyy, Cosic – Bakakis, Hult – André Simoes – Galanopoulos, Alef – Mantalos – Ponce – **Trainer:** Ouzounidis
Eingewechselt: 84. Rafinha für Ribery, 87. Renato Sanches für Gnabry, 90./+1 Wagner für Lewandowski – 67. Erik Moran für Alef, 78. Rodrigo Galo für Galanopoulos, 80. Boyé für Mantalos
Tore: 1:0 Lewandowski (31., Foulelfmeter), 2:0 Lewandowski (71.)
SR: Jug (Slowenien) – **Zuschauer:** 70 000 (ausverkauft) – **Gelbe Karten:** Cosic, André Simoes, Lampropoulos

7. November 2018

Benfica Lissabon – Ajax Amsterdam 1:1 (1:0)

Benfica: Vlachodimos – André Almeida, Ruben Dias, Jardel, Grimaldo – Fejsa – Salvio, Gedson, Gabriel, Cervi – Jonas – **Trainer:** Rui Vitoria
Ajax: Onana – Mazraoui, de Ligt, Blind, Tagliafico – Schöne, F. de Jong – Ziyech, van de Beek, David Neres – Tadic – **Trainer:** ten Hag
Eingewechselt: 48. Rafa Silva für Salvio, 55. Seferovic für Jonas, 75. Pizzi für Gedson – 74. Dolberg für David Neres, 86. Wöber für F. de Jong
Tore: 1:0 Jonas (29.), 1:1 Tadic (61.)
SR: Rocchi (Italien) – **Zuschauer:** 51 328 – **Gelbe Karten:** Jonas, Fejsa, Jardel – Tagliafico, de Ligt, van de Beek, Tadic

5. SPIELTAG

27. November 2018

AEK Athen – Ajax Amsterdam 0:2 (0:0)

AEK Athen: Barkas – Oikonomou, Chygrynskyy, Bakakis – Rodrigo Galo, Hult – Alef – Mantalos, Galanopoulos – Livaja – Ponce – **Trainer:** Ouzounidis
Ajax: Onana – Mazraoui, de Ligt, Wöber, Blind – Schöne, F. de Jong – van de Beek – David Neres, Dolberg, Tadic – **Trainer:** ten Hag
Eingewechselt: 73. Boyé für Rodrigo Galo, 78. Klonaridis für Mantalos, 81. Giakoumakis für Ponce – 62. Huntelaar für Dolberg, 81. Kristensen für Mazraoui, 86. Labyad für van de Beek
Tore: 0:1 Tadic (68., Handelfmeter), 0:2 Tadic (72.)
SR: Oliver (England) – **Zuschauer:** 25 756 – **Gelbe Karten:** Oikonomou, Chygrynskyy, Giakoumakis – Schöne, Mazraoui – **Gelb-Rote Karte:** Livaja (67.)

27. November 2018

ZSKA Moskau – Viktoria Pilsen 1:2 (1:0)

ZSKA Moskau: Akinfeev – Nababkin, Rodrigo Becao, Chernov – Mario Fernandes, Bistrovic, Shchennikov – Vlasic, Oblyakov – Chalov, Sigurdsson – **Trainer:** Goncharenko
Vikt. Pilsen: Hruska – Reznik, Hejda, Hubnik, Limbersky – Prochazka, Hrosovsky – Petrzela, Cermak, Kovarik – Chory – **Trainer:** Vrba
Eingewechselt: 46. Efremov für Shchennikov, 72. Kuchaev für Oblyakov, 80. Zhamaletdinov für Chalov – 46. Kopic für Limbersky, 70. Havel für Petrzela, 80. Reznicek für Chory
Tore: 1:0 Vlasic (10., Foulelfmeter), 1:1 Prochazka (56.), 1:2 Hejda (81.)
SR: Makkelie (Niederlande) – **Zuschauer:** 52 892 – **Gelbe Karten:** Oblyakov, Chalov – Hubnik, Hrosovsky, Kopic – **Besonderes Vorkommnis:** Akinfeev hält Foulelfmeter von Prochazka (44.)

27. November 2018

AS Rom – Real Madrid 0:2 (0:0)

Roma: Olsen – Florenzi, Manolas, Fazio, Kolarov – Cristante, NZonzi – Cengiz Ünder, Zaniolo, El Shaarawy – Schick – **Trainer:** di Francesco
Real Madrid: Courtois – Carvajal, Varane, Sergio Ramos, Marcelo – M. Llorente – Modric, Kroos – L. Vazquez, Bale – Benzema – **Trainer:** Solari
Eingewechselt: 22. Kluivert für El Shaarawy, 64. Coric für NZonzi, 69. Karsdorp für Zaniolo – 77. Mariano Diaz für Benzema, 80. Fede Valverde für Modric, 84. Asensio für Bale
Tore: 0:1 Bale (47.), 0:2 L. Vazquez (59.)
SR: Turpin (Frankreich) – **Zuschauer:** 59 124 – **Gelbe Karten:** Zaniolo – Modric, Varane

27. November 2018

Olympique Lyon – Manchester City 2:2 (0:0)

Lyon: Lopes – Denayer, Marcelo, Marcal – Rafael da Silva, Ndombelé, Aouar, Mendy – N. Fekir – Cornet, Depay – **Trainer:** Genesio
ManCity: Ederson – Walker, Stones, Laporte, Zinchenko – Fernandinho – Mahrez, Sterling, Silva, Sané – Aguero – **Trainer:** Guardiola
Eingewechselt: 74. Tete für Rafael da Silva, 84. Traoré für N. Fekir, 89. Terrier für Cornet – 71. Delph für Sané, 90./+1 Foden für Aguero
Tore: 1:0 Cornet (55.), 1:1 Laporte (62.), 2:1 Cornet (81.), 2:2 Aguero (83.)
SR: Rocchi (Italien) – **Zuschauer:** 56 039 – **Gelbe Karten:** Mendy – Fernandinho, Sterling

27. November 2018

TSG Hoffenheim – Schachtar Donezk 2:3 (2:2)

Hoffenheim: Baumann – Kaderabek, Vogt, Bicakcic, Schulz – Nordtveit – Demirbay, Kramaric – Belfodil, Szalai, Zuber – **Trainer:** Nagelsmann
Schachtar: Pyatov – Khocholava, Kryvtsov, Matviienko – Danchenko, Ismaily – Stepanenko – Maycon, Kovalenko – Taison – Junior Moraes – **Trainer:** Paulo Fonseca
Eingewechselt: 77. Nelson für Zuber, 84. Grillitsch für Nordtveit, 85. Grifo für Schulz – 77. Alan Patrick für Stepanenko, 85. Dentinho für Kovalenko, 90./+4 Butko für Danchenko
Tore: 0:1 Ismaily (14.), 0:2 Taison (15.), 1:2 Kramaric (17.), 2:2 Zuber (40.), 2:3 Taison (90./+2)
SR: Kruzliak (Slowakei) – **Zuschauer:** 22 920 – **Gelbe Karten:** Vogt, Demirbay – Stepanenko, Matviienko, Danchenko, Kryvtsov, Pyatov – **Gelb-Rote Karte:** Szalai (60.)

27. November 2018

Juventus Turin – FC Valencia 1:0 (0:0)

Juventus: Szczesny – Joao Cancelo, Bonucci, Chiellini, Alex Sandro – Bentancur, Pjanic, Matuidi – Dybala – Mandzukic, Cristiano Ronaldo – **Trainer:** Allegri
Valencia: Neto – Wass, Gabriel Paulista, Diakhaby, Gaya – Parejo, Kondogbia – Coquelin, Goncalo Guedes – Rodrigo Moreno, Santi Mina – **Trainer:** Marcelino
Eingewechselt: 46. Cuadrado für Alex Sandro, 79. Douglas Costa für Dybala – 46. Gameiro für Rodrigo Moreno, 67. Batshuayi für Santi Mina, 72. Carlos Soler für Kondogbia
Tor: 1:0 Mandzukic (59.)
SR: Collum (Schottland) – **Zuschauer:** 39 070 – **Gelbe Karten:** Bentancur, Cuadrado, Matuidi – Gaya, Kondogbia, Diakhaby, Goncalo Guedes, Batshuayi

27. November 2018

Manchester United – Young Boys Bern 1:0 (0:0)

ManUnited: de Gea – Valencia, Smalling, Jones, Shaw – Fred, Matic – Lingard, Fellaini, Martial – Rashford – **Trainer:** Mourinho
YB Bern: von Ballmoos – Mbabu, Camara, von Bergen, Benito – Lauper – Sow, Aebischer – Sulejmani, Assalé – Nsame – **Trainer:** Seoane
Eingewechselt: 64. Lukaku für Lingard, 65. Pogba für Fred, 72. Mata für Valencia – 46. Garcia für von Bergen, 66. Fassnacht für Sulejmani, 83. Moumi Ngamaleu für Nsame
Tor: 1:0 Fellaini (90./+1)
SR: Dr. Brych (München) – **Zuschauer:** 72 876 – **Gelbe Karten:** Matic, Valencia – Camara, Benito

27. November 2018

Bayern München – Benfica Lissabon 5:1 (3:0)

Bayern: Neuer – Rafinha, Süle, Boateng, Alaba – Goretzka, Kimmich – Robben, Ribery – Müller – Lewandowski – **Trainer:** Kovac
Benfica: Vlachodimos – André Almeida, Conti, Ruben Dias, Grimaldo – Fejsa – Pizzi, Gabriel – Rafa Silva, Cervi – Jonas – **Trainer:** Rui Vitoria
Eingewechselt: 72. Renato Sanches für Robben, 77. Wagner für Ribery, 81. Jeong für Müller – 46. Gedson für Pizzi, 59. Seferovic für Jonas, 76. Alfa Semedo für Fejsa
Tore: 1:0 Robben (13.), 2:0 Robben (30.), 3:0 Lewandowski (36.), 3:1 Gedson (46.), 4:1 Lewandowski (51.), 5:1 Ribery (76.)
SR: Orsato (Italien) – **Zuschauer:** 70 000 (ausverkauft) – **Gelbe Karten:** Robben, Ribery – Alfa Semedo

28. November 2018

Lokomotive Moskau – Galatasaray Istanbul 2:0 (1:0)

Lok Moskau: Guilherme – Ignatiev, Kvirkvelia, Corluka, Rybus – Denisov, Krychowiak – Farfan, Al. Miranchuk, An. Miranchuk – Smolov – **Trainer:** Semin
Galatasaray: Muslera – Kabak, Donk, Serdar Aziz – Linnes, Badou, Fernando, Nagatomo – Onyekuru, Derdiyok, Garry Rodrigues – **Trainer:** Terim
Eingewechselt: 77. Barinov für Al. Miranchuk, 88. Eder für Smolov, 90. Rotenberg für Farfan – 59. Feghouli für Fernando, 68. Selcuk Inan für Badou, 88. Mariano für Linnes
Tore: 1:0 Donk (43., Eigentor), 2:0 Ignatiev (54.)
SR: Mateu Lahoz (Spanien) – **Zuschauer:** 14 037 – **Gelbe Karten:** Corluka, Farfan – Serdar Aziz

28. November 2018

Atletico Madrid – AS Monaco 2:0 (2:0)

Atl. Madrid: Oblak – Arias, Savic, Hernandez, Filipe Luis – Thomas, Rodrigo – Lemar, Koke – Griezmann, Correa – **Trainer:** Simeone
Monaco: Benaglio – Biancone, Jemerson, B. Badiashile, Raggi – Tielemans, Massengo – Grandsir, Golovin, Chadli – Sylla – **Trainer:** Henry
Eingewechselt: 46. Vitolo für Koke, 63. Kalinic für Lemar, 69. Saul Niguez für Correa – 55. Falcao für Sylla, 63. Diop für Chadli, 63. Thuram-Ulien für Golovin
Tore: 1:0 Koke (2.), 2:0 Griezmann (24.)
SR: Gestranius (Finnland) – **Zuschauer:** 56 314 – **Gelbe Karten:** Griezmann, Thomas, Filipe Luis – Tielemans, Biancone – **Gelb-Rote Karte:** Savic (82.) – **Besonderes Vorkommnis:** Falcao schießt Handelfmeter am Tor vorbei (83.)

28. November 2018

Borussia Dortmund – Club Brügge 0:0

Dortmund: Bürki – Piszczek, Akanji, Zagadou, Diallo – Dahoud, Witsel – Pulisic, Reus, Guerreiro – Paco Alcacer – **Trainer:** Favre
Club Brügge: Horvath – Clinton, Poulain, Mechele, Denswil – Amrabat, Nakamba – Vormer, Dennis – Wesley, Vanaken – **Trainer:** Leko
Eingewechselt: 73. Sancho für Guerreiro, 80. Hakimi für Diallo, 90. Delaney für Witsel – 76. Rits für Dennis, 90./+2 Openda für Wesley, 90./+2 Decarli für Vormer
SR: Mazeika (Litauen) – **Zuschauer:** 66 099 (ausverkauft) – **Gelbe Karten:** Paco Alcacer – Denswil

28. November 2018

Tottenham Hotspur – Inter Mailand 1:0 (0:0)

Tottenham: Lloris – Aurier, Vertonghen, Alderweireld, B. Davies – Winks – Sissoko, Alli – Lamela, Kane, Lucas Moura – **Trainer:** Pochettino
Inter: Handanovic – d'Ambrosio, de Vrij, Skriniar, Asamoah – Politano, Vecino, Brozovic, Perisic – Nainggolan – Icardi – **Trainer:** Spalletti
Eingewechselt: 62. Son für Lucas Moura, 70. Eriksen für Lamela, 87. Dier für Winks – 44. Borja Valero für Nainggolan, 82. Miranda für de Vrij, 83. Baldé für Politano
Tor: 1:0 Eriksen (80.)
SR: Cakir (Türkei) – **Zuschauer:** 57 132 – **Gelbe Karten:** Alderweireld, Lamela, Son – de Vrij, Borja Valero

28. November 2018

PSV Eindhoven – FC Barcelona 1:2 (0:0)

Eindhoven: Zoet – Dumfries, Schwaab, Viergever, Angelino – Rosario, Hendrix, Pereiro – L. de Jong – Lozano, Bergwijn – **Trainer:** van Bommel
Barcelona: ter Stegen – Nelson Semedo, Piqué, Lenglet, Jordi Alba – Busquets – Vidal, Rakitic – Dembelé, Messi, Coutinho – **Trainer:** Valverde
Eingewechselt: 71. Gutierrez für Hendrix, 71. Malen für Pereiro, 79. Romero für Bergwijn – 70. Malcom für Coutinho, 80. Denis Suarez für Dembelé
Tore: 0:1 Messi (61.), 0:2 Piqué (70.), 1:2 L. de Jong (83.)
SR: Kralovec (Tschechien) – **Zuschauer:** 34 600 – **Gelbe Karten:** Hendrix, Gutierrez, L. de Jong – Jordi Alba, Piqué

28. November 2018

Paris St. Germain – FC Liverpool 2:1 (2:1)

Paris SG: Buffon – Kehrer, Thiago Silva, Kimpembe, Juan Bernat – Verratti, Marquinhos – di Maria, Neymar, Mbappé – Cavani – **Trainer:** Tuchel
Liverpool: Alisson – Gomez, Lovren, van Dijk, Robertson – Henderson – Milner, Wijnaldum – Salah, Roberto Firmino, Mané – **Trainer:** Klopp
Eingewechselt: 65. Dani Alves für di Maria, 65. Choupo-Moting für Cavani, 85. Rabiot für Mbappé – 66. Keita für Wijnaldum, 71. Sturridge für Roberto Firmino, 77. Shaqiri für Milner
Tore: 1:0 Juan Bernat (13.), 2:0 Neymar (37.), 2:1 Milner (45./+1, Foulelfmeter)
SR: Marciniak (Polen) – **Zuschauer:** 46 880 – **Gelbe Karten:** Verratti, Neymar – Wijnaldum, Gomez, Sturridge, Keita, Robertson, van Dijk

28. November 2018

SSC Neapel – Roter Stern Belgrad 3:1 (2:0)

Neapel: Ospina – Maksimovic, Raul Albiol, Koulibaly, Mario Rui – Allan, Hamsik, Fabian – José Callejon, Insigne, Mertens – **Trainer:** Ancelotti
Roter Stern: Borjan – Srnic, Babic, Degenek, Rodic – Gobeljic, Krsticic – Ben, Marin, Simic – Stoiljkovic – **Trainer:** Milojevic
Eingewechselt: 46. Hysaj für Raul Albiol, 77. Zielinski für Insigne, 86. Rog für José Callejon – 46. Joveljic für Stoiljkovic, 64. Jovancic für Srnic, 77. Ebecilio für Simic
Tore: 1:0 Hamsik (11.), 2:0 Mertens (33.), 3:0 Mertens (52.), 3:1 Ben (57.)
SR: Gil Manzano (Spanien) – **Zuschauer:** 44 470 – **Gelbe Karten:** Hysaj – Krsticic, Jovancic, Gobeljic

28. November 2018

FC Porto – FC Schalke 04 3:1 (0:0)

FC Porto: Casillas – Maxi Pereira, Felipe, Eder Militao, Alex Telles – Danilo Pereira, Oliver – Corona, Herrera, Brahimi – Marega – **Trainer:** Sergio Conceicao
Schalke: Fährmann – Stambouli, Naldo, Nastasic – Caligiuri, Mascarell, Mendyl – Bentaleb, Konoplyanka – Di Santo, Skrzybski – **Trainer:** Tedesco
Eingewechselt: 74. Adrian Lopez für Brahimi, 79. Otavio für Corona, 85. Hernani für Herrera – 46. Harit für Skrzybski, 62. Schöpf für Caligiuri, 71. Rudy für Stambouli
Tore: 1:0 Eder Militao (52.), 2:0 Corona (55.), 2:1 Bentaleb (89., Handelfmeter), 3:1 Marega (90./+4)
SR: Hategan (Rumänien) – **Zuschauer:** 41 603 – **Gelbe Karten:** Corona – Mascarell, Rudy

6. SPIELTAG

11. Dezember 2018

Galatasaray Istanbul – FC Porto 2:3 (1:2)

Galatasaray: Muslera – Mariano, Maicon, Kabak, Nagatomo – Donk – Fernando, Badou – Feghouli, Garry Rodrigues – Derdiyok – **Trainer:** Terim
FC Porto: Casillas – Maxi Pereira, Felipe, Diogo Leite, Alex Telles – Danilo Pereira – Sergio Oliveira, Herrera – Hernani, Adrian Lopez – Marega – **Trainer:** Sergio Conceicao
Eingewechselt: 46. Onyekuru für Donk, 90. Celik für Feghouli – 73. André Pereira für Adrian Lopez, 73. Jorge für Hernani, 82. Chidozie für Sergio Oliveira
Tore: 0:1 Felipe (17.), 0:2 Marega (42., Foulelfmeter), 1:2 Feghouli (45./+1, Foulelfmeter), 1:3 Sergio Oliveira (57.), 2:3 Derdiyok (65.)
SR: Kulbakov (Weißrussland) – **Zuschauer:** 33 972 – **Gelbe Karten:** Fernando – Marega – **Besonderes Vorkommnis:** Feghouli schießt Foulelfmeter an die Latte (67.)

11. Dezember 2018

FC Schalke 04 – Lokomotive Moskau 1:0 (0:0)

Schalke: Fährmann – Stambouli, Naldo, Nastasic – Schöpf, Mascarell, Serdar, Mendyl – Goller, Teuchert, Konoplyanka – **Trainer:** Tedesco
Lok Moskau: Guilherme – Ignatiev, Kvirkvelia, Höwedes, Rybus – Denisov – Barinov, Krychowiak – Al. Miranchuk, Farfan – Eder – **Trainer:** Semin
Eingewechselt: 16. Baba für Mendyl, 59. Harit für Goller, 72. Kutucu für Teuchert – 46. An. Miranchuk für Eder, 80. Smolov für Farfan
Tor: 1:0 Schöpf (90./+1)
SR: Sidiropoulos (Griechenland) – **Zuschauer:** 48 883 – **Gelbe Karten:** Serdar, Goller, Mascarell, Stambouli – Denisov, Höwedes, Farfan

11. Dezember 2018

Roter Stern Belgrad – Paris St. Germain 1:4 (0:2)

Roter Stern: Borjan – Gobeljic, Stojkovic, Degenek, Rodic – Causic, Jovancic – Ben, Marin, Simic – Pavkov – **Trainer:** Milojevic
Paris SG: Buffon – Kehrer, Thiago Silva, Kimpembe, Juan Bernat – Verratti, Marquinhos – di Maria, Neymar – Cavani, Mbappé – **Trainer:** Tuchel
Eingewechselt: 72. Ebecilio für Simic, 72. Boakye für Pavkov, 86. Joveljic für Marin – 83. Rabiot für Verratti, 88. Draxler für di Maria
Tore: 0:1 Cavani (9.), 0:2 Neymar (40.), 1:2 Gobeljic (56.), 1:3 Marquinhos (74.), 1:4 Mbappé (90./+2)
SR: Collum (Schottland) – **Zuschauer:** 48 357 – **Gelbe Karten:** Borjan, Pavkov, Stojkovic, Gobeljic – Kehrer, Juan Bernat

11. Dezember 2018
FC Liverpool – SSC Neapel 1:0 (1:0)
Liverpool: Alisson – Alexander-Arnold, Matip, van Dijk, Robertson – Wijnaldum, Henderson, Milner – Salah, Roberto Firmino, Mané – **Trainer:** Klopp
Neapel: Ospina – Maksimovic, Raul Albiol, Koulibaly, Mario Rui – José Callejon, Allan, Hamsik, Fabian – Insigne, Mertens – **Trainer:** Ancelotti
Eingewechselt: 79. Keita für Roberto Firmino, 85. Fabinho für Milner, 90. Lovren für Alexander-Arnold – 62. Zielinski für Fabian, 67. Milik für Mertens, 70. Ghoulam für Mario Rui
Tor: 1:0 Salah (34.)
SR: Skomina (Slowenien) – **Zuschauer:** 52 015 – **Gelbe Karten:** van Dijk, Salah, Mané, Robertson – Koulibaly

11. Dezember 2018
Inter Mailand – PSV Eindhoven 1:1 (0:1)
Inter: Handanovic – d'Ambrosio, de Vrij, Skriniar, Asamoah – Brozovic – Politano, Candreva, Borja Valero, Perisic – Icardi – **Trainer:** Spalletti
Eindhoven: Zoet – Dumfries, Sainsbury, Viergever, Angelino – Rosario, Gutierrez, Hendrix – Lozano, L. de Jong, Bergwijn – **Trainer:** van Bommel
Eingewechselt: 56. Baldé für Candreva, 69. L. Martinez für Asamoah, 83. Vrsaljko für Politano – 65. Sadilek für Gutierrez, 71. Malen für Bergwijn, 90./+5 Pereiro für Lozano
Tore: 0:1 Lozano (13.), 1:1 Icardi (73.)
SR: Zwayer (Berlin) – **Zuschauer:** 62 533 – **Gelbe Karten:** Brozovic, Politano, Skriniar – Zoet, Bergwijn, Sadilek, Dumfries

11. Dezember 2018
Club Brügge – Atletico Madrid 0:0
Club Brügge: Horvath – Poulain, Mechele, Denswil – Amrabat, Vormer, Nakamba, Vanaken, Ngonge – Openda, Wesley – **Trainer:** Leko
Atl. Madrid: Oblak – Arias, Godin, Montero, Saul Niguez – Thomas, Rodrigo, Koke – Gelson Martins, Griezmann, Lemar – **Trainer:** Simeone
Eingewechselt: 69. Luan Peres für Ngonge, 74. Schrijvers für Openda, 90./+1 Rits für Vanaken – 60. Correa für Gelson Martins, 61. Vitolo für Lemar, 68. Kalinic für Thomas
SR: Massa (Italien) – **Zuschauer:** 25 645 – **Gelbe Karten:** Denswil, Amrabat – Montero, Saul Niguez, Godin

11. Dezember 2018
FC Barcelona – Tottenham Hotspur 1:1 (1:0)
Barcelona: Cillessen – Nelson Semedo, Lenglet, Vermaelen, Miranda – Alena, Rakitic, Arthur – Dembelé, Munir, Coutinho – **Trainer:** Valverde
Tottenham: Lloris – Walker-Peters, Alderweireld, Vertonghen, Rose – Sissoko, Winks, Eriksen – Alli – Son, Kane – **Trainer:** Pochettino
Eingewechselt: 46. Busquets für Rakitic, 63. Messi für Munir, 76. Denis Suarez für Dembelé – 61. Lamela für Walker-Peters, 71. Lucas Moura für Son, 83. Llorente für Winks
Tore: 1:0 Dembelé (7.), 1:1 Lucas Moura (85.)
SR: Mazic (Serbien) – **Zuschauer:** 69 961 – **Gelbe Karten:** Nelson Semedo – Walker-Peters

11. Dezember 2018
AS Monaco – Borussia Dortmund 0:2 (0:1)
Monaco: Benaglio – Biancone, Glik, B. Badiashile, Raggi – Ait Bennasser – Tielemans, Massengo – Henrichs, Falcao, Diop – **Trainer:** Henry
Dortmund: Hitz – Hakimi, Toprak, Diallo, Schmelzer – Weigl, Dahoud – Pulisic, Philipp, Guerreiro – Götze – **Trainer:** Favre
Eingewechselt: 64. Sylla für Falcao, 69. Thuram-Ulien für Massengo, 78. Serrano für Biancone – 76. Wolf für Dahoud, 79. Paco Alcacer für Philipp, 90./+2 Gomez für Guerreiro
Tore: 0:1 Guerreiro (15.), 0:2 Guerreiro (88.)
SR: Pawson (England) – **Zuschauer:** 8731 – **Gelbe Karten:** Falcao, Raggi, Tielemans, Diop – Dahoud, Weigl

12. Dezember 2018
Viktoria Pilsen – AS Rom 2:1 (0:0)
Vikt. Pilsen: Hruska – Havel, Hejda, Hubnik, Limbersky – Prochazka, Hrosovsky – Kopic, Cermak, Kovarik – Chory – **Trainer:** Vrba
Roma: Mirante – Santon, Manolas, Marcano, Kolarov – Cristante, NZonzi – Pastore – Cengiz Ünder, Kluivert – Schick – **Trainer:** di Francesco
Eingewechselt: 71. Petrzela für Kopic, 82. Horava für Cermak, 87. Reznicek für Chory – 59. Zaniolo für Pastore, 75. Florenzi für Santon, 80. Lu. Pellegrini für NZonzi
Tore: 1:0 Kovarik (62.), 1:1 Cengiz Ünder (68.), 2:1 Chory (72.)
SR: Taylor (England) – **Zuschauer:** 11 217 – **Gelbe Karten:** Limbersky – Kluivert – **Gelb-Rote Karte:** Lu. Pellegrini (90./+2)

12. Dezember 2018
Real Madrid – ZSKA Moskau 0:3 (0:2)
Real Madrid: Courtois – Odriozola, Vallejo, Javi Sanchez, Marcelo – M. Llorente – Fede Valverde, Isco – Asensio, Benzema, Vinicius Junior – **Trainer:** Solari
ZSKA Moskau: Akinfeev – Nababkin, Rodrigo Becao, Magnusson – Mario Fernandes, Bistrovic, Oblyakov, Shchennikov – Sigurdsson, Vlasic – Chalov – **Trainer:** Goncharenko
Eingewechselt: 46. Bale für Benzema, 58. Kroos für M. Llorente, 74. Carvajal für Marcelo – 84. Hernandez für Chalov, 89. Kuchaev für Oblyakov, 90./+4 Nishimura für Sigurdsson
Tore: 0:1 Chalov (37.), 0:2 Shchennikov (43.), 0:3 Sigurdsson (73.)
SR: Soares Dias (Portugal) – **Zuschauer:** 51 636 – **Gelbe Karten:** Fede Valverde – Shchennikov

12. Dezember 2018
Young Boys Bern – Juventus Turin 2:1 (1:0)
YB Bern: Wölfli – Mbabu, Camara, Lauper, Benito, Garcia – Aebischer, Fassnacht, Sow – Moumi Ngamaleu, Hoarau – **Trainer:** Seoane
Juventus: Szczesny – Cuadrado, Rugani, Bonucci, de Sciglio – Pjanic, Bentancur, Bernardeschi – Douglas Costa, Mandzukic, Cristiano Ronaldo – **Trainer:** Allegri
Eingewechselt: 80. Bertone für Fassnacht, 85. Schick für Moumi Ngamaleu, 90./+1 Wüthrich für Sow – 23. Alex Sandro für Cuadrado, 65. Can für Pjanic, 72. Dybala für de Sciglio
Tore: 1:0 Hoarau (30., Foulelfmeter), 2:0 Hoarau (68.), 2:1 Dybala (80.)
SR: Stieler (Hamburg) – **Zuschauer:** 30 114 – **Gelbe Karten:** Camara, Garcia, Wölfli – Bernardeschi

12. Dezember 2018
FC Valencia – Manchester United 2:1 (1:0)
Valencia: Jaume – Piccini, Ruben Vezo, Diakhaby, Toni Lato – Carlos Soler, Parejo, Kondogbia, Cheryshev – Batshuayi, Santi Mina – **Trainer:** Marcelino
ManUnited: Romero – Valencia, Bailly, Jones, Rojo – Fred, Fellaini, Pogba – Mata, Lukaku, Pereira – **Trainer:** Mourinho
Eingewechselt: 51. Garay für Toni Lato, 66. Ferran Torres für Cheryshev, 68. Rodrigo Moreno für Santi Mina – 46. Young für Rojo, 57. Rashford für Fred, 69. Lingard für Lukaku
Tore: 1:0 Carlos Soler (17.), 2:0 Jones (47., Eigentor), 2:1 Rashford (87.)
SR: Kabakov (Bulgarien) – **Zuschauer:** 36 544 – **Gelbe Karten:** Toni Lato – Valencia, Bailly, Rashford

12. Dezember 2018
Schachtar Donezk – Olympique Lyon 1:1 (1:0)
Schachtar: Pyatov – Matviienko, Kryvtsov, Khocholava, Ismaily – Maycon, Stepanenko – Marlos, Kovalenko, Taison – Junior Moraes – **Trainer:** Paulo Fonseca
Lyon: Lopes – Denayer, Marcelo, Marcal – Tete, Tousart, Aouar, Mendy – N. Fekir – Traoré, Depay – **Trainer:** Genesio
Eingewechselt: 46. Butko für Khocholava, 83. Kayode für Kovalenko, 87. Bolbat für Marlos – 72. Ndombelé für Traoré, 80. Dembelé für Depay, 89. Dubois für N. Fekir
Tore: 1:0 Junior Moraes (22.), 1:1 N. Fekir (65.)
SR: Kuipers (Niederlande) – **Zuschauer:** 38 916 – **Gelbe Karten:** Bolbat – Marcal, N. Fekir

12. Dezember 2018
Manchester City – TSG Hoffenheim 2:1 (1:1)
ManCity: Ederson – Stones, Otamendi, Laporte – Gündogan – Bernardo Silva, Zinchenko – Foden – Sterling, Gabriel Jesus, Sané – **Trainer:** Guardiola
Hoffenheim: Baumann – Kaderabek, Adams, Hübner, Schulz – Grillitsch – Geiger, Bittencourt – Brenet, Joelinton – Kramaric – **Trainer:** Nagelsmann
Eingewechselt: 46. Walker für Stones, 64. Delph für Zinchenko, 85. Kompany für Bernardo Silva – 46. Nelson für Brenet, 63. Amiri für Geiger, 70. Belfodil für Bittencourt
Tore: 0:1 Kramaric (16., Foulelfmeter), 1:1 Sané (45./+1, direkter Freistoß), 2:1 Sané (61.)
SR: Ekberg (Schweden) – **Zuschauer:** 50 411 – **Gelbe Karten:** Grillitsch, Joelinton

12. Dezember 2018
Benfica Lissabon – AEK Athen 1:0 (0:0)
Benfica: Vlachodimos – André Almeida, Ruben Dias, Jardel, Grimaldo – Gedson, Alfa Semedo, Pizzi – Rafa Silva, Seferovic, Joao Felix – **Trainer:** Rui Vitoria
AEK Athen: Barkas – Bakakis, Oikonomou, Chygrynskyy, Hult – Galanopoulos, Cosic, Erik Moran – Klonaridis, Ponce, Boyé – **Trainer:** Ouzounidis
Eingewechselt: 35. Zivkovic für Rafa Silva, 59. Cervi für Pizzi, 77. Castillo für Joao Felix – 61. Gianniotas für Klonaridis, 68. Mantalos für Boyé, 77. Rodrigo Galo für Erik Moran
Tor: 1:0 Grimaldo (88., direkter Freistoß)
SR: Madden (Schottland) – **Zuschauer:** 33 633 – **Gelbe Karten:** Ruben Dias – Hult – **Gelb-Rote Karte:** Galanopoulos (87.)

12. Dezember 2018
Ajax Amsterdam – Bayern München 3:3 (0:1)
Ajax: Onana – Mazraoui, de Ligt, Wöber, Tagliafico – F. de Jong, Blind – Ziyech, van de Beek, David Neres – Tadic – **Trainer:** ten Hag
Bayern: Neuer – Rafinha, Süle, Boateng, Alaba – Kimmich, Goretzka – Gnabry, Müller, Ribery – Lewandowski – **Trainer:** Kovac
Eingewechselt: 78. Dolberg für van de Beek, 89. Huntelaar für David Neres – 62. Thiago für Gnabry, 71. Coman für Ribery, 89. Renato Sanches für Goretzka
Tore: 0:1 Lewandowski (13.), 1:1 Tadic (61.), 2:1 Tadic (82., Foulelfmeter), 2:2 Lewandowski (87., Foulelfmeter), 2:3 Coman (90.), 3:3 Tagliafico (90./+5)
SR: Turpin (Frankreich) – **Zuschauer:** 52 244 – **Gelbe Karten:** de Ligt, Blind, Tagliafico – Kimmich, Rafinha – **Rote Karten:** Wöber (67., grobes Foulspiel), Müller (75., grobes Foulspiel)

ACHTELFINALE

12. Februar 2019
Manchester United – Paris St. Germain 0:2 (0:0)
ManUnited: de Gea – Young, Bailly, Lindelöf, Shaw – Ander Herrera, Matic, Pogba – Lingard, Rashford, Martial – **Trainer:** Solskjaer
Paris SG: Buffon – Kehrer, Thiago Silva, Kimpembe, Juan Bernat – Verratti, Marquinhos – Dani Alves, Draxler, di Maria – Mbappé – **Trainer:** Tuchel
Eingewechselt: 45./+4 A. Sanchez für Lingard, 46. Mata für Martial, 84. Lukaku für Rashford – 75. Paredes für Verratti, 81. Dagba für di Maria
Tore: 0:1 Kimpembe (53.), 0:2 Mbappé (60.)
SR: Orsato (Italien) – **Zuschauer:** 74 054 – **Gelbe Karten:** Young, Lindelöf, Ander Herrera, Shaw – Kimpembe, Draxler, Juan Bernat, Dani Alves – **Gelb-Rote Karte:** Pogba (89.)

12. Februar 2019
AS Rom – FC Porto 2:1 (0:0)
Roma: Mirante – Florenzi, Manolas, Fazio, Kolarov – Cristante, de Rossi, Lo. Pellegrini – Zaniolo, Dzeko, El Shaarawy – **Trainer:** di Francesco
FC Porto: Casillas – Eder Militao, Felipe, Pepe, Alex Telles – Otavio, Danilo Pereira, Herrera, Brahimi – Soares, Fernando Andrade – **Trainer:** Sergio Conceicao
Eingewechselt: 83. NZonzi für Lo. Pellegrini, 87. Santon für Zaniolo, 90. Kluivert für El Shaarawy – 68. Adrian Lopez für Brahimi, 76. André Pereira für Fernando Andrade, 84. Hernani für Otavio
Tore: 1:0 Zaniolo (70.), 2:0 Zaniolo (76.), 2:1 Adrian Lopez (79.)
SR: Makkelie (Niederlande) – **Zuschauer:** 51 727 – **Gelbe Karten:** El Shaarawy – Herrera

13. Februar 2019
Ajax Amsterdam – Real Madrid 1:2 (0:0)
Ajax: Onana – Mazraoui, de Ligt, Blind, Tagliafico – F. de Jong, Schöne – van de Beek – Ziyech, Tadic, David Neres – **Trainer:** ten Hag
Real Madrid: Courtois – Carvajal, Nacho, Sergio Ramos, Reguilon – Casemiro – Modric, Kroos – Bale, Benzema, Vinicius Junior – **Trainer:** Solari
Eingewechselt: 73. Dolberg für Schöne – 61. L. Vazquez für Bale, 73. Asensio für Benzema, 81. Mariano Diaz für Vinicius Junior
Tore: 0:1 Benzema (60.), 1:1 Ziyech (75.), 1:2 Asensio (87.)
SR: Skomina (Slowenien) – **Zuschauer:** 52 286 – **Gelbe Karten:** Ziyech – Reguilon, L. Vazquez, Sergio Ramos

13. Februar 2019
Tottenham Hotspur – Borussia Dortmund 3:0 (0:0)
Tottenham: Lloris – Foyth, D. Sanchez, Alderweireld – Aurier, Sissoko, Winks, Vertonghen – Eriksen – Son, Lucas Moura – **Trainer:** Pochettino
Dortmund: Bürki – Hakimi, Toprak, Zagadou, Diallo – Witsel – Dahoud, Delaney – Sancho, Pulisic – Götze – **Trainer:** Favre
Eingewechselt: 84. Llorente für Lucas Moura, 89. Lamela für Son, 90./+1 Wanyama für Sissoko – 77. Schmelzer für Zagadou, 87. Bruun Larsen für Pulisic, 88. Guerreiro für Sancho
Tore: 1:0 Son (47.), 2:0 Vertonghen (83.), 3:0 Llorente (86.)
SR: Mateu Lahoz (Spanien) – **Zuschauer:** 71 214 – **Gelbe Karten:** Aurier – Delaney

19. Februar 2019
Olympique Lyon – FC Barcelona 0:0
Lyon: Lopes – Dubois, Marcelo, Denayer, Mendy – Ndombelé, Aouar – Traoré, Depay, Terrier – Dembelé – **Trainer:** Genesio
Barcelona: ter Stegen – Nelson Semedo, Piqué, Lenglet, Jordi Alba – Sergi Roberto, Busquets, Rakitic – Messi, Suarez, Dembelé – **Trainer:** Valverde
Eingewechselt: 69. Tousart für Traoré, 76. Cornet für Terrier, 84. Pape Diop für Ndombelé – 67. Coutinho für Dembelé, 81. Vidal für Sergi Roberto
SR: Cakir (Türkei) – **Zuschauer:** 57 889 – **Gelbe Karten:** Aouar, Dubois – Sergi Roberto, Nelson Semedo

19. Februar 2019
FC Liverpool – Bayern München 0:0
Liverpool: Alisson – Alexander-Arnold, Matip, Fabinho, Robertson – Henderson – Wijnaldum, Keita – Salah, Roberto Firmino, Mané – **Trainer:** Klopp
Bayern: Neuer – Kimmich, Süle, Hummels, Alaba – Javi Martinez, Thiago – Gnabry, James, Coman – Lewandowski – **Trainer:** Kovac
Eingewechselt: 76. Origi für Roberto Firmino, 76. Milner für Keita – 81. Ribery für Coman, 88. Renato Sanches für James, 90./+1 Rafinha für Gnabry
SR: Rocchi (Italien) – **Zuschauer:** 52 250 (ausverkauft) – **Gelbe Karten:** Henderson – Kimmich

20. Februar 2019
Atletico Madrid – Juventus Turin 2:0 (0:0)
Atl. Madrid: Oblak – Juanfran, Gimenez, Godin, Filipe Luis – Thomas, Rodrigo – Koke, Saul Niguez – Griezmann, Diego Costa – **Trainer:** Simeone
Juventus: Szczesny – de Sciglio, Bonucci, Chiellini, Alex Sandro – Bentancur, Pjanic, Matuidi – Dybala, Mandzukic, Cristiano Ronaldo – **Trainer:** Allegri
Eingewechselt: 58. Morata für Diego Costa, 61. Lemar für Thomas, 67. Correa für Koke – 73. Can für Pjanic, 80. Bernardeschi für Dybala, 84. Joao Cancelo für Matuidi
Tore: 1:0 Gimenez (78.), 2:0 Godin (83.)
SR: Zwayer (Berlin) – **Zuschauer:** 67 193 – **Gelbe Karten:** Diego Costa, Thomas, Griezmann – Alex Sandro

20. Februar 2019
FC Schalke 04 – Manchester City 2:3 (2:1)
Schalke: Fährmann – Bruma, Sané, Nastasic – Caligiuri, Oczipka – Serdar, Bentaleb – McKennie, Mendyl – Uth – **Trainer:** Tedesco
ManCity: Ederson – Walker, Fernandinho, Otamendi, Laporte – Gündogan – De Bruyne, Silva – Bernardo Silva, Aguero, Sterling – **Trainer:** Guardiola
Eingewechselt: 65. Burgstaller für Mendyl, 78. Skrzybski für McKennie, 88. Harit für Uth – 70. Kompany für Silva, 78. Sané für Aguero, 88. Zinchenko für De Bruyne
Tore: 0:1 Aguero (18.), 1:1 Bentaleb (38., Handelfmeter), 2:1 Bentaleb (45., Foulelfmeter), 2:2 Sané (85., direkter Freistoß), 2:3 Sterling (90.)
SR: del Cerro Grande (Spanien) – **Zuschauer:** 54 417 (ausverkauft) – **Gelbe Karten:** Uth, Sané – Fernandinho, Ederson – **Gelb-Rote Karte:** Otamendi (68.)

5. März 2019
Borussia Dortmund – Tottenham Hotspur 0:1 (0:0)
Dortmund: Bürki – Wolf, Weigl, Akanji, Diallo – Witsel – Götze, Reus – Sancho, Guerreiro – Paco Alcacer – **Trainer:** Favre
Tottenham: Lloris – Alderweireld, D. Sanchez, Vertonghen – Aurier, Sissoko, Winks, B. Davies – Eriksen – Son, Kane – **Trainer:** Pochettino

Eingewechselt: 62. Pulisic für Guerreiro, 62. Bruun Larsen für Wolf, 74. Delaney für Reus – 55. Dier für Winks, 71. Lamela für Son, 83. Rose für Eriksen
Tor: 0:1 Kane (49.)
SR: Makkelie (Niederlande) – **Zuschauer:** 66099 (ausverkauft)

5. März 2019

Real Madrid – Ajax Amsterdam 1:4 (0:2)

Real Madrid: Courtois – Carvajal, Varane, Nacho, Reguilon – Casemiro – Modric, Kroos – L. Vazquez, Benzema, Vinicius Junior – **Trainer:** Solari
Ajax: Onana – Mazraoui, de Ligt, Blind, Tagliafico – Schöne, F. de Jong – van de Beek – Ziyech, Tadic, David Neres – **Trainer:** ten Hag
Eingewechselt: 29. Bale für L. Vazquez, 35. Asensio für Vinicius Junior, 87. Fede Valverde für Casemiro – 73. de Wit für Schöne, 74. Dolberg für David Neres, 80. Veltman für Mazraoui
Tore: 0:1 Ziyech (7.), 0:2 David Neres (18.), 0:3 Tadic (62.), 1:3 Asensio (70.), 1:4 Schöne (72., direkter Freistoß)
SR: Dr. Brych (München) – **Zuschauer:** 77013 – **Gelbe Karten:** Carvajal – Mazraoui – **Gelb-Rote Karte:** Nacho (90./+3)

6. März 2019

FC Porto – AS Rom 3:1 n.V. (1:1, 2:1)

FC Porto: Casillas – Eder Militao, Felipe, Pepe, Alex Telles – Herrera, Danilo Pereira – Otavio, Corona – Marega, Soares – **Trainer:** Sergio Conceicao
Roma: Olsen – Manolas, Juan Jesus, Marcano – Karsdorp, de Rossi, NZonzi, Kolarov – Zaniolo, Perotti – Dzeko – **Trainer:** di Francesco
Eingewechselt: 69. Brahimi für Corona, 78. Fernando Andrade für Soares, 93. Hernani für Otavio, 103. Maxi Pereira für Eder Militao – 45./+4 Lo. Pellegrini für de Rossi, 56. Florenzi für Karsdorp, 76. Cristante für Marcano, 96. Schick für Lo. Pellegrini
Tore: 1:0 Soares (26.), 1:1 de Rossi (37., Foulelfmeter), 2:1 Marega (52.), 3:1 Alex Telles (117., Foulelfmeter)
SR: Cakir (Türkei) – **Zuschauer:** 49029 – **Gelbe Karten:** Herrera, Danilo Pereira, Pepe, Alex Telles – Zaniolo, Karsdorp, Dzeko, Lo. Pellegrini, Florenzi

6. März 2019

Paris St. Germain – Manchester United 1:3 (1:2)

Paris SG: Buffon – Kehrer, Thiago Silva, Kimpembe – Dani Alves, Marquinhos, Verratti, Juan Bernat – Draxler, di Maria – Mbappé – **Trainer:** Tuchel
ManUnited: de Gea – Bailly, Smalling, Lindelöf, Shaw – Young, McTominay, Fred, Pereira – Lukaku, Rashford – **Trainer:** Solskjaer
Eingewechselt: 70. Meunier für Kehrer, 70. Paredes für Draxler, 90./+5 Cavani für Dani Alves – 36. Diogo Dalot für Bailly, 80. Chong für Pereira, 87. Greenwood für Young
Tore: 0:1 Lukaku (2.), 1:1 Juan Bernat (12.), 1:2 Lukaku (30.), 1:3 Rashford (90./+4, Handelfmeter)
SR: Skomina (Slowenien) – **Zuschauer:** 47441 – **Gelbe Karten:** di Maria, Paredes – Shaw

12. März 2019

Juventus Turin – Atletico Madrid 3:0 (1:0)

Juventus: Szczesny – Joao Cancelo, Bonucci, Chiellini, Spinazzola – Can, Pjanic, Matuidi – Bernardeschi, Mandzukic, Cristiano Ronaldo – **Trainer:** Allegri
Atl. Madrid: Oblak – Arias, Gimenez, Godin, Juanfran – Koke, Rodrigo, Saul Niguez, Lemar – Griezmann, Morata – **Trainer:** Simeone
Eingewechselt: 67. Dybala für Spinazzola, 80. Kean für Mandzukic – 57. Correa für Lemar, 77. Vitolo für Arias
Tore: 1:0 Cristiano Ronaldo (27.), 2:0 Cristiano Ronaldo (48.), 3:0 Cristiano Ronaldo (86., Foulelfmeter)
SR: Kuipers (Niederlande) – **Zuschauer:** 40884 – **Gelbe Karten:** Bernardeschi – Juanfran, Gimenez, Vitolo

12. März 2019

Manchester City – FC Schalke 04 7:0 (3:0)

ManCity: Ederson – Walker, Danilo, Laporte, Zinchenko – Gündogan – Bernardo Silva, Silva – Sterling, Aguero, Sané – **Trainer:** Guardiola
Schalke: Fährmann – Stambouli, Sané, Bruma – McKennie, Oczipka – Serdar, Bentaleb – Embolo, Konoplyanka – Burgstaller – **Trainer:** Tedesco
Eingewechselt: 64. Gabriel Jesus für Aguero, 64. Foden für Silva, 72. Delph für Laporte – 69. Skrzybski für Embolo, 74. Mendyl für McKennie, 79. Teuchert für Burgstaller
Tore: 1:0 Aguero (35., Foulelfmeter), 2:0 Aguero (38.), 3:0 Sané (42.), 4:0 Sterling (56.), 5:0 Bernardo Silva (71.), 6:0 Foden (78.), 7:0 Gabriel Jesus (84.)
SR: Turpin (Frankreich) – **Zuschauer:** 51518 – **Gelbe Karten:** Danilo, Zinchenko – Bruma

13. März 2019

FC Barcelona – Olympique Lyon 5:1 (2:0)

Barcelona: ter Stegen – Sergi Roberto, Piqué, Lenglet, Jordi Alba – Busquets – Rakitic, Arthur – Messi, Suarez, Coutinho – **Trainer:** Valverde
Lyon: Lopes – Denayer, Marcelo, Marcal – Dubois, Tousart, Ndombelé, Mendy – N. Fekir – Dembelé, Depay – **Trainer:** Genesio
Eingewechselt: 70. Dembelé für Coutinho, 74. Vidal für Arthur, 83. Nelson Semedo für Sergi Roberto – 34. Gorgelin für Lopes, 73. Traoré für Depay, 77. Cornet für Mendy
Tore: 1:0 Messi (18., Foulelfmeter), 2:0 Coutinho (31.), 2:1 Tousart (58.), 3:1 Messi (78.), 4:1 Piqué (81.), 5:1 Dembelé (86.)
SR: Marciniak (Polen) – **Zuschauer:** 92346 – **Gelbe Karten:** Lenglet – Marcal, Dembelé

13. März 2019

Bayern München – FC Liverpool 1:3 (1:1)

Bayern: Neuer – Rafinha, Süle, Hummels, Alaba – Javi Martinez, Thiago – Gnabry, James, Ribery – Lewandowski – **Trainer:** Kovac
Liverpool: Alisson – Alexander-Arnold, Matip, van Dijk, Robertson – Henderson – Wijnaldum, Milner – Mané, Roberto Firmino, Salah – **Trainer:** Klopp
Eingewechselt: 61. Coman für Ribery, 72. Goretzka für Javi Martinez, 79. Renato Sanches für James – 13. Fabinho für Henderson, 83. Origi für Roberto Firmino, 87. Lallana für Milner
Tore: 0:1 Mané (26.), 1:1 Matip (39., Eigentor), 1:2 van Dijk (69.), 1:3 Mané (84.)
SR: Orsato (Italien) – **Zuschauer:** 70000 (ausverkauft) – **Gelbe Karten:** Thiago, Renato Sanches – Fabinho, Matip, Robertson

VIERTELFINALE

9. April 2019

FC Liverpool – FC Porto 2:0 (2:0)

Liverpool: Alisson – Alexander-Arnold, Lovren, van Dijk, Milner – Fabinho – Henderson, Keita – Salah, Roberto Firmino, Mané – **Trainer:** Klopp
FC Porto: Casillas – Maxi Pereira, Felipe, Eder Militao, Alex Telles – Corona, Danilo Pereira, Oliver, Marega – Otavio, Soares – **Trainer:** Sergio Conceicao
Eingewechselt: 73. Origi für Mané, 82. Sturridge für Roberto Firmino – 62. Brahimi für Soares, 73. Bruno Costa für Oliver, 77. Fernando Andrade für Maxi Pereira
Tore: 1:0 Keita (5.), 2:0 Roberto Firmino (26.)
SR: Mateu Lahoz (Spanien) – **Zuschauer:** 52465 – **Gelbe Karten:** Soares, Felipe

9. April 2019

Tottenham Hotspur – Manchester City 1:0 (0:0)

Tottenham: Lloris – Trippier, Alderweireld, Vertonghen, Rose – Sissoko, Winks – Alli, Eriksen, Son – Kane – **Trainer:** Pochettino
ManCity: Ederson – Walker, Otamendi, Laporte, Delph – Fernandinho, Gündogan – Mahrez, Silva, Sterling – Aguero – **Trainer:** Guardiola
Eingewechselt: 58. Lucas Moura für Kane, 81. Wanyama für Winks, 87. Llorente für Alli – 71. Gabriel Jesus für Aguero, 89. Sané für Mahrez, 89. De Bruyne für Silva
Tor: 1:0 Son (78.)
SR: Kuipers (Niederlande) – **Zuschauer:** 60044 – **Gelbe Karten:** Rose – Laporte, Mahrez – **Besonderes Vorkommnis:** Lloris hält Handelfmeter von Aguero (13.)

10. April 2019

Manchester United – FC Barcelona 0:1 (0:1)

ManUnited: de Gea – Lindelöf, Smalling, Shaw – Young, Diogo Dalot – Fred, McTominay, Pogba – Rashford, Lukaku – **Trainer:** Solskjaer
Barcelona: ter Stegen – Nelson Semedo, Piqué, Lenglet, Jordi Alba – Busquets – Rakitic, Arthur – Messi, Coutinho – Suarez – **Trainer:** Valverde
Eingewechselt: 68. Martial für Lukaku, 74. Lingard für Diogo Dalot, 85. Pereira für Rashford – 65. Vidal für Coutinho, 66. Sergi Roberto für Arthur, 90./+3 Alena für Busquets
Tor: 0:1 Shaw (12., Eigentor)
SR: Rocchi (Italien) – **Zuschauer:** 74093 – **Gelbe Karten:** Shaw, Lingard, Smalling – Busquets, Vidal

10. April 2019

Ajax Amsterdam – Juventus Turin 1:1 (0:1)

Ajax: Onana – Veltman, de Ligt, Blind, Tagliafico – Schöne, F. de Jong – van de Beek – Ziyech, Tadic, David Neres – **Trainer:** ten Hag
Juventus: Szczesny – Joao Cancelo, Bonucci, Rugani, Alex Sandro – Bentancur, Pjanic, Matuidi – Bernardeschi, Mandzukic, Cristiano Ronaldo – **Trainer:** Allegri
Eingewechselt: 75. Ekkelenkamp für Schöne – 60. Douglas Costa für Mandzukic, 75. Dybala für Matuidi, 90./+3 Khedira für Bernardeschi
Tore: 0:1 Cristiano Ronaldo (45.), 1:1 David Neres (46.)
SR: del Cerro Grande (Spanien) – **Zuschauer:** 50390 – **Gelbe Karten:** Tagliafico, F. de Jong, Schöne, Ekkelenkamp – Pjanic

16. April 2019

Juventus Turin – Ajax Amsterdam 1:2 (1:1)

Juventus: Szczesny – de Sciglio, Bonucci, Rugani, Alex Sandro – Can, Pjanic, Matuidi – Bernardeschi, Dybala, Cristiano Ronaldo – **Trainer:** Allegri
Ajax: Onana – Veltman, de Ligt, Blind, Mazraoui – Schöne, F. de Jong – Ziyech, van de Beek, David Neres – Tadic – **Trainer:** ten Hag
Eingewechselt: 46. Kean für Dybala, 64. Joao Cancelo für de Sciglio, 80. Bentancur für Bernardeschi – 11. Sinkgraven für Mazraoui, 82. Magallan für Sinkgraven, 88. Huntelaar für Ziyech
Tore: 1:0 Cristiano Ronaldo (28.), 1:1 van de Beek (34.), 1:2 de Ligt (67.)
SR: Turpin (Frankreich) – **Zuschauer:** 41445 – **Gelbe Karten:** Can, Cristiano Ronaldo

16. April 2019

FC Barcelona – Manchester United 3:0 (2:0)

Barcelona: ter Stegen – Sergi Roberto, Piqué, Lenglet, Jordi Alba – Rakitic, Busquets, Arthur – Messi, Suarez, Coutinho – **Trainer:** Valverde
ManUnited: de Gea – Lindelöf, Smalling, Jones, Young – McTominay, Fred, Pogba – Lingard – Rashford, Martial – **Trainer:** Solskjaer
Eingewechselt: 71. Nelson Semedo für Sergi Roberto, 75. Vidal für Arthur, 81. Dembelé für Coutinho – 65. Diogo Dalot für Martial, 73. Lukaku für Rashford, 80. A. Sanchez für Lingard
Tore: 1:0 Messi (16.), 2:0 Messi (20.), 3:0 Coutinho (61.)
SR: Dr. Brych (München) – **Zuschauer:** 96708 – **Gelbe Karte:** Suarez

17. April 2019

Manchester City – Tottenham Hotspur 4:3 (3:2)

ManCity: Ederson – Walker, Kompany, Laporte, B. Mendy – De Bruyne, Gündogan, Silva – Bernardo Silva, Aguero, Sterling – **Trainer:** Guardiola
Tottenham: Lloris – Trippier, Alderweireld, Vertonghen, Rose – Wanyama – Sissoko, Alli – Eriksen – Lucas Moura, Son – **Trainer:** Pochettino
Eingewechselt: 63. Fernandinho für Silva, 84. Sané für B. Mendy – 41. Llorente für Sissoko, 82. B. Davies für Lucas Moura, 90./+1 D. Sanchez für Rose
Tore: 1:0 Sterling (4.), 1:1 Son (7.), 1:2 Son (10.), 2:2 Bernardo Silva (11.), 3:2 Sterling (21.), 4:2 Aguero (59.), 4:3 Llorente (73.)
SR: Cakir (Türkei) – **Zuschauer:** 53348 – **Gelbe Karten:** Sissoko, Son, Rose, Wanyama

17. April 2019

FC Porto – FC Liverpool 1:4 (0:1)

FC Porto: Casillas – Eder Militao, Felipe, Pepe, Alex Telles – Otavio, Danilo Pereira, Herrera, Brahimi – Marega, Corona – **Trainer:** Sergio Conceicao
Liverpool: Alisson – Alexander-Arnold, Matip, van Dijk, Robertson – Fabinho – Wijnaldum, Milner – Salah, Origi, Mané – **Trainer:** Klopp
Eingewechselt: 46. Soares für Otavio, 78. Fernando Andrade für Corona, 81. Bruno Costa für Brahimi – 46. Roberto Firmino für Origi, 66. Gomez für Alexander-Arnold, 71. Henderson für Robertson
Tore: 0:1 Mané (28.), 0:2 Salah (65.), 1:2 Eder Militao (68.), 1:3 Roberto Firmino (77.), 1:4 van Dijk (84.)
SR: Makkelie (Niederlande) – **Zuschauer:** 49117 – **Gelbe Karten:** Pepe – Mané

HALBFINALE

30. April 2019

Tottenham Hotspur – Ajax Amsterdam 0:1 (0:1)

Tottenham: Lloris – Alderweireld, D. Sanchez, Vertonghen – Trippier, Wanyama, Rose – Eriksen, Alli – Lucas Moura – Llorente – **Trainer:** Pochettino
Ajax: Onana – Veltman, de Ligt, Blind, Tagliafico – Schöne, F. de Jong – van de Beek – Ziyech, Tadic, David Neres – **Trainer:** ten Hag
Eingewechselt: 39. Sissoko für Vertonghen, 79. B. Davies für Rose, 80. Foyth für Trippier – 65. Mazraoui für Schöne, 87. Huntelaar für Ziyech
Tor: 0:1 van de Beek (15.)
SR: Mateu Lahoz (Spanien) – **Zuschauer:** 60243 – **Gelbe Karten:** Tagliafico, Veltman

1. Mai 2019

FC Barcelona – FC Liverpool 3:0 (1:0)

Barcelona: ter Stegen – Sergi Roberto, Piqué, Lenglet, Jordi Alba – Busquets – Vidal, Rakitic – Messi, Suarez, Coutinho – **Trainer:** Valverde
Liverpool: Alisson – Gomez, Matip, van Dijk, Robertson – Fabinho – Milner, Keita – Salah, Wijnaldum, Mané – **Trainer:** Klopp
Eingewechselt: 60. Nelson Semedo für Coutinho, 90./+3 Dembelé für Suarez, 90./+4 Alena für Sergi Roberto – 24. Henderson für Keita, 78. Roberto Firmino für Wijnaldum, 84. Origi für Milner
Tore: 1:0 Suarez (26.), 2:0 Messi (75.), 3:0 Messi (82., direkter Freistoß)
SR: Kuipers (Niederlande) – **Zuschauer:** 98299 – **Gelbe Karten:** Lenglet, Suarez, Jordi Alba – Fabinho

7. Mai 2019

FC Liverpool – FC Barcelona 4:0 (1:0)

Liverpool: Alisson – Alexander-Arnold, Matip, van Dijk, Robertson – Henderson, Fabinho, Milner – Shaqiri, Origi, Mané – **Trainer:** Klopp
Barcelona: ter Stegen – Sergi Roberto, Piqué, Lenglet, Jordi Alba – Busquets – Rakitic, Vidal – Messi, Suarez, Coutinho – **Trainer:** Valverde
Eingewechselt: 46. Wijnaldum für Robertson, 85. Gomez für Origi, 90. Sturridge für Shaqiri – 60. Nelson Semedo für Coutinho, 75. Arthur für Vidal, 80. Malcom für Rakitic
Tore: 1:0 Origi (7.), 2:0 Wijnaldum (54.), 3:0 Wijnaldum (56.), 4:0 Origi (79.)
SR: Cakir (Türkei) – **Zuschauer:** 55212 – **Gelbe Karten:** Fabinho, Matip – Busquets, Rakitic, Nelson Semedo

8. Mai 2019

Ajax Amsterdam – Tottenham Hotspur 2:3 (2:0)

Ajax: Onana – Mazraoui, de Ligt, Blind, Tagliafico – Schöne, F. de Jong – van de Beek – Ziyech, Dolberg, Tadic – **Trainer:** ten Hag
Tottenham: Lloris – Trippier, Alderweireld, Vertonghen, Rose – Sissoko, Wanyama – Eriksen, Alli, Son – Lucas Moura – **Trainer:** Pochettino
Eingewechselt: 60. Veltman für Schöne, 67. Sinkgraven für Dolberg, 90. Magallan für van de Beek – 46. Llorente für Wanyama, 81. Lamela für Trippier, 82. B. Davies für Rose
Tore: 1:0 de Ligt (5.), 2:0 Ziyech (35.), 2:1 Lucas Moura (55.), 2:2 Lucas Moura (59.), 2:3 Lucas Moura (90./+6)
SR: Dr. Brych (München) – **Zuschauer:** 52641 – **Gelbe Karten:** Dolberg, Ziyech, Onana – Sissoko, Rose

FINALE (IN MADRID)

1. Juni 2019

Tottenham Hotspur – FC Liverpool 0:2 (0:1)

Tottenham: Lloris – Trippier, Alderweireld, Vertonghen, Rose – Sissoko, Winks – Eriksen, Alli, Son – Kane – **Trainer:** Pochettino
Liverpool: Alisson – Alexander-Arnold, Matip, van Dijk, Robertson – Henderson, Fabinho, Wijnaldum – Salah, Roberto Firmino, Mané – **Trainer:** Klopp
Eingewechselt: 66. Lucas Moura für Winks, 74. Dier für Sissoko, 81. Llorente für Alli – 58. Origi für Roberto Firmino, 62. Milner für Wijnaldum, 90. Gomez für Mané
Tore: 0:1 Salah (2., Handelfmeter), 0:2 Origi (87.)
SR: Skomina (Slowenien) – **Zuschauer:** 63272

Lieber im Hyde Park als im fernen Baku! Frankfurter Festwochen bis ins Halbfinale!

Hochverdient gewann Chelsea das Europa-League-Endspiel gegen Arsenal, beim 4:1-Triumph in Baku ließen die Blues den Gunners in der zweiten Hälfte keine Chance. Für nationale und internationale Schlagzeilen sorgte in den Wochen und Monaten zuvor aber vor allem ein anderer Klub: Eintracht Frankfurt. Mit erfrischendem Offensivfußball stürmten die Hessen bis ins Halbfinale und feierten diesen Wettbewerb wie kein zweiter Teilnehmer.

Nach dem Aus im Elfmeterschießen an der Stamford Bridge, in der Stunde der bittersten Saisonniederlage, traf Fredi Bobic den Nagel auf den Kopf. »Das Londoner Derby irgendwo in Baku, total spannend, die könnten sich auch hier im Hyde Park treffen«, merkte Frankfurts Sportvorstand süffisant an. Eigentlich eine charmante Idee. Natürlich konnte bei der UEFA niemand wissen, dass zwei englische Klubs im Finale aufeinandertreffen würden.

Doch Baku als Endspielort auszuwählen, musste sich als fragwürdige Idee erweisen. Nicht nur die große Entfernung zum kaspischen Meer und die unzureichende Infrastruktur mit einem viel zu kleinen Flughafen sprachen gegen diese Entscheidung. Die grobe Missachtung der Menschenrechte und Pressefreiheit sollten normalerweise K.-o.-Kriterium genug sein, um dort kein Finale eines internationalen Wettbewerbs auszurichten. Man muss aber wissen, dass der staatliche Energiekonzern Socar seit Jahren Partner der UEFA ist und beispielsweise bei der EM 2016 in Frankreich als Sponsor in Erscheinung trat.

Wenn es um Millionen geht, rückt die Moral im Fußballbusiness schnell in den Hintergrund. Negativer Höhepunkt: Arsenals armenischer Starspieler Henrikh Mkhitaryan verzichtete aus Angst um seine persönliche Sicherheit auf die Reise in die aserbaidschanische Hauptstadt. Auch Tausende Fans konnten wegen fehlender Flugverbindungen und horrender Preise ihre

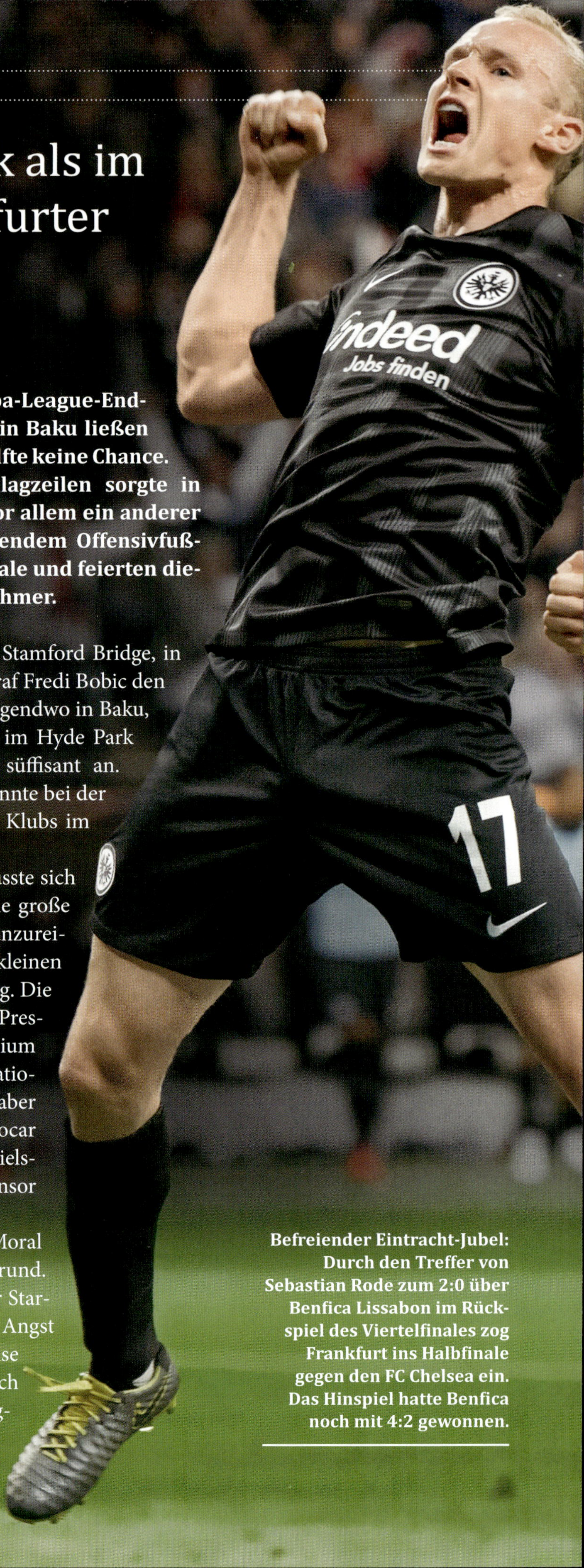

Befreiender Eintracht-Jubel: Durch den Treffer von Sebastian Rode zum 2:0 über Benfica Lissabon im Rückspiel des Viertelfinales zog Frankfurt ins Halbfinale gegen den FC Chelsea ein. Das Hinspiel hatte Benfica noch mit 4:2 gewonnen.

Fußball als Erlebnis im Stadion: Mit beeindruckenden Choreografien sorgten die Eintracht-Fans in der Europa League immer wieder für spezielle Hingucker. Die Atmosphäre bei den Frankfurtern war fantastisch.

Mannschaft nicht wie erhofft unterstützen. Die an sich unverschämt geringen Gästekontingente in Höhe von jeweils 6000 Tickets wurden nicht ausgeschöpft, im Stadion gab es viele leere Plätze. Denkbar schlechte Voraussetzungen für ein Fußballfest, das ein Endspiel eigentlich sein sollte. Aus deutscher Sicht in Erinnerung bleiben werden deshalb vor allem die beherzten Auftritte der Eintracht, die als erster Bundesligist alle sechs Gruppenspiele gewann. »Wir wollen durch die Gruppenphase marschieren«, hatte Bobic schon vor der Auslosung erklärt und damit den hohen Stellenwert der Europa League für die Eintracht betont. Die Vorfreude der Fans war gewaltig: Mit dem Verkauf sogenannter »Blind Date Tickets« waren alle Heimspiele bereits ausverkauft, bevor

Stationen des Eintracht-Erfolgs: Bei Rodes Schuss streckt sich Benfica-Keeper Vlachadimos vergeblich (oben). Torjäger Luka Jovic (Mi.) macht das 3:1 gegen Lazio Rom und unten wehrt er sich gegen die Interisti Skriniar und D'Ambrosio.

die Gegner überhaupt feststanden.
Dass das erste Spiel in Marseille wegen Sanktionen der UEFA ein Geisterspiel war, trübte die Stimmung zunächst zwar, änderte aber nichts daran, dass die Anhänger ab dem ersten Heimspiel gegen Lazio Rom (4:1) internationale Festwochen zelebrierten. Gigantische Choreografien und fast schon ohrenbetäubende Stimmung im Waldstadion trugen die Mannschaft von Sieg zu Sieg. Auswärts setzten teilweise kleine Völkerwanderungen ein, 5000 Fans reisten nach Zypern zum Spiel bei Apollon Limassol, 10 000 Anhänger waren es in Rom, gar 15 000 im legendären Mailänder Giuseppe-Meazza-Stadion. Selbst internationale Medien überschlugen sich mit Lob für die Eurofighter aus Frankfurt und ihren Anhang.
RB Leipzig und Bayer 04 Leverkusen gaben in der Europa League ein weitaus weniger imposantes Bild ab. Leipzigs Trainer Ralf Rangnick erklärte schon Ende November: »Die Priorität liegt auf der Bundesliga. Wenn sich Hoffenheim im vergangenen Jahr im Winter nicht aus der Europa League verabschiedet hätte, dann wären sie nie in der Champions League gelandet. Unser Ziel ist es, nächstes Jahr in der Champions League zu spielen. Da werden wir alles reinhauen. Das ist unser ganz großes Ziel. Das sind unsere Festtage.«
Während RB dieses Ziel tatsächlich erreichte, verspielte die Eintracht in der Liga den Einzug in die Königsklasse. Nicht wenige in Frankfurt glauben, dass die Eintracht den Einzug in die Champions League ohne die Belastung Europa League ebenfalls geschafft hätte. Leverkusen, der dritte deutsche Vertreter, überlebte zwar die Gruppenphase, zog aber in der Zwischenrunde gegen den Underdog FK Krasnodar den Kürzeren.
So lag es an der Eintracht, den deutschen Fußball würdig zu vertreten – und die Männer von Trainer Adi Hütter schlugen sich mit Bravour. Frankfurt mogelte sich nicht ins Halbfinale, sondern bekam es reihenweise mit Schwergewichten zu tun. Schachtar Donezk, Inter Mailand und Benfica Lissabon waren allesamt in der Champions League gestartet und als jeweilige Gruppendritte in die Europa League gerückt. In jedem dieser Duelle galt die Eintracht als der große Außenseiter. Aber die riesige Welle der Euphorie schwappte weit über Frankfurt hinaus und verlieh Filip Kostic, Luka Jovic und Co. Flügel.
Im Viertelfinale schien der Gegner mit Benfica Lissabon erstmals als eine Nummer zu groß. Nach einer frühen Roten Karte (Evan Ndicka)

Halbfinale an der Stamford Bridge: Mit aller Wucht stemmt sich Martin Hinteregger gegen Chelseas Sturmführer Olivier Giroud. Nach 120 Minuten musste dann das Elfmeterschießen entscheiden.

Londoner Finale in Baku: Chelseas Abwehrchef David Luiz (re.) lässt gegen Arsenals Torjäger Pierre-Emerick Aubameyang nichts anbrennen. Am Ende setzten sich die Blues mit 4:1 durch.

Power im europäischen Bullen-Duell: Leipzigs Yussuf Poulsen macht per Kopfball das 2:2 gegen die Gäste aus Salzburg. Marin Pongracic konnte den Ausgleich nicht verhindern. Am Ende hatten die Salzburger das bessere Ende für sich.

im Estadio da Luz waren die Spieler mit ihrem Latein am Ende, dachte man … 1:4 stand es nach 54 Minuten, mit drei Toren hatte Benficas Ausnahmetalent Joao Felix die Eintracht beinahe im Alleingang besiegt. Doch Adi Hütters Schützlinge rafften sich noch einmal auf, ließen sich nicht »abschlachten« und erzielten das so wichtige zweite Auswärtstor. Damit war die Saat fürs Rückspiel gelegt. Angetrieben von der gewaltigen Energie von den Rängen schnürte die Eintracht Benfica über weite Strecken des Spiels ein und sicherte sich durch ein 2:0 den Einzug ins Halbfinale. Dabei war die SGE allerdings auf eine gehörige Portion Glück angewiesen, denn Kostic stand beim Führungstor deutlich im Abseits.

Drei Wochen später war die große Party vorbei. Zweimal lieferte die Eintracht dem FC Chelsea einen großen Kampf. Während Luka Jovic vorne zweimal zum 1:1 traf, trieb Verteidiger Martin Hinteregger Torschützenkönig Olivier Giroud (elf Treffer) mit einer herausragenden Zweikampfführung in die Verzweiflung. Tragisch: Ausgerechnet der Österreicher versagte im Elfmeterschießen, kurz darauf vergab auch Goncalo Paciencia – traurig, aber erhobenen Hauptes verließen Spieler und Fans die Stamford Bridge. Die vielen sportlichen und emotionalen Höhepunkte kann ihnen niemand mehr nehmen, und durch die Teilnahme an der Qualifikation zur Europa League 2019/20 stehen die nächsten Festtage schon bevor.

Julian Franzke

Rekonvaleszent mit dem Pokal: Chelseas deutscher Nationalspieler Antonio Rüdiger ließ es sich nicht nehmen, in Baku mit Krücken zu feiern. Wie seine Kollegen von den Blues war auch er völlig aus dem Häuschen.

Gruppe A:

Ludogorez Rasgrad	Bayer 04 Leverkusen	2:3, 1:1
AEK Larnaka	FC Zürich	0:1, 2:1
Bayer 04 Leverkusen	AEK Larnaka	4:2, 5:1
FC Zürich	Ludogorez Rasgrad	1:0, 1:1
FC Zürich	Bayer 04 Leverkusen	3:2, 0:1
AEK Larnaka	Ludogorez Rasgrad	1:1, 0:0

1. Bayer 04 Leverkusen	**6**	**16:9**	**13**
2. FC Zürich	**6**	**7:6**	**10**
3. AEK Larnaka	**6**	**6:12**	**5**
4. Ludogorez Rasgrad	**6**	**5:7**	**4**

Gruppe B:

Celtic Glasgow	Rosenborg Trondheim	1:0, 1:0
RB Leipzig	RB Salzburg	2:3, 0:1
RB Salzburg	Celtic Glasgow	3:1, 2:1
Rosenborg Trondheim	RB Leipzig	1:3, 1:1
RB Salzburg	Rosenborg Trondheim	3:0, 5:2
RB Leipzig	Celtic Glasgow	2:0, 1:2

1. RB Salzburg	**6**	**17:6**	**18**
2. Celtic Glasgow	**6**	**6:8**	**9**
3. RB Leipzig	**6**	**9:8**	**7**
4. Rosenborg Trondheim	**6**	**4:14**	**1**

Gruppe C:

FC Kopenhagen	Zenit St. Petersburg	1:1, 0:1
Slavia Prag	Girondins Bordeaux	1:0, 0:2
Zenit St. Petersburg	Slavia Prag	1:0, 0:2
Girondins Bordeaux	FC Kopenhagen	1:2, 1:0
Zenit St. Petersburg	Girondins Bordeaux	2:1, 1:1
FC Kopenhagen	Slavia Prag	0:1, 0:0

1. Zenit St. Petersburg	**6**	**6:5**	**11**
2. Slavia Prag	**6**	**4:3**	**10**
3. Girondins Bordeaux	**6**	**6:6**	**7**
4. FC Kopenhagen	**6**	**3:5**	**5**

Gruppe D:

Dinamo Zagreb	Fenerbahce Istanbul	4:1, 0:0
Spartak Trnava	RSC Anderlecht	1:0, 0:0
RSC Anderlecht	Dinamo Zagreb	0:2, 0:0
Fenerbahce Istanbul	Spartak Trnava	2:0, 0:1
RSC Anderlecht	Fenerbahce Istanbul	2:2, 0:2
Spartak Trnava	Dinamo Zagreb	1:2, 1:3

1. Dinamo Zagreb	**6**	**11:3**	**14**
2. Fenerbahce Istanbul	**6**	**7:7**	**8**
3. Spartak Trnava	**6**	**4:7**	**7**
4. RSC Anderlecht	**6**	**2:7**	**3**

Gruppe E:

FC Arsenal	Worskla Poltawa	4:2, 3:0
Sporting Lissabon	Qarabag Agdam	2:0, 6:1
Qarabag Agdam	FC Arsenal	0:3, 0:1
Worskla Poltawa	Sporting Lissabon	1:2, 0:3
Sporting Lissabon	FC Arsenal	0:1, 0:0
Qarabag Agdam	Worskla Poltawa	0:1, 1:0

1. FC Arsenal	**6**	**12:2**	**16**
2. Sporting Lissabon	**6**	**13:3**	**13**
3. Worskla Poltawa	**6**	**4:13**	**3**
4. Qarabag Agdam	**6**	**2:13**	**3**

Gruppe F:

Olympiakos Piräus	Real Betis Sevilla	0:0, 0:1
F91 Dudelange	AC Mailand	0:1, 2:5
AC Mailand	Olympiakos Piräus	3:1, 1:3
Real Betis Sevilla	F91 Dudelange	3:0, 0:0
AC Mailand	Real Betis Sevilla	1:2, 1:1
F91 Dudelange	Olympiakos Piräus	0:2, 1:5

1. Real Betis Sevilla	**6**	**7:2**	**12**
2. Olympiakos Piräus	**6**	**11:6**	**10**
3. AC Mailand	**6**	**12:9**	**10**
4. F91 Dudelange	**6**	**3:16**	**1**

Gruppe G:

FC Villarreal	Glasgow Rangers	2:2, 0:0
Rapid Wien	Spartak Moskau	2:0, 2:1
Spartak Moskau	FC Villarreal	3:3, 0:2
Glasgow Rangers	Rapid Wien	3:1, 0:1
FC Villarreal	Rapid Wien	5:0, 0:0
Glasgow Rangers	Spartak Moskau	0:0, 3:4

1. FC Villarreal	**6**	**12:5**	**10**
2. Rapid Wien	**6**	**6:9**	**10**
3. Glasgow Rangers	**6**	**8:8**	**6**
4. Spartak Moskau	**6**	**8:12**	**5**

Gruppe H:

Lazio Rom	Apollon Limassol	2:1, 0:2
Olympique Marseille	Eintracht Frankfurt	1:2, 0:4
Eintracht Frankfurt	Lazio Rom	4:1, 2:1
Apollon Limassol	Olympique Marseille	2:2, 3:1
Olympique Marseille	Lazio Rom	1:3, 1:2
Eintracht Frankfurt	Apollon Limassol	2:0, 3:2

1. Eintracht Frankfurt	**6**	**17:5**	**18**
2. Lazio Rom	**6**	**9:11**	**9**
3. Apollon Limassol	**6**	**10:10**	**7**
4. Olympique Marseille	**6**	**6:16**	**1**

Gruppe I:

Besiktas Istanbul	Sarpsborg 08 FF	3:1, 3:2
KRC Genk	Malmö FF	2:0, 2:2
Malmö FF	Besiktas Istanbul	2:0, 1:0
Sarpsborg 08 FF	KRC Genk	3:1, 0:4
Besiktas Istanbul	KRC Genk	2:4, 1:1
Sarpsborg 08 FF	Malmö FF	1:1, 1:1

1. KRC Genk	**6**	**14:8**	**11**
2. Malmö FF	**6**	**7:6**	**9**
3. Besiktas Istanbul	**6**	**9:11**	**7**
4. Sarpsborg 08 FF	**6**	**8:13**	**5**

Gruppe J:

FC Sevilla	Standard Lüttich	5:1, 0:1
Akhisar Belediyespor	FK Krasnodar	0:1, 1:2
FK Krasnodar	FC Sevilla	2:1, 0:3
Standard Lüttich	Akhisar Belediyespor	2:1, 0:0
FC Sevilla	Akhisar Belediyespor	6:0, 3:2
Standard Lüttich	FK Krasnodar	2:1, 1:2

1. FC Sevilla	**6**	**18:6**	**12**
2. FK Krasnodar	**6**	**8:8**	**12**
3. Standard Lüttich	**6**	**7:9**	**10**
4. Akhisar Belediyespor	**6**	**4:14**	**1**

Gruppe K:

Dynamo Kiew	FC Astana	2:2, 1:0
Stade Rennes	FK Jablonec	2:1, 1:0
FC Astana	Stade Rennes	2:0, 0:2
FK Jablonec	Dynamo Kiew	2:2, 1:0
Stade Rennes	Dynamo Kiew	1:2, 1:3
FK Jablonec	FC Astana	1:1, 1:2

1. Dynamo Kiew	**6**	**10:7**	**11**
2. Stade Rennes	**6**	**7:8**	**9**
3. FC Astana	**6**	**7:7**	**8**
4. FK Jablonec	**6**	**6:8**	**5**

Gruppe L:

PAOK Saloniki	FC Chelsea	0:1, 0:4
Vidi FC	BATE Baryssau	0:2, 0:2
FC Chelsea	Vidi FC	1:0, 2:2
BATE Baryssau	PAOK Saloniki	1:4, 3:1
FC Chelsea	BATE Baryssau	3:1, 1:0
PAOK Saloniki	Vidi FC	0:2, 0:1

1. FC Chelsea	**6**	**12:3**	**16**
2. BATE Baryssau	**6**	**9:9**	**9**
3. Vidi FC	**6**	**5:7**	**7**
4. PAOK Saloniki	**6**	**5:12**	**3**

Zwischenrunde:

Fenerbahce Istanbul – Zenit St. Petersburg	1:0, 1:3
Rapid Wien – Inter Mailand	0:1, 0:4
Slavia Prag – KRC Genk	0:0, 4:1
FK Krasnodar – Bayer 04 Leverkusen	0:0, 1:1
Stade Rennes – Real Betis Sevilla	3:3, 3:1
Olympiakos Piräus – Dynamo Kiew	2:2, 0:1
Lazio Rom – FC Sevilla	0:1, 0:2
BATE Baryssau – FC Arsenal	1:0, 0:3
Galatasaray Istanbul – Benfica Lissabon	1:2, 0:0
Viktoria Pilsen – Dinamo Zagreb	2:1, 0:3
Club Brügge – RB Salzburg	2:1, 0:4
FC Zürich – SSC Neapel	1:3, 0:2
Malmö FF – FC Chelsea	1:2, 0:3
Schachtar Donezk – Eintracht Frankfurt	2:2, 1:4
Celtic Glasgow – FC Valencia	0:2, 0:1
Sporting Lissabon – FC Villarreal	0:1, 1:1

Achtelfinale:

Eintracht Frankfurt – Inter Mailand	0:0, 1:0
Dinamo Zagreb – Benfica Lissabon	1:0, n. V. 0:3
FC Sevilla – Slavia Prag	2:2, n. V. 3:4
Stade Rennes – FC Arsenal	3:1, 0:3
Zenit St. Petersburg – FC Villarreal	1:3, 1:2
FC Chelsea – Dynamo Kiew	3:0, 5:0
SSC Neapel – RB Salzburg	3:0, 1:3
FC Valencia – FK Krasnodar	2:1, 1:1

Viertelfinale:

FC Arsenal – SSC Neapel	2:0, 1:0
FC Villarreal – FC Valencia	1:3, 0:2
Benfica Lissabon – Eintracht Frankfurt	4:2, 0:2
Slavia Prag – FC Chelsea	0:1, 3:4

Halbfinale:

FC Arsenal – FC Valencia	3:1, 4:2
Eintracht Frankfurt – FC Chelsea	1:1, n. V. 1:1 (E. 3:4)

Endspiel am 29. Mai 2019 in Baku:

FC Chelsea – FC Arsenal	4:1 (0:0)

Ausgelassener Jubel der Skyblues: Mit dem finalen 4:1-Erfolg in Brighton & Hove blieb Manchester City auch nach 38 Spieltagen vor dem Rivalen aus Liverpool. Eine Punktlandung für Pep Guardiola und seine Profis.

International

Hochspannung in der Premier League

Hitchcock hätte es nicht besser inszenieren können: Bis zum letzten Spieltag kämpften Manchester City und der FC Liverpool um den Titel.

Überraschung in der Copa del Rey: In Sevilla bezwingt der Außenseiter FC Valencia den Meister aus Barcelona mit 2:1. König Felipe überreichte anschließend die Trophäe an Valencias Kapitän Dani Parejo.

Frust bei Meister Barcelona. Katastrophenjahr bei Real. Gladiatoren gehen bei Atletico.

Trikot-Test für den besten Fußballer der Welt: Im Clasico versucht Reals Mittelfeldmann Luka Modric Barca-Kapitän Lionel Messi zu stoppen. Ousmane Dembelé (li.) und Casemiro beobachten die unfaire Aktion.

Sinnbildlich ging es zu im Stadion Benito Villamarin von Sevilla, als Lionel Messi am Ende der Nacht oben auf der Tribüne bei König Felipe VI. stand und den Trostpreis für die Verlierer des Pokal-Endspiels 2019 entgegennahm. Alleingelassen von seiner Mannschaft schüttelte der Barca-Kapitän dem König die Hand.

Zwar musste kurz darauf auch Valencias Anführer Dani Parejo entsprechend des Protokolls alleine in die Ehrenloge hoch. Doch statt eines Tellers, wie Messi, erhielt der Kapitän des Außenseiters nach dem 2:1 über den FC Barcelona aus den Händen des Königs die Copa del Rey. »Sie haben die Verpflichtung, zu gewinnen, wir die Chance«, hatte Trainer Marcelino zuvor gesagt. Und sie nutzten sie. »Ganz großartig, wie die Jungs gespielt haben«, jubelte auch Valencias Altstar Mario Kempes, der vor Ort im Stadion war. 2:0 hatte Valencia bereits geführt, dann kam Barca durch Messi (wen sonst?) ran, Goncalo Guedes vergab es in der Endphase bei Kontern dann gleich zweimal, die auf den Ausgleich drängenden Katalanen abzuschießen.

Am Ende stand dennoch Valencias achter Pokalsieg, der erste seit 2008. Damals hatte noch der Deutsche Timo Hildebrand im Tor gestanden. Die Dimension des jetzigen Erfolgs zeigt sich auch daran, dass zuletzt 2010 mit dem FC Sevilla ein Team jenseits der Dominatoren Barca und Real sowie Atletico Madrid triumphiert hatte.

Während der zum Jahreswechsel noch vom Rauswurf bedrohte Coach Marcelino nach dem Cupsieg und Platz 4 in der Liga fest im Sattel sitzt und Valencia im Feier-Delirium versank, schob Barcelona Frust. Die Meisterschaft als einzige Trophäe ist angesichts der in der Liga gezeigten Konstanz zwar aller Ehren wert. Doch der große Glanz aus Barca-Sicht, der Triumph in der Champions League, wurde mal wieder verpasst. Mal wieder frühzeitig und, angesichts des 0:4 in Liverpool, auch blamabel. »Machen wir uns nichts vor, das Gefühl ist ein schlechtes«, sagte Trainer Ernesto Valverde nach Saisonende. Zwar gab ihm Barca-Präsident Josep Maria Bartomeu nach nun zwei Meistertiteln in Folge eine Jobgarantie, was letztlich aber nichts heißen muss, sollte es auch in der neuen Saison holprig weitergehen.

»Es gibt keine Ausreden«, meinte auch Gerard Piqué nach dem Kehraus 2019. »Wir sind der FC Barcelona. Wir sind immer verpflichtet, alles zu gewinnen.« Der Abwehrchef absolvierte im Alter von 32 Jahren eine seiner besten Spielzeiten und war neben Superstar Messi und Torwart Marc-André ter Stegen einer der drei Fixpunkte im Team.
Im Ungefähren verlor sich Piqué nur verbal: »Wenn wir Anfield überstanden hätten, hätten wir das Triple gewonnen.« Doch in Liverpool erlebte dieses Barca eben einmal mehr ein Waterloo auf internationaler Bühne, wie mittlerweile regelmäßig seit dem Titelgewinn 2015 in Berlin – da hilft auch die kommode Ligabilanz mit nur drei Niederlagen (zumeist früh in der Saison) und dem Highlight des 5:1 im Herbst im Camp Nou über Real Madrid nichts. Auch nicht der Halbfinaltriumph in der Copa gegen die Königlichen im Bernabeu.
»Auch nur Menschen«, urteilte Barcas ehemaliger Vize-Präsident Evarist Murtra nach dem verpassten Triple, mahnte aber auch an: »Die Verjüngung des Kaders ist unvermeidlich.« Zahlreiche Stammspieler sind 30 oder älter, neben Piqué und Messi auch Sergio Busquets, Ivan Rakitic, Jordi Alba und Luis Suarez oder auch Arturo Vidal. 2018 aus München gekommen, um den kämpferischen Aspekt im Team zu erhöhen, konnte der Chilene dem defensiven Mittelfeld in entscheidenden Momenten aber nicht immer die nötige Stabilität verleihen. Der Ex-Frankfurter Kevin-Prince Boateng, im Januar überraschend von Sassuolo gekommen, um Valverde vermeintlich die Chance für Rotationen zu geben. Letztlich aber saß der 32-Jährige meist nur auf der Tribüne.
Hie und da setzte sogar Superstar Messi aus, letztlich brachte sein Kräftesparen mit Blick auf das Rückspiel in der Königsklasse gegen Liverpool aber auch nichts. Mit 36 Treffern wurde der Argentinier dennoch zum sechsten Mal »Pichichi«, Toptorjäger der Liga, und schloss damit zum Rekordhalter, der Bilbao-Legende Zarra auf. Zugleich gab der Wunderfußballer 13 Assists, Topwert in La Liga gemeinsam mit Sevillas Pablo Sarabia. Bester Spanier in der Torjägerliste war auf Platz 4 (hinter Karim Benzema und Luis Suarez, die jeweils 21-mal trafen) mit 20 Treffern erneut Vigos Iago Aspas – zum dritten Mal in Folge.
Messi mag der Magier auf den La-Liga-Plätzen gewesen sein, kaum weniger aber war die Spielzeit von der Abstinenz des zu Juventus Turin gewechselten Cristiano Ronaldo geprägt – und dem daraus resultierenden Katastrophenjahr von Real Madrid. Die Königlichen jedenfalls konnten die rund 50 Pflichtspieltore, für die der Portugiese steht, nicht kompensieren. Logisch fast. Ebenso, dass

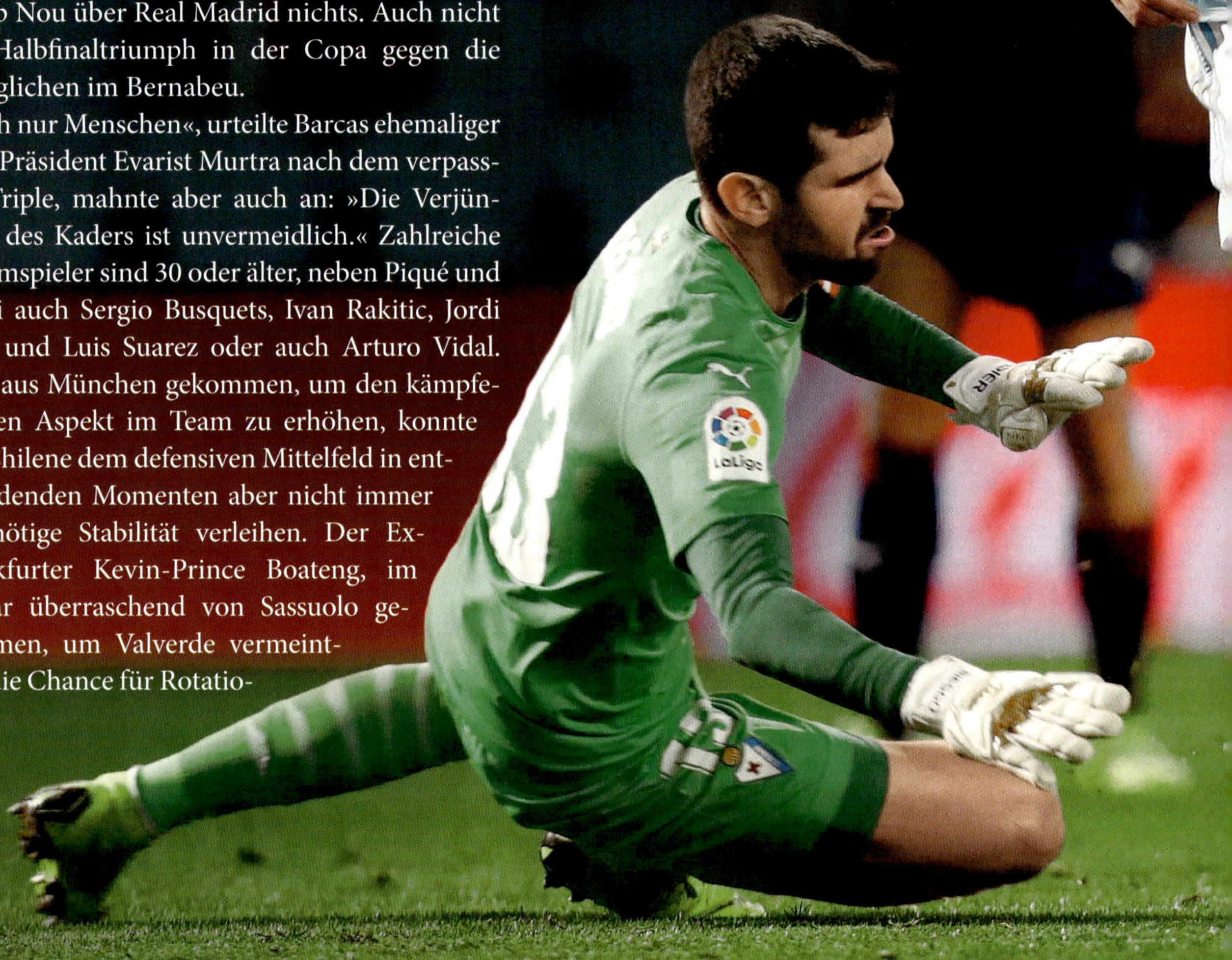

Kein Durchkommen für den Weltmeister: Antoine Griezmann (Mi.) scheitert an Barcas deutschem Keeper Marc-André ter Stegen. Im Spiel am 6. April im Nou Camp siegte Barcelona gegen den späteren Vizemeister mit 2:0 Toren.

Einer von drei Einsätzen für den Prince: Kevin-Prince Boateng im Dress des FC Barcelona beim Gastspiel in Huesca in einem Duell mit Abwehrmann Etxeita. Das Spiel endete 0:0 – auch der Prince blieb torlos.

Faustpfand im Abstiegskampf: Nationalspieler Iago Aspas von Celta Vigo beim 4:0 über Eibar gleich drei Tore. Insgesamt sorgte er mit 20 Toren dafür, dass Vigo am Ende gerade noch die Klasse halten konnte.

der sportlich enttäuschende und gruppendynamisch isolierte Gareth Bale die Lücke nicht füllen konnte.

Nach dem Abgang von Zinedine Zidane im Sommer 2018 war es ohnehin um die Mannschaft geschehen: Gesättigt nach drei Königsklassen-Triumphen in Serie und überspielt, präsentierten sich praktisch alle weit unter Form, auch Weltfußballer Luka Modric oder Kapitän Sergio Ramos. »Kein Spieler hat sein Niveau erreicht, auch ich nicht«, gestand Regisseur Toni Kroos zum Saisonende bei seiner Vertragsverlängerung bis 2023 zu. Am ehesten Normalform hatte noch Sturmveteran Karim Benzema. Der oft Verschmähte schlug zurück: mit einem Rekord. Acht Real-Treffer in Folge in der Liga gingen im Frühjahr auf den 31-Jährigen, das hatte es in der Klubhistorie noch nicht gegeben. Der alte Bestwert stammte noch von Ferenc Puskas aus der Saison 1961/62.

Gefühlt ähnlich weit zurück liegt auch schon wieder das Engagement von Julen Lopetegui, der 2018 auf Zidane folgte. Doch der einstige Nationaltrainer, der aufgrund des Wechsels zu Real unmittelbar vor WM-Beginn vom Verband gefeuert worden war, war bei den Königlichen vom Start weg überfordert. Nach dem 1:5 im Oktober in Barcelona wurde er geschasst. Doch auch Nachfolger Santiago Solari hielt sich nur bis März – nach dem 1:4 zu Hause gegen Ajax und dem damit verbundenen Achtelfinal-Aus in der Champions League zauberte Real-Präsident Florentino Perez Rückkehrer Zidane aus dem Hut. Weil aber auch der Franzose die missratene Saison nicht mehr retten konnte, hat der Heroe für 2019/20 einen großen Umbruch angekündigt.

Ein solcher steht auch bei Vizemeister Atletico Madrid an. Abwehrchef Kapitän Diego Godin, der die Colchoneros 2014 im Camp Nou gegen den direkten Rivalen Barca zur Meisterschaft köpfte, verließ nach neun Jahren den Klub, Rechtsverteidiger Juanfran nach acht Jahren. Da auch Weltmeister Lucas Hernandez für 80 Millionen zu Bayern München wechselte, muss Coach Diego Simeone zur neuen Saison Atleticos ureigene Waffe neu formieren: die Defensive. »Die Gladiatoren gehen«, lobt der Trainer. »Und sie hinterlassen uns ein großes Erbe.« Als da wäre: Europa League 2012 und 2018, Pokalsieg 2013, Meisterschaft 2014. »Atletico ist kein Pupas-Verein mehr«, bilanziert Juanfran zum Abschied. Soll heißen: Der einstige Chaosklub gehört nicht mehr zu den »Weinerlichen«, was man den Rot-Weißen ja lange vorgeworfen hatte. Für die Champions League hätte sich neben Meister Barca und Atletico sowie Real mit Getafe fast noch ein weiterer Hauptstadtklub qualifiziert. Der Vorortverein verpasste erst am letzten Spieltag die Königsklasse, darf aber immerhin in der Europa League ran. Getafe war damit neben Valencia die positive Überraschung dieser Saison.

Jörg Wolfrum

Abschied nehmen von Atletico: Die beiden Defensiv-Haudegen Juanfran (li.) und Diego Godin verlassen den Vizemeister in Madrid. Der Spanier Juanfran mit 34 Jahren, der Uruguayer Godin mit 33 Jahren.

Das Duell der Trainer-Köpfe: Liverpools Jürgen Klopp und Manchester Citys Pep Guardiola beim gestenreichen Coaching. Das direkte Aufeinandertreffen im Etihad Stadium gewannen die Skyblues mit 2:1.

Kopf-an-Kopf-Rennen bis zur letzten Sekunde: Pep mit 98 Punkten Meister – Klopp mit 97 bester Vize!

Englischer Meister wurde Manchester City am letzten Spieltag, Runde 38, am 12. Mai 2019. Besiegelt durch einen 4:1-Erfolg in Brighton, zudem Sieg Nummer 14 in Serie. Doch symbolisch gibt es zwei weitere Daten, an denen nachträglich den Skyblues der Titelgewinn zugeschrieben werden darf: der 30. Januar und der 3. März, der 24. oder wahlweise der 29. Spieltag.

Alles beginnt mit der WM in Russland im vergangenen Sommer. Im Achtelfinale schlägt England jene Schweden, die statt Deutschland in die K.-o.-Phase einzogen. Während des ganzen Turniers, aber besonders in diesem Match, macht Innenverteidiger Harry Maguire auf sich aufmerksam. Manchester City klopft an, Manchester United noch heftiger. Doch der Mann, der einen Namen trägt wie ein Agent vom MI6, bleibt. In Leicester. Und für die Foxes greift er so am 30. Januar nachhaltig in den Meister-Zweikampf ein.

Tags zuvor verliert Manchester City kurz vor Schluss 1:2 in Newcastle, mit einem Sieg gegen Leicester kann Liverpool wieder auf sieben Punkte davonziehen. Jene sieben Zähler, die schon einmal den Abstand zwischen den Reds und dem Verfolger aus Manchester darstellten, kurz vor dem Jahreswechsel. Dann, am 3. Januar, gewinnt City auch dank eines Treffers von Leroy Sané mit 2:1 gegen Liverpool, bis Ende des Monats bleibt der Vier-Punkte-Rückstand. Dann Citys Pleite in Newcastle, Jürgen Klopps Team kann quasi alles klarmachen gegen Leicester, führt nach drei Minuten durch Sadio Mané auch mit 1:0. Doch dann trifft Maguire in der Nachspielzeit der ersten Halbzeit zum 1:1. Dabei bleibt es, Liverpool hat eine riesige Chance verpasst.

Ein Tor mit großer Tragweite: Der Ausgleich zum 1:1 von Leicesters Harry Maguire an der Anfield Road. Am Ende fehlten dem FC Liverpool genau diese Punkte in der Endabrechnung im Titelrennen gegen Manchester City.

Ausgetanzt und eingeschweißt: Liverpools Ägypter Mohamed Salah beim Gastspiel in Bournemouth. Den bosnischen Keeper Asmir Begovic hat der Torjäger umspielt und macht das 1:0 – am Ende schaffte er einen Hattrick beim 4:0-Sieg.

Der Vorsprung schrumpft und schrumpft. Bis auf einen Zähler vor dem 29. Spieltag. Dann, am 2. März, landet das Team von Pep Guardiola einen von insgesamt sechs 1:0-Siegen in dieser Saison, diesmal in Bournemouth. Und keine 24 Stunden nach Abpfiff dieser Partie beginnt das Merseyside-Derby. Tatsächlich trotzt Everton dem großen roten Nachbarn ein 0:0 ab. Es ist in der Endabrechnung das eine Unentschieden zu viel, dass sich Liverpool nicht hätte leisten dürfen, wobei es sicher kein schlechtes Ergebnis im Goodison Park ist. Doch es bedeutet eben: den Machtwechsel. Der Meister ist wieder top, der Kop ist Zweiter. Und so bleibt es bis zum Ende: ManCity noch neun- und damit in Serie 14-mal bis zum Ende. Liverpool legt auch neun tadellose letzte Spiele hin, aber es ist eben eines zu wenig. Zwei Teams, die ihre neun letzten Meisterschaftsspiele gewannen – das gab's noch nie. Nicht in England, auch in Deutschland, Spanien oder Italien nicht.

Und nicht nur das zeigt: Eigentlich hätte die Premier League in dieser Saison zwei Meister verdient gehabt. Den Champion mit 98 Punkten sowieso. Doch auch Liverpool wäre mit nur einer Niederlage und 97 Punkten ein würdiger Erster gewesen. So ist er gefühlt wie faktisch

Foulelfmeter an der Anfield Road: Im Spitzenspiel zwischen Liverpool und Manchester City bringt Virgil van Dijk den Deutschen Leroy Sané zu Fall. Den Strafstoß schießt Riyad Mahrez dann übers Tor – es bleibt torlos!

der beste Vizemeister aller Zeiten. Bittere Note am Rande: Der Klub von der Anfield Road ist auch der einzige, der mit zwei Niederlagen nicht Meister wurde, das war 2008/09.

Diese Saison war übrigens die letzte, in der ein Meister, ManUnited, seinen Titel in England erfolgreich verteidigte. Nun gelang es City, und das verdient Respekt, weil sie in der Schlussphase der Saison genau dem Druck standhielten, dem Liverpool in der Schwächephase, als man eben die sieben Zähler Vorsprung vergeigte, nicht komplett gewachsen war. Zudem ist Citys Herangehensweise vorbildlich: Eine Mannschaft, die den Ball haben, das Spiel aktiv gestalten will und nicht primär auf Fehler des Gegners lauert. Dies 38 schwere Premier-League-Matches lang durchzuziehen, ist schon stark. Historisch, weil das erste nationale Triple krönte das Ganze: Im Ligacupfinale wurde Chelsea, im FA-Cup-Endspiel Watford besiegt. Am Ende standen unglaubliche 169 Pflichtspieltreffer für City.

Und auch für Liverpool gab es mit dem Gewinn der Champions League noch ein richtiges Happy End mit dem finalen Triumph in der Champions League, einem 2:0 gegen Tottenham.

Doch auch hinter dem Meister und dem zweiten Sieger war einiges gebacken in der besten Liga der Welt: Tabellendritter wurde nach einer Berg- und Talfahrt, die ihresgleichen sucht, der FC Chelsea. Zunächst waren alle froh, dass Maurizio Sarri nach dem Aus von Antonio Conte den Scherbenhaufen erfolgreich zusammenkehrte. Zwölf Spieltage lang blieben die Blues unbesiegt und durften sich sogar Hoffnungen machen, ins Titelrennen ernsthaft einzugreifen. Doch dokumentiert werden konnte der Absturz gut daran, dass Chelsea im Dezember als erstes Team gegen ManCity gewann, 2:0, doch gegen den Meister zwei Monate später 0:6 unterging. Dazwischen kritisierte der italienische Coach Einstellung und Qualität seiner Mannschaft, es knirschte gewaltig. Doch man raufte sich zusammen, und diese Zweckgemeinschaft landete tatsächlich auf Rang 3 und kehrte so direkt in die Champions League zurück – und gewann obendrein noch das Europa-League-Finale 4:1 gegen Arsenal.

Die Qualifikation für die Königsklasse gelang aber bereits über die Liga, weil andere schwächelten: Tottenham zum Beispiel war dem Superduo am längsten auf den Fersen, zollte aber zwi-

schenzeitlich seiner nicht so dichten Kaderbreite Tribut und drohte sogar aus den Königsklassenrängen zu rutschen. Doch Mauricio Pochettino brachte seine Jungs wieder auf Kurs und führte sie nebenbei ins Finale der Champions League.
Eine ähnliche Achterbahntour wie Chelsea erlebte Manchester United. Dort musste im Dezember der von keinem mehr geliebte José Mourinho gehen, dafür übernahm der von allen verehrte Champions-League-Held von 1999,

Wichtiger Sieg in Southampton: Die abstiegsbedrohte Heimelf der Saints bezwingt Tottenham mit 2:1. Der österreichische Coach Ralph Hasenhüttl bedankt sich bei seinem Torschützen, dem jungen Franzosen Yan Valery.

Per Kopfball den Keeper überrascht: Chelseas deutscher Nationalspieler Antonio Rüdiger, der sich gegen ManUniteds Paul Pogba durchsetzt, überwindet Torhüter David de Gea zur 1:0-Führung. Am Ende trennten sich die beiden Teams mit 2:2.

Artistik à la Aubameyang: Seine 1:0-Führung gegen Brighton & Hove Albion feiert Arsenals Torjäger Pierre-Emerick Aubameyang wie gehabt mit einem Salto. Der Ex-Dortmunder machte für die Gunners am Ende 22 Tore.

Ole Gunnar Solskjaer. Er schien die Red Devils noch mal an den Automaten zu den Champions-League-Tickets schicken zu können, doch letztlich war auch dieser Kader zu schwach für Höheres. Seit Alex Fergusons Abschied 2013 wartet der Rekordmeister nun auf Titel Nummer 21 und steckt mitten in einem Teufelskreis, denn ohne Champions League nutzt ihnen auch das große Vermögen auf dem Konto nichts, weil weder Topspieler noch Toptrainer so kurzfristig für United zu begeistern sind.

Und Arsenal blieb mal wieder Arsenal. Zwischenzeitlich mal 22 Pflichtspiele in Folge ungeschlagen, dadurch unter dem neuen Trainer Unai Emery quasi auf dem Weg zurück in die Königsklasse. Doch dann: drei Niederlagen im Endspurt. Nicht mal zur Wenger-Trophy reichte es. Und diese fehlende Mentalität, zu beißen, wenn es drauf ankommt, war auch das Hauptproblem des verlorenen Europa-League-Finals gegen die Blues in Baku.

Neben den Top 6 beeindruckte Aufsteiger Wolverhampton, der aber auch kein gewöhnlicher Neuling ist, dafür stecken zu viel Geld und mächtige Drahtzieher wie Spielerberater Jorge Mendes hinter dem Projekt. Everton hingegen enttäuschte unterm Strich, für diesen Top-Kader wäre Platz 6 möglich gewesen.

Huddersfields Klassenerhalt eher nicht. Zu schwach war das Team des künftigen Schalke-Coachs David Wagner, auch sein Nachfolger Jan Siewert konnte nichts mehr retten. Dafür wurde ein Ex-Bundesligacoach zum Heilsbringer: Ralph Hasenhüttl übernahm Southampton auf einem Abstiegsplatz, schaffte es aber schnell, seine Spielidee in die Köpfe der Profis zu pflanzen und darf auch in der kommenden Saison in der Premier League spielen. Das gilt auch für Daniel Farke, der mit Norwich aufstieg.

Thomas Böker

Juventus im Fieber um die Jahrhundert-Verpflichtung! Coach Allegri verlässt den Club nach insgesamt elf Titeln!

Die insgesamt 117. (87. eingleisige Serie A) Saison startete mit der, laut italienischer Gazetten, »Verpflichtung des Jahrhunderts«. Wochenlang konnte sich von Bozen bis Palermo niemand gegen sportliche und triviale Neuigkeiten um den Ronaldo-Transfer nach Turin wehren.

Am Ende wurde es um Juventus und den Portugiesen trotz seiner 21 Treffer dann entschieden leiser. Zwar gewann Juve die 35. Meisterschaft bereits fünf Spieltage vor Saisonende (Rekordwert gemeinsam mit Inter 2006/07, dem FC Turin 1947/48 und der Fiorentina 1955/56), doch der achte Scudetto in Serie (ebenfalls Rekord) stand ob der Übermacht virtuell bereits seit Monaten fest und entfachte kaum Enthusiasmus im Hause Juve.
Dort grämte sich die Klubführung um Andrea Agnelli vielmehr über das unerwartete Aus im Viertelfinale der Champions League, die seit dem letzten Gewinn 1996 allmählich zur Obsession wird. Die Rekordablöse der Serie A von 112 Millionen Euro Ablöse und 31 Millionen Gehalt jährlich für CR7 langten dann doch nicht zum verlangten Coup. Auch deshalb trennten sich nach fünf Jahren und elf Titeln die Wege von Klub und Max Allegri, dem Coach mit der erfolgreichsten Siegquote der Vereinsgeschichte (70,5 Prozent in 221 Partien). Juventus trägt indes keine Schuld daran, dass die Konkurrenz sich meist vor Saisonbeginn demütig ergibt. Ganz im Gegenteil sollte der Klub um mehr Wettbewerb beten, insbesondere aus der einstigen Calcio-Hauptstadt Milano, die sich in albernen Irrungen und Wirrungen verloren hat. Ohne nationale Widersacher wird es womöglich auch künftig heikel, den europäischen Thron anzugreifen.
Währenddessen scheint sich Napoli in der Rolle Vizemeister zu gefallen, denn den inoffiziellen Titel holten die Azurblauen zum vierten Mal in den letzten sieben Jahren. Elf Punkte Rückstand auf Juventus klingen enttäuschend, doch insgesamt blickte Carlo Ancelotti zufrieden auf sein erstes Jahr Neapel zurück. »Das Ambiente hat mir auf Anhieb gefallen und motiviert mich ungemein. Wir wollten einen Platz in der Champions League und haben

Weltklasse gegen Provinz: Der Juve-Star Cristiano Ronaldo im Zweikampf mit Berat Djimsiti von Atalanta Bergamo. Überraschenderweise setzte sich Atalanta im Viertelfinale der Coppa Italia mit 3:0 durch – der Serienmeister war raus!

ihn schon drei Spieltage vor Schluss erreicht – ich ziehe ein positives Fazit«, sagte Carletto, der höchstens mit dem Ligabestwert von 27 Aluminium-Treffern haderte. Alle Sarri-Nostalgiker überzeugte der Coach nicht, er wusste dennoch das Gros der Tifosi auf seiner Seite. Zweitbeste Heim- und Auswärtself, zweitbeste Offensive, darauf kann der Coach aufbauen. Neben dem wiedererstarkten Deutschen Amin Younes vor allem auf Tormaschine Dries Mertens: Der Belgier schraubte seine Ligatore im Mai auf 84 und überrundete damit Diego Maradona (81) als besten Serie-A-Torjäger der Vereinsgeschichte. Für ein erfolgreicheres Europa muss Napoli nun allerdings eindeutig investieren.

»Zwergensturm« beim Vizemeister in Napoli: Der deutsche Nationalspieler Amin Younes (links) und der belgische Nationalstürmer Dries Mertens. Younes misst 1,68 Meter, Mertens 1,69 Meter!

Von Europas Elite wagte Atalanta nicht einmal zu träumen, um dann sensationell als Dritter abzuschließen. Die beste Platzierung in 112 Jahren Klubgeschichte führte zur ersten Teilnahme an der Champions League, auch dank des besten Liga-Angriffs (77 Tore) und der besten Rückrundenelf mit 41 Punkten vor Meister Juventus (37). Eine Belohnung für das renommierte Jugendzentrum und den kontinuierlich frischen Offensiv-Fußball. Und das weitsichtige Festhalten an Trainer Gian Piero Gasperini, obschon die Mannschaft mit einem Sieg, drei Remis und vier Niederlagen in die Saison startete und mit 9:11 Toren auf dem viertletzten Platz rangierte. »Nun wollen wir uns im oberen Drittel etablieren«, kündigte Patron Antonio Percassi an, der ehemals selbst in der Jugendschule und für Atalanta kickte. Der erste fundamentale »Neuzugang« hieß Gasperini. Nach drei Jahren formidabler Arbeit war der Coach von der Roma umworben worden, entschloss sich jedoch für einen Verbleib in Bergamo.

Freuen durfte sich auch Inter über die zweite Königsklassen-Teilnahme in Folge, der die Mailänder zuvor sechs Jahre lang ferngeblieben waren. In Erinnerung blieb jedoch eher die Farce um Capitano Mauro Icardi. Im Tohuwabohu um seinen Vertragspoker und die nervtötenden, medialen Attacken seiner Frau/Managerin Wanda Nara gegen den Klub wurde dem Argentinier im Februar die Binde entzogen, worauf er sich rund zwei Monate scheinverletzt meldete, seinen Job boykottierte und auf eine Entschuldigung wartete. Der Kluft im Kader fiel Trainer Luciano Spalletti zum Opfer – die

Die Überraschung in der Serie A: Mit Fabio Quagliarella sicherte sich ein 36-jähriger Stürmer die Trophäe als bester Torjäger. Der Stürmer von Sampdoria Genua machte 26 Tore – fünf mehr als Cristiano Ronaldo!

chinesischen Inter-Eigner von Suning versuchen deshalb künftig in Person von »General« Antonio Conte für eine Grundreinigung und Ordnung zu sorgen.

Die Cousins des AC Milan ereilte derweil ein ähnliches Schicksal. Überschätzter Kader, Reibereien in der Führungsetage und ein Coach Gennaro Gattuso, der gemeinsam mit Manager Leonardo am Ende einer blutleeren Saison die Demission einreichte. »Milan hilft höchstens noch ein Exorzist«, hatte der Ex-Trainer Sinisa Mihajlovic vor Jahren prophezeit – und offenbar Recht behalten.

Überhaupt durchläuft das einstige Establishment des Calcio eine profunde Sinnkrise. Neben den kriselnden Mailändern und dem Fast-Abstieg von Florenz schaffte es die Roma tatsächlich in einem Jahr vom Champions-League-Halbfinalisten ins totale Chaos und zum Qualifikanten in der Europa League zu driften. Sinnbildlich schloss die Saison mit einem stillosen Ausbooten, als die orientierungslose amerikanische Klubführung Kapitän Daniele de Rossi nach 18 Jahren Vereinstreue über die sozialen Netzwerke kündigte. Knapp 6500 Tage Roma, 204 Partien als Kapitän, 614 Arbeitseinsätze insgesamt, 63 Tore für den Chuck Norris in Gelb-Rot, weil er das Trikot seine zweite Haut nannte und für ihn jedes Duell Roma gegen den Rest der Welt bedeutete. »Ich danke Gott, dass er mich zum Romanista machte. Leider kann ich der Roma nur eine Karriere schenken«, sagte de Rossi. Die muss er nun gegen seinen Willen im Ausland beenden. Da Juventino Andrea Barzagli mit 38 Jahren seine Karriere beendete, wird in der kommenden Serie A also kein Weltmeister von 2006 mehr spielen.

Einer davon war Fabio Quagliarella zwar nicht, doch der Routinier sorgte zum Abschluss immerhin für eine positive Note. Er avancierte zum ersten Torschützenkönig in Diensten von Sampdoria Genua seit Gianluca Vialli 1991 und egalisierte dabei den Serie-A-Rekord von Gabriel Batistuta (1994), als er in elf aufeinanderfolgenden Spielen traf. 29 Millionen Euro weniger Salär als Ronaldo – das konnte sich dennoch sehen lassen.

Oliver Birkner

Ein Tänzchen zum Titelgewinn: Die Stars von PSG feiern die erneute Meisterschaft mit Angel di Maria, Leandro Paredes und Presnel Kimpembe (vorn von links). Dahinter die Ex-Bundesliga-Profis Eric Maxime Choupo Moting, Thilo Kehrer und Julian Draxler.

Drama um Neymar. Tore von Mbappé. Trostpreis für Tuchel.

Ein neuer Trainer in der Stadt des Lichts. Ein neuer Startrekord in der Liga des Weltmeisters Frankreich. Als sich dann Superstar Neymar erneut verletzt, gerät PSG aus der Spur. Erst recht, als in der Champions League der Stecker gezogen wird.

Am Ende blieb nur der »Trostpreis« des Meisters in der Ligue 1. Für den Branchenführer Paris St. Germain eine Pflichtübung, auch wenn es erst der achte Titel in der kurzen Klubgeschichte war. Für den deutschen Coach Thomas Tuchel schloss sich der Kreis, nachdem er sein Engagement mit dem Gewinn des Supercups in China begonnen hatte.

Dort hatte der neue Trainer auch mit den ersten Vorbereitungen losgelegt. Das Problem: Wegen der Weltmeisterschaft in Russland musste er auf die internationalen Stars im hochkarätigen PSG-Kader verzichten. So fehlten nicht nur die frischgebackenen französischen Weltmeister Areola, Kimpembe und Mbappé, sondern auch die Brasilianer wie Neymar, Thiago Silva und Marquinhos, der Argentinier Angel di Maria, der Uruguayer Edinson Cavani oder der Belgier Thomas Meunier. Auch Julian Draxler räkelte sich nach dem deutschen WM-Desaster noch im Urlaub, als PSG die Vorbereitungen aufnahm. Alles andere als ideal …

Improvisation war angesagt für Tuchel. Zwar mit dem italienischen Torhüter-Methusalem Gianluigi Buffon als »Alterspräsident«, dem von Nationaltrainer Didier Deschamps verschmähten Adrien Rabiot – ansonsten mussten Tuchel und sein Trainerteam auf die PSG-Youngster aus der Jugend und Reserve zurückgreifen. Namen, die auch die Experten in Saint-Germain-en-Laye, dem Trainingszentrum des Klubs, wenig bis gar nichts sagten. Erst kleckerweise kamen dann

Freude pur in Paris: Beim 5:0-Heimsieg gegen Olympique Lyon gelingt Frankreichs Weltmeister Kylian Mbappé ein Viererpack. Sehr zur Freude von Trainer Thomas Tuchel. Insgesamt machte der 20-jährige Mbappé 33 Tore.

auch die WM-Stars zurück, wurden mit individuellen Programmen auf Niveau getrimmt.

Trotz dieser Handicaps und auch einer, für Pariser Verhältnisse, enttäuschenden Transferperiode (mit der Verpflichtung des Schalkers Thilo Kehrer, des Ex-Bayern Juan Bernat und Eric Maxim Choupo-Moting von Stoke City) gelang Tuchel ein Start nach Maß. Passend zur Charme-Offensive, mit der der Coach schnell viele Sympathien sammelte – auch weil er von Beginn an mit seinen guten Sprachkenntnissen überraschte – gelang ein imponierender Start. Am achten Spieltag stellte das Pariser Starensemble mit acht Siegen einen Uralt-Startrekord aus dem Jahr 1936/37 von Olympique Lille ein. »Unglaublich, wie das Team arbeitet«, staunte Tuchel, »es verbessert sich ständig, es hat Vertrauen zu mir und meinen Ideen. Ich bin sehr glücklich über die Mentalität und die Einstellung zum Kollektiv.«

Wahrlich kein einfaches Unterfangen bei PSG, zumal die Kabine zuvor als äußerst schwierig galt. Mit den dominanten Brasilianern um Superstar Neymar, die nun aber mit dem gestärkten Selbstbewusstsein der frischgebackenen französischen Weltmeister leben mussten. Und es gab ja inzwischen neben Julian Draxler auch eine kleine deutsche »Fraktion«. Doch diese Cliquen befriedete der Coach, der zudem peu à peu zwischen unterschiedlichen Spielsystemen variierte. Weg vom über Jahre bei PSG präferierten 4-3-3-, hin zu einem 3-4-3- oder auch 4-4-2-System. Mit dieser neuen Flexibilität baute Tuchel den Startrekord auf 14 Siege in Folge aus – Paris thronte mit 42 Punkten und einer Tordifferenz von plus 39 in der Tabelle 15 Zähler vor Olympique Lyon! Doch für diesen Parforceritt sollte das Team, dass sich in dieser Phase der Saison auch noch in der schweren Gruppenphase der Champions League gegen Hochkaräter wie den FC Liverpool und den SSC Neapel behauptete, dann zu Beginn des Jahres 2019 bezahlen. Tuchel und sein Team mussten nicht nur in die »Knochenmühle« der beiden nationalen Pokale, sie litten zudem unter Nachholspielen, aufgrund der Protestbewegungen der *gilets jaunes*, der »Gelbwesten«. Der Terminkalender war im Januar und Februar mit 17 Spielen überladen. In diesem Umfeld verlief auch das Transferfenster im Januar enttäuschend. Auf der Suche nach einem defensiven Mittelfeldspieler – auch weil Rabiot wegen der Weigerung einer Vertragsverlängerung suspendiert wurde – konnte nur der Argentinier Leandro Paredes (Zenit St. Petersburg) für überzogene 47 Millionen Euro verpflichtet werden. Mehr ging wegen des permanenten Damoklesschwerts des UEFA-Financial-Fairplay nicht … Ein Umstand, der auch zum weiteren Zerwürfnis zwischen Tuchel und dem portugiesischen Sportdirektor Antero Henrique führte. Gleichzeitig erwischte das Verletzungspech den Klub. Wie schon in der Vorsaison traf es Neymar erneut mit einer schweren Fußverletzung – das

Ausgebremst im Coupe de France: Der brasilianische PSG-Weltstar Neymar wird im Finale gegen Stade Rennes von Hamari Traoré gestoppt. Selbst eine 2:0-Führung durch Neymar reichte nicht – Rennes siegte im Elfmeterschießen!

Aus für das Achtelfinale der Champions League gegen Manchester United. Wie auch Torjäger Edinson Cavani. »Jetzt müssen wir in Manchester Plan D bemühen«, flüchtete sich Tuchel in Galgenhumor.

Allen Unkenrufen zum Trotz konnte sich PSG aber im Old Trafford behaupten. Mit einem perfekten Matchplan des Trainers, mit einer konzentrierten Leistung siegte PSG mit 2:0 durch Treffer der Weltmeister Kimpembe und Mbappé. Doch im Rückspiel ereilte die Pariser erneut der Alptraum in der Königsklasse. Bei der 1:3-Niederlage im Prinzenpark patzte erst Thilo Kehrer beim 0:1, dann Torwart-Legende Gigi Buffon beim Tor zum 1:2, bevor ein Handelfmeter von Kimpembe in der Nachspielzeit für das entscheidende 1:3 sorgte – das erneute, frühe und dramatische Aus für PSG in der Champions League.

Eine Niederlage, mit der bei PSG der Stecker gezogen war. Die Meisterschaft klar, war trotz der 33 Tore von Kylian Mbappé eine Frage der Zeit. Die beiden nationalen Pokalwettbewerbe, deren Gewinn sonst zum Standardrepertoire in Paris gehören, gingen an Tuchel & Co. vorbei. Im Coupe de France unterlag PSG im Finale gegen Rennes im Elfmeterschießen, im Ligapokal gab's im Halbfinale gar eine 1:2-Pleite gegen Absteiger Guingamp, der das Finale gegen Racing Straßburg verlor.

Beide Pokalsieger vertreten nun Frankreich neben AS St. Etienne in der Europa League, Olympique Lyon muss als Dritter der Ligue 1 in die Qualifikation für die Champions League, während Lille OSC als Zweiter genauso qualifiziert ist wie Meister PSG. Übrigens: Der Vertrag von Thomas Tuchel wurde nach Ende der Ligue 1 bis 2021 verlängert. Er hat die Bosse aus Katar scheinbar überzeugt. Dafür spricht auch die Tatsache, dass sein monatliches Salär um 50 Prozent erhöht wurde.

Hardy Hasselbruch

Heldenrolle für die Bullen trotz einer Ligareform. Endlich die Königsklasse!

Man kann Hamlet gut oder schlecht spielen. Aber am Ende muss er sterben. So will es die Regieanweisung des Herrn Shakespeare. Auf der großen Bühne des Theaters sind die Rollen festgeschrieben.

Manchmal auch auf der kleineren Bühne des Fußballs. Und das just in der Theaterstadt Salzburg. Dort kann die Konkurrenz der heimischen Fußball-Lieblinge gut oder schlecht spielen. Aber am Ende muss sie sich dem »Dosenklub« ergeben. So war es in der Saison 2018/19. So war es aber auch schon 2012/13, 2013/14, 2014/15, 2015/16, 2016/17 und 2017/18. Zum sechsten Mal in Serie – zum Drüberstreuen gab es auch noch den Sieg im ÖFB-Cup – hatten in der obersten Liga des rot-weiß-roten Fußballs die Bullen die Heldenrolle inne. Daran konnte auch ein neues Ligaformat nichts ändern.

Die Liga war auf zwölf Teams aufgestockt worden, um nach 22 Runden im Grunddurchgang die erreichten Punkte zu halbieren. Davon hatte man sich in der Alpenrepublik gesteigerte Spannung erhofft. Diese Hoffnung hatte sich nicht erfüllt. Der eindeutigen Dominanz der Bullen hatte auch das veränderte Reglement nichts anhaben können. Selbst mit halbierten Punkten war Salzburg der Konkurrenz in uneinholbare Sphären entwischt. Schon der Start war fulminant: Zehn Siege in den ersten zehn Spielen. Damit schon war der Rekord des SK Rapid Wien aus der Saison 1988/89 übertroffen worden.

Die Bullen setzten aber nicht nur in der heimischen Liga Glanzpunkte: Auch den Gegnern in der Gruppenphase der Europa League blieb in den Konfrontationen mit den Bullen nur die Rolle der Verzagten, Enttäuschten, Besiegten: Weder RB Leipzig, noch Celtic Glasgow oder Rosenborg Trondheim gelang es, den Salzburgern weder in ihren Heim- noch in den Auswärtsspielen auch nur einen Punkt

Salzburger Endstation in der Europa League: Im Achtelfinale mussten sich die Salzburger knapp gegen den SSC Neapel geschlagen geben. Hier attackiert Stefan Lainer (li.) Napolis belgischen Nationalspieler Dries Mertens.

Überraschung in der Alpenrepublik: Der Linzer ASK beendete die Meisterschaft in Österreich auf Rang 2. Hier bremst der Ex-Nationalspieler Emanuel Pogatetz (li.) Stürmer Kevin Friesenbichler vom Wolfsberger AC.

abzuknöpfen: Sechs Spiele, sechs Siege! Das Aus kam erst im Achtelfinale gegen SSC Neapel. 0:3 auswärts, 3:1 daheim. Möglich, dass bei den großen fußballerischen Inszenierungen von Red Bull Salzburg auch die Millionen des Dosenkonzerns Regie geführt haben.

Aber mit Sicherheit war es hohe Professionalität, diffizile Arbeit mit den Youngstern, Weitsicht in der Verpflichtung des spielenden und lehrenden Personals, es waren fußballphilosophische Erkenntnisfähigkeit und Charakterstärke. Es war die Balance von Leidenschaft und Kaltblütigkeit, von strenger Ordnung und künstlerischer Freiheit, von Ernst und Spaß. All dies in 90 Minuten gebündelt, hatten die Bullen ihren Fans noch einmal im allerletzten Spiel vor Augen geführt. Des Titels schon lange sicher, gab es für die Fans einen 7:0-Sieg über St. Pölten.

Noch vor Anpfiff der Partie waren Kulttrainer Marco Rose und dessen Assistenztrainer Alexander Zickler, Rene Maric und Patrick Eibenberger (alle zu Borussia Mönchengladbach) sowie die Spieler Munas Dabbur (zum FC Sevilla), Fredrik Gulbrandsen (England), Hannes Wolf (RB Leipzig) und Christoph Leitgeb (Zukunft offen) verabschiedet.

Unfassbare 64 Begegnungen im eigenen Stadion hatten die Bullen seit der letzten Niederlage am 27. November 2016 gegen die Admira im heimischen Stadion in der Meisterschaft, im ÖFB-Cup und den Europacupspielen nicht verloren. Fast schon klar, dass Marco Rose zum besten Trainer der Saison 2018/19 gewählt worden war. Torschützenkönig Dabbur (20 Treffer) erhielt die Auszeichnung zum besten Spieler. Der beste Torhüter ist ebenfalls ein Salzburger: Cican Stankovic, Nachfolger von Alexander Walke, der in den Europacupspielen noch glänzend gehalten hat. In der Meisterschaft betrug der Vorsprung der Bullen auf den Sensationszweiten Linzer ASK zwölf Zähler, ohne Punkteteilung wären es sogar 17 gewesen.

Meisterfeier als Salzburger Tradition: Die Bullen und der sechste Titel in Serie auf dem Schloss Kleßheim. Stolz präsentierte der langjährige Kapitän Andreas Ulmer erneut die Meisterschale.

Der größte Antrieb ist den Bullen für die neue Saison allerdings die Qualifikation für die Champions-League-Gruppenphase. Dieser »Traum«, der in den Jahren zuvor ob elf (!) gescheiterter Qualifikationen nicht realisierbar war, ist dank des starken Auftretens in der Europa League rechnerisch jetzt realisiert worden. Nicht zuletzt deshalb ist zu erwarten, dass die Bullen ihre Abgänge adäquat ersetzen werden.

Neben dem Serienmeister aus Salzburg kann man vor allem beim LASK und beim Wolfsberger AC mit stolzgeschwellter Brust auf die Saison zurückblicken. Die Linzer, schon in ihrer Aufstiegssaison Vierter, holten sich überraschend Rang zwei. Ihre Spielweise ähnelte ein wenig der der Bullen. Überraschend ist dies nicht: Coach Oliver Glasner war einige Jahre Teil des Bullen-Betreuerstabes. Neun Punkte getrennt vom LASK wurde mit dem Wolfsburger AC ein Underdog Tabellendritter. Damit gelang den Kärntnern nicht nur der Sprung in die Europa-League-Gruppenphase, sondern auch Historisches: Es ist das beste Ergebnis, das je ein Kärntner Verein erreicht hat.

Was dem LASK und dem Wolfsburger AC gemein ist? Beide verlieren ihre Trainer: Die Linzer Oliver Glasner an den VfL Wolfsburg, die Wolfsberger Christian Ilzer an Austria Wien. Austria hatte sich im März 2019 vom Deutschen Thomas Letsch getrennt, Rang vier in der Meisterschaft und die damit verbundene Qualifikations-Chance für die Europa League kann über eine verkorkste Saison nicht hinwegtrösten.

Dem zweiten der Wiener Großvereine erging es noch schlechter. Rapid beendete den Grunddurchgang auf Platz sieben. Das zweitschlechteste Abschneiden in der Klub-Geschichte. So wie die ganze Saison, war auch das allerletzte Spiel von Rapid Wien zum Vergessen. Trotz eines 1:0-Sieges im Playoff-Rückspiel um das letzte Europacup-Ticket bei Sturm Graz hat der Rekordmeister zum zweiten Mal innerhalb der letzten drei Jahre das internationale Geschäft verpasst. Was blieb ist die Flucht in eine bessere Zukunft mit martialischer Kampfansage: »Wir kommen als Dampfwalze wieder«. Sturm Graz hingegen hat es mit einem schmeichelhaften 0:1 – es war die sechste Heimniederlage in Folge – geschafft, einer verkorksten Saison Sinn zu verleihen. Der 2:1-Sieg im Playoff-Hinspiel hat gereicht, um am Ende in die 2. Runde der Europa-League-Qualifikation einzusteigen.

Absteigen aus der höchsten Liga musste mit Wacker Innsbruck ein Klub, der Trainergrößen wie Ernst Happel oder Jogi Löw Arbeitgeber gewesen ist.

Hubert Winklbauer

Der Kapitän verabschiedet sich spektakulär: Der Ex-Herthaner Steve von Bergen machte für Meister Young Boys Bern nach 236 Einsätzen beim 5:0 gegen den FC Luzern sein erstes Tor. Er traf per Kopf zum 4:0.

Außergewöhnliche Young Boys! Tiefer Fall der Grasshoppers!

Die Young Boys aus Bern verteidigten den Meistertitel in der Schweiz mit einer Rekordsaison. Der FC Basel dagegen enttäuschte wie die anderen Mannschaften.

Das letzte Ziel erreichten die Young Boys nicht mehr, das 100. Saisontor in der Super League blieb ihnen nicht vergönnt. Und dennoch bot auch das letzte Spiel zu Hause gegen den Dritten Luzern noch einmal märchenhaften Stoff. Steve von Bergen, der frühere Hertha-Spieler und Kapitän des Teams, beendete seine Karriere tatsächlich mit seinem ersten Treffer für YB nach sechs Jahren und 236 Einsätzen – in seiner letzten Viertelstunde von insgesamt 13 557 Minuten in der Super League! Von Bergens Treffer zum 4:0 beendete gleichzeitig eine überragende Spielzeit des Titelverteidigers. »Wir haben Geschichte geschrieben«, sagte Steve von Bergen kurz vor seinem 36. Geburtstag. »Und ich denke, wir werden uns alle ein Leben lang an diese Saison erinnern.«

99 Saisontore sind übrigens durchaus symbolhaft. YB-Goalgetter Guillaume Hoarau trägt die Rückennummer 99, er wurde mit 24 Treffern in 28 Einsätzen Torschützenkönig. Der französische Stürmer war neben von Bergen der erfahrene Leader einer Mannschaft, die nahezu perfekt zusammengestellt ist und souverän erneut Meister wurde. Weitere Routiniers wie der Serbe Miralem Sulejmani passten perfekt zu den zahlreichen talentierten Akteuren. Viele von ihnen wechseln im Sommer 2019 oder später in Topligen – wie Kevin Mbabu, der sich Wolfsburg anschließt. »Diese Mannschaft war wirklich außergewöhnlich«, sagte Gerardo Seoane. Er ist der Meistertrainer 2019, der im letzten Sommer als Nachfolger des zu Frankfurt abgewanderten Meistertrainers 2018, Adi Hütter, ein äußerst schwieriges Erbe angetreten hatte. Zumal Seoane (40) zuvor erst ein halbes Jahr Erfahrung in der Super League beim FC Luzern sammelte.

Gerardo Seoane war smart genug, nicht zu viele Veränderungen vorzunehmen. Er führte die vorzügliche Arbeit Hütters ruhig weiter, setzte gekonnt aber auch eigene Impulse. YB wurde unter ihm taktisch und spielerischer variabler. Und lieferte eine fantastische Saison ab mit vielen Bestwerten in der Super League. Die wichtigsten Rekorde des Rivalen FC Basel jedenfalls wurden gebrochen. YB wurde so früh wie nie Meister, das war Mitte April und sieben Runden vor Schluss. Holte so viele Punkte wie kein Team zuvor (91). Stellte einen fulminanten Torrekord auf. Triumphierte mit 20 Zählern Vorsprung auf Basel. Siegte in 29 von 36 Begegnungen. Torverhältnis: plus 63! Und so weiter und so überragend.

Baumeister des YB-Erfolgs ist Sportchef Christoph Spycher. Der frühere Kapitän Eintracht Frankfurts trat sein Amt im Herbst 2016 an – seither geht es bei YB steil bergauf. Spycher ist als Berner und als große Identifikationsfigur auch in der Fangemeinde ungemein beliebt. Nun muss er aber einen heftigen personellen Umbau moderieren, auf den die Young Boys jedoch gut vorbereitet sind. Zumal sie auch wirtschaftlich auf die beste Saison der 121-jährigen Klubgeschichte zurückblicken – unter anderem dank den Einnahmen durch die erstmalige Teilnahme an der Champions League, in der sie gegen Valencia, Manchester United und Juventus in einer attraktiven Gruppe keine schlechte Figur abgaben. »Es war eine außergewöhnliche Saison«, sagt Spycher, »mit sehr vielen Höhepunkten.« Zusammen mit seinem Chefscout Stephane Chapuisat, einst bei Dortmund ein treffsicherer Angreifer, orchestriert der Sportchef die Kaderplanung umsichtig und erfolgreich. Auch nächste Saison werden mehrere aufstrebende Talente im Kader stehen. Und von Bergen wird durch Fabian Lustenberger, zuletzt 12 Jahre bei Hertha, ersetzt. YB also war einsame Spitze. Der Rest der Liga dagegen produzierte fast ausnahmslos mit bemerkenswerter Zielstrebigkeit Fehler oder leistete sich wochenlange Negativserien. Der einstige Serienmeister Basel immerhin stabilisierte sich nach fürchterlicher Vorrunde – und gewann das Pokalfinale gegen Außenseiter Thun 2:1. Bereits nach einem Spieltag (!) war Raphael Wicky durch den routinierten Marcel Koller ersetzt werden, besser aber trat der FCB lange nicht auf. Seit Sportchef Marco Streller im Sommer 2017 das Amt übernommen hatte, läuft es beim Primus nicht mehr nach Wunsch.

Jubelpose des Goalgetters: Der französische Routinier Guillaume Hoarau war mit 24 Treffern erneut der erfolgreichste Torjäger in der Schweizer Super League. Mit 35 Jahren ist er nach von Bergen der älteste unter den Young Boys.

Hinter den Favoriten YB und Basel lieferten sich die anderen Teams ein Schneckenrennen auf schwachem Niveau. Es war letztlich mal wieder beliebig, wer Dritter wurde. Nach 36 Runden war zufällig Lugano mit nur 10 Siegen auf Rang 3 und für die Europa League qualifiziert. War zufällig Thun Vierter. Und verpasste zufällig St. Gallen als Sechster den Europapokal. Ein Tor hätte alles verändert. Die Teams auf den Rängen 3 bis 6 erreichten alle 46 Punkte, Meister YB hatte fast doppelt so viele.

Kein Zufall stellte dagegen der tiefe Fall des Grasshopper-Club dar. Nach vielen Jahren Misswirtschaft und regelmäßigen Wechseln auf den Positionen des Präsidenten, des Sportchefs und des Trainers sowie ständig wechselndem Personal auf dem Rasen war GC schlicht zu schwach, um den Abstieg zu vermeiden. Erstmals seit 70 Jahren steigt der einstige Nobelverein und Stolz Zürichs in die Zweitklassigkeit ab. GC ist der Rekordmeister (27 Titel) sowie der Rekordpokalsieger (19 Titel) in der Schweiz, die erfolgreichen Zeiten sind aber lange her. Mal wieder steht der Klub vor einem Neuanfang, diesmal in der Challenge League.

Fabian Ruch

Fußball in Europa

Erklärung zu den Tabellen:
(M) = Meister der letzten Saison
(P) = Pokalsieger der letzten Saison
(N) = Aufsteiger
*** = Absteiger**

Albanien

1. Partizani Tirana	36	45:22	70
2. FK Kukesi	36	42:29	59
3. Teuta Durres	36	43:36	57
4. Skenderbeu Korce (M, P)	36	45:30	55
5. Flamurtari Vlore	36	35:32	54
6. KF Laci	36	33:30	49
7. KF Tirana (N)	36	44:35	47
8. Luftetari Gjirokaster	36	37:39	47
9. Kastrioti Kruje (N) *	36	35:53	42
10. KF Kamza *	36	13:66	17

Aufsteiger: Vllaznia Shkoder, Bylis Ballsh – KF Kamza wurde nach dem 24. Spieltag ausgeschlossen und in die 3. Liga strafversetzt. – Skenderbeu Korce wurde im März 2018 wegen Spielmanipulationen für zehn Jahre vom Europapokal ausgeschlossen. Flamurtari Vlore erhielt keine UEFA-Lizenz.

Pokal-Endspiel: FK Kukesi – KF Tirana 2:1

Andorra

1. FC Santa Coloma	27	41:18	54
2. UE Sant Julia	27	52:26	53
3. Inter Escaldes	27	39:27	51
4. UE Engordany	27	30:34	33
5. FC Ordino	27	34:39	33
6. UE Santa Coloma	27	33:32	32
7. FC Lusitanos *	27	22:46	21
8. FC Encamp *	27	24:53	20

Nach einer Dreifachrunde (21 Spiele) spielten die ersten vier Mannschaften um die Meisterschaft, die letzten vier gegen den Abstieg.

Aufsteiger: Atletic Escaldes, CE Carroi

Pokal-Endspiel: UE Engordany – FC Santa Coloma 2:0

Armenien

1. Ararat-Armenia Erewan (N)	32	53:28	61
2. Pjunik Erewan	32	46:32	60
3. Banants Erewan	32	43:35	52
4. Alashkert Martuni (M)	32	37:27	51
5. Lori Vandzor (N)	32	42:40	44
6. Gandzasar Kapan (P)	32	38:33	38
7. Schirak Gjumri	32	26:30	36
8. Artsakh FC (N)	32	25:49	28
9. Ararat Erewan *	32	24:60	22

Ararat-Armenia Erewan bekam keine UEFA-Lizenz, da der Klub noch keine drei Jahre besteht.

Aufsteiger: Junior Sevan

Pokal-Endspiel: Alashkert Martuni – Lori Vandzor 1:0

Aserbaidschan

1. Qarabag Agdam (M)	28	65:21	66
2. Neftci Baku	28	52:26	58
3. FC Sebail	28	34:37	41
4. FK Qäbälä	28	31:33	36
5. FK Zira	28	30:40	31
6. Sumqayit FK	28	24:42	29
7. Sabah FK (N)	28	20:41	27
8. Keshla FK (P)	28	29:45	23

Aufsteiger: keiner – Zweitligameister MOIK Baku bekam keine Erstligalizenz.

Pokal-Endspiel: FK Qäbälä – Sumqayit FK 1:0

Belgien

1. KRC Genk	30	63:31	63
2. Club Brügge (M)	30	64:32	56
3. Standard Lüttich (P)	30	49:35	53
4. RSC Anderlecht	30	49:34	51
5. KAA Gent	30	53:45	50
6. Royal Antwerp FC	30	39:34	49
7. K. Sint-Truidense VV	30	47:36	47
8. KV Kortrijk	30	44:42	43
9. RSC Charleroi	30	43:43	42
10. Royal Excel Mouscron	30	33:33	40
11. SV Zulte Waregem	30	49:60	33
12. KAS Eupen	30	34:57	32
13. Cercle Brügge (N)	30	35:59	28
14. KV Oostende	30	29:52	27
15. KVRS Waasland-Beveren	30	37:50	27
16. KSC Lokeren OV *	30	28:53	20

Nach einer Doppelrunde (30 Spiele) spielten die ersten sechs Mannschaften weiter um die Meisterschaft. Die Teams auf den Plätzen 7 bis 15 wurden mit drei Zweitligisten (#) in zwei Sechsergruppen eingeteilt. Die beiden Gruppensieger ermittelten den Klub, der gegen den Fünften der Meisterschaftsrunde einen Europa-League-Teilnehmer ausspielte.

Meisterschaftsrunde

1. KRC Genk	10	19:8	52 (32)
2. Club Brügge	10	19:11	50 (28)
3. Standard Lüttich	10	17:16	40 (27)
4. Royal Antwerp FC	10	12:16	39 (25)
5. KAA Gent	10	10:15	35 (25)
6. RSC Anderlecht	10	8:19	32 (26)

(In Klammern Bonuspunkte aus der Doppelrunde)

Europa-League-Play-offs, Gruppe A

1. RSC Charleroi	10	20:7	22
2. K. Sint-Truidense VV	10	16:13	17
3. KVC Westerlo #	10	13:12	12
4. KV Oostende	10	12:15	12
5. KAS Eupen	10	9:15	11
6. KFCO Beerschot Wilrijk #	10	11:19	8

Europa-League-Play-offs, Gruppe B

1. KV Kortrijk	10	26:12	24
2. R. Union St. Gilloise #	10	24:14	20
3. KVRS Waasland-Beveren	10	17:24	13
4. SV Zulte Waregem	10	22:22	13
5. Royal Excel Mouscron	10	19:22	8
6. Cercle Brügge	10	16:30	7

Europa-League-Play-offs, Halbfinale:
KV Kortrijk – RSC Charleroi 1:2

Europa-League-Play-offs, Endspiel:
Royal Antwerp FC – RSC Charleroi 3:2

Aufsteiger: KFCO Beerschot Wilrijk – Wegen Verstrickung in einen Manipulationsskandal darf KV Mechelen nicht aufsteigen und an der Europa League teilnehmen. Dafür rückt KAA Gent nach.

Pokal-Endspiel: KV Mechelen – KAA Gent 2:1

Bosnien-Herzegowina

1. FK Sarajevo	33	68:20	70
2. Zrinjski Mostar (M)	33	46:22	65
3. NK Siroki Brijeg	33	37:23	54
4. Zeljeznicar Sarajevo (P)	33	43:32	50
5. Radnik Bijeljina	33	29:26	44
6. Mladost Doboj Kakanj	33	36:45	43
7. Celik Zenica	33	30:49	43
8. Sloboda Tuzla	33	22:31	38
9. Zvijezda ,09 Brgule (N)	33	33:45	38
10. Tuzla City (N)	33	32:44	36
11. FK Krupa na Vrbasu *	33	40:48	33
12. GOSK Gabela *	33	23:54	23

Zeljeznicar Sarajevo erhielt keine UEFA-Lizenz.

Aufsteiger: Velez Mostar, Borac Banja Luka

Pokal-Endspiele: FK Sarajevo – NK Siroki Brijeg 3:0, 0:1

Bulgarien

Meisterschaftsrunde

1. Ludogorez Rasgrad (M)	36	67:19	79
2. ZSKA-Sofia	36	57:17	78
3. Levski Sofia	36	64:37	66
4. Beroe Stara Sagora	36	42:30	58
5. Tscherno More Varna	36	44:51	52
6. Botev Plovdiv	36	44:36	50

Relegation, Gruppe A

1. Etar Veliko Tarnovo	32	39:31	51
2. Botev Vraza (N)	32	49:44	45
3. Vitosha Bistritsa	32	26:49	34
4. Vereya Stara Sagora *	32	13:81	6

Relegation, Gruppe B

1. Slavia Sofia (P)	32	37:42	39
2. Lokomotive Plovdiv	32	37:37	38
3. Septemvri Sofia *	32	32:58	33
4. Dunav Ruse	32	36:55	29

Nach einer Doppelrunde (26 Spiele) spielten die ersten sechs Mannschaften um die Meisterschaft. Die übrigen Teams ermittelten in zwei Vierergruppen die Teilnehmer an den Europa-League- und Abstiegs-Play-offs.

Europa-League-Play-offs:
Botev Vraza – Slavia Sofia 0:0, n. V. 0:1
Lok Plovdiv – Etar Veliko Tarnovo 0:2, 1:0
Slavia Sofia – Etar Veliko Tarnovo 1:0, 0:2
Levski Sofia – Etar Veliko Tarnovo 1:0

Abstiegs-Play-offs:
Vereya Stara Sagora wurde wegen Verstrickung in Spielmanipulationen zwangsrelegiert.
Dunav Ruse – Vitosha Bistritsa 0:0, 1:0
Dunav Ruse – Septemvri Sofia 0:1, 3:2
Septremvri Sofia – Arda Kardschali n. V 0:1
Vitosha Bistritsa – FC Montana 3:0

Aufsteiger: Tsarsko Selo Sofia, Arda Kardschali

Pokal-Endspiel: Lokomotive Plovdiv – Botev Plovdiv 1:0

Dynamik in Englands Premier League: Per Kopfball gelingt Leicesters Torjäger Jamie Vardy (Nr. 9) das 2:0 gegen Arsenals deutschen Keeper Bernd Leno. Auch der Ex-Dortmunder Sokratis (li.) konnte nicht mehr eingreifen. Leicester siegte am Ende mit 3:0 Toren.

Dänemark

Meisterschaftsrunde

1. FC Kopenhagen	36	86:37	82
2. FC Midtjylland (M)	36	76:43	71
3. Esbjerg fB (N)	36	45:47	56
4. Bröndby IF (P)	36	60:52	52
5. Odense BK	36	48:48	52
6. FC Nordsjaelland	36	52:54	44

Relegation, Gruppe 1

1. Aarhus GF	32	46:40	47
2. Sönderjysk Elitsport	32	37:45	35
3. AC Horsens	32	32:55	33
4. Vejle BK (N) *	32	34:53	28

Relegation, Gruppe 2

1. Randers FC	32	35:39	45
2. Aalborg BK	32	44:41	42
3. VFF Hjörring (N) *	32	32:49	29
4. Hobro IK	32	31:55	27

Nach einer Doppelrunde (26 Spiele) spielten die ersten sechs Mannschaften um die Meisterschaft. Die übrigen Teams ermittelten in zwei Vierergruppen die Teilnehmer an den Europa-League- und Abstiegs-Play-offs.

Europa-League-Play-offs:
Sönderjysk Elitsport – Randers FC 1:1, 3:4
Aalborg BK – Aarhus GF 0:1, 0:2
Randers FC – Aarhus GF 2:1, 1:1
Bröndby IF – Randers FC 4:2
Abstiegs-Play-offs:
VFF Hjörring – AC Horsens 0:1, 1:1
Hobro IK – Vejle BK 0:1, 2:0
Lyngby BK – VFF Hjörring 2:1, 2:2
Hobro IK – Viborg FF 1:0, 2:0
Aufsteiger: Silkeborg IF, Lyngby FF
Pokal-Endspiel: FC Midtjylland – Bröndby IF n. V. 1:1, Elfmeterschießen 4:3

England

1. Manchester City (M)	38	95:23	98
2. FC Liverpool	38	89:22	97
3. FC Chelsea (P)	38	63:39	72
4. Tottenham Hotspur	38	67:39	71
5. FC Arsenal	38	73:51	70
6. Manchester United	38	65:54	66
7. Wolverhampton Wanderers (N)	38	47:46	57
8. FC Everton	38	54:46	54
9. Leicester City	38	51:48	52
10. West Ham United	38	52:55	52
11. FC Watford	38	52:59	50
12. Crystal Palace	38	51:53	49
13. Newcastle United	38	42:48	45
14. AFC Bournemouth	38	56:70	45
15. FC Burnley	38	45:68	40
16. FC Southampton	38	45:65	39
17. Brighton & Hove Albion	38	35:60	36
18. Cardiff City (N) *	38	34:69	34
19. FC Fulham (N) *	38	34:81	26
20. Huddersfield Town *	38	22:76	16

Aufsteiger: Norwich City, Sheffield United, Aston Villa

Pokal-Endspiel: Manchester City – FC Watford 6:0

Ligapokal-Endspiel: Manchester City – FC Chelsea n. V. 0:0, Elfmeterschießen 4:3

Frankreich

1. Paris Saint-Germain (M, P)	38	105:35	91
2. Lille OSC	38	68:33	75
3. Olympique Lyon	38	70:47	72
4. AS Saint-Etienne	38	59:41	66
5. Olympique Marseille	38	60:52	61
6. Montpellier HSC	38	53:42	59
7. OGC Nizza	38	30:35	56
8. Stade Reims (N)	38	39:42	55
9. Olympique Nimes (N)	38	57:58	53
10. Stade Rennes	38	55:52	52
11. Racing Straßburg	38	58:48	49
12. FC Nantes	38	48:48	48
13. Angers SCO	38	44:49	46
14. Girondins Bordeaux	38	34:42	41
15. SC Amiens	38	31:52	38
16. FC Toulouse	38	35:57	38
17. AS Monaco	38	38:57	36
18. Dijon FCO	38	31:60	34
19. SM Caen *	38	29:54	33
20. EA Guingamp *	38	28:68	27

Aufsteiger: FC Metz, Stade Brest

Pokal-Endspiel: Stade Rennes – Paris Saint-Germain n. V. 2:2, Elfmeterschießen 6:5

Ligapokal-Endspiel: Racing Straßburg – EA Guingamp n. V. 0:0, Elfmeterschießen 4:1

Gibraltar

1. Lincoln Red Imps (M)	27	84:19	66
2. Europa FC (P)	27	84:20	64
3. St. Joseph's FC	27	69:29	55
4. Mons Calpe SC	27	63:29	49
5. Gibraltar Phoenix	27	42:34	43
6. Gibraltar United	27	48:37	39
7. Lynx FC	27	29:45	31
8. Glacis United	27	28:58	24
9. Lions Gibraltar	27	17:77	9
10. Boca Juniors FC (N)	27	13:129	7

Aufsteiger: 2019/20 gibt es nur eine Spielklasse. Daher steigen alle Zweitligisten auf: FCB Magpies, Europa Point, FC Olympique 13, Manchester 62 FC, College 1975, Leo FC, FC Hound Dogs

Pokal-Endspiel: Europa FC – Gibraltar United 3:0

Griechenland

1. PAOK Saloniki (P)	30	66:14	80
2. Olympiakos Piräus	30	71:17	75
3. AEK Athen (M)	30	50:19	57
4. Atromitos Athen	30	41:28	52
5. Aris Saloniki (N)	30	46:33	49
6. Panionios Athen	30	27:45	38
7. AS Lamia	30	28:37	37
8. Panathinaikos Athen	30	38:30	36
9. Panetolikos Agrinio	30	34:48	36
10. AE Larisa	30	26:34	34
11. Asteras Tripolis	30	25:30	33
12. AO Xanthi	30	22:34	32
13. OF Iraklion (N)	30	30:42	32
14. PAS Ioannina *	30	19:38	27
15. APO Levadiakos *	30	15:45	21
16. Apollon Smyrnis *	30	11:55	10

Aufsteiger: PAE Volos – Die Liga spielt 2019/20 mit 14 Klubs.

Pokal-Endspiel: PAOK Saloniki – AEK Athen 1:0

Israel

1. Maccabi Tel Aviv	36	77:17	89
2. Maccabi Haifa	36	46:41	58
3. Hapoel Beer Sheva (M)	36	48:46	55
4. Maccabi Netanya	36	45:47	53
5. Bnei Yehuda Tel Aviv	36	56:41	51
6. Hapoel Hadera (N)	36	43:59	42
7. Beitar Jerusalem	33	43:43	43
8. Hapoel Tel Aviv (N)	33	40:45	42
9. Hapoel Raanana	33	29:38	39
10. Hapoel Ironi Kiryat Shmona	33	34:35	38
11. Hapoel Haifa (P)	33	44:47	37
12. MS Ashdod	33	34:54	37
13. Maccabi Petah Tikva *	33	33:51	36
14. Bnei Sachnin *	33	27:50	27

Nach einer Doppelrunde (26 Spiele) spielten die ersten sechs Mannschaften in einer weiteren Doppelrunde um die Meisterschaft, die letzten acht in einer Einfachrunde gegen den Abstieg.

Aufsteiger: Hapoel Kfar Saba, Sektzia Nes Tziona

Pokal-Endspiel: Bnei Yehuda Tel Aviv – Maccabi Netanya 2:1

Italien

1. Juventus Turin (M, P)	38	70:30	90
2. SSC Neapel	38	74:36	79
3. Atalanta Bergamo	38	77:46	69
4. Inter Mailand	38	57:33	69
5. AC Mailand	38	55:36	68
6. AS Rom	38	66:48	66
7. FC Turin	38	52:37	63
8. Lazio Rom	38	56:46	59
9. Sampdoria Genua	38	60:51	53
10. FC Bologna	38	48:56	44
11. Sassuolo Calcio	38	53:60	43
12. Udinese Calcio	38	39:53	43
13. SPAL Ferrara	38	44:56	42
14. Parma Calcio (N)	38	41:61	41
15. Cagliari Calcio	38	36:54	41
16. AC Florenz	38	47:45	41
17. CFC Genua 1893	38	39:57	38
18. FC Empoli (N) *	38	51:70	38
19. Frosinone Calcio (N) *	38	29:69	25
20. AC Chievo Verona *	38	25:75	17

Aufsteiger: Brescia Calcio, US Lecce, Hellas Verona

Pokal-Endspiel: Lazio Rom – Atalanta Bergamo 2:0

Kosovo

1. Feronikeli Glogovac	33	64:14	80
2. KF Pristina (P)	33	49:12	75
3. Llapi Podujeve	33	54:24	69
4. Drita Gjilan (M)	33	47:39	48
5. KF Ferizaj (N)	33	39:41	46
6. Flamurtari Pristina	33	33:39	45
7. KF Drenica	33	41:34	43
8. Ballkani Suhareka (N)	33	35:36	43
9. Trepca ,89 Mitrovica	33	40:45	42
10. KF Gjilani	33	28:37	38
11. Lirija Prizren *	33	31:60	28
12. KF Kek (N) *	33	24:104	1

Aufsteiger: KF Vushtrria, KF Dukagjini

Pokal-Endspiel: Feronikeli Glogovac – Trepca '89 Mitrovica 5:1

Kroatien

1. Dinamo Zagreb (M, P)	36	74:20	92
2. HNK Rijeka	36	70:36	67
3. NK Osijek	36	61:36	62
4. Hajduk Split	36	59:39	62
5. HNK Gorica (N)	36	57:46	59
6. Lokomotiva Zagreb	36	51:43	49
7. Slaven Belupo Koprivnica	36	41:53	37
8. Inter Zapresic	36	40:84	31
9. Istra 1961 Pula	36	31:73	25
10. NK Rudes Zagreb *	36	26:80	14

Aufsteiger: NK Varazdin

Pokal-Endspiel: HNK Rijeka – Dinamo Zagreb 3:1

Liechtenstein

Keine eigene Meisterschaft – die Liechtensteiner Klubs spielen in Schweizer Ligen.

Pokal-Endspiel: FC Vaduz – FC Ruggell 3:2

Luxemburg

1. F91 Dudelange (M)	26	72:33	59
2. Fola Esch	26	65:28	50
3. Jeunesse Esch	26	46:30	48
4. Progres Niederkorn	26	45:35	44
5. FC Differdange 03	26	35:33	44
6. RFC Union Luxemburg (P)	26	42:31	39
7. UNA Strassen	26	46:43	39
8. Union Titus Petange	26	38:43	37
9. US Mondorf-les-Bains	26	39:39	35
10. Etzella Ettelbrück (N)	26	31:44	28
11. Victoria Rosport	26	33:49	28
12. US Hostert	26	37:58	25
13. FC RM Hamm Benfica *	26	29:50	19
14. US Rumelange (N) *	26	34:76	16

Aufsteiger: FC Rodange 91, Blue Boys Muhlenbach

Pokal-Endspiel: F91 Dudelange – Etzella Ettelbrück 5:0

Malta

1. FC Valletta (M, P)	26	61:18	58
2. Hibernians Paola	26	54:27	58
3. Gzira United	26	42:21	50
4. Hamrun Spartans	26	35:20	46
5. Sliema Wanderers	26	37:26	45
6. Balzan FC	26	41:31	43
7. FC Birkirkara	26	33:26	39
8. FC Floriana	26	28:25	32
9. FC Mosta	26	30:45	29
10. Tarxien Rainbows	26	29:58	26
11. Senglea Athletic	26	33:46	26
12. St. Andrews FC *	26	25:45	24
13. FC Qormi (N) *	26	25:51	20
14. Pieta Hotspurs (N) *	26	25:59	13

Entscheidungsspiel um die Meisterschaft:
FC Valletta – Hibernians Paola n. V. 2:2, Elfmeterschießen 4:2

Aufsteiger: Sirens St. Paul's Bay, Gudja United, St. Lucia FC

Pokal-Endspiel: Balzan FC – FC Valletta n. V. 4:4, Elfmeterschießen 5:4

Montenegro

1. Sutjeska Niksic (M)	36	58:21	74
2. Buducnost Podgorica	36	56:25	65
3. Zeta Golubovci	36	36:21	61
4. OFK Titograd (P)	36	47:41	57
5. Iskra Danilovgrad	36	46:39	50
6. Grbalj Radanovici	36	45:36	48
7. OFK Petrovac	36	40:45	47
8. Rudar Pljevlja	36	35:44	41
9. Lovcen Cetinje (N) *	36	29:65	26
10. Mornar Bar (N) *	36	17:72	12

Aufsteiger: Mladost Podgorica, Kom Podgorica

Pokal-Endspiel: Buducnost Podgorica – Lovcen Cetinje 4:0

Niederlande

1. Ajax Amsterdam	34	119:32	86
2. PSV Eindhoven (M)	34	98:26	83
3. Feyenoord Rotterdam (P)	34	75:41	65
4. AZ Alkmaar	34	64:43	58
5. Vitesse Arnhem	34	70:51	53
6. FC Utrecht	34	60:51	53
7. Heracles Almelo	34	61:68	48
8. FC Groningen	34	39:41	45
9. ADO Den Haag	34	58:63	45
10. Willem II Tilburg	34	58:72	44
11. SC Heerenveen	34	64:73	41
12. VVV-Venlo	34	47:63	41
13. PEC Zwolle	34	44:57	39
14. FC Emmen (N)	34	41:72	38
15. Fortuna Sittard (N)	34	50:80	34
16. Excelsior Rotterdam *	34	46:79	33
17. De Graafschap Doetinchem (N) *	34	38:75	29
18. NAC Breda *	34	29:74	23

Im Anschluss an die Meisterschaft ermittelten die Klubs auf den Plätzen 5 bis 8 in einer Play-off-Runde den dritten Teilnehmer an der Europa League.
Heracles Almelo – FC Utrecht 0:2, 0:3
FC Groningen – Vitesse Arnhem 2:1, 1:3
FC Utrecht – Vitesse Arnhem 1:1, 2:0

Aufsteiger: FC Twente Enschede, Sparta Rotterdam, RKC Waalwijk

Pokal-Endspiel: Ajax Amsterdam – Willem II Tilburg 4:0

Torjubel des Torjägers: Eindhovens Luuk de Jong feiert seinen Treffer zum 2:0 im Topspiel gegen Ajax Amsterdam. PSV siegte mit 3:0 gegen Ajax – de Jong machte insgesamt 28 Tore. Zum Titel reichten sie nicht.

Nordirland

1. FC Linfield	38	77:27	85
2. Ballymena United	38	80:50	75
3. FC Glenavon	38	74:46	70
4. FC Crusaders (M)	38	71:52	68
5. FC Cliftonville	38	70:66	61
6. FC Coleraine (P)	38	59:55	56
7. FC Glentoran	38	58:53	49
8. Institute FC (N)	38	50:72	44
9. Dungannon Swifts	38	44:65	42
10. Warrenpoint Town	38	51:79	39
11. FC Ards *	38	31:63	27
12. Newry City (N) *	38	31:68	23

Nach einer Dreifachrunde (33 Spiele) spielten die ersten sechs Mannschaften um die Meisterschaft, die letzten sechs gegen den Abstieg. Im Anschluss an die Meisterschaft wurde in einer Play-off-Runde der dritte Teilnehmer an der Europa League ermittelt.
FC Glenavon – FC Glentoran 2:4
FC Cliftonville – FC Coleraine n. V. 5:3
FC Cliftonville – FC Glentoran n. V. 2:0

Aufsteiger: FC Larne, Carrick Rangers

Pokal-Endspiel: FC Crusaders –Ballinamallard United 3:0

Nordmazedonien

1. Shkendija Tetovo (M, P)	36	80:29	79
2. Vardar Skopje	36	45:23	64
3. Akademija Pandev	36	45:35	58
4. Shkupi 1927	36	40:42	48
5. Makedonija Gjorce Petrov (N)	36	45:50	47
6. Renova Dzepciste	36	53:49	47
7. Rabotnicki Skopje	36	43:49	46
8. Sileks Kratovo	36	27:39	44
9. Belasica Strumica (N) *	36	37:49	38
10. FK Pobeda *	36	26:76	23

Vardar Skopje erhielt keine UEFA-Lizenz.

Aufsteiger: Borec Veles, FC Struga

Pokal-Endspiel: Akademija Pandev – Makedonija Gjorce Petrov n. V. 2:2, Elfmeterschießen 4:2

Österreich

1. RB Salzburg (M)	32	79:27	52 (55)
2. Linzer ASK	32	59:31	40 (46)
3. Wolfsberger AC	32	47:47	31 (30)
4. Austria Wien	32	45:48	27 (30)
5. Sturm Graz (P)	32	37:40	24 (31)
6. SKN St. Pölten	32	32:50	21 (30)
7. Rapid Wien	32	48:44	32 (27)
8. SV Mattersburg	32	41:48	28 (29)
9. SCR Altach	32	48:44	28 (18)
10. FC Admira Wacker	32	42:62	22 (21)
11. TSV Hartberg (N)	32	48:66	22 (26)
12. Wacker Innsbruck (N) *	32	32:51	20 (17)

(In Klammern die Punkte aus dem Grunddurchgang, die halbiert und abgerundet wurden. Bei Punktgleichheit war der Klub mit abgerundeter Punktzahl besser platziert.)

Im Anschluss an die Meisterschaft ermittelten der Erste und Zweite der Qualifikationsgruppe mit dem Fünften der Meistergruppe den dritten Teilnehmer an der Europa League.
Rapid Wien – SV Mattersburg 2:0
Rapid Wien – Sturm Graz 1:2, 1:0

Aufsteiger: WSG Wattens

Pokal-Endspiel: RB Salzburg – Rapid Wien 2:0

Polen

1.	Piast Gleiwitz	37	57:33	72
2.	Legia Warschau (M)	37	55:38	68
3.	Lechia Danzig	37	54:38	67
4.	Cracovia Krakau	37	45:43	57
5.	Jagiellonia Bialystok	37	55:52	57
6.	Zaglebie Lubin	37	57:48	53
7.	Pogon Stettin	37	57:54	52
8.	Lech Posen	37	49:48	52
9.	Wisla Krakau	37	67:63	49
10.	Korona Kielce	37	42:54	47
11.	Gornik Zabrze (N)	37	48:53	46
12.	Slask Breslau	37	49:45	44
13.	Arka Gdingen (P)	37	49:51	42
14.	Wisla Plock	37	50:58	41
15.	Miedz Legnica (N) *	37	40:65	40
16.	Zaglebie Sosnowiec (N) *	37	49:80	29

Nach einer Doppelrunde (30 Spiele) spielten die ersten acht Mannschaften um die Meisterschaft, die letzten acht gegen den Abstieg.

Aufsteiger: Rakow Tschenstochau, LKS Lodz

Pokal-Endspiel: Lechia Danzig – Jagiellonia Bialystok 1:0

Portugal

1.	Benfica Lissabon	34	103:31	87
2.	FC Porto (M)	34	74:20	85
3.	Sporting Lissabon	34	72:33	74
4.	Sporting Braga	34	56:37	67
5.	Vitoria Guimaraes	34	46:34	52
6.	FC Moreirense	34	39:44	52
7.	FC Rio Ave	34	50:52	45
8.	Boavista Porto	34	34:40	44
9.	Belenenses Lissabon	34	42:51	43
10.	CD Santa Clara (N)	34	43:45	42
11.	Maritimo Funchal	34	26:44	39
12.	SC Portimonense	34	44:59	39
13.	Vitoria Setubal	34	28:39	36
14.	Desportivo Aves (P)	34	35:49	36
15.	CD Tondela	34	40:54	35
16.	GD Chaves *	34	34:57	32
17.	Nacional Funchal (N) *	34	33:73	28
18.	CD Feirense *	34	27:64	20

Aufsteiger: FC Pacos de Ferreira, FC Famalicao, FC Gil Vicente

Pokal-Endspiel: Sporting Lissabon – FC Porto n. V. 2:2, Elfmeterschießen 5:4

Rumänien

1.	CFR Cluj (M)	26	39:16	23
2.	FCSB Bukarest	26	49:29	49
3.	Universitatea Craiova (P)	26	43:24	45
4.	Astra Giurgiu	26	36:23	42
5.	Viitorul Constanta	26	26:27	38
6.	Sepsi OSK Sfantu Gheorghe	26	32:25	37
7.	FC Botosani	26	31:33	36
8.	Politehnica Iasi	26	28:38	34
9.	FC Hermannstadt (N)	26	25:28	32
10.	Dinamo Bukarest	26	29:37	32
11.	Gaz Metan Medias	26	25:32	31
12.	Dunarea Calarasi (N)	26	16:25	24
13.	FC Voluntari	26	30:46	32
14.	Concordia Chiajna	26	19:45	18

Nach einer Doppelrunde (26 Spiele) spielten die ersten sechs Mannschaften um die Meisterschaft, die letzten acht gegen den Abstieg. Dabei wurden die in der Doppelrunde erzielten Punkte halbiert und aufgerundet.

1.	CFR Cluj (M)	10	15:4	50 (27)
2.	FCSB Bukarest	10	18:6	48 (25)
3.	Viitorul Constanta	10	18:10	39 (19)
4.	Universitatea Craiova (P)	10	8:10	36 (23)
5.	Astra Giurgiu	10	6:20	27 (21)
6.	Sepsi OSK Sf. Gheorghe	10	5:20	20 (19)
7.	Gaz Metan Medias	14	25:9	48 (16)
8.	FC Botosani	14	18:9	44 (18)
9.	Dinamo Bukarest	14	16:7	43 (16)
10.	FC Voluntari	14	14:16	31 (11)
11.	Politehnica Iasi	14	12:18	31 (17)
12.	FC Hermannstadt (N)	14	9:19	27 (16)
13.	Dunarea Calarasi (N) *	14	8:18	25 (12)
14.	Concordia Chiajna *	14	17:23	19 (9)

(In Klammern Bonuspunkte aus der Doppelrunde)

Aufsteiger: Chindia Targoviste, Academica Clinceni

Pokal-Endspiel: Viitorul Constanta – Astra Giurgiu n. V. 2:1

Russland

1.	Zenit St. Petersburg	30	57:29	64
2.	Lokomotive Moskau (M)	30	45:28	56
3.	FK Krasnodar	30	55:23	56
4.	ZSKA Moskau	30	46:23	51
5.	Spartak Moskau	30	36:31	49
6.	Arsenal Tula	30	40:33	46
7.	FK Orenburg (N)	30	39:34	43
8.	Achmat Grosny	30	28:30	42
9.	FK Rostow	30	25:23	41
10.	Ural Jekaterinburg	30	33:45	38
11.	Rubin Kasan	30	24:30	36
12.	Dynamo Moskau	30	28:28	33
13.	Krylya Sovetov Samara (N)	30	25:46	28
14.	FK Ufa	30	24:34	26
15.	Anschi Machatschkala *	30	13:50	21
16.	Jenisej Krasnojarsk (N) *	30	24:55	20

Aufsteiger: FK Tambow, PFK Sotschi

Pokal-Endspiel: Lokomotive Moskau – Ural Jekaterinburg 1:0

San Marino

Vorrunde, Gruppe A

1.	Tre Fiori Fiorentino	7	21:8	18
2.	SS Folgore/Falciano	7	18:5	16
3.	Pennarossa Chiesanuova	7	9:11	12
4.	SS Murata	7	11:12	11
5.	AC Juvenes/Dogana	7	12:11	10
6.	Tre Penne Galzzano	7	19:9	9
7.	SS San Giovanni	7	2:16	3
8.	Virtus Acquaviva	7	4:24	1

Vorrunde, Gruppe B

1.	La Fiorita Montegiardino (M, P)	6	14:4	16
2.	FC Domagnano	6	8:3	13
3.	FC Fiorentino	6	11:6	12
4.	Libertas Borgo Maggiore	6	9:11	8
5.	SP Cailungo	6	7:9	6
6.	Cosmos Serravalle	6	9:14	4
7.	SC Faetano	6	2:13	0

Die ersten vier Teams jeder Gruppe qualifizierten sich für die Gruppe 1, die übrigen Mannschaften für die Gruppe 2 der 2. Gruppenphase.

2. Gruppenphase, Gruppe 1

1.	La Fiorita Montegiardino (M, P)	14	48:10	37
2.	Tre Fiori Fiorentino	14	32:23	22
3.	SS Folgore/Falciano	14	23:20	22
4.	Libertas Borgo Maggiore	14	23:23	15
5.	FC Fiorentino	14	20:24	15
6.	SS Murata	14	12:30	15
7.	Pennarossa Chiesanuova	14	13:27	14
8.	FC Domagnano	14	21:35	13

2. Gruppenphase, Gruppe 2

1.	Tre Penne Galazzano	12	34:6	34
2.	AC Juvenes/Dogana	12	27:14	22
3.	Cosmos Serravalle	12	13:14	18
4.	SC Faetano	12	24:17	17
5.	SP Cailungo	12	18:21	17
6.	SS San Giovanni	12	6:22	8
7.	Virtus Acquaviva	12	9:37	1

Qualifikation für die Play-offs:
AC Juvenes/Dogana – Cosmos Serravalle 3:1

Meisterschafts-Play-offs:
Teilnehmer: Die ersten sechs Mannschaften der Gruppe 1 und zwei Mannschaften der Gruppe 2.

Viertelfinale:
La Fiorita – AC Juvenes/Dogana 1:0, 5:0
Libertas Borgo Maggiore – SS Murata 1:0, 4:0
Tre Fiori Fiorentino – FC Fiorentino 2:1, 1:0
Tre Penne Galazzano – Folgore/Falciano 1:0, 1:1

Halbfinale:
La Fiorita – Libertas Borgo Maggiore 1:0, 4:0
Tre Fiori Fiorentino – Tre Penne 0:1, 1:2

Endspiel:
Tre Penne Galazzano – La Fiorita 3:1

Pokal-Endspiel: Tre Fiori Fiorentino – SS Folgore/Falciano 1:0

Schottland

1.	Celtic Glasgow (M, P)	38	77:20	87
2.	Glasgow Rangers	38	82:27	78
3.	FC Kilmarnock	38	50:31	67
4.	FC Aberdeen	38	57:44	67
5.	Hibernian Edinburgh	38	51:39	54
6.	Heart of Midlothian	38	42:50	51
7.	FC St. Johnstone	38	38:48	52
8.	FC Motherwell	38	46:56	51
9.	FC Livingston (N)	38	42:44	44
10.	Hamilton Academical	38	28:75	33
11.	FC St. Mirren (N)	38	34:66	32
12.	FC Dundee *	38	31:78	21

Nach einer Dreifachrunde (33 Spiele) spielten die ersten sechs Mannschaften um die Meisterschaft, die letzten sechs gegen den Abstieg.

Aufsteiger: Ross County

Pokal-Endspiel: Celtic Glasgow – Heart of Midlothian 2:1

Überragend im Dress von Roter Stern Belgrad: Der deutsche Ex-Nationalspieler Marko Marin setzte für den serbischen Meister zahlreiche Highlights – sowohl in der heimischen Liga als auch in der Champions League.

Schweiz

1.	Young Boys Bern (M)	36	99:36	91
2.	FC Basel	36	71:46	71
3.	FC Lugano	36	50:49	46
4.	FC Thun	36	57:58	46
5.	FC Luzern	36	56:61	46
6.	FC St. Gallen	36	49:58	46
7.	FC Zürich (P)	36	43:52	44
8.	FC Sion	36	50:55	43
9.	Neuchatel Xamax (N)	36	44:65	37
10.	Grasshopper Club Zürich *	36	32:71	25

Aufsteiger: Servette Genf

Pokal-Endspiel: FC Basel – FC Thun 2:1

Serbien

1.	Roter Stern Belgrad (M)	37	97:20	77 (84)
2.	Radnicki Nis	37	71:30	48 (75)
3.	Partizan Belgrad (P)	37	58:28	42 (54)
4.	Cukaricki Belgrad	37	63:36	39 (54)
5.	Mladost Lucani	37	49:37	34 (46)
6.	Napredak Krusevac	37	46:50	28 (41)
7.	Vojvodina Novi Sad	37	27:43	22 (39)
8.	Proleter Novi Sad (N)	37	34:41	22 (38)
9.	Radnik Surdulica	37	38:45	28 (38)
10.	Spartak Subotica	37	41:49	27 (38)
11.	Vozdovac Belgrad	37	36:48	25 (39)
12.	Macva Sabac	37	24:38	25 (32)
13.	FK Rad Belgrad	37	22:44	23 (21)
14.	Dinamo Vranje (N) *	37	24:67	23 (20)
15.	FK Zemun *	37	36:53	21 (18)
16.	OFK Backa *	37	31:68	18 (25)

Nach einer Doppelrunde (30 Spiele) spielten die ersten acht Mannschaften um die Meisterschaft, die letzten acht gegen den Abstieg. Dabei wurden die Punkte aus der Doppelrunde (in Klammern) halbiert und aufgerundet.

Aufsteiger: TSC Backa Topola, Javor Ivanjica, FK Indija

Pokal-Endspiel: Partizan Belgrad – Roter Stern Belgrad 1:0

Slowakei

1.	Slovan Bratislava (P)	32	84:33	80
2.	DAC Dunajska Streda	32	63:37	63
3.	MFK Ruzomberok	32	50:31	56
4.	MSK Zilina	32	56:44	54
5.	Zemplin Michalovce	32	39:58	40
6.	SKF Sered (N)	32	39:54	38
7.	Spartak Trnava (M)	32	35:35	38
8.	FK Senica	32	42:53	37
9.	FC Nitra	32	42:48	34
10.	FC Zlate Moravce	32	33:55	34
11.	AS Trencin	32	41:56	31
12.	ZP Podbrezova *	32	28:48	29

Nach einer Doppelrunde (22 Spiele) spielten die ersten sechs Mannschaften um die Meisterschaft, die letzten sechs gegen den Abstieg.

Aufsteiger: Pohronie Ziar nad Hromum

Pokal-Endspiel: Spartak Trnava – MSK Zilina n. V. 3:3, Elfmeterschießen 4:1

Slowenien

1.	NK Maribor	36	82:34	78
2.	Olimpija Ljubljana (M, P)	36	73:47	69
3.	NK Domzale	36	76:47	63
4.	Mura Murska Sobota (N)	36	53:37	52
5.	NK Celje	36	45:51	49
6.	Aluminij Kidricevo	36	50:53	48
7.	Rudar Velenje	36	50:73	43
8.	Triglav Kranj	36	51:83	37
9.	ND Gorica *	36	44:63	31
10.	NK Krsko *	36	29:65	24

Aufsteiger: Bravo Ljubljana, Tabor Sezana

Pokal-Endspiel: Olimpija Ljubljana – NK Maribor 2:1

Spanien

1.	FC Barcelona (M, P)	38	90:36	87
2.	Atletico Madrid	38	55:29	76
3.	Real Madrid	38	63:46	68
4.	FC Valencia	38	51:35	61
5.	FC Getafe	38	48:35	59
6.	FC Sevilla	38	62:47	59
7.	Espanyol Barcelona	38	48:50	53
8.	Athletic Bilbao	38	41:45	53
9.	Real Soc. San Sebastian	38	45:46	50
10.	Real Betis Sevilla	38	44:52	50
11.	Deportivo Alaves	38	39:50	50
12.	SD Eibar	38	46:50	47
13.	CD Leganes	38	37:43	45
14.	FC Villarreal	38	49:52	44
15.	UD Levante	38	59:66	44
16.	Real Valladolid (N)	38	32:51	41
17.	Celta Vigo	38	53:62	41
18.	FC Girona *	38	37:53	37
19.	SD Huesca (N) *	38	43:65	33
20.	Rayo Vallecano (N) *	38	41:70	32

Aufsteiger: CA Osasuna, FC Granada, RCD Mallorca oder Deportivo La Coruna

Pokal-Endspiel: FC Valencia – FC Barcelona 2:1

Tschechien

1.	Slavia Prag (P)	35	79:26	83
2.	Viktoria Pilsen (M)	35	57:32	78
3.	Sparta Prag	35	59:33	66
4.	FK Jablonec	35	58:32	57
5.	Banik Ostrau	35	39:43	47
6.	Slovan Liberec	35	34:32	46
7.	FK Mlada Boleslaw	30	42:44	42
8.	Sigma Olmütz	30	37:43	40
9.	FC Zlin	30	32:40	39
10.	FK Teplice	30	32:42	36
11.	1. FC Slovacko Uh. Hradiste	35	43:47	45
12.	SFC Opava (N)	35	47:57	43
13.	Bohemians Prag	35	33:43	40
14.	1. FK Pribram (N)	35	43:73	40
15.	MFK Karvina	35	42:58	32
16.	Dukla Prag *	35	30:72	22

Nach einer Doppelrunde (30 Spiele) spielten die ersten sechs Mannschaften um die Meisterschaft, die letzten sechs gegen den Abstieg. Die Teams auf den Plätzen 7 bis 10 bestritten Play-offs um einen Europa-League-Startplatz.
FK Teplice – FK Mlada Boleslaw 0:8, 1:1
FC Zlin – Sigma Olmütz 1:0, 2:3
FC Zlin – FK Mlada Boleslaw 3:1, 0:3
Banik Ostrau – FK Mlada Boleslaw 0:1

Aufsteiger: Dynamo Budweis

Pokal-Endspiel: Slavia Prag – Banik Ostrau 2:0

Türkei

1.	Galatasaray Istanbul (M)	34	72:36	69
2.	Istanbul Basaksehir	34	49:22	67
3.	Besiktas Istanbul	34	72:46	65
4.	Trabzonspor	34	64:46	63
5.	Yeni Malatyaspor	34	47:46	47
6.	Fenerbahce Istanbul	34	44:44	46
7.	Antalyaspor	34	39:55	45
8.	Konyaspor	34	40:38	44
9.	Alanyaspor	34	37:43	44
10.	Kayserispor	34	35:50	41
11.	Rizespor (N)	34	48:50	41

12. Sivasspor	34	49:54	41
13. MKE Ankaragücü (N)	34	38:53	40
14. Kasimpasa Istanbul	34	53:62	39
15. Göztepe Izmir	34	37:42	38
16. Bursaspor *	34	28:37	37
17. BB Erzurumspor (N) *	34	36:43	35
18. Akhisar Belediyespor (P) *	34	33:54	27

Aufsteiger: Denizlispor, Genclerbirligi Ankara, Gazisehir Gaziantep

Pokal-Endspiel: Galatasaray Istanbul – Akhisar Belediyespor 3:1

Ukraine

1. Schachtar Donezk (M, P)	32	73:11	83
2. Dynamo Kiew	32	54:18	72
3. PFK Oleksandriya	32	39:34	49
4. FC Mariupol	32	36:47	43
5. Sorja Luhansk	32	39:34	43
6. FK Lwiw	32	25:40	34
7. Worskla Poltawa	32	31:43	42
8. Desna Tschernihiw (N)	32	35:41	41
9. Olimpik Donezk	32	41:48	34
10. Karpaty Lwiw	32	44:53	33
11. Tschornomorez Odessa *	32	31:49	31
12. Arsenal Kiew (N) *	32	26:56	26

Nach einer Doppelrunde (22 Spiele) spielten die ersten sechs Mannschaften um die Meisterschaft, die letzten sechs gegen den Abstieg.

Aufsteiger: SC Dnipro-1, Kolos Kowalinka

Pokal-Endspiel: Schachtar Donezk – Inhulez Petrowe 4:0

Ungarn

1. Ferencvaros Budapest	33	72:27	74
2. Vidi FC Szekesfehervar (M)	33	53:37	61
3. Debreceni VSC	33	44:39	51
4. Honved Budapest	33	46:38	49
5. Ujpest Budapest (P)	33	38:28	48
6. Mezökövesd-Zsory SE	33	45:40	44
7. Puskas Akademia	33	36:45	40
8. Paksi SE	33	33:46	39
9. Varda SE Kisvarda (N)	33	36:48	38
10. Diosgyöri VTK	33	36:57	38
11. MTK Budapest (N) *	33	42:56	34
12. Szombathely Haladas *	33	31:51	30

Aufsteiger: Zalaegerszegi TE, Kaposvari Rakoczi

Pokal-Endspiel: Vidi FC Szekesfehervar – Honved Budapest 2:1

Wales

1. The New Saints	32	99:16	74
2. Connah's Quay Nomads	32	76:33	62
3. Barry Town United	32	54:51	56
4. Caernarfon Town	32	45:47	46
5. AFC Newtown	32	53:56	46
6. Bala Town	32	55:63	44
7. Cardiff Metropolitan Univ.	32	53:40	51
8. Aberystwyth Town	32	44:61	44
9. Carmarthen Town	32	49:53	39
10. Cefn Druids	32	43:49	39
11. FC Llandudno *	32	33:65	22
12. Llanelli Town *	32	31:101	16

Nach einer Doppelrunde (22 Spiele) spielten die ersten sechs Mannschaften um die Meisterschaft, die letzten sechs gegen den Abstieg. Im Anschluss an die Meisterschaft wurde in einer Play-off-Runde der dritte Teilnehmer an der Europa League ermittelt.
AFC Newtown – Bala Town 1:2
Caernarfon Town – Cardiff Metr. Univ. 2:3
Bala Town – Cardiff Metropolitan Univ. n. V. 1:1, Elfmeterschießen 1:3

Aufsteiger: Airbus FC Broughton, Pen-y-Bont FC

Pokal-Endspiel: The New Saints – Connah's Quay Nomads 3:0

Zypern

1. APOEL Nikosia (M)	32	66:25	70
2. AEK Larnaka (P)	32	51:23	62
3. Apollon Limassol	32	64:32	58
4. AEL Limassol	32	49:47	55
5. Nea Salamina Famagusta	32	41:47	44
6. Omonia Nikosia	32	36:45	36
7. Anorthosis Famagusta	32	42:41	41
8. Pafos FC	32	39:50	38
9. Doxa Katokopias	32	47:50	35
10. EN Paralimni (N)	32	35:51	35
11. Alki Oroklini *	32	35:58	35
12. Ermis Aradippou *	32	29:65	13

Nach einer Doppelrunde (22 Spiele) spielten die ersten sechs Mannschaften um die Meisterschaft, die letzten sechs gegen den Abstieg.

Aufsteiger: Ethnikos Achnas, Olympiakos Nikosia

Pokal-Endspiel: AEL Limassol – APOEL Nikosia 2:0

Abschlusstabellen 2018 und Pokalendspiele der Länder, die im Kalenderjahr spielen

Estland

1. Nomme Kalju	36	114:32	86
2. FCI Levadia Tallinn (P)	36	109:26	84
3. Flora Tallinn (M)	36	116:32	83
4. Trans Narva	36	76:57	61
5. Paide Linnameeskond	36	64:74	51
6. Tartu Tammeka	36	56:58	49
7. Viljandi Tulevik	36	37:100	29
8. Tallinna Kalev (N)	36	54:68	28
9. FC Kuressaare (N)	36	34:115	21
10. Pärnu Vaprus *	36	25:123	13

Aufsteiger: Maardu Linnameeskond

Pokal-Endspiel 2019: Trans Narva – Nomme Kalju n. V. 2:1

Färöer

1. HB Torshavn	27	58:18	73
2. NSI Runavik (P)	27	64:25	55
3. B36 Torshavn	27	58:33	53
4. KI Klaksvik	27	48:25	51
5. Vikingur Göta (M)	27	39:37	39
6. Skala IF	27	31:42	29
7. TB/FCS/Royn Tvöroyri	27	27:42	28
8. EB/Streymur	27	30:53	21
9. AB Argir (N)	27	16:55	18
10. 07 Vestur Sörvagur *	27	30:71	17

Aufsteiger: IF Fuglafjördur

Pokal-Endspiel 2018: B36 Torshavn – HB Torshavn n. V. 2:2, Elfmeterschießen 5:4

Finnland

1. HJK Helsinki (M, P)	33	61:19	78
2. Rovaniemen PS	33	42:25	62
3. Kuopion PS	33	56:37	58
4. FC Honka Espoo (N)	33	51:33	58
5. Tampereen Ilves	33	45:41	49
6. Vaasan PS	33	37:43	41
7. Inter Turku	33	37:44	40
8. FC Lahti	33	30:38	40
9. SJK Seinäjoki	33	28:37	32
10. IFK Mariehamn	33	37:59	31
11. TPS Turku (N) *	33	37:55	29
12. PS Kemi *	33	29:59	24

Aufsteiger: HIFK Helsinki, Kokkola PV

Pokal-Endspiel 2019: Tampereen Ilves – IFK Mariehamn 2:0

(An der Europa League 2019/20 nimmt aber der Pokalsieger 2018, Inter Turku, teil.)

Georgien

1. Saburtalo Tiflis	36	64:29	79
2. Dinamo Tiflis	36	73:38	69
3. Torpedo Kutaisi (M)	36	66:25	69
4. Tschichura Satschchere (P)	36	54:33	64
5. Dila Gori	36	60:40	63
6. Lokomotivi Tiflis	36	43:55	44
7. FC Rustawi (N)	36	33:44	37
8. Sioni Bolnisi (N)	36	39:65	31
9. FK Samtredia *	36	28:81	21
10. Kolcheti Poti *	36	26:76	14

Aufsteiger: Dinamo Batumi, WIT Georgia Tiflis

Pokal-Endspiel 2018: Torpedo Kutaisi – FC Gagra n. V. 0:0, Elfmeterschießen 4:2

Irland

1. FC Dundalk	36	85:20	87
2. Cork City (M, P)	36	71:27	77
3. Shamrock Rovers	36	57:27	62
4. FC Waterford (N)	36	52:44	59
5. St. Patrick's Athletic	36	51:47	50
6. Bohemians Dublin	36	52:45	48
7. Sligo Rovers	36	38:50	42
8. Derry City	36	47:70	42
9. Limerick FC	36	25:75	27
10. Bray Wanderers	36	23:96	18

Dem FC Waterford wurde die Europa-League-Teilnahme verweigert, da er erst 2016 unter diesem Namen neu organisiert wurde.

Aufsteiger: University College Dublin, Finn Harps

Pokal-Endspiel 2018: FC Dundalk – Cork City 2:1

Island

1. Valur Reykjavik (M)	22	50:24	46
2. Breidablik Kopavogur	22	39:17	44
3. Stjarnan Gardabaer	22	45:26	40
4. KR Reykjavik	22	36:25	37
5. FH Hafnarfjördur	22	36:28	37
6. IB Vestmannaeyjar (P)	22	29:31	29
7. KA Akureyri	22	36:34	28
8. Fylkir Reykjavik (N)	22	31:37	26
9. Vikingur Reykjavik	22	29:38	25
10. UMF Grindavik	22	26:37	25
11. Fjölnir Reykjavik *	22	22:44	19
12. IF Keflavik (N) *	22	11:49	4

Aufsteiger: IA Akranes, HK Kopavogur

Pokal-Endspiel 2018: Stjarnan Gardabaer – Breidablik Kopavogur n. V. 0:0, Elfmeterschießen 4:1

Kasachstan

1. FC Astana (M)	33	66:22	77
2. Qairat Almaty (P)	33	60:33	62
3. Tobol Qostanai	33	36:30	53
4. Ordabassy Schymkent	33	38:44	46
5. Qaisar Qysylorda	33	35:31	45
6. Schetissu Taldyqorghan (N)	33	36:40	43
7. FK Aqtöbe	33	51:47	42
8. Schachter Qaraghandy	33	29:36	36
9. FK Atyrau	33	34:47	36
10. Irtysch Pawlodar	33	28:45	35
11. Qysylschar Petropawl *	33	27:48	35
12. Aqschaiyq Oral *	33	31:48	30

Aufsteiger: Oqschetpes Kökschetau, FK Taras

Pokal-Endspiel 2018: Qairat Almaty – FK Atyrau 1:0

Lettland

1. Riga FC	28	45:16	64
2. FK Ventspils	28	54:22	60
3. Rigas Futbola Skola	28	57:23	55
4. FK Liepaja (P)	28	46:25	51
5. Spartaks Jurmala (M)	28	48:37	42
6. FK Jelgava	28	19:48	21
7. FS Metta-LU Riga	28	24:52	19
8. FK Valmiera (N)	28	22:92	8

Aufsteiger: BFC Daugavpils – Die Liga spielt 2019 mit neun Klubs.

Pokal-Endspiel 2018: Riga FC – FK Ventspils n. V. 0:0, Elfmeterschießen 5:4

Litauen

1. Suduva Marijampole (M)	33	72:20	77
2. Zalgiris Vilnius	33	70:23	75
3. FK Trakai	33	46:29	51
4. Stumbras Kaunas (P)	33	45:35	51
5. Kauno Zalgiris	33	29:41	39
6. Atlantas Klaipeda	33	28:75	24
7. FK Palanga (N)	28	17:58	20
8. Lietava Jonava *	28	24:50	19

Nach einer Vierfachrunde (28 Spiele) spielten die ersten sechs Mannschaften weiter um die Meisterschaft.

Aufsteiger: FK Panevezys – FK Trakai heißt ab 2019 Riteriai Vilnius.

Pokal-Endspiel 2018: Zalgiris Vilnius – Stumbras Kaunas 3:0

Moldawien

1. Sheriff Tiraspol (M)	28	58:14	63
2. Milsami Orhei (P)	28	36:24	45
3. Petrocub Hincesti	28	38:28	45
4. Speranta Nisporeni	28	27:26	38
5. Zimbru Chisinau	28	28:37	36
6. FC Dinamo-Auto	28	25:43	28
7. Sfintul Gheorghe Suruceni	28	30:50	26
8. Zaria Balti *	28	26:46	22

Aufsteiger: Codru Lozova

Pokal-Endspiel 2019: Sheriff Tiraspol – Sf. Gheorghe Suruceni n. V. 1:0

Norwegen

1. Rosenborg Trondheim (M)	30	51:24	64
2. Molde FK	30	63:36	59
3. Brann Bergen	30	45:31	58
4. FK Haugesund	30	45:33	53
5. Kristiansund BK	30	46:41	46
6. Valerenga Oslo	30	39:44	42
7. Ranheim IL (N)	30	43:50	42
8. Sarpsborg 08 FF	30	46:39	41
9. Odds BK Skien	30	39:38	40
10. Tromsö IL	30	41:48	36
11. FK Bodö/Glimt (N)	30	32:35	32
12. Lilleström SK (P)	30	34:44	32
13. Strömsgodset Drammen	30	46:48	31
14. Stabaek IF	30	37:50	29
15. Start Kristiansand (N) *	30	30:54	29
16. Sandefjord Fotball *	30	35:57	23

Aufsteiger: Viking Stavanger, Mjöndalen IF

Pokal-Endspiel 2018: Rosenborg Trondheim – Strömsgodset Drammen 4:1

Schweden

1. AIK Solna	30	50:16	67
2. IFK Norrköping	30	51:27	65
3. Malmö FF (M)	30	57:29	58
4. Hammarby IF	30	56:35	58
5. BK Häcken Göteborg	30	58:27	53
6. Östersunds FK	30	51:39	49
7. Djurgardens IF (P)	30	40:31	48
8. GIF Sundsvall	30	47:35	44
9. Örebro SK	30	34:40	35
10. Kalmar FF	30	27:35	34
11. IFK Göteborg	30	38:53	33
12. IF Elfsborg Boras	30	29:41	30
13. Sirius Uppsala	30	37:61	30
14. IF Brommapojkarna (N) *	30	25:64	26
15. Dalkurd FF Borlänge (N) *	30	30:57	24
16. Trelleborgs FF (N) *	30	24:64	15

Aufsteiger: Helsingborgs IF, Falkenbergs FF, AFC Esklistuna

Pokal-Endspiel 2019: BK Häcken Göteborg – AFC Eskilstuna 3:0

Meisterjubel mit Pokal: Stürmer Henok Goitum bejubelt den Gewinn der schwedischen Meisterschaft mit AIK Solna. Der ehemalige Italien- und Spanien-Legionär machte insgesamt ein Dutzend Tore für AIK.

Weißrussland

1. BATE Baryssau (M)	30	55:24	73
2. Schachzjor Salihorsk	30	45:14	64
3. Dinamo Minsk	30	41:17	63
4. FK Wizebsk	30	47:20	62
5. Torpedo Schodsina	30	36:18	55
6. Dinamo Brest (P)	30	52:30	52
7. Njoman Hrodna	30	31:32	43
8. FK Sluzk	30	26:36	36
9. FK Gorodeya	30	31:33	34
10. Isloch Minsk	30	20:37	33
11. FK Minsk	30	34:42	30
12. FK Homel	30	16:36	28
13. Luch Minsk (N) *	30	24:44	24
14. Torpedo Minsk	30	20:41	24
15. FC Smolevichi (N) *	30	21:39	24
16. Dnjapro Mahiljou	30	17:53	16

Aufsteiger: Slawija Masyr, Energetik-BGU Minsk – Dnjapro Mahiljou fusionierte mit Luch Minsk und übernahm dessen Erstligalizenz.

Pokal-Endspiel 2019: Schachzjor Salihorsk – FK Wizebsk 2:0

»English Finals« auch ein Triumph des Geldes. Englische Profis spielen keine Rolle.

Ist England jetzt das Maß aller Dinge im Fußball? Zwei Endspiele in der Champions League und der Europa League – mit vier Teams aus der englischen Premier League am Ball. Da ist die gestellte Frage leicht zu beantworten: klar.

Und dennoch ist es nur die halbe Wahrheit. Wenn überhaupt. Im Zuge der Geldflüsse und der zunehmenden Globalisierung im Fußball hat sich England, das Mutterland des Fußballs, spätestens seit Einführung der Premier League im Jahr 1992 einen immensen Vorsprung erarbeitet. Wirtschaftlich ohnehin, sportlich inzwischen auch – jedenfalls nach der Saison 2018/19.
Der englische Fußball hat sich nicht gescheut, dass ausländische Investoren heimische Klubs übernahmen. Getreu dem Motto »Geld stinkt nicht« kamen internationale Kapitalanleger in die Liga. Egal, ob aus den USA, ob aus Russland, ob aus China und Thailand, ob aus Ägypten, den Vereinigten Arabischen Emiraten oder Katar. Das Commonwealth of Nations ist dafür ein wichtiger Nährboden, auf dem die Premier League bauen kann. Sie ist eine lose Verbindung souveräner Staaten, die in erster Linie vom Vereinigten Königreich Großbritannien und Nordirland und dessen ehemaligen Kolonien gebildet wird. Die Gründung geht auf das Jahr 1931 zurück. Durch die Tradition des Commonwealth findet der englische Fußball und damit auch die Premier League ein viel größeres Echo in der Welt als vergleichbare Ligen in Europa.

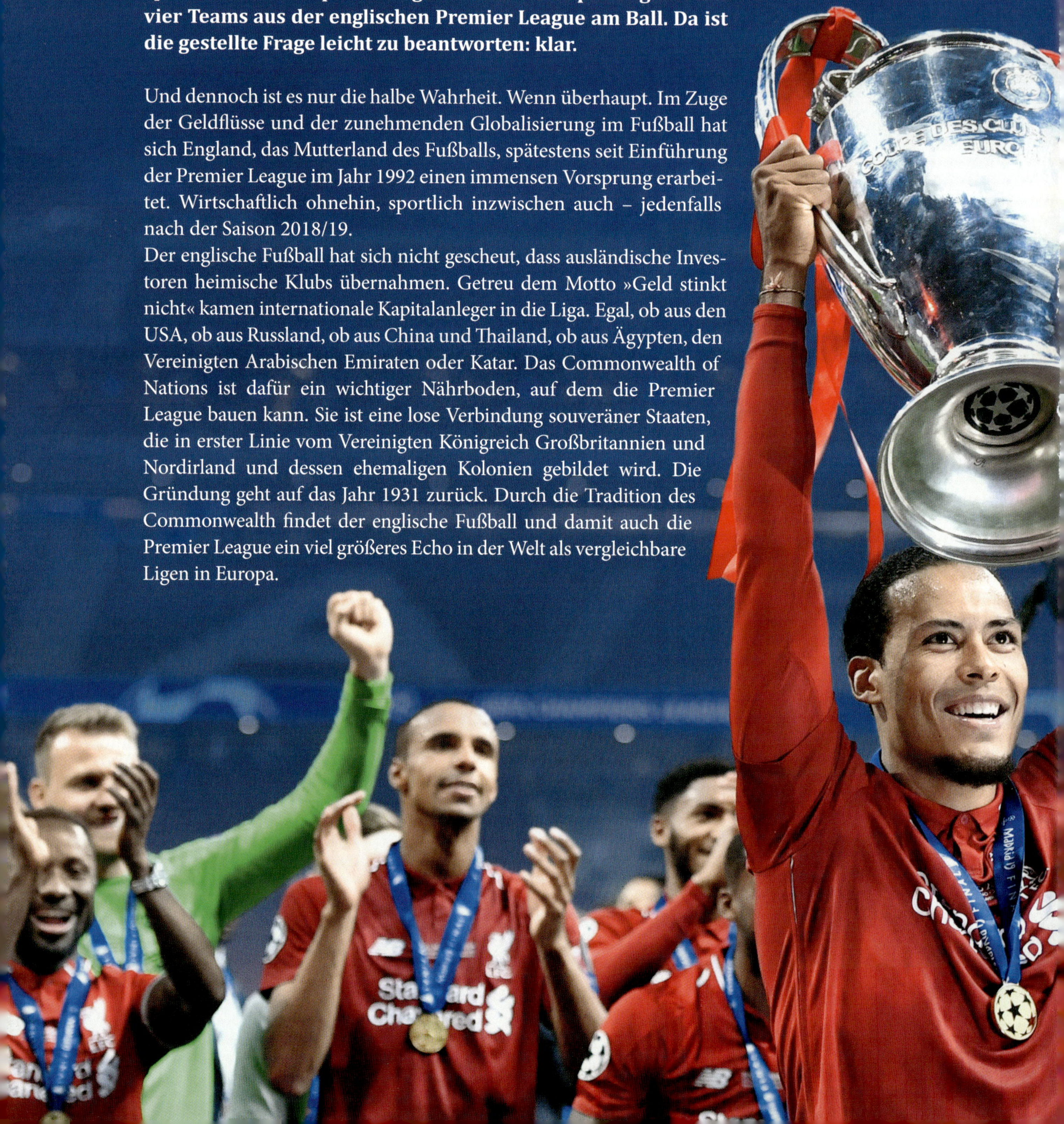

Triumph der Reds: Stolz präsentiert der niederländische Abwehrchef Virgil van Dijk den Henkelpott in Madrid – die wertvollste Trophäe des europäischen Klub-Fußballs. Der FC Liverpool und sein deutscher Coach sind obenauf.

Das manifestiert sich vor allem auf dem immer wichtiger werdenden Markt von TV-Rechten und Merchandising. Denn hier akquiriert die englische Liga das große Geld in der globalisierten Welt des Fußballs. Mehr als eine Milliarde Euro an Geldern für TV-Rechte fließen so in die Taschen der Premier-League-Klubs, selbst die Aufsteiger kassieren dafür mehr als 100 Millionen Euro pro Saison – eine Summe, die in der Bundesliga nicht mal der Branchenführer Bayern München einstreicht.
Auch so wurde die Premier League zur umsatzstärksten Liga auf dem Globus. Schraubte das Ergebnis nach der Saison 2017/18 auf stolze 5,44 Milliarden Euro (Quelle: Deloitte), mit Tendenz nach oben. Verfolger in diesem Ranking ist die Bundesliga – allerdings mit gebührenden Abstand. Der Vergleichswert zur Premier League liegt bei 3,17 Milliarden Euro, mit denen man gerade die Liga in Spanien (3,07 Millionen Euro) auf Rang drei verweisen konnte.
Geld schießt also doch Tore? Jedenfalls, wenn man die Finals der Champions League in Madrid und der Europa League in Baku nimmt. Doch da kommt schon das nächste Geheimnis, oder nennt man es Phänomen des englischen Klubfußballs, an die Oberfläche. Nicht nur die Topklubs bedienen sich mit ihren immensen finanziellen Mitteln in der Feinkostabteilung des europäischen oder gar des weltweiten Fußballs.
So darf es nicht überraschen, dass in den beiden Anfangsformationen des Finals der Europa League gerade mal ein englischer Profi auftauchte. Dass Arsenals

Das Erfolgsteam des FC Chelsea: In Baku siegten die Blues mit 4:1 gegen den Londoner Stadtrivalen FC Arsenal. Bemerkenswert: In Chelseas Team stand in der Anfangsformation kein Engländer!

Ainsley Maitland-Miles dann auch noch zu den Schwachposten der Gunners zählte, mag da nur eine kleine Randnotiz sein. Der FC Chelsea dagegen gilt seit der Übernahme durch den russischen Oligarchen Roman Abramovich als sündhaft teures Sammelbecken internationaler Stars. Engländer hatten da in der abgelaufenen Saison

Zugepackt im Finale von Madrid: Weltmeister Hugo Lloris von den Tottenham Hotspurs rettet gegen Liverpools Angreifer Sadio Mané und Mohamed Salah. Rose (li.) und Vertonghen beobachten ihren Keeper.

einen schweren Stand. So brachte es der eigentliche Kapitän und Ex-Nationalspieler Tim Cahill gerade mal auf zwei Einsätze (über 22 Minuten) in der Premier League. Dass die Blues im Laufe der Vorsaison phasenweise bis zu 43 (!) ihrer Profis verliehen hatten, gibt zudem Hinweise auf ein wenig seriöses Geschäftsgebaren unter der Oligarchen-Herrschaft …

Etwas mehr Engländer tauchten dann sogar beim Champions-League-Finale von Madrid auf. Tottenham kam mit fünf einheimischen Profis aufs Feld, bei Liverpool waren es immerhin noch zwei Akteure, die auch der Nationalelf der Three Lions dienen. Dass bei beiden Finalspielen kein Engländer ein Tor erzielte, ist vielleicht ein Wink des Schicksals. Für Torjubel sorgten teure Legionäre aus Belgien, Frankreich, Spanien, Nigeria und Ägypten.

So international die Torschützen für die erfolgreichen englischen Klubs waren, so sind es auch die Trainer. Alle vier Finalisten in den europäischen Endspielen wurden von Übungsleitern aus dem Ausland angeleitet. In der Europa League behauptete sich der Italiener Maurizio Sarri (Chelsea) gegen den Spanier Unai Emery (Arsenal). In der Champions League setzte sich

der Deutsche Jürgen Klopp mit dem FC Liverpool gegen den Argentinier Mauricio Pochettino von Tottenham Hotspur durch.
Für Klopp dürfte dieser Triumph mit den »Reds« auf europäischer Ebene eine besondere Genugtuung sein. Noch 2018 war ihm der Henkelpott im Finale gegen Real Madrid entrissen worden. Diesmal ließ sich der »Menschenfänger« von der Anfield Road nicht ein zweites Mal bitten und packte sich Europas wertvollste Trophäe. Genugtuung auch deshalb, weil ihm der Premier-League-Titel nicht vergönnt war. Dort musste er dem Rivalen Manchester City den Vortritt lassen. Das dort mit über einer Milliarde Euro aufgepeppte Starensemble wird übrigens – by the way – von einem Spanier gecoacht: von keinem Geringeren als dem Katalanen Pep Guardiola.
Wie dem auch sei: Der Fußballseele dürften die »English Finals« auf der Insel gutgetan haben. Dass die heimischen Fußballer nur eine Nebenrolle spielten – never mind. Egal. In schweren Brexit-Zeiten können sie im Mutterland des Fußballs wieder durchatmen. Der Klubfußball steht überragend da. Auch wenn der Erfolg mit der massiven Wirtschaftskraft in der Premier League erkauft wurde. Immerhin da ist England mal das Maß aller Dinge …

Hardy Hasselbruch

Redaktionelle Konzeption:
Hardy Hasselbruch

Autoren:
David Bernreuther, Christian Biechele, Oliver Birkner, Oliver Bitter, Thomas Böker, Matthias Dersch, Michael Ebert, Julian Franzke, Hardy Hasselbruch, Thomas Hiete, Benjamin Hofmann, Georg Holzner, Andreas Hunzinger, Toni Lieto, Frank Linkesch, Markus Löser, Jan Lustig, George Moissidis, Thiemo Müller, Peter Nickel, Michael Richter, Steffen Rohr, Thomas Roth, Fabian Ruch, Carsten Schröter-Lorenz, Stephan von Nocks, Karlheinz Wild, Hubert Winklbauer, Sebastian Wolff, Jörg Wolfrum

Schlussredaktion:
Hardy Hasselbruch

Statistik:
kicker-Datenredaktion

Bildredaktion:
Pierre Sick

Redaktionelle Mitarbeit:
Chiara Hoffmann

Titelfoto: Sven Simon (svensimon.net)
Abbildungen Innenteil: SVEN SIMON, imago images (www.imago-images.de).

Redaktionsschluss: 7. Juni 2019

Produktion, Satz und Layout:
VerlagsService Dietmar Schmitz GmbH, Heimstetten

Reproduktion:
digiartworx, Nittenau/Kaspeltshub

Gesamtherstellung: Stiebner, Grünwald.

www.copress.de

Printed in the EU

ISSN: 1868-9701
ISBN: 978-3-7679-1243-4

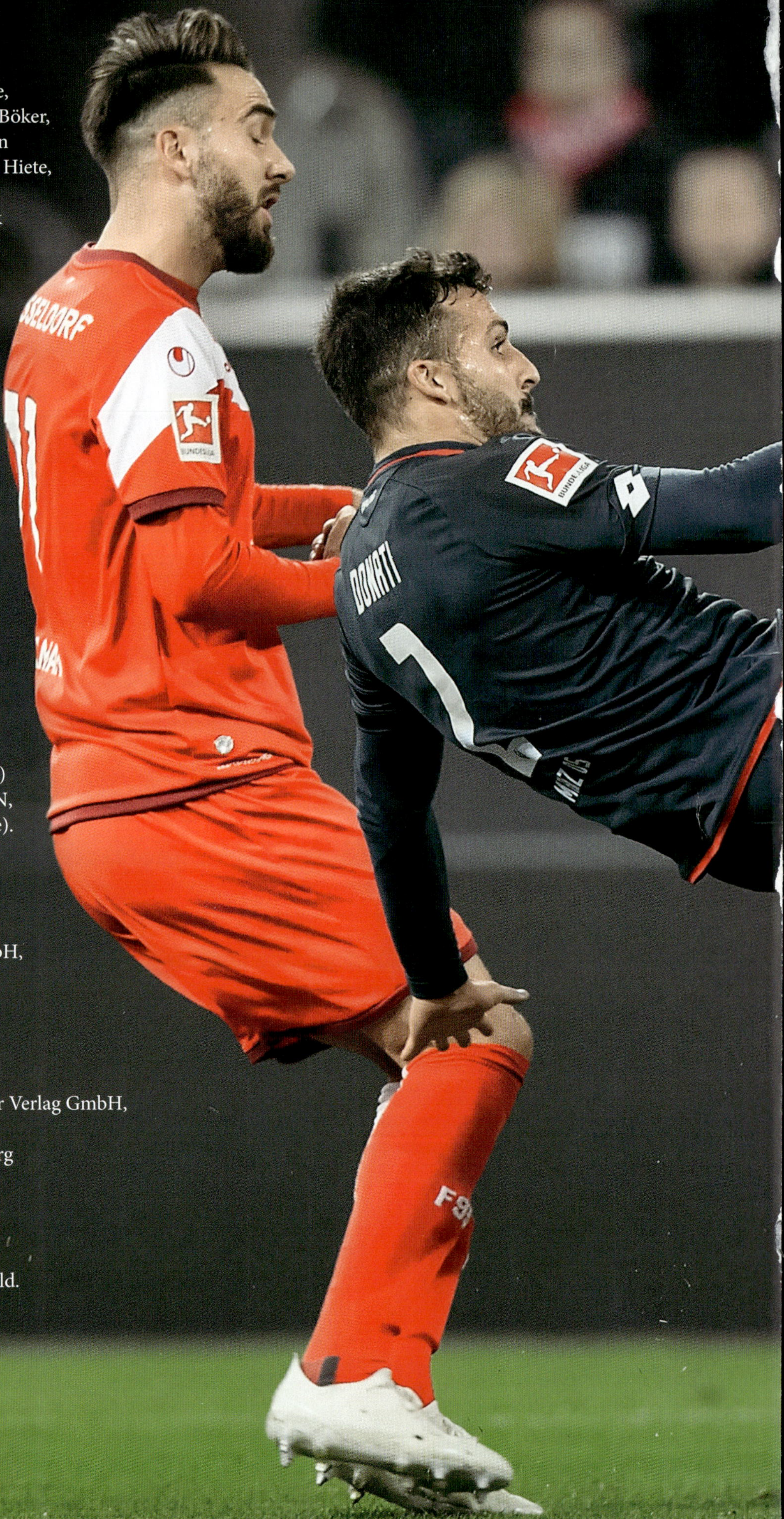

bet

SERV